番禺工業發展史

广州市番禺区经济贸易促进局
广州市番禺区厂商会
编著

方志出版社

图书在版编目（CIP）数据

番禺工业发展史／广州市番禺区经济贸易促进局．
广州市番禺区厂商会编．-- 北京：方志出版社，2015.7
ISBN 978-7-5144-1647-3

Ⅰ. ①番… Ⅱ. ①广… ②广… Ⅲ. ①工业史－研究
—广州市 Ⅳ．① F429.651

中国版本图书馆 CIP 数据核字（2015）第 166479 号

番禺工业发展史

编　　者：广州市番禺区经济贸易促进局 广州市番禺区厂商会
责任编辑：何明忠

出 版 人：冀祥德
出 版 者：方志出版社
地址　北京市朝阳区潘家园东里 9 号（国家方志馆 4 层）
邮编　100021
网址　http://www.fzph.org
发　　行：方志出版社发行中心
电话（010）67110500
经　　销：各地新华书店
印　　刷：广州市银裕印刷有限公司

开　　本：787×1094　1/16
印　　张：25
字　　数：531 千字
版　　次：2015 年 7 月第 1 版　2015 年 7 月第 1 次印刷
印　　数：0001～3000 册

ISBN 978-7-5144-1647-3　定价：138.00 元

编委会组成人员

序

《番禺工业发展史》，是一部纪录番禺工业发展历程的专著。

番禺历史悠久，早在公元前214年就设县，至今已有2200多年。

古代，番禺先民在“南蛮”之地，为求生存与繁衍，狩猎捕鱼、耕种饲养，采掘和运用自然物质制造生产工具、生活资料，出现了原始手工业。

近代，番禺的工业得到初步的发展。新中国成立之后，番禺人民在中国共产党的领导下，进行社会主义经济、文化建设。在传统工业的基础上逐步发展现代工业。其间，经历了许多艰难曲折。改革开放后，番禺人民发挥聪明才智，“摸着石头过河”，不断总结经验，不断改革发展。20世纪80年代初开始兴办“三来一补”企业，发展中外合资、合作企业和外资独资企业，引进资金、技术、设备，带动了本地工业的发展。随后，乡镇企业异军突起，个体私营工业企业如雨后春笋般涌现。进入90年代，特别是1992年撤县设市之后，番禺人民乘深化改革春风，艰苦奋斗，开拓进取。在工业方面，进行企业体制改革，建立现代企业制度；积极招商选资，大力发展民营工业，工业生产上了一个新台阶。

2000年，番禺撤市设区，城市化建设进入一个新阶段，进程加快。由此，确立了“优二进三，内优外联，突出重点，建设先进工业强区”的工业发展定位，优化产业结构，运用先进适用技术改造传统工业，加快先进制造业的发展，重点发展高新科技产业，引导工业集聚发展。在传统工业转型升级加快发展的同时，逐渐形成了通用设备制造业，电气机械制造业，汽车制造业，计算机、通信和其他电子设备制造业，金属制品制造业五大支柱产业；建成了多个规模大、档次高的先进制造业、高新技术产业集聚发展的工业园区。番禺工业迅速发展，创造出辉煌的业绩，对番禺经济发展、现代化城市建设作出巨大贡献。

国务院于2015年5月出台《中国制造2025》。这是实施制造强国战略第一个十年的行动纲领，将推动中国迈入制造强国行列。当前，番禺工业经济进入发展新常态。如何积极应对挑战，加强统筹规划，发挥区域优势，突出创新驱动，实现“番禺制造”由大变强，成为摆在有关部门和企业家们面前的新课题。

番禺工业的发展历程，有成功的经验，也有挫折和教训。编纂出版《番禺工业发展史》之目的，在于留住历史，启迪后人，读者可从中获益。

广州市番禺区经济贸易促进局

广州市番禺区厂商会

2015年6月18日

粤工業發展史

乙未 陳昌

目 录

概　述

南粤古县，首推番禺。番禺县始建于秦始皇三十三年(公元前214年)，为南海郡郡治所在地。原县境广阔，从汉代至清朝，先后直接或间接划出今珠江三角洲主要县市和香港、澳门地区。清代至民国前期，番禺、南海两县分东西两半管治广州城。广州城区东部为番禺县捕属，其余地区分为鹿步司、茭塘司、沙湾司、慕德里司4个巡检司，各乡村设置都、堡、图，由巡检司统辖。民国初期沿袭清末旧制。1921年2月，广州市政厅成立，原番禺县管辖的捕属区及河南市区(今广州河南沿江一带及同福、洪福路)划入广州市区。番禺县署、学宫等政治、经济和文教机关仍设在广州。1933年，番禺县署始从广州城内迁至禺南新造，1945年迁至市桥。

1949年10月，番禺全境解放。1950年5月，全县设8区、1镇。1953年4月，全县设12区、1镇。1957年4月，全县设32大乡和1区级镇、1乡级镇和1渔民乡。1958年1月，禺东、禺北17乡及江高镇划入广州市郊区。

1958年9月3日，全县成立为"番禺人民公社"，政社合一。1958年12月，番禺、顺德合并为番顺县。1959年6月，番禺、顺德分别恢复县级行政单位的建置。7月，中山县的大岗、大岗镇、万顷沙3个公社及珠江华侨农场划归番禺。1978年10月，全县分为20个公社和2个镇。1983年12月，公社改为区。1987年1月1日，区改镇，全县设置22个镇。

1992年5月，番禺县改为番禺市(县级市，由广东省人民政府直辖，广州市人民政府代管)。2000年5月21日，撤销番禺市，设立广州市番禺区，原行政区划不变，辖22个街(镇)。2005年4月28日，国务院批准原番禺区的南沙街、万顷沙镇、横沥镇、黄阁镇，灵山镇的庙南村、七一村和庙青村的部分区域，东涌镇庆盛村、沙公堡村、石排村的各一部分区域划出，设立广州市南沙区。番禺区辖19个街(镇)。2012年11月，原番禺区的大岗镇、东涌镇、榄核镇划归南沙区。番禺区辖16个街(镇)，总面积529.94平方公里。

番禺地处珠江三角洲腹地，东临狮子洋，与东莞市隔江相望，西界陈村水道、潭洲水道与佛山市南海区、顺德区相邻，北隔沥滘水道与广州市海珠区相接，南隔沙湾水道与南沙区相连。区内河网交错，水陆交通便利。番禺地理条件优越，是广东和珠江三角洲工业比较发达的地区之一。

番禺古代工业发端于原始社会。在石楼莲花山、钟村大乌岗、大石飘峰山等地的旧石器时代遗址所挖掘出的大量石制工具，足以说明先民们利用这些工具进行生产，从事采集、捕捞、狩猎等。他们已经有意识、有目的地制造工具并为己用。这在工业之路上迈出了第一步，因已具备了采掘、运用自然物质制造生产、生活资料的工业因素。由于主要是手工操作，因此称之为原始手工业。在南沙鹿颈村先秦遗址，出土了大批日用陶器、石器、骨器等生产、生活用品以及用兽骨和贝壳制成的装饰品，还发掘了一座约3000年前的先秦土坟，出土了一具保存基本完整的人骨，墓穴里留有空间放置随葬陶器，并有4件陶器放置于墓坑右下角。这说明了在先秦时期，番禺先民已经制作和使用陶器等工业品。

秦统一岭南后，秦王朝开始了对岭南的全面经略，实行郡县制，番禺成为南海郡郡治。秦王朝由于推行暴政，于公元前207年在农民起义风暴中被推翻。此时，龙川县令赵佗接受南海尉任嚣遗命，聚兵自守，建立南越王国，定都番禺。西汉元鼎六年(公元前111年)，南越国并归汉朝。此后，近两千年的王朝兴衰更替中，还大致遵循着秦汉时期的基本体制，直至近代鸦片战争前。基本稳定的大一统，为中国的政治、经济、文化诸方面奠定了基础，为工业发展提供了前提条件。

秦汉时期，番禺就是中国南方重要港市。《史记·货殖列传》说“番禺亦其一都会也”，把番禺列为全国九大都会之一。隋唐时期，番禺仍为全国贸易海港，国际的交流促进了工业生产的发展。宋元时期，全国政治经济中心南移，大批中原人士南来珠江三角洲，扎根民间，传播文化、科学技术，促进了珠江三角洲工业经济的发展。明清时期，珠江三角洲得以大规模开发，农业跃居全国先进行列。农业生产的进步带动了工业的发展。番禺工农业生产繁荣，工业生产技术也发展到新的水平。

1840年，中英鸦片战争爆发。战后，英美法等西方主要列强通过一系列不平等条约对中国进行经济侵略，在中国倾销工业品，对中国传统工业造成极大冲击。自鸦片战争到民国时期的100余年间，中国外患频繁，门户洞开，军阀混战，吏治腐败。一些有识之士提出“自强”“求富”的口号，发起“洋务运动”。在番禺地区，兴办了官营士敏土厂、枪械厂、船坞等新式工厂。民间也得风气之先，引进较先进的设备技术，如引进发电机以电力为工业能源，以“火绞”(碾米机)代替人力舂米，以机械代替畜力压榨甘蔗制糖，开办制造火柴的工厂等。另一方面，由于受洋货倾销影响，本地原有工业备受打击，或被淘汰，或在挣扎中谋求生存和发展，如纺织业、染布业等。

1919年，市桥几位商人合股创办“市桥福利电灯公司”。1929年，沙湾商人何厚艺等人合资兴办“沙湾电力厂”。1933年，官商合资办起“新造电灯有限公司”。这些小型电厂的电能主要用于夜间照明，还未能成为工业的能源，未能带动现代工业的发展。1934年，广东省政府在番禺兴建的市头糖厂和新造糖厂相继投产，其设备从外国引进，日榨蔗量共3200吨，是当时全国最大、设备最先进的甘蔗榨糖厂。抗日战争爆发后两厂被日军飞机多次轰炸，机器设备被运走。由于洋布的倾销，原来较有名的家机布和薯莨布日趋衰落。民国初期，禺南民田地区从事纺织业的农妇有2000多人，但至20世纪40年代，已少有人织布。市桥晒莨布业，最盛时(1920—1935年)有厂商120多家、从业者1000多人。抗战爆发后，由于原材料缺乏、销路阻塞，再加上洋布输入，莨布工商户剩下不到30家。战后一度恢复发展，不久又陷入困境，至1949年只剩下40多家。砖瓦制造等建筑材料生产虽不受洋货倾销影响，但其发展受经济盛衰制约，与经济同步起落。战时百业衰败，战后通货膨胀，严重影响了建筑材料生产的发展。粮食加工业则在清末引进米机后仍持续发展。抗战期间，顺德县陈村镇被日军飞机轰炸，南、番、顺一带的主要粮食市场移至番禺市桥，市桥的米机(碾米厂)发展至近百家。

民国时期，番禺经济仍以农业为主，工业基础薄弱。工业产品以本地群众生产、生活必需品为主，原料以本地资源为主，生产以人力手工操作为主。1949年，番禺全县工农业总产值8572万元(当年价)[①]，其中工业2520万元，农业6052万元，工业与农业的产值比例为30∶70，农业占主要地位。主要工业产品产量：年发电量14万千瓦时，红砖1338万块，火柴1万箱，毛巾5000打，加工大米5万吨，加工食油700吨，白酒300吨，红糖621担，薯莨布5.5万匹，酱料200吨，镰刀5万把。

新中国成立后，中国共产党和人民政府带领广大人民群众大力发展经济，工业生产发生了翻天覆地的变化。

20世纪50年代初的三年国民经济恢复时期，人民政府对原有的私营工业企业采取扶持政策，通过银行贷款和加工订货形式，使工业生产得以从萧条转趋兴旺，并解决不少工人的就业问题。在这期间，广东省制糖工业公司在番禺重建国营市头糖厂和新建国营紫坭糖厂，番禺县人民政府也接收了15家小型糖厂，经重组合并办起国营鱼窝头糖厂和地方国营沙湾第一糖厂、沙湾第二糖厂、灵山糖厂。从20世纪50年代中起，糖厂成为县内的骨干工业企业，糖业利税成为地方财政收入的主要来源。

从1954年开始，番禺县人民政府按照国家政策对私营工业、手工业进行社会主义改造，至1956年共组建起手工业合作社119个、生产小组55个，共3321人。对私营工业，先是“联营”，后是“合营”，采用“赎买”政策，按资产总额的5%作股息，计划分20年偿还给私营企业主。至1956年，共组成公私合营工业企业53家。工人较多的有晒莨业和砖瓦制造业，晒莨业企业初组成联营社，后改组为公私合营市桥晒莨厂，再发展为地方国营番禺染整厂。砖瓦制造业企业初期也是组成联营社，后改组为公私合营禺南砖瓦厂、公私合营南岗砖瓦厂(1958年1月划归广州)，后禺南砖瓦厂发展为地方国营番禺建材厂。经过对私营工业和手工业的改造，在工业领域内为社会主义经济初步奠定基础。

1958年9月，“大炼钢铁”之风吹至番禺。县政府按行业、战线分配任务，在市桥西坊晒布地设置土炉10多座，各墟镇也相继仿效，干部、职工、师生等轮班炼铁，夜以继日。当时，只从外地运回一些铁矿石和煤炭，缺燃料则砍伐树木烧炭，缺原料则从民间收集使用中的铁枝、铁锅。由于缺乏技术、设备，炼出来的多属无用的铁块(群众称之为“铁乌龟”)。“大跃进”之年，各公社墟镇办起的“工厂”多达数千家，制造插秧机、滚珠轴承等，还办沼气发电，多数没有效益，造成极大损失。后经调整保留下来并有所发展的主要有水泥厂、农机厂、电机厂和各农副产品加工厂。

20世纪60年代初，经过贯彻“调整、巩固、充实、提高”八字方针，番禺县关停了大部分在“大跃进”中仓促办起的工厂，巩固、充实和兴办了为农业生产服务的化肥厂、水泥厂、

① 番禺市统计局编：《番禺五十年》，第21页。

农药厂等企业。20世纪60年代初起，全县推进“茅寮改砖屋”工作，也推动了建材工业的发展。1961年，初步建起大电网，为工农业生产提供了新的能源，促进了生产力的发展。

“文化大革命”前期，工业生产受冲击，企业管理混乱，工业产值连续下降。20世纪70年代，国家提出各地兴办“五小”工业，加快实现农业机械化，社队企业有了一定的发展，番禺的工业生产有一定的回升。

新中国成立后的30年，番禺工业发展的特点是围绕农业的需要而发展。农业为工业提供原材料，如制糖的甘蔗、制砖的基泥、制纸的禾秆等。农村则是工业品的主要市场。这期间，可以销向县外的工业品主要有食糖、红砖、米粉、酱油，此外还有电筒、电机、纸张、胶鞋等。1978年全县工农业总产值50572万元①，其中工业总产值32422万元，农业总产值20422万元。工业产值与农业产值的比例，由1949年的30∶70，变成为1978年的40∶60。工业发展的速度明显快于农业。

中共十一届三中全会制定了改革开放政策。番禺坚持以经济建设为中心，大力调整产业结构，加快发展工业生产，发展外向型经济。20世纪80年代初开始兴办“三来一补”企业，发展中外合资、合作企业和外资独资企业，引进资金、技术、设备，带动了本地工业的发展，开拓了海外市场。同时大力发展乡镇工业企业和个体私营工业企业。乡镇工业异军突起，个体私营工业迅猛发展。

1994年起，中共番禺市委根据《中共中央关于建立社会主义市场经济体制若干问题的决定》提出的建立现代企业制度的要求，进行经济体制改革，逐步建立起“产权明晰、权责明确、政企分开、管理科学”的现代工业企业制度。通过体制改革，工业“活力增强，机制灵活，负担减少，经济发展”。2000年5月，番禺撤市设区，城市化进程加快。确立了“优二进三，内优外联，突出重点，建设先进工业强区”的工业发展定位，优化产业结构，运用先进、适用技术改造传统产业，加快先进制造业的发展，重点发展高新科技产业，引导工业聚集发展。2013年，番禺工业总产值达到1737.33亿元，比上年增长17.2%。其中，规模以上企业工业总产值1532.28亿元，比上年增长18.8%。形成了以通用设备制造业，电气机械制造业，汽车制造业，计算机、通信和其他电子设备制造业，金属制品制造业为代表的先进制造业五大行业。这五大行业实现规模以上工业总产值908.83亿元，占全区规模以上企业工业总产值的59.3%，成为番禺工业的支柱产业。民营工业实力增强，民营规模以上工业企业实现产值539.06亿元，比上年增长30.3%。

① 广州市番禺区统计局：《数字见证历史发展铸就辉煌》，2008.12.18，第26～30页。

第一章　古代工业的发展

番禺人民自古以来就善于利用丰富的天然资源，制造生产资料和生活资料。这些生产大都是以人力操作为主的传统手工业。手工业最先是以家庭副业的形式广泛地存在于个体农民的经济生活中。随着社会经济的发展，手工业脱离农业，形成独立的个体手工业户。其特点是以一家一户为单位生产和经营。以后，一些个体手工业户发展为手工业作坊和工厂手工业。在中国古代社会的手工业还有由中央和地方政府经营管理的官营手工业。官营手工业的经营范围各个时期不尽相同，主要包据采矿、冶铁、炼铜、铁器制造、煮盐、酿酒等。相比之下，官营手工业技术比较先进，资金充裕，分工较细。自秦至清，番禺大都为地方一、二、三级政权所在地，并曾为南越、南汉、南明等小朝廷之都，官营手工业占有较大比例。古代番禺手工业经历两千多年的发展，到鸦片战争前已形成了多个主要行业。

第一节　造船业

番禺地处水乡泽国，先民们在生产、生活中形成了习水便舟的传统。《淮南子・齐俗训》载：“胡人便于马，越人便于舟。”《越绝书》写到：“越人以船为车，以楫为马，往若飘风，去则难从。”《山海经》说：“番禺始为舟”。这都说明了番禺的先民已掌握了相对先进的造船技术和高超的航海术。

秦统一岭南后，番禺的经济得到较快发展，与中原地区的物资交流增多，从番禺征调的各种物品，像龙眼、荔枝、柑橘等水果，珍珠、玳瑁、象牙、犀角、香药等奇珍，都要靠水陆联运或从海路输入中原地带；中原物品主要靠珠江航道输入番禺。当时的水陆联运条件恶劣，“十里一置、五里一候，奔腾阻险，死者继路”[①]。这都要求有良好的水上交通工具以适应运输的需要，由此刺激了造船业的发展。1974年冬，广州发现了规模颇大的秦代造船工厂遗址，可建造长30米、宽8米、载重达30吨的平底木船。可见，秦代番禺已有大型的造船工厂。

汉代，番禺地区的造船技术已达到很高的水平。宋人沈怀远在《南越志》记载，“南越王造大舟，溺水三千”，这种南越舟“其大千石”（约合今25.5吨）。在广州南越王墓出土的羽人船纹铜提筩上，刻有四艘海船，每艘船有六人操舟，船身四周还游弋着海鱼、海龟和海鸟。这正是当时越人海上航行生活的写照。

---

① 《后汉书》卷4《和帝纪》。

1975 年试挖揭开的位于广州中山四路秦造船遗址 1 号船台东段

番禺工匠造船经验丰富，技术高超。1954 年在广州沙河顶出土的东汉陶船，结构复杂完备，船前系锚，船尾有舵。舱内横架八条梁担，分三个舱室，前舱低矮宽阔，中舱可居住，后舱为舵楼；船头有一小篷，作防浪用。特别是船尾舵作为定向工具，这是广州造船工匠的一大发明。① 这船模说明了在汉代番禺的造船业已走在全国的前列。当时，番禺地区还有良好的船材。屈大均说："古多以桂为舟。……盖古时番禺多桂。《山海经》云：贲隅之东，八桂生焉。故舟楫多采桂为之。故曰：番禺之桂，爰始为舟。"②

广州地区的考古资料和文献显示：汉代番禺已能制造用途不同的大小船只，其中主要有农用独木舟、小艇、交通游船、商货船、楼船、战船等。

三国时吴国丹阳太守万震的《南州异物志》载：广州等地的海船有 4 帆，"其四帆，不正前向，皆使邪(斜)移相聚，以取风吹。风后者激而向相射，亦并得风力。若急，则随宜增减之。邪张相取风，而无高危之虑，故行不避迅风激波，所以能疾"。③ 这种帆根据风向调整角度，随风力大小增减受风面积，操作方便，运转自如，克服了以往船舶只能顺风行驶的局限性，既为远洋航行提供充足动力，又为远距离安全航行创造了条件，是造船技术的一大进步。晋人裴渊《广州记》称广州"土人伐船为业，随树所在，就以成槽，皆去水运"④。所造之船具备锚、舵、帆、桅、棹、橹等部件，可在内河、沿海和远洋航行。东晋末年卢循起义，率军攻占广州后"新作八槽舰九枚，起四层，高十余丈"⑤。随后，卢循准备北伐，徐道覆短期内制造出数以百计的船只，"舟舰皆重楼"⑥。可见当时番禺造船能力之高。

隋唐时期，中国的经济、科技和文化全面繁荣，对外贸易活动空前活跃，广州成为了对外贸易的第一大港。兴旺的海外贸易带动了航海技术的发展，无论造船技术还是航

①《广州市文物志》编委会编著：《广州市文物志》，岭南美术出版社，1990 年 2 月版，第 118 页。
②屈大均：《广东新语》卷 25《木语》。
③转引自李昉等编：《太平御览》卷 771《舟部》。
④晋·裴渊：《广州记》载《艺文类聚》卷八十二。
⑤晋·李轨：《晋义熙起居注》。
⑥《晋书》卷八十五《列传》第五十五《何无忌传》。

海水平，都较前一时期有显著提高。这个时期，广州的官营造船工场规模较大，所造之船适用于江海交通运输的各种需要，战船尤为先进。据黄佐《广东通志》记载，唐德宗兴元元年(784 年)，杜佑为岭南节度使，在广州督造战船。战船分六种：有高如城垒的楼船；有船背蒙以皮革，不畏矢石的艨艟；有栅栏金鼓，专为战斗的斗舰；有行驶如飞的走舸；有供侦察用的快艇；有头低尾高、前大后小、两旁有浮板耐巨浪的海鹘。私营工厂所造船只也甚精良，以高级木料用铁钉连接铆牢，具有很强的抗风浪能力，适用于远洋航行。有的海船长达 20 余丈，载客 600 至 700 人。贞元间(785 ～ 805 年)，岭南节度使王锷经营海外贸易，“日发十余艇，重以犀象珠贝，称商货而出诸境。周以岁时，循环不绝”。[①] 这些海船就是在广州制造的。

宋代，番禺造船的技艺更趋成熟，采用当时最先进的榫合钉接法和精工细作的捻缝工艺，保障船体牢固坚密，且用料讲究。周去非在《岭外代答》说：“钦州海山，有奇材二种：一曰紫荆木，坚类铁石，色如燕脂，易直，合抱。以为栋梁，可数百年。一曰乌婪木，用以为大船之柂，极天下之妙也。蕃舶大如广厦，深涉南海，径数万里，千百人之命，直系于一柂。他产之柂，长不过三丈，以之持万斛之舟，犹可胜其任，以之持数万斛之蕃舶，卒遇大风于深海，未有不中折者。惟钦产缜理坚密，长几五丈。虽有恶风怒涛，截然不动，如以一丝引千钧于山岳震颓之地，真凌波之至宝也。此柂一双，在钦直钱数百缗，至番禺、温陵，价十倍矣。然得至其地者，亦十之一二，以材长，甚难海运故耳。”[②] 这里所说的“蕃舶”，并非外国船舶，而是远航国外的船舶。由于这些船要载着“千百人”和“数万斛”的货物出海，对船舶的质量要求相当高。为此，番禺造船工匠不惜高价购买“奇材”乌婪木以造船舵。船体结构以龙骨为主干，左右舷各有一根或数根与龙骨差不多强硬的木，在底部贯头彻尾，两侧向上架起抱染的肋骨，肋骨间铺木板，以构成船壳。船“下

1900 年巴黎世界博览会上展出“广船”模型。图为展出的一艘叫做“头艋”的模型，为清代著名的沿海帆船，较大的船长 10 丈，载重 50 万司斤，船体坚实，行驶快速。每船可安装火炮二三十门。

①《旧唐书》卷 151《王锷传》。

②宋·周去非著，杨武泉校注：《岭外代答校注》卷 6《器用门》之“柂”，中华书局 1999 年 9 月 1 版，第 219 ～ 220 页。

侧如刃”，以便破浪，上面有多层甲板。航海运用指南针，并使用升降平衡舵和水密舱，以保障船舶航行安全。

元朝造船业又有进一步的发展。造船基地主要集中在沿海沿江交通要冲，广州、泉州和明州三大海港，以制造海船著称。意大利旅行家鄂多立克于至治二年 (1322 年) 到广州，立即被广州密集的人口、繁荣的经济以及港口众多的船只所惊叹，在回忆录里写道 :“该城有数量极庞大的船舶，以致有人视为不足信。确实，整个意大利都没有这一个城的船只多。”[①] 摩洛哥旅行家伊本 · 拔图塔 (1304—1377) 于 1345 年到中国，游历了泉州、广州、大都、杭州等地，写下了《异域奇游胜览》。他将中国船只分成三大类：大的称作艟克 (Jonuk)，中者为艚 (Zao)，小者为轲舸姆 (Kakam)。大船有 10 帆，至少是 3 帆。每一大船役使 1000 人，其中海员 600，战士 400，包括弓箭射手和持盾战士以及发射石油弹战士。他说，此种巨船只有在中国的泉州和广州建造。

明清时期，广州地区造的船称为“广船”，是中国古代的重要船型，大而坚固。船的种类繁多。海船多用铁力木建造，坚固耐浸，底圆面高，下贴龙骨，转避灵活。大者长二十丈，适宜在山礁聚集、风涛险恶的南海海上航行。战船的种类较多、战斗力强：“沙船”，转折回旋灵活迅速，进退自如便捷；“白艚”，仿造福建沙船，在疾风巨浪中驾驶平稳；“唬船”，顺风扬布帆，逆风划桨，穿风破浪，威猛无比；“乌船”，敏捷如飞鸟，海战中追击，最为便捷；“渔船”，仿制渔民船为兵船，宜用于侦探，往来便捷。[②] 此外，还有“横江大哨”，设有望台，可凭高攻敌；船旁设有“芘篱，夹以松板，编以藤，蒙以犀甲绵被”，以防御敌方攻击；左右架佛郎机炮、磁炮、九龙信炮、蒺藜锡炮、霹子炮、神炮数重，以及火砖、灰罐、烟球等武器，炮可以旋转回环，首尾互为连用。“龙艇”，奋进如龙，最便攻击，船身轻快，吃水浅，速度惊人。[③] 渔民的缯船也很大。清初，番禺疍民李荣、周玉率众起义。“周玉、李荣皆番禺疍民，以捕鱼为业，所辖缯船数百，其上可设楼虏，列兵械，三帆八棹，冲涛若飞”[④]。这些船只多是市桥、沙湾制造。在内河航行的广船种类也很多。疍民以艇为家，所用的船称疍家艇，在江河摆渡的船称渡艇，水乡一带的农用小船俗称禾艇。在珠江游乐观赏的游船称舫。“飘风子”（有大小拨桨），大拨桨每船桨百余，小拨桨设五六十桨，人坐船内拨桨，行驶如飞。[⑤] 还有祀神的船，如大洲龙船、市桥凤船。屈大均说：“番禺大洲，有宣和 (宋徽宗年号，1119 ～ 1125 年) 龙舟遗制，是曰‘大洲龙船’。洲有神曰‘梁太保公’，盖以将作大匠，从宋幼帝航海而南者也。公将营宫殿于大洲，未成而没，村民感其忠，祠祀之。”大洲龙舟，“船长十余丈，广仅八尺，龙首尾刻画奋迅如生。荡桨儿列坐两旁，皆锡盔朱甲。中施锦幔，

①何高济译：《海屯行纪鄂多立克东游录沙哈鲁遣使中国记》，中华书局，1981 年 10 月版，第 64 页。
②根据万历《广东通志》卷 9《造船事略》。
③屈大均：《广东新语》卷 18《舟语 · 战船》。
④钮琇：《觚剩》卷七《粤觚上》。
⑤屈大均：《广东新语》卷 18《舟语 · 战船》。

上建五丈樯五。樯上有台阁二重，中有五轮阁一重，下有平台一重。每重有杂剧五十余种，童子凡八十余人，所扮者菩萨、天仙、大将军、文人、女伎之属，所服者冠裳、介胄、羽衣、衲帔、巾帼、褦襶之属，所执者刀槊、麾盖、旌旗、书策、佩帨之属。凡格斗、挑招、奔奏、坐立、偃仰之状，与夫扬袂、蹙裳、喜、惧、悲、恚之情，不一而足，成皆有声有色，尽态极妍。观者疑为乐部长积岁月练习，不知锦幔之中，操机之士之所为也。”营造这样华丽壮观的龙船往往要花 10 多年时间，所费“每一举贵金钱千计”。[①]1977 年，在大洲村出土一艘古船体，船长 43.6 米、宽 4 米，船外部为彩绘龙鳞，由红黄黑三色组成。经专家研究鉴定，该船为湮没已久的大洲龙船。市桥则以凤船奉天后，“凤船长十丈、阔丈三，首尾高举，两舷垂翼为舒敛，皆负殿宇，以奉天后，游各水乡。左右陈百戏，选娈童为之。复以巨舸载歌台，聘名梨园子弟登场，箫鼓发唱，波细风和，曲引将残，迟声再媚，起伏更递，愈出愈奇。”[②]乾隆《番禺县志》也载：“市桥凤船之制，用巨舰一，首尾装如凤样，两翅能舒能戢，中建神座亭，奉天后神。左右饰童孺，为宫嫔，画衣鼓乐以侍。”[③]

造船业的发展带动了相关行业的发展。民国《番禺县续志》载：“其次则造船，以河南为聚处，工厂八十间，另桯、缆、桨、橹约四十间，葵蓬、茭蓳约二十间。市桥、新洲等处亦均有之，但不及河南之盛。”

第二节　纺织业

据广东省博物馆对广东中部新石器时代遗址的探掘，所发现的遗存文物中有石纺轮、陶纺轮等，说明早在 4000 多年前，珠江三角洲地区居民已经懂得利用纤维，出现了原始纺织业。[④]后世文献记载包括广州地区在内的土著南越人以棉、麻、蕉、葛、竹、蚕丝等纤维为衣料，种类颇多。

一、麻布、蕉布

衣服是人类生活的必需用品。在棉布未普及以前，岭南人多利用植物纤维，如苎麻、黄麻、葛麻，甚至蕉茎、竹子等植物纤维作纺织原料，生产出葛布、麻布、蕉布、竹布等纺织品作衣料。屈大均《广东新语·货语》曰：“古时无木棉，皆以细麻为布，唯粤之苎则自上古已有。”织麻为布在岭南历史甚为古老，是古越人衣料之一，也是一种手

①屈大均:《广东新语》卷 18《舟语 · 大洲龙船》。
②清 · 檀萃著，杨伟群校点:《楚庭稗珠录》，广东人民出版社，1982 年 9 月版，第 53 页。
③(乾隆)《番禺县志》卷二〇《杂记》。
④转引自佛山地区革命委员会《珠江三角洲农业志》编写组:《珠江三角洲农业志(初稿)· 五》，1976 年。

工业品。麻布有多种类，《汉书·地理志》说，粤地“处近海，多犀、象、玳瑁、珠玑、银、铜、果、布之凑，中国往商贾者，多取富焉。番禺其一都会也”。其中的布，韦昭认为是葛布，颜师古认为包括诸杂细布。汉代以后，岭南的织布技术在国内已处于领先地位，并能生产“練”这种布中的珍品。練是采用苎麻中特别洁白细长纤维织成的十分精美、轻薄的布，一端八丈卷入小竹筒尚有余地，故又名为“入筒细布”。这种布产量很少，作为贡物献给朝廷。后来南朝宋武帝刘裕认为入筒细布“精丽劳人”，下令禁止岭南再生产入筒细布。《南史·宋本纪（上）》记载：“广州尝献入筒细布，一端八丈，帝恶其精丽劳人，即付有司弹太守，以布还之，并制岭南禁作此布”。以麻为原料的布种类很多，其中络布颇闻名，其制作工艺也一直延续下来。清同治《番禺县志》说：“络布一名都布，以络麻为之。”范端昂在《粤中见闻》中说：“番禺江村络布独佳。其细者当暑服之，凉爽无油汗气。凉之柔熟，可以御冬。”①

番禺先民很早就利用芭蕉纤维织布，故蕉布也很有名。汉代杨孚《异物志》记述用以织布的芭蕉：“叶大如筵席，其茎如芋，取镬煮之，为丝，可纺绩，女功以为絺绤”②。但并不是所有蕉树都能织布，可以织布的称作“蕉麻”。屈大均说：“蕉类不一，其可为布者曰‘蕉麻’，山生或田种，以蕉身熟踏之，煮以纯灰水，漂澼令干，乃绩为布。本蕉也，而曰‘蕉麻’，以其为用如麻……广人颇重蕉布。”③蕉麻纤维发达，坚韧、有光泽、耐水浸，可供纺织成多种产品，以夏布为大宗。蕉布织造精巧，宜于夏天穿着，轻而爽身，薄而透气。汉代以后，蕉布长期作为岭南进贡中原王朝的重要物品。宋代周去非在《岭外代答》说：“水蕉，不结实，南人取之为麻缕。片干灰煮，用以织缉。布之细者，一匹值钱数缗。”④所以有说：“粤为蕉国，土人多种之，根供蔬，实耳，丝以为布，故曰衣蕉食蕉也”⑤。

二、棉　布

广东是中国植棉较早的地区之一，所种的棉花，是一种多年生的树状棉花，古代叫木棉。东汉杨孚所撰的《异物志》记载：“木棉树高大，其实如酒杯，皮薄，中有如丝棉者，色正白，破一实可得数斤。广州、日南、交趾、合浦皆有之。”⑥这是最早叙述广州地区植棉的史料。裴渊的《广州记》也有所说明：“蛮夷不蚕，采木棉为絮，皮员

①清·范端昂撰，汤志岳校注:《粤中见闻》，广东高等教育出版社 1988 年 7 月版第 261 页。
②《南越五主传及其它七种》，广东人民出版社，1982 年 7 月版，第 46 页。
③屈大均:《广东新语·货语》之“葛布”。
④宋·周去非著，杨武泉校注：《岭外代答校注》卷 8《花木门》之“水蕉”，中华书局 1999 年 9 月 1 版，第 219 ~ 220 页。
⑤陈峰:《宋元以来广东的棉业》，载《农史研究》（第六辑），1985 年，第 87 页。
⑥《南越五主传及其它七种》，广东人民出版社，1982 年 7 月版，第 43 页。

当竹，剥古绿藤，绩以为布。”[①] 织布的木棉不是现在我们常见的高大的木棉，而是一种多年生灌木状的树棉，又叫木本棉花。裴氏在《广州记》中描述了木棉的形状：“枝似桐枝，叶似胡桃而稍大，出交广二州”[②]。古时，广州地区群众就采摘这种棉絮织布，所织的布称为白氎布，唐代白居易有诗云：“白氎家家织，红蕉处处栽。”[③]

宋时，广州地区已经种植草本棉花。这种棉花，是原产印度的一年生亚洲棉，经东南亚传入海南，再传入大陆。至宋朝，广州一带已盛行。一些书籍还称为“木棉”，又称“古贝”或“吉贝”。宋·彭乘《墨客挥犀》云：“闽岭已南多木棉，土人竞植之，采花为布，号为贝布”[④]。广州地区种植草本棉花已很普遍，棉纺织很盛行。宋·王明清《补辑熙丰日历》记载了元丰初年广州知府陈绎之子陈彦辅纵容军人织造木棉获罪的情况，说明宋神宗 (1068—1085) 时，广州的棉织业已经相当发达。

明清时期，番禺纺织业尤为兴旺。屈大均说：“惟下番禺诸乡，其俗微重朴勤，能尽地力，早禾田两获之。余则莳菜为油，种三蓝以染绀，或树黄姜、𦷐麦，或蔓菁、番薯。大禾田既获，则以海水淋秆烧盐。其平阜高冈，亦多有荻蔗、吉贝、麻、豆、排草、零香、果蓏之植。”[⑤] 康熙《番禺县志》详细地记载了番禺人种植棉花 (吉贝) 用以纺纱织布的情况：“吉贝，二月种，其核五六粒一坎，以土掩之；五月生黄花结子，壳内藏四房或二三房，烈日中房开而绵花垂下叶干间，洁白如雪；六月时俱开，遇雨则绵不露，开时忌之。妇人绞去其核，纺以积布。”[⑥] 番禺棉花种植“以产大小箍围者良。”“绵布有新造机、水坑机、市桥机、傍江机，皆即其地所出以为名。其妇女纺绵，织以自用者，坚厚耐久，曰家机。卐字布出沙湾司紫泥乡，其布先纺绵纱二缕，复合纺为一缕，织为连环卐字，视家机布尤细密。”[⑦] 在河南织造机房有百余间。[⑧] 随着棉纺织业的发展，棉花生产不足以供应本地之需，要从外地购入大量棉花。清人褚华在《木棉谱》记载了清初广东、福建商人在江苏购入棉花的情况：“闽粤人于二三月载糖霜来，秋则不买布而止 (只) 买花，衣以归，楼船千百者装布囊累累，彼中自能纺织也。”

三、丝织品

学术界目前认为蚕桑生产自汉代传入岭南，珠江三角洲地区的丝织业也随之出现。番禺是南越国的都城，丝织业织造水平较高。南越王墓中的丝织品十分丰富，在广州汉

①晋 · 裴渊:《广州记》，载《艺文类聚》卷八十五。
②晋 · 裴渊:《广州记》，载《艺文类聚》卷八十五。
③唐 · 白居易:《送客春游岭南二十韵序》。
④宋 · 彭乘:《墨客挥犀》《说郭卷》三十四。
⑤屈大均:《广东新语》卷十四《食语 · 谷》。
⑥康熙《番禺县志》卷一五《气候 · 物产附》。
⑦同治《番禺县志》卷七《舆地略五 · 物产》。
⑧民国《番禺县续志》卷十二《实业志 · 工商业》。

墓中也曾发现不少丝织品残件。这些丝织品大都集中于王侯贵族之墓，说明当时的丝绸十分珍贵。南越国灭亡后，番禺丝织业从宫廷走向民间。大量中原移民入粤，以及富室官宦的需求，丝织生产有了较大发展。《汉书·地理志》说：广州地区“男子耕农，种禾稻、苎麻，女子桑蚕、织绩。”养蚕纺织成为了妇女的主要生产劳动。建安(196—220年)中，交州刺史步骘到南海郡时，观察土地形势，看到“尉佗旧治处，负山带海，博敞渺目，高则桑土，低则沃衍”①。番禺在高地种桑以养蚕，发展丝织业。唐代，番禺“贾胡蛮蜑杂处往来，壤土绕沃，田稻再熟，桑蚕五收。”②唐乾符六年(879年)，黄巢起义军攻占广州，镇压了一批恶吏、豪强，但也成批杀害在广州的“蕃商”，打击了农业生产和海外贸易，致使“农桑失业”③。

明清时期，番禺蚕桑面积扩大，“沙湾、市桥、韦涌、石壁、东滘等处，均有桑基，以种桑饲蚕为业”④，“蚕岁七熟，闰则八熟”⑤。广州地区出产大量的生丝，加上外省蚕丝的源源输入，使广州的丝织业有了新的发展。特别在明代中叶以后，外贸迅猛发展，广州成为全国丝织产品的转运中心，丝织品源源输出国外。虽然广丝色泽比吴丝、湖丝暗淡，但广州地区人民取长补短，以本地丝与湖丝、吴丝混合而织，从而织造出国内最佳的丝织品。丝织品中有纯丝，亦有以棉和麻兼织的产品，以棉经者曰兼丝，以麻经者曰麻经，产品种类繁多。“广纱甲于天下，缎次之。”⑥嘉靖年间(1522—1566年)，丝织行业已细分为十八行，生产出牛郎丝、官纱、扁金蟒袍、花绫、幅绫、金彩、灯笼纱等多种多样的丝织品。“广之线纱与郎绸、五丝、八丝、云缎、光缎，皆为岭外、京华、东西二洋所贵。”⑦广州的丝织业繁荣，其生产技术已跃居全国的先进行列，丝织生产为纯粹的商品经营方式，许多产品专门为输出国外而生产。“他们有机会按照他们的特殊需要定制货品，规定出丝绸的宽度、长度、花样、重量，以适合日本、东印度和葡萄牙市场的需要。”⑧

棉织、丝织业的发展带动了漂染业和相关行业的发展。如薯莨漂染绸、布等纺织品，同治《番禺县志》载:“薯莨，市桥始用以染绸，近又多用捻子树捣胶充染，以为当暑常服。”其他如染色行、复染行、浆缎行、丝绒行、制帽行、唐鞋行、布袜行、成衣行以及印花、晒布、布扣、头绳等行业，也相继兴旺起来。

①北魏·郦道元:《水经注·泿水》。
②明·嘉靖《广东通志》。
③《新唐书·僖宗传》。
④民国《番禺县续志》卷十二《实业志·树艺附》。
⑤屈大均:《广东新语》卷24《虫语·八蚕》。
⑥乾隆《广州府志》引嘉靖《广州府志》。
⑦屈大均:《广东新语》卷15《货语·纱缎》。
⑧《荷兰贸易史》，转引自黄启臣主编:《广东海上丝绸之路史》，广东出版社2003年版，第374页。

第三节　食品加工业

番禺食品加工业种类繁多，如制糖、酿酒、干果等。其中以制糖业最为著名。

一、制糖业

中国是甘蔗种植最早的国家之一。早期人们利用甘蔗榨汁饮用和作水果生啖。屈原的《楚辞·招魂》中有“胹鳖炮羔，有柘浆些”[①]，“柘浆”就是甘蔗浆。《汉书·礼乐志》载：“百味旨酒布兰生，泰尊柘浆析朝酲”。西汉时期，人们用甘蔗浆解酒。

东汉杨孚《异物志》中记录了当时用甘蔗制成“糖饴”和“石蜜”的情况：“甘蔗，远近皆有。交趾所产甘蔗特醇好，本末无薄厚，其味至均；围数寸，长丈余，颇似竹，斩而食之既甘，迮取汁如饴饧，名之曰糖，益复珍也。又煎而曝之，既凝而冰，破如砖，其食之入口消释，时人谓之石蜜者也。”[②]“石蜜”是广受欢迎的粗加工甘蔗糖制品。南北朝时，来我国翻译佛经的伽跋陀罗，在他的《善见律毗婆沙论》中记载了广州出产石蜜的具体情况：“广州土境有黑石蜜，是甘蔗糖，坚强如石，是名石蜜。”[③]南北朝时，广州地区已经能生产“砂糖”。南朝陶宏景在《名医别录》说：甘蔗，“广州一种数年生，皆大如竹，长丈余，取汁为砂糖，甚益人。”这里所说的“砂糖”并不是现在的结晶白砂糖，只是打碎了成为砂状粉末的石蜜。东汉张衡在《七辩》中就指出“砂饧、石蜜乃其等类”。

宋代，番禺制糖技术有了新的发展，以制作“糖霜”闻名，并成为我国五大制糖基地之一。南宋王灼在《糖霜谱》中说：“糖霜，一名糖冰。福唐、四明、番禺、广汉、遂宁有之……至结蔗为霜，则中国之大止此五郡”。据《糖霜谱》中记载，糖霜制作过程是：将榨出的蔗汁，煮至“六七分熟”，装入瓮“歇三日”，再煮至“九分熟，稠如饴”，在“稠如饴”的糖水瓮中插入竹片，由其自然结晶而生长成糖霜。制作糖霜的关键在于蔗汁的熬制，经过两次蒸煮的蔗汁才能最大限度地排除水分，制造出合格的糖霜。蔗汁熬制不好，会出现不能成霜的情况，这时糖户只好将成瓮的熬制过的蔗汁卖给人家制粗糖。由此可见，糖霜的制作技术比较复杂。制好的糖霜用“干大小麦铺瓮底，麦上安竹篼，密排笋皮，盛贮绵絮，复篼，簸箕覆瓮”。在“瓶底着石灰数小块，隔纸盛贮，原封瓶口”，即“可以寄远”。[④]“糖霜”是一种自然结晶而成、细如沙的霜样结晶糖，具有脱水结晶、质轻干燥、不易变质、耐储存等特点。

制糖技术从“迮取汁为饴饧”，“又煎而曝之”制成“石蜜”，再到“结蔗为霜”，

①洪兴祖:《楚辞补注》，中华书局 1983 年版，第 208 页。

②《南越五主传及其它七种》，广东人民出版社 1982 年 7 月版，第 46 页。

③转引自季羡林：《古代印度砂糖的制造和使用》，《历史研究》1984 年第 1 期。

④王灼:《糖霜谱》第四、五。

是制糖技术的大突破，它有力地推动了甘蔗种植和糖业生产的较大发展。

明代中叶后，种蔗制糖已经成为番禺经济的重要组成部分。蔗田“连冈接阜，一望从若芦苇，然皮坚节促不可食，惟以榨糖。糖之利甚溥，粤人开糖房者多以致富，盖番禺、东莞、增城糖居十之四”①。“榨时，上农一人一寮，中农五之，下农八之十之。以荔支木为两辘，辘辘相比若磨然，长大各三四尺，辘中余一空隙，投蔗其中，驾以三牛之牯，辘旋转则蔗汁洋溢。辘在盘上，汁流槽中，然后煮炼成饴。其浊而黑者曰黑片糖，清而黄者曰黄片糖。一清者曰赤沙糖，双清者曰白沙糖，次清而近黑者曰瀵尾。最白者以日曝之，细若粉雪，售于东西二洋，曰洋糖。次白者售于天下，其凝结成大块者，坚而莹，黄白相间，曰冰糖，亦曰糖霜。”② 从屈大均的记载可知，明清时期的制糖技术又比宋元时期有了很大的进步。一是制糖工具比宋元时有了较大的突破，就是发明了“糖车”。明代宋应星在《天工开物》一书中记载了“糖车”的制作方法和使用功能。与屈大均所说的“以荔支木为两辘，辘辘相比若磨然”基本相同。其先进之处就是运用畜力拉动二辘以榨蔗，既省力又能使甘蔗的出汁率大增。明清时代乃至民国初年，均使用这种榨蔗技术，这一发明对制糖业是个重大的促进。二是制糖技术的突破，掌握了制造白糖和冰糖的技术。宋应星在《天工开物》对白糖的制法有比较详细的记载：煮好的糖液“将桶盛贮，凝成黑沙。然后，以瓦溜置缸上。其溜上宽下尖，底有一小孔，将草塞住，倾桶中黑沙于内。待黑沙结定，然后去桶中塞草，用黄泥水淋下。其中黑滓入缸内，溜内尽成白霜。最上一层厚五寸许，洁白异常，名曰西洋糖。下者稍黄褐。”③ 宋应星第一次在理论上总结了造白糖的技术“黄泥水淋法”。制作冰糖则是“造洋糖者，将洋糖煎化，蛋清澄去浮滓，候视火色。将新青竹破成篾片，寸斩撒入其中。经过一宵，即成天然冰块。”④ 这是在白糖的基础上，利用蛋白加热后能凝固除杂质的特点，掌握好水火的时间与

清代番禺的糖寮。传统的糖寮生产一般为季节性、临时性，以牛作动力，使用石碌或硬木造成的牯辘压榨甘蔗提取蔗汁，然后放入铁锅加温煮稠、除杂，过滤，最后制成片糖或砂糖。

①屈大均:《广东新语》卷 27《草语 · 蔗》。
②屈大均:《广东新语》卷 27《草语 · 蔗》。
③《天工开物》第 6 卷《甘嗜》。
④《天工开物》第 6 卷《甘嗜》。

温度，加工制作而成。

制糖的程序，宋应星在《天工开物》中记载，甘蔗经过至少三次压榨，然后“取汁煎糖，并列三锅如品字”，进行煮炼。一般是先将蔗汁倒在第一只锅里煎熬，放入少许石灰以中和糖汁的酸性。待煮到一定时候，又倒至第二、第三个铁锅煮。在第三个锅中又加上点油脂，以压低糖浆的沸腾。每过一锅，水分蒸发，糖分愈浓。其间，煮糖者随时撇去糖液上的浮泡，掌握糖汁的浓度和火候，直到熬成糖浆，盛至箕锅中，由师傅打沙，然后倒入糖床席上用棒条拖薄，使之均匀。待糖浆冷却凝固变硬成糖，最后用利针分割成片糖。这种制糖方法一直沿用至民国初年，一些地方沿用至新中国成立后。

其时糖寮遍布番禺全县乡村，“糖户家家晒糖，以漏滴去水，仓囤贮之。春以糖本分与种蔗之农，冬而收其糖利。旧糖未消，新糖复积，开糖房者多以是致富。”①番禺成为蔗糖生产基地，产品销往吴越京津等地以及出口到东南亚和欧洲。明崇祯十年(1637年)英国“凯瑟琳号”驶回伦敦，装运有从广州购买的白糖 12086 担、冰糖 500 担。②

二、其他食品加工业

（一）酿酒业

番禺酿酒有悠久的历史。秦汉时期，番禺的酿酒业已较为出色。在番禺汉墓出土的陶器有不少盛酒的器皿，如温酒樽、提筒、壶等，还有各种饮酒用的卮、陶杯等，可见当时番禺人嗜好饮酒。历代封建王朝对酒业加以限制，甚至禁止民间私自酿酒，由官府统管酿造，对酒类实行专卖，称之为“酒榷”。由于岭南地多瘴气，当时人们认为饮酒以驱瘴疾，故朝廷对岭南地区酿酒不加限制，酒榷也没有在番禺推行，番禺酿酒业得以发展。酒的种类颇多，有米酒、糯米酒等，还有文草制作的酒。杨孚说：“文草作酒，其味甚美。土人用金买草，不言贵也。”③

唐代，番禺地区人嗜酒成风，酿酒业也很发达。刘恂《岭表录异》说：“广州人多好酒，晚市散，男儿女人倒载者，日有二三十辈。生酒行郎，两面罗列皆是女人，招呼鄙夫，先令尝酒，盎上白瓷瓯谓之瓿，一瓿三文，不持一钱，来去尝酒致醉者，当垆妪但笑弄而已。盖酒贱之故也。”刘恂还记录了民间以草药制曲的酿酒方法：“南中酝酒，即先用诸药别淘，漉粳米，晒干；旋入药和米，捣熟，即绿粉矣。热水溲而团之，形如餢飳，以指中心刺作一窍，布放箪席上，以枸杞叶攒罨之。其体候好弱。一如造麹法。既而以藤篾贯之，悬于烟火之上。每酝，一年用几个饼子，固有恒准矣。南中地暖，春冬七日熟，秋夏五日熟。既熟，贮以瓦瓮，用粪埽火烧之。”④

①屈大均:《广东新语》卷 14《食语·糖》。

②(美)马士著，区宗华译，林树惠、章文钦校：《东印度公司对华贸易编年史》卷一，中山大学出版社 1991 年版，第 27 页。

③《南越五主传及其它七种》，广东人民出版社，1982 年 7 月版，第 34 页。

④刘恂:《岭表录异》卷上。

明清时期，番禺酿酒业更为发展。屈大均说："粤地故多灵泉甘液，终年花果鲜美芬芳，而当时人民饶裕，户户为酒，争以奇异相高"[①]。在酿酒业中，人们多以花木入酒。"大抵粤中花木，多禀阳明之德，色多大红，气多香，红以补血，香以和中，故无不以为酒者。龙眼之篘，橘之冻，蒲桃之冬白，仙茅之春红，桂之月月黄，荔支之烧春，皆酒中之圣贤也。"[②]酒的级别也多，"广人谓烧酒新出甑者，曰'酒头'；以水参之，曰'和酒'。和酒贫者之饮，市上所酤，以细饼为良，大饼次之，号曰'细饼烧''大饼烧'"。[③]明朝澳门开埠后，大批洋酒输入。"饮西洋酒，味醇浓，注玻璃杯中，色若琥珀。"[④]"然洋酒价昂，且饮者多好土酒，故蒸酒之业，尚能维持现状。"[⑤]

（二）榨油业

油是日常生活用品，但官营手工业并不见有榨油业的记录，说明古代榨油业主要是民间经营。油的种类很多，番禺所产基本是花生油，以花生榨油发展较早。张之洞说："粤省民间，素用花生油。山田硗确，多种杂粮，而花生之利为最。山农贫苦，依此为生。花生既收，必须榨制，工作万千，藉尾糊口。即榨油所余之花生枯，如北方之豆饼，用以粪田种蔗，取资甚多，为利甚厚，所资亦复不赀。故土产之货花生油、花生枯（麸）为大宗"[⑥]。古代榨油业主要是手工作坊式生产，用人力楔式压榨，设备简单。番禺的榨油作坊大多只有1条木榨，几名工人，炒、碾、蒸、榨都由这几名工人操作。至清代，榨油业已相对集中。"沙湾司之钟村、平山、谢村、诜敦，茭塘司之花地、员岗、南村、新造、新洲、黄埔、深井，鹿步司之东圃，慕德里司之竹料、高塘，均为生油之出产地。菜油、豆油、茶油、桐油，亦出于此，但所出甚少。竹料生油得名最早，油榨之多则以钟村为最。"[⑦]

（三）制酱、果菜加工业

制酱和果菜加工在番禺都有悠久的历史，均是小规模的手工作坊生产，设备简单，几个工人手工操作，天然晒制。番禺各墟镇大都有制酱作坊，生产、销售酱油、白醋、甜醋、辣椒酱、豆酱、豆豉等。也有一些名牌产品，如市桥的"宝鼎牌鲜虾抽""矢轮牌草菇抽""鸡唛油榄豉"等。

果菜加工业遍布村镇，既有专业作坊，更多的是农家副业。加工经营品类，因各地特产和传统习惯而异。禺东萝岗一带，以加工晒制青梅、荔枝干、白榄等果品为主。禺南地区，南村、新造、化龙一带均种植乌榄树，收成季节，农家多腌制榄豉自食或出售，

---

①屈大均:《广东新语》卷14《食语·酒》。

②屈大均:《广东新语》卷14《食语·酒》。

③屈大均:《广东新语》卷14《食语·酒》。

④明·叶权:《贤博篇·游岭南记》。

⑤民国《番禺县续志》卷十二《实业志·工商业》。

⑥张之洞:《光绪十三年四月二十三日致总署》，载苑书义、孙华峰、李秉新主编《张之洞全集》（第12册），河北人民出版社，1998年8月版第10220页。

⑦民国《番禺县续志》卷十二《实业志·工商业》。

农家妇女还以斩榄核取榄仁为副业。钟村则多加工蜜饯糖果，蜜饯杨挑、糖梅等颇有名。蔬菜加工主要有晒制菜干，腌制萝卜、切菜、头菜、咸菜。“坑头、上梅坑、南村、罗边、市头、曾边及南亭一带，每年十月至翌年正月，多于田间搭盖茅寮制造切菜，东、西、北三江均有销路，亦有远销南洋、金山埠者；又或腌制头菜、咸菜，运往各属售之。沙湾、赤沙、白鹤洲、坑口、大园等乡，亦多头菜、咸菜之业，生意均佳。赤沙之咸菜，且能操纵市价。”①

此外，“燕塘一带，多制腐竹，产额亦富，担这入城，络绎不绝。”一些地方独具特色的食品也有名，如“沙湾之白饼、大石之腐乳、沙河之粉”等。②这些地方食品加工，都是以手工作坊形式或家庭副业形式生产。

第四节　陶瓷业

制陶业是人类最伟大的发明创造之一，它标志着人类懂得进一步利用火改变自然物的性质，制造生活用具以提高生活素质，使人类文明走向一个新的阶段，彻底摆脱茹毛饮血、悬挂烧烤的原始状态，迈入炊煮饮食的新纪元。

番禺先民很早就懂得制陶。20 世纪 90 年代初在南沙鹿颈村发现一批石器和各种印花陶片。经考古勘探发掘，这是一处新石器晚期到商代中晚期的遗存，出土了大量陶器、石器、骨器等生产、生活用品和一些由兽牙和贝壳制成的装饰品。在新石器晚期遗存中出土的陶片质地以夹砂陶占绝大多数，多黑胎，灰色或灰褐色，纹饰以绳纹为主，器型以卷沿或折叠的圜底釜为多。泥质陶数量较少，其中灰陶较多，其次是橙黄陶。纹饰有绳纹、较为凌乱的曲折纹以及双线方格填十字纹等。可辨器型主要是高领鼓腹圜底或圜底加扁圈足的罐等。在商代遗存中出土的陶器仍以夹砂陶为主，但泥质陶比例显著增加。夹砂陶以侈口卷沿或折沿的圜底釜和罐占绝大多数，其次是圈足豆和圜底钵等，支脚和支座也不少。纹饰主要是绳纹、交错绳纹、方格纹、刻划的水波纹，等等。泥

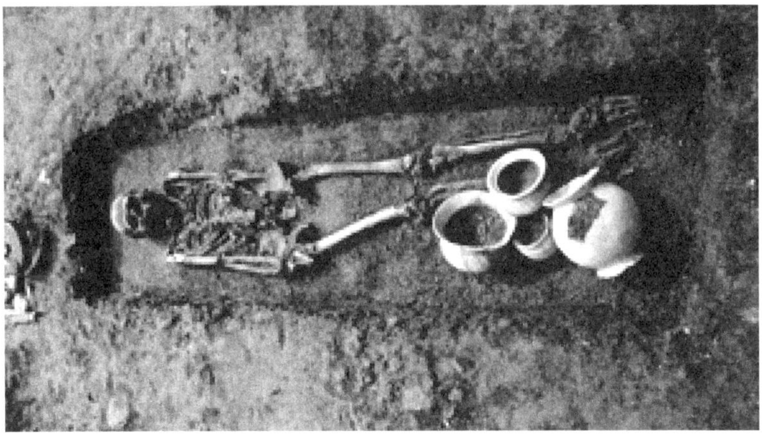

南沙先秦遗址墓穴中的人体骨架和陪葬陶器

①民国《番禺县续志》卷十二《实业志 · 工商业》。
②民国《番禺县续志》卷十二《实业志 · 工商业》。

质陶种类较多，有大口卷沿折肩的圈足罐、小口广肩鼓腹的圈足尊、圈足豆。纹饰丰富多样，但以几何形纹占大多数，其中又以曲折纹为主，其次是方格纹、回字纹、勾连云雷纹、席纹，等等。从鹿颈村出土的新石器晚期到商代中晚期遗存陶器说明，番禺地区的陶器也在新石器时代出现，并随着社会的发展，陶器的质地不断提高。

秦汉时期番禺地区的陶器制造有了新的发展。据 20 世纪 90 年代在禺南 (今番禺区) 的崩沙岗、大石、沙头、屏山、员岗 5 个地点发掘的 34 座汉墓，出土随葬器物 1139 件，其中陶器 1003 件，占随葬品总数的 88%。其中釉陶占大多数。器形有罐、瓮、壶、三足釜、细颈瓶、温酒樽、簋、鼎、提筒、盆、豆、碗、卮、魁、勺、耳杯、钵、奁、案、熏护、烛台、灯、套盒、盒、盂、灶、釜、甑、井、仓、囷、屋、船、车、水田、扶桑树、俑、镇墓兽、牛、羊、猪、狗、鸡、鸭、鹅、纺轮、陶拍、器盖等 48 种。陶质基本上都是泥质，仅个别夹杂少量的砂粒。多为硬陶，火候较高，以浅灰胎、灰黄胎为主，其次是灰胎等。少量泥质软陶，质地较差，火候低，为灰红、橙红、红黄、黄白等色，多属模型及个别罐、耳杯、俑和案等器形。部分器物表饰陶衣，硬陶多数施釉，大部分釉已脱落。釉色以黄褐釉和酱褐釉为主，有聚釉和滴釉现象，釉层厚薄不匀，部分存开片裂纹，釉厚处色浓，釉薄处色淡。少量黄绿釉，釉层薄而晶莹，多已脱落。施釉的方法，主要是蘸釉，少量为刷釉，大部分器物口沿及外壁施釉。制法以轮制为主，还有手捏、模制等多种，个别的器物是集几种制作手艺于一体。器物表面多施有纹饰，有的单施一种纹样，有的施几种不同纹饰。纹饰的制作有模印、拍印、压印、戳刺、刻划、镂孔、捏塑等多种工艺，每种工艺均在坯胎未干时进行。纹饰种类有刻划纹、戳刺篦点纹、拍印纹、压印纹、镂孔和捏塑等几种。[①] 此外，在番禺地区不同地方不同时期发掘的汉墓出土了大量陶器。如位于广州东郊沙河十九路军坟场西南的东汉墓，1955 年被发现，该墓早期虽然被盗，但劫余器物还不少，其中陶器有 150 多件，胎质坚致，有的挂釉匀薄，呈青白色，已近于瓷器。陶器种类繁多，除一般容器、食器、炊器外，还有城堡、屋、仓、井、灶、坐俑、侍俑、乐舞俑、镇墓俑、牲畜及车船模型。[②]

从汉墓出土的大量陶器说明，在汉代制陶业非常盛行。这些陶器既有大量实用器，如瓮、罐、壶、三足釜、簋、熏炉等，也有专门为随葬而制作的明器、模型器，如屋、仓、井、灶、车、船、水田及人俑、各种动物俑、镇墓兽、扶桑树等。大多为泥质硬陶，胎质坚实细密，烧成温度高；器物种类繁多，器形各异，一些模型明器形象逼真，惟妙惟肖。这都说明了当时的陶器制作已达到了很高的工艺水平。

在魏晋南北朝期间，番禺地区没有出现像北方那样的战乱，社会经济和文化较平稳。陶瓷生产技术和工艺水平有很大进步，出现了青瓷。1981 年 4 月在广州市东郊沙河永福村发掘的西晋太熙元年 (290 年) 墓，出土青釉器 55 件。这些青釉器胎质坚硬，灰白色，

① 参阅广州市文物考古研究所、广州市番禺区文管会办公室编：《番禺汉墓》，科学出版社，2006 年 8 月版。

② 《广州市文物志》编委会编著：《广州市文物志》，岭南美术出版社，1990 年 2 月版，第 117 页。

但未完全瓷化。[①]1954年10月，在广州北站西侧孖岗发现的西晋墓（墓砖铭文有“永嘉”纪年）出土青釉陶器19件，有罐、盂、碗、灯等，胎质灰白色，火候很高。这说明广州地区已烧造青瓷器。[②]

南村镇沙边村宋代“龙窑”遗址

唐代广州地区陶瓷烧制的质量有了很大提高。刘恂记载：“广州陶家皆作土锅镬，烧热，以土油（釉）之，其洁净则愈于铁器，尤宜煮药。”[③]在小谷围岛的五代南汉时期的康陵、德陵出土了大批青瓷器和釉陶器。在德陵出土青瓷罐190件、釉陶罐82件，合共272件。青瓷罐釉色有天青、淡黄等，釉质有些保存完好，烧结度高；有些见冰裂纹，部分已脱落。釉陶罐胎质软，多呈灰黄色，外施绿色低温釉，多已脱落。在康陵出土的瓷器有罐、盒、碗、碟等，以罐居多，均为灰白胎或土黄胎，施青釉、青灰釉、绿釉等。陶器有罐、碗、水果象生等。水果象生有22件，包括香蕉、木瓜、菠萝、柿子、桃、慈姑、荸荠等，多为岭南本地物种。二陵出土的瓷器和陶器都是南汉皇帝的宫中用品，其胎质坚实，釉色青中闪灰，晶莹透亮。生果象生至今依然色泽自然、栩栩如生。这些都是五代时期陶瓷中的上品，是广州地区官窑制品无疑。[④]

宋代结束了唐末的动乱和南汉刘氏政权半个多世纪的统治，社会基本安定下来。社会经济文化发展对陶瓷器皿的需求增加，且对外贸易发展，陶瓷成为当时最重要的商贸物品，促使陶瓷业蓬勃发展。广东的陶瓷生产进入了发展高峰，窑场分布广，工艺水平提高，器物种类多，釉色绚丽多彩。番禺的陶瓷生产也步入全盛时期，河南瑶头村（现属广州市海珠区）成为了陶瓷生产基地；沙墟村瓦窑岗南面临海，有古河道相通，水上交通甚为便利，陶瓷原料蕴藏丰富，人们在此建窑烧制陶瓷。南村沙边村至今还保留下宋代古窑遗址。

沙边村是南村镇市头村辖下的一个古老自然村，当地流传有“先有沙边，后有市头”的说法。沙边村有上沙边和下沙边两个居民点，分布在珠江主航道南岸、狭窄而略似三

①《广州市文物志》编委会编著：《广州市文物志》，岭南美术出版社，1990年2月版，第119页。
②《广州市文物志》编委会编著：《广州市文物志》，岭南美术出版社，1990年2月版，第120页。
③唐·刘恂著，鲁迅校勘：《岭表录异》，广东人民出版社1983年6月版，第8页。
④广州市文物考古研究所：《广州南汉德陵、康陵发掘简报》，《文物》2006年第7期第4 25页。

角形的丘陵上。村的四周有几处窑场堆集物遗址，古瓷碎片、匣钵、垫饼等废弃物堆成小山岗。周边有“后底岗”“猪屎岗”“陈岗”“孖岗”“大顶岗”“对窑岗”等几个小丘。相传从前沙边村的居民以烧窑工人为主，村内人口达四五千人，商业繁盛。上沙边、下沙边中间建有庙宇，供奉孔丘和关羽。但清末时村内只剩下300人左右，到新中国成立后开展土地改革时只有82人。20世纪50年代，佛山地区古窑址调查队曾到沙边村作过调查，根据散布地表上的古瓷片、匣钵、垫饼、烧制的废品等物，证实沙边村是古窑场的遗址，并对它的存在年代作了“上不过宋，下不出明”的推论。1990年三四月间，市头甘蔗化工厂兴建酒精库，在沙边大顶岗旁边的水溪平整地基作业过程中，发现了窑址。番禺县文化局即报上级文物部门并经批准，于6月初进行抢救性清理发掘，8月完成。

经发掘实证，沙边窑是一个长约36米的“龙窑”，窑向东105度，窑头在东面岗坡下，部分已毁，残存部分成圆形，四周砌砖，底部低于地面，窑身以13度顺山坡向上伸展。窑身部分宽3.40～3.60米，最宽处4米。窑底铺沙，砖砌窑壁，在窑身中部距窑头16.50米处的南侧，有两处出入窑的窑门，门两旁建有曲尺形的墙。火膛和引火门处较窄，已被破坏推平，周围是被烧成红色的火烧土。这几乎是广州西村窑的翻版。西村窑残长36.8米，最宽处4米，窑床铺沙，坡度13度①。在发掘中收集到标本392件，器形种类有碗、碟、盘、盏(盅)、盂等数种日常生活器具。各种器形都有不同的款式，如不同口边，不同形状，不同花纹，不同大小：碗的口部有敞、敛、直、撇、瓣之分，唇有凸、卷、折、圆、尖之别，碗身有深、浅、陡、平、大、小等等；碟、盘有侈口、侈口折沿、敞口、瓣口等。其釉有青釉、青白釉和酱釉，釉色晶莹光亮，胎白显灰，胎质坚致，扣之声音清脆，火候在1300℃左右。装饰技法多样，主要有刻划花、印花、彩绘等，纹饰有草叶纹、菊瓣纹、莲瓣纹、牡丹纹等，线条简单流畅、繁而不乱。总体上器形与1956年广州西村窑出土物件器形基本相同，很难分辨，只是种类比西村窑少。沙边窑与西村窑应为同时期的陶瓷生产地，所产的产品一起出口到海外。近年来海外，特别是南洋等地，收藏或出土的西村窑制品很多，很可能其中有些就是沙边窑的产品。②沙边窑和西村窑的命运也大致相同，到南宋就停止了生产。在沙边窑窑身16米到18米处、距岗顶表面深两米多的地方有一明代墓穴。这说明窑场废置后，于明代时已被人们当作一般山丘而用作墓葬地了。

元代由于战乱，广东反元斗争持续时间长，社会不够安定，陶瓷生产一落千丈。明代有所恢复，至清代有较大发展，在广州附近地区石湾成为陶器生产的佼佼者。番禺一些地方也有生产一些生活用陶瓷，“海珠地区最早的手工业是宋代瑶头村的陶器生产，至清代时区内已有窑厂10多家。”③

---

①《广州市文物志》编委会编著：《广州市文物志》，岭南美术出版社，1990年2月版，第52页。
②参阅蔡德铨：《沙边村——宋古窑遗址》，《番禺文史资料》第九期，1991年11月；杜灿佳、龙卓杰：《宋·沙边窑遗址》，番禺县地方志办公室编《番禺县文物志》，1988年10月。
③广州市海珠区地方志编纂委员会办公室编：《海珠区志》第五编《工业》。

第五节　建筑材料业

居住是人类生存的必备条件之一，房屋是人类栖息的场所。人类为改善自己的生存环境进行了大量的建筑活动，最早是利用自然界的资源——泥土建造房子。作为人类栖息地，人居环境经历了从自然环境向人工环境的演化过程。建筑材料由土、竹、木、草等向砖、瓦、砂、石、灰等天然和手工制备的材料发展。番禺人很早就利用自然资源，开采石矿、蚝壳，烧土制造砖瓦建房子。

一、开山取石

番禺先民很早就利用石料修建房屋，用石块、碎石铺砌路面等。大规模开采石料用于建筑则是西汉初年南越王在莲花山开采红砂岩建造宫署和南越王墓，莲花山成为南越国皇家采石场。秦末汉初，赵佗在岭南割据称王，建立南越国，建都番禺。为建宫署，在莲花山开山采石。莲花山的红砂岩石质地坚硬、密度高、砂粒细、色泽鲜艳，是建筑的优质材料，更是其时建造气势恢弘的宫殿的最佳选择。除南越国宫署外，广州象岗山的南越王墓，其建筑墓室所用的石料，也主要来自莲花山。广州市曾对古代建筑用石开展普查，发现广州南越国宫署和象岗山南越王墓大部分用石与莲花山岩石有相似性，分别在南越国宫署、象岗山南越王墓及莲花山古采石场采样送国土资源部广州矿产资源监测中心检测分析。结果是三处样品的矿物成分和化学成分具有高度相似性：矿物内部结构、石英颗粒裂纹及尖棱角外形以及异常波状消光现象均高度一致，矿物化学成分和微量元素的含量比也高度一致。这证明了南越国宫殿和南越王陵墓的建筑用石料采自莲花山。[①] 莲花山古采石场从山南的莲花岩起，折而向北伸延，偏东至莲花山渔港地基，形成一条南北长约 1500 米、东西宽 50~200 米、开采深度 30 ～ 40 米的

莲花山古采石场遗址

① 参见《广州市地质遗迹研究》，地质出版社，2008 年 7 月版，第 25 ~ 26 页。

采石带，开采面积达 33 万平方米，估算采石料 300 多万立方米。莲花山石景区就是古采石场遗址，为人们留下了雄伟壮观的红色砂岩悬崖、险峰和石柱，石壁陡峭，如斧砍刀削，石壁上钎痕累累，凿迹斑斑。广州市地质调查院专家刘金山说："莲花山古采石场应是国家所为，因为需要很大财力、人力和技术手段才能办得到，并且是在一个相对集中的时期内采石的。这里采石历史之古老、开采之规范、技术工艺之高超、规模之宏大、遗留面之美观，在我国甚至世界范围内都具有典型意义。"①

西汉以后，至明代，莲花山还是采石场，大量采石工聚居在田步头(今属石楼镇)"石墟"。当时，红砂岩是使用得最广泛的建筑石料，用于城基、官衙、祠堂、寺庙、民宅等建筑。广州越华路发现的宋代城基遗址，其城基的红砂岩石料规格与莲花山开采的相似。明洪武十三年(1380 年)，永嘉侯朱亮祖扩建广州旧城，修葺了 1.2 万多米长、6 米多高的城墙。越秀山明代古城墙遗址墙基的红砂岩，大部分来自莲花山古采石场。

不但皇家、官府在莲花山开采石料，民间也沓来"盗采"。屈大均说："比者奸徒盗石，群千数人于其中，日夜锤凿不息，下至三泉，中訇千穴，地脉为之中绝，山气为之不流。"②民间开采石料，遭当地人的强烈反对。明万历七年(1579 年)，被"邑侯沈思孝封禁"③。然而，还有人暗地里盗采。至清乾隆二十九年（1764 年），"经生员黄一贯等禀准封禁，通省绅士凌鱼等呈请宪示勒碑，一竖莲花城，一竖郡学前，永远封禁。"④

番禺石矿资源丰富，水路运输方便，除莲花山外，其他多处山体也被开采为石矿场，大宗品种有红砂岩和花岗岩。如大岗镇炮台岗下的鐔塘也是一古采石场遗址，于清乾隆初至光绪年间采凿石料而成。只是其他地方采石场的规模没有莲花山的大罢了。

莲花山古采石场在清代停采，另一个重要原因是建筑材料的更替。随着生产技术的进一步发展，清代开采花岗岩的技术日益成熟，且与红色砂岩相比，花岗岩更坚硬、更不易被风化，人们开采石料转移到花岗岩石山去了。清代的城墙墙基已经开始使用花岗岩。莲花山古采石场渐渐地完成了它的历史使命。

二、烧土制砖造瓦

番禺在秦汉时就已经制砖造瓦建房。1975 年，考古人员在广州中山四路发现南越国宫署一段长约 20 余米的砖石走道。走道上面铺有石和砖，两侧砌有大型的印花砖夹边，砖质坚硬，长宽为 70×70 厘米、厚 12 ～ 15 厘米，砖面印有几何印纹图案，全为菱形纹。有意思的是，菱形纹为竖九横五，寓意"九五之尊"（砖）。在走道南侧还发现有大量残筒瓦与板瓦，部分瓦上还印有"公""官""卢"等戳印，还有残破的"万岁"

①转引自《广州日报》2007 年 5 月 12 日 B5 版《莲花古石绝壁丹崖》。
②屈大均：《广东新语》卷 2《地语 · 禁凿石砺》。
③清同治《番禺县志》卷四《舆地略二》。
④清同治《番禺县志》卷四《舆地略二》。

瓦当。同时，还出土有砖质窗棂，涂朱、绿色的砖雕等建筑材料残体。据研究，“砖石走道是属于赵佗称帝之后营建的大型宫室的一个附属部分”①。另外，考古人员在中山五路新大新公司大楼基础下，发现一片约 130 余平方米的汉代大型陶砖铺砌的地面，共发现数百块大型的砖，还发现有完整保存的“万岁”瓦当，这是广东目前保存下来范围最大、年代最早的汉代砖砌地面建筑。砖为长方形，长 65 ～ 75 厘米、宽 40 ～ 46 厘米、厚 10 厘米，砖面划有方格似棋盘状。② 在南越国宫署御苑遗址中也发现了大量的砖瓦及建筑用陶。③ 这几处南越国的建筑遗址表明，早在两千多年前，番禺已烧制砖瓦造房子，烧制砖瓦的是官窑，且主要用于南越宫室建筑。

汉代，番禺烧制砖瓦不仅有官窑，而且有民窑。一些汉墓墓砖还刻写有窑名和年代的铭文。如：1953 年，在番禺孖鱼岗发掘的一处东汉墓的墓砖的铭文是“永元九年 (97 年) 甘溪造万岁富昌”“甘溪灶永元九年造”；1973 年发掘的克山东汉墓的墓砖铭文为“永元十六年 (104 年) 三月作东冶桥北陈次华灶”。在汉代以地名用作制砖窑场名称的，是当时官办的窑场。而“陈次华灶”，是以窑场主名字命名的砖窑，是民间的窑场。④ 由此，一些专家推断前者是一处官窑，后者则是一处民窑。20 世纪 90 年代在禺南 (今番禺区)5 个地点抢救性发掘了 34 座砖室汉墓。其中，有 186 块墓砖刻划有文字，内容包括姓名、官职、纪年、吉语或祈福语等。4 块砖刻划有“番禺”的地名，一块墓砖上还刻有“番禺都亭长陈诵”铭文。出土这墓砖的是一座横前堂双后室的多室墓，室内面积达 25 平方米，墓葬规模较大，应为夫妻合葬墓。一些专家认为，作为当时县以下的亭有比较多的设置，亭长是较普通的地方官吏，还不可能配有这么大规模的墓葬，“陈诵”该是为墓主监督烧制墓砖的工官。⑤ 东汉墓砖多呈青灰色，砖质坚硬，烧制火候高。质量较好的砖，多见于大型的墓室。中小型墓室的砖则多松软，火候较低，色多灰黄或灰红。砖的种类很多，有空心砖、长方形砖、刀形砖、斧形砖等。⑥ 墓葬中还出土了多种房屋的模型，说明了汉代番禺的砖瓦业和建筑业有相当程度的发展。

从上可以看到，番禺建城之初的秦汉时期，南越国宫殿和官署已经广泛使用制作精良、装饰华丽的砖瓦构件，例如带花纹的地砖，印有文字的瓦当等。但这些建材大都只用于王家或官宦人家的居室中，普通老百姓居住的大部分还是竹木茅草房。《新唐书·宋璟传》载：“广人以竹茅茨屋，多火。璟教之陶瓦筑堵，列邸肆。越俗始知栋宇利而无患灾。”宋璟带领民众夯筑土墙，教人烧陶瓦，建造砖瓦房。制砖造瓦建房才逐渐普及到普通百

①广州文管处等：《广州秦汉造船工场遗址试掘》，《文物》1977 年第 4 期。

②黄淼章：《广州大新掘宝记》，载《广州文博》1989 年第 4 期。

③冯永驱等：《南越国官署御苑遗迹》，《广州秦汉考古三大发现》。

④《广州市文物志》编委会编著：《广州市文物志》，岭南美术出版社，1990 年 2 月版，第 114 ～ 116 页。

⑤参阅广州市文物考古研究所、广州市番禺区文管会办公室编：《番禺汉墓》，科学出版社，2006 年 8 月版。

⑥广州市文物管理委员会等：《广州汉墓》上册，第 376 ～ 377 页。

姓中。

砖不仅用于建房，还用作修城。1996 年，考古人员在广州城内发掘出宋代城墙遗址。北宋城墙的边缘用砖包砌。包边的砖有“广州修城砖”“南海修城砖”“番禺修城大条砖”等铭文。[①] 这大概是广州府修城用砖要由所辖各县烧造的记录。

随着市镇的发展、人口的增加，特别是明清时期，番禺的砖瓦业发展迅速。清代番禺砖瓦生产较集中在沙湾司的渡头、茭塘司的白蚬壳和鹿步司的南岗等地。

三、采蚝壳砌墙烧灰

蚝是分布在咸淡水交界处的贝类动物，随着海岸线的推移，大量的蚝壳堆积于地下，形成一条条长长的、累累沉积的蚝壳带。屈大均说：番禺茭塘村多蚝，“今掘地至二三尺，即得蚝壳，多不可穷。”[②]《番禺县续志》也说：番禺境内，蚝壳“相叠成山，蔓延甚广。”[③] 番禺人就地取材，收集并利用蚝壳作建造房子的材料：一是直接用蚝壳砌筑墙，二是用蚝壳煅灰作黏合材料。

石楼镇大岭村始建于明永乐年间(1403—1424 年) 的两塘公祠蚝壳墙

珠江三角洲居民就地取材，挖掘蚝壳砌墙建房已有悠久的历史。唐代刘恂在《岭表录异》中说：“卢亭者：卢循背据广州，既败，余党奔入海岛野居，惟食蚝蛎，垒壳为墙壁。”[④] 卢亭指的是东晋末年起义军卢循余部。卢循于东晋元兴三年 (403 年) 率部攻陷广州。义熙元年 (405 年) 卢循受东晋王朝命为广州刺史。义熙六年 (410 年) 卢循大举北伐，失败后赴水而死。余部逃入海岛，食蚝，并用蚝壳筑墙。这是目前已知对利用蚝壳砌墙建房最早的文字记录。从这可以看到用蚝壳建房的历史已经有 1600 多年了。蚝壳质地坚硬、外观朴实，所以人们选择蚝壳作为建筑墙体的一种主要承重和围蔽材料。筑蚝壳墙要有高超的砌筑技术。人们拣选个头大且均匀的蚝壳，一只只排列开来，蚝壳头朝外，口向下、稍斜放，将蚝壳烧成的灰掺合黄泥、红糖、蒸熟的糯米饭等配置的灰浆，作砌筑黏合剂，将蚝壳一个个黏合起来，一层层砌筑，到一

①徐光冀主编：《中国考古学年鉴》1998 年，文物出版社 2000 年版，第 203 页。

②屈大均：《广东新语》卷 23《介语 · 蚝》。

③民国《番禺县续志》卷十二《实业志 · 矿业》。

④唐 · 刘恂著，鲁迅校勘：《岭表录异》，广东人民出版社 1983 年 6 月版，第 9 页。

个适当高度横放一条木杉，砌成的墙壁非常稳固。屈大均说："以其壳累墙，高至五六丈不仆。"[①]明代叶权在《贤博编》记载广府人修建蚝壳屋时说："广人以蚬壳砌墙，高者丈二三，目巧不用绳，其头外向，鳞鳞可爱"[②]。这里"蚬壳"应是"蚝壳"之误。

明清时期，蚝壳砌墙成了常见的建筑方式，一些达官贵人的住宅、祠堂家庙多采用这样的建筑方式。为了使房子更加坚固，一些人家先在墙基砌上红砂岩或花岗岩墙脚再砌蚝壳墙。以蚝壳砌墙不仅取材方便,更因为它适应珠江三角洲的地理气候环境。珠江三角洲潮湿多雨，夏季时有台风和暴雨，太阳辐射强烈，高温天气持续时间长。防热、防风、防暴雨是营建人居建筑首先要解决的问题。蚝壳砌筑的墙体借助一定的技术措施后，可以达到类似黏土砖的稳固效果并能有效抵抗台风和暴雨的冲击；蚝壳的传热系数较小且蚝壳墙体的厚度较厚，得以实现冬暖夏凉[③]；蚝壳最外层的褶皱部分由高致密性的硬化蛋白构成，能够防止海风的酸性侵蚀并不怕虫蛀。这些材料自身的物理特征使得它在应对当地气候条件过程中表现出了较好的适应性。在番禺的城镇乡村，现在还可以看到不少蚝壳墙体的房子。

蚝壳不仅用作砌墙，还用作煅灰。杨孚在《异物志》说："古贲灰，即牡蛎灰也"[④]。明宋应星在《天工开物》中说：凡温、台、闽、广海滨，石不堪灰者，则天生蛎蚝以代之。"凡燔蛎灰者，执锥与凿，濡足取来，叠煤架火燔成，与前石灰共法。粘砌城墙、桥梁、调和桐油造舟，均皆相同。"[⑤]近代台山人赵天锡在《宁阳杂存》中也说："蚝蚬壳所煅之灰用最广，垩墙粪田坚诸物多用之。"[⑥]蚝壳主要成分是碳酸钙，经过煅烧可以代替石灰使用。珠江三角洲稻田多为酸性土壤，需用石灰作为改良土壤的矿物质，而珠江三角洲，特别是沙田地区缺少天然碳酸钙，蚝壳灰是最好的替代品。蚝壳灰也是黏合力良好的建筑材料。由于蚝壳用途广，社会需求量大，开挖蚝壳之风甚盛。《番禺县续志》列出了番禺 12 处承办壳矿的地方和矿主："承办壳矿，在昔颇盛：沙湾海则江惟俭，石冈一带则巫为梁，大沙面则梁伟南，大沙尾则陆达，大沙石外海沥则雷梓怡，新沙萌则郭日晖，新沙萌西头则黄振兴，观音沙则张康泰，江鸥沙则黄维庆，四沙海则韩英，五番船沥则苏同云，张彭一带则黄来。"[⑦]但是，挖掘蚝壳对沙田区的农田生态系统造成极大的损害，容易引起田土的下陷，引发水灾；民间一般认为蚝壳龙骨是地脉，挖了蚝壳，地脉受损伤，有损地方。自清中叶起，官府和民间都禁挖蚝壳。清嘉庆年间，

①屈大均：《广东新语》卷 23《介语·蚝》。

②《元明史料笔记丛刊·贤博编·粤剑编·原李耳载》，中华书局，1987 年，第 43 页。

③参阅刘习康、张磊、孟庆林、李承澍：《蚝壳墙传热系数现场测试研究》，载《建筑节能》2012 年第 12 期。

④《南越五主传及其它七种》，广东人民出版社，1982 年 7 月版，第 43 页。

⑤明·宋应星《天工开物·蛎灰》。

⑥赵天锡：《宁阳杂存》，载中国社会科学院近代史研究所《近代史资料》总 65 号，中国社会科学出版社，1987 年 5 月，第 195 页。

⑦民国《番禺县续志》卷十二《实业志·矿业》。

番禺县署在甘岗、大鹏、乌沙、白水潭一带出示“永禁挖蚝壳”通告。但是屡禁屡挖，至后来连以蚝壳墙建筑闻名的沙湾乡也竖起石刻的“禁挖蚝壳告示碑”，禁挖蚝壳。前列 12 处承办的壳矿也因“开采壳矿，必坏禾田，甫经批准，旋即封禁。”①

第六节　工艺美术业

番禺工艺美术品制造业历史悠久，产品丰富多彩。1952 年，在广州西村石头岗秦墓出土了很多陶器、漆器、玉器等器具，不少是精美的工艺品，如一个椭圆长形漆奁就是一个相当精美的工艺品，木胎黑漆，盖面朱绘云纹，并有“蕃禺”二字烙印。这是番禺地名最早见于考古的实物，烙印说明这是当时番禺工官所制。在番禺汉墓中也出土了不少金银器、玉石器、漆木器等工艺品。唐代，工艺品制作进一步发展，当时广州刺绣已有很高的艺术造诣。尔后，经过历代艺人的辛勤劳动，优秀的传统技艺得到继承，能工巧匠辈出。至明、清两代，工艺品业发展鼎盛，刺绣、木雕、广彩瓷器等工艺品畅销国内外。

一、广　绣

广绣是番禺、南海、顺德等县民间刺绣工艺的统称。其以构图饱满、形象传神、纹理清晰、色彩富丽、针法多样、善于变化的艺术特色而闻名海内外，与潮州刺绣合称为“粤绣”，与苏绣、湘绣、蜀绣并列为中国四大名绣。广绣，在唐代已有较高的工艺水平。据史籍记载，唐代一个叫卢媚娘的 14 岁广州姑娘在一幅一尺见方的丝绢上绣出佛经《法华经》，字体比粟米还小而且点划分明。这个故事说明了广绣的历史悠久绵长、技艺卓越超群。

广绣以手工刺绣为主，工具简单，主要是针、线、布(包括绸、缎、纱、纺、绢)、花绷等。根据用线不同又分为绒线绣、金银线绣和线绣多种。其题材多是龙凤、鸟兽、花卉、人物、风景、山水、瓜果，寓意生机勃勃，或喜气满堂，或吉祥富贵，颇具装饰性；其色彩鲜明艳丽，不少作品还着力渲染欢乐热闹的气氛，深受人们喜爱。明正德九年(1514 年)，一个葡萄牙商人在广州购得龙袍绣片回国献给国王而得到重赏，广绣从此扬名海外，每年均有不少产品输出国外。嘉靖三十五年（1556 年），葡萄牙传教士克罗兹在广州看到用彩色丝线盘曲地绣在鞋面上的绣花鞋等广绣工艺品，发出了“绝妙的工艺品”的惊叹。当时刺绣已经达到很高水平，艺人能够创造性地运用绒线绣，用孔雀毛、马尾作线缕和勒线，用金线和银线刺绣。明代，广绣已经成为民间重要的手工业之一。英国商人还来样加工，来样突出了西洋画的艺术风格，色调丰富，对广绣的发展产生了深远的影

①民国《番禺县续志》卷十二《实业志 · 矿业》。

响。清初，广绣开始从民间家庭式小批量生产逐步向大批量生产发展。新造、南村、钟村、市桥、沙湾等地从事刺绣的妇女接受绣庄的来样加工，到乾隆年间已成行成市。

广绣是番禺传统文化的瑰宝，其传统工艺得到承传和发扬。新中国成立后，人民政府扶持其发展。小谷围岛有绣花从业人员近千人，几乎是“家家有绣架，户户有绣娘”，其中专业刺绣工人近百人。1956年初，在广东省丝绸公司的帮助下，小谷围北亭村成立了绣花合作社，后发展至贝岗、深井等地，并成立分社。改革开放后，广绣大师陈少芳在南村镇塘步西村创办“番禺广绣艺术研究所”，大力推广和传授现代广绣艺术。广绣技艺得到发扬光大。

二、广　彩

“广彩”是广州彩绘瓷或广州织金彩瓷的简称。民国期间刘子芬在《竹园陶说》中说：“嘉道间，广窑瓷地白色略似景德镇所制，审其所言，实即粤人所称之河南彩或曰广彩者。海通之初，西商之来中国者，先至澳门，后则径趋广州。清代中叶，海舶云集，商务繁盛。欧土重华瓷，我国商人投其所好，乃于景德镇烧造白器运至粤垣，另雇工匠仿照西洋画法，加以彩绘，于珠江南岸之河南开炉烘染，制成彩瓷，然后售之西商。盖其器购自景德镇，彩绘则粤之河南厂所加者也，故有河南彩及广彩等名称。”① 广彩以中西合璧、绚丽多彩的艺术特色著名。康熙二十三年（1684年），清王朝解除海禁并指定广州为全国唯一的对外通商口岸后，西欧到广州的商船队带来了珐琅技术，广州艺人开始制作铜胎手绘珐琅的“烧青”（或称“画珐琅”“法蓝”“洋瓷”）。艺人又把珐琅彩装饰方法使用在没有釉的白瓷胎上，制成珐琅彩瓷。广彩是在继承中国彩瓷的传统基础上，吸收珐琅彩技术，使传统技艺和外来技术、外来纹样有机结合而创造出来的新瓷种。

外国商人喜欢中国的瓷器，或在广州订货，或来样加工。制瓷匠师根据订货要求或来样进行加工制作，产品多是单件欣赏品，画面设计由艺人创作，或仿古，或仿西洋画，或来样加彩，大多是每件瓷胎一个花样，一个花样最多也不过几件。彩绘方法也各有不同，有的采用工笔国画的双钩法和洗染法，有的采用传统的彩绘技法，有的用西洋素描加彩技法，没有统一。随着生产的发展，广彩的器类、色料和彩绘技法均有所发展。器类除供外销的“客货”外，增加了行销省内和东南亚国家的民间生活器皿的“饭货”。色料方面，在透明的颜色釉上加进不透明的珐琅白色，形成乳浊性颜料，出现了诸如紫、粉青、粉绿、玫瑰红和行业上称为“鹤春色”的蓝、绿、白混成色以及“麻色”等新的彩料，色彩更为丰富、明快。彩绘方面，开始采用行业上所说的“折色人物”“长行人物”“散花雀”“织金人物羽毛”等技法。所谓“折色人物”，是用传统线条描绘人物后再填色；“长行人物”是山石、楼台、树木等风景用线条表现，人物头部用红黑线勾画，服饰衣

① 上海古籍出版社编：生活与博物丛书《器物珍玩编》，上海古籍出版社，1993年6月版第103～104页。

纹用彩色来写；“散花雀”即是用散点花果、鸟雀、蝴蝶等做装饰；“织金人物羽毛”则是织金地、开斗方，再写花鸟人物或外来图样。到清道（光）咸（丰）时期，“广彩”工艺到了成熟的阶段。随着对外贸易的发展，“广彩”的外销量激增，原先单件的产品逐渐变为批量生产，同时逐渐增加了茶具、餐具、咖啡具等成套的日用美术瓷。同时，外国的彩料与技术也进一步传到中国。这些使得广彩艺术发生深刻的变化。图案设计和彩绘技法方面，为了适应批量、成套的生产，改变了由艺人创作、任意选择技法的方式，而是依据不同的器形，采用不同的构图布局进行装饰，写法力求统一。由于写法、布局统一，彩绘风格也大为凸出。颜料方面，除了用景德镇的色料外，还自己开办作坊调制各种色系的新颜料，同时大量采用进口的“洋彩”和金水，颜料品种增多，色彩更加丰富。

广彩的生产要经过挑选和清洗瓷胎、确定图样或进行样板设计、印花描线、填色、积填、检验、处理半成品、封边斗彩、装炉烘烤等工序，各个工序由不同的工匠完成。因装炉烤烘费用高、技术要求高，故一般作坊不建炉房，而是把半成品送到专业化的炉房去烘烤，按量付费。

广彩在珠江河南岸番禺县茭塘司龙田乡、龙导尾乡一带生产，也就被人叫做“河南彩”。清代，不少美国商人曾参观瓷器彩绘作坊。1769 年（乾隆三十四年），以及之后的几十年间，相继有美国商业推销员希格 (Hickey) 等几位外国商人参观了彩绘作坊。他们在《回忆录》和《旅行日记》中均有对广彩作坊生产作比较详细的记载。现摘其中一段以证之：“在广州的河南和郊外，那里有不少专门附属于洋行的瓷器彩绘作坊。在拥挤不堪的画室 (有的甚至在长廊上)，雇佣了许多成人，有的甚至是六七岁的儿童。他们都勤勉地用小毛笔在瓷器上描绘。这些瓷器大多是半成品，有的镶以金边，有的在边上装饰五彩图案，而在中间却留下很大的空白，以描绘我们和欧洲国家商人们所需要的特定图案。每个彩绘作坊大约有八十至一百名工匠，其中有年老而技艺卓绝的匠师，他们大约每月能收入八至十银圆的微薄工资。”① 鸦片战争后，广彩销量还有所扩大，制作工艺创出驰名世界的积金彩瓷，使广彩显现出绚丽多彩、金碧辉煌的特色，且图案更加细密，达到了“堆金积玉”的艺术效果。广彩增加了“积金手工彩瓷”一大类。

广彩制作对陶瓷艺术的发展与进步作出了巨大贡献，有着辉煌的历史。新中国成立后，人民政府采取“保护、发展、提高”的方针，广彩技艺有了较好的发展。改革开放后，广彩制作百花齐放，技艺不断提高，其烧制技艺被认定为国家非物质文化遗产。

三、红木家具制作

红木是指紫檀木、酸枝木、花梨木、菠萝格木、坤甸木等木色带红的木材，主要来自东南亚国家。由于红木质地坚硬，制成的家具耐用，又不怕热烫，使人坐卧清爽，适

① 朱培初编著：《明清陶瓷和世界文化的交流》，轻工业出版社，1984 年 8 月版第 114 页。

合华南地区使用。唐、宋时期，广州海外贸易发达，泰国和东南亚国家的酸枝、花梨等木材经广州入口，红木家具业逐步发展起来。明代初期形成行业，至明代中期，生产已具规模。清代番禺红木家具制作主要集中在河南尾一带，是广式红木家具的主要产地之一。《番禺县续志》载：“花梨本木工之一，以专制花梨家具，业专而精，自成一家，设肆于河南者共百余间，颇有名。”①红木家具制作的工艺和造型不断变化发展。初期，造型庄重、典雅、简朴，多以两椅一几为单元，制作工艺以光身为主，辅以简单的线、角装饰，后逐渐发展为线角与其他图案花纹混合，造型以高脚直靠背为主，显示出秀丽挺拔的风格。清代，雕花工艺大量应用在红木家具上，形成以雕刻为主、装饰性强的独特风格。清代乾隆年间，红木家具造型设计上吸取了西方家具的优点，由传统的高座式演变为沙发式矮脚斜靠背，角度有弯角、圆角、斜角等多种变化，坐起来更有舒适感。雕刻形式发展到半立体多层次的浮雕、满屏雕、通雕。云龙、梅鹊、竹节等为红木家具常雕的花纹。此外，有些红木家具还镶嵌贝壳和大理石，把鲍鱼壳、夜光螺壳锯成片状，磨至2毫米左右厚薄，镂刻成图案，镶嵌在木面上，再磨平发漆。

红木家具制作工艺复杂，技术性强。传统的生产工具为斧、锯、錾、凿和刨具，均为手工操作。工序包括开料、出样、雕镂、刮磨、组装、髹漆等。开料就是将原木锯成板材和木枋。这个工序劳动强度大，由两人拉大锯把原木锣开。出样先是按零部件图样用手提锯出胚料，再刨光、出榫、凿眼，榫口有明榫、暗榫之分。明榫通眼，暗榫不通眼，工艺要求高。雕镂部件分凿花、拉花、光花三个小工序。雕镂花纹需运刀平稳，深浅交搭自如，转折灵活流畅，无停滞的痕迹。刮磨是在完成上述各工序后，以锉刀、刮刀、沙纸进行打磨，做到手摸、观感皆顺畅光滑。组装就是把各刮磨好的零部件集中拼嵌。最后髹漆，工艺十分讲究，一般反复髹六七次，使产品色泽光亮，且能耐热、耐烫而不变色。

①民国《番禺县续志》卷十二《实业志·工商业》。

第二章　近代工业的发展

1840年鸦片战争爆发，西方列强用大炮打开了中国的大门，向中国倾销工业品，在中国开办企业，对中国传统工业造成极大冲击。面对帝国主义的经济侵略，一些有识之士提出“自强”“求富”的口号，开始了以变革工业生产为中心的“洋务运动”，引进西方工业生产的机器设备、技术和经营方式，创办新式工业企业。“洋务运动”创办了一些官营工厂，同时也促进了民族工业的发展。但是，民族工业在帝国主义和封建主义的双重压迫下发展缓慢。

1911年，辛亥革命结束了中国2000多年的封建统治，颁布了一系列保护工商业的规章，废除了清代的一些苛捐杂税，采取奖励华侨在国内投资等措施，民族工业得到一定的发展。番禺商人也投资兴办了一些企业，如火柴、缫丝、发电、碾米、机制糖等工厂。

1929年至1936年，陈济棠主粤期间，政局相对稳定。1932年，制定并开始实施《广东省三年施政计划》，兴办了一批现代化工厂。其中，在番禺建有两家大型现代化甘蔗糖厂：市头糖厂和新造糖厂。但好景不长，1937年7月，日本发动全面侵华战争。两家糖厂屡遭轰炸并被毁。1938年10月，番禺沦陷。日军大肆掠夺经济资源。大汉奸李辅群利用经济统制，办过农场、糖厂、碾米厂和小型军械厂等企业，但番禺工业整体衰退。抗日战争胜利后，番禺工业曾有过暂短的复苏。但国民党当局只顾打内战，不顾经济发展，于是物资奇缺，物价飞涨，工业生产全面崩溃。

第一节　近代工业的创办

鸦片战争后，资本主义列强通过一系列不平等条约，加紧对中国的经济侵略。他们除了倾销商品外，还直接兴办金融、交通运输、工矿企业。番禺地处通商口岸前沿，外国势力首先在番禺开办船舶修造企业。国内的洋务派也引进西方的机器，设立新式工业企业。

一、外国势力在番禺兴办船舶修造企业

外国势力在番禺兴办的第一个船舶修造企业，是1845年英国约翰·柯拜（Tohn Couper，苏格兰人）在番禺县茭塘司长洲岛（旧称“黄埔岛”）设立的“柯拜船坞”。约翰·柯拜是大英轮船公司职员，受公司派遣，到黄埔负责公司送来维修船只的监修工作。

柯拜到后，从当地的中国人手里租了几个泥船坞，雇用一批中国人从事修船业务。为了扩大经营，他将船坞扩建为石船坞，后人称之为“柯拜船坞”。这是外国人在中国开设的第一个船坞，也是中国近代造船工业的开端。

1845年，英国人柯拜在长洲岛（黄埔岛）上兴建柯拜船坞，开创了外商在中国建厂修船造船的先例。图为柯拜船坞遗址。

鸦片战争前，黄埔岛已出现船舶修造业，在岛的南端有修理木帆船工场及小型的泥船坞；长洲北岸、深井一带亦有修造木帆船专用的泥船坞，是广州地区的船舶修造中心。最初，外国船舶的维修主要在澳门。随着广州“独口贸易”① 地位的确立，外国商船来广州贸易需停泊在黄埔港，修船业也逐渐由澳门移到了黄埔地区。从18世纪中叶起，黄埔逐步建有较大的船舶手工修造工场，具有较大而坚固的泥船坞，可碇泊当时的远洋巨舶。当时，船坞业是一种特殊垄断性的以亲缘与家庭为基础的集体行业，在泥坞中从事修船的多为男亲属，也有部分同村的妇女从事于割草、烤刮船底的工作。这里，不仅修过大量的中国帆船，也修过不少外国帆船。1836年，英国轮船“渣甸”号驶抵黄埔。此后，来华的轮船逐年增加。黄埔泥船坞已经积累能修理一些蒸汽轮船，包括修理船上锅炉和引擎的经验，规模也有所扩大。

鸦片战争后，中英签署《南京条约》，条约要求中国开放广州、厦门、福州、宁波、上海为通商口岸，实行自由贸易。五口通商后，黄埔仍然是广州的外港，是外船停泊的要地。1845年（道光二十五年），英国大英轮船公司新辟伦敦到香港的航线，把轮船交给黄埔的中国泥船坞修理，并派柯拜作为驻长洲的代表，监修船舶。柯拜认为，黄埔的修船业会有大的发展，即从中国人手里租赁了一座泥坞，从事修理船舶的经营活动。随后，他从中国泥坞主人那里获得了一些泥坞和一座木坞的所有权，通过经营积累了一定的资本。1851年，柯拜着手建造一个有浮闸门的花岗岩石坞，并于1854年建成。这座石船坞被命名为“柯拜船坞”(Couper Dock)，位于黄埔水道与新洲水道的会合处，全长300呎，坞口宽75呎，能进入吃水17呎的船舶。在船坞后面的小斜坡上，还设有一滑道，供新船下水时滑入坞内。船坞在当时来说是比较先进的，大批先进机械设备从英国运来装备柯拜船坞，使其成为长洲岛上最具实力的船舶修造中心。英国皇家海军和大英轮船公司、海运公司等当时国际有名的航运公司的船只，都慕名前来维修。修船的同时，柯拜还自行设计、制造了“百合花”(Lily) 号、“幻想”(Mirage) 号等一批蒸汽船。柯拜船坞

①鸦片战争前，清王朝的对外贸易经历了由禁海锁关到开禁设关管理、由多口贸易到广州独口贸易的过程。从乾隆二十二年到道光二十年（1757 ~ 1840年）为广州独口贸易阶段。

从此占有了“黄埔船坞”的名称。柯拜成了拥有“远东第一船坞”的企业家。

柯拜在黄埔租船坞以至自办船厂，为其他外国人开了先例。随后，美国和其他英国人也相继而至。先后有美国商人詹姆斯·诺维（James Rowe）建立丹麦岛船坞（Danes Island Dock Company），1850 年美国人汤马斯·肯特（Thomas Hunt）开设旗记船厂（Thomes Hunt & co.），1853 年英商开设联合船坞公司——于仁船坞公司（Union Dock Company）。1852 年，汤马斯收买了詹姆斯在黄埔的船坞，形成了柯拜、旗记、于仁三家大型船厂，共同垄断了黄埔的船舶修造业。其中，旗记船厂拥有船坞三座，于仁船坞公司拥有船坞四座，均实力雄厚并拥有较先进的设备。旗记船厂成立不久，就为美国琼记洋行装配船只，1856 年还为自己装配一艘“升发号”（Cumfa）轮船。于仁船坞公司的船坞装配有钳机、浮门、蒸汽抽水机，还配有旋床、刨床、螺钻机、截斩机和压穿机等设备。

第二次鸦片战争期间，柯拜船坞等一批外国船坞毁于战火。战后，柯拜的儿子倚仗侵略者的凶焰，以船坞受破坏为由，向清王朝勒索了 12 万元“赔偿费”。依靠这笔横财，小柯拜修复了船坞设备，新建起 4 座船坞，组成柯拜船坞公司（J. C. Couper&Co.），扩大经营规模。新建的 4 座船坞中，石坞、木坞各一座，泥坞两座。其中，石坞长 550 呎、宽 70 呎、深 17 呎，设有两道浮门，一道在坞口，另一道在坞中间，使得一坞两用，可供两艘船同时入坞使用。在 19 世纪 60 年代，被称之为“中国最大的船坞”。小柯拜还和旗记铁厂合资建造一座花岗石底船坞，取名录顺船坞（Looksun Dock）。该坞适宜于小型船舶快速修理，其枕木长度只有 230 呎，但配备了威灵顿专利海滩泵，可在 4 个半小时内抽干坞内积水。

1863 年，香港黄埔船坞公司（Hongkong and Whampoa Dock Co.）在香港成立。香港黄埔船坞公司成立伊始，即将其势力扩张到黄埔，收买了柯拜船坞公司在黄埔的全部财产，拥有五座船坞（包括柯拜与肯特合资建造的录顺船坞）。同年，英国商人在黄埔设立高阿船厂（Cow & Co.）。1867 年，黄埔又增加了花娇臣船厂（Ferguson & Co. 又译为福格森）。至此，黄埔的船舶修造业计有：旗记、于仁、香港黄埔、高阿、花娇臣五大家。在激烈的竞争中，香港黄埔船坞公司依靠雄厚的实力吞并或兼并了于仁船坞公司、黄埔旗记铁厂等船坞。到了 1870 年，长洲地区所有的船坞已全部归入香港黄埔船坞公司名下。

由于香港船舶修造业的不断发展，外商船只的修造业务越来越多地集中到香港，使黄埔的船舶修造业受到明显制约。香港黄埔船坞公司为谋求其在华南地区的垄断地位，而调整了经营方针，将其原来横跨穗港两地的业务集中到了香港一地。1873 年 9 月，该公司放弃了黄埔的业务，开始全力谋求在香港的发展[①]。到 1876 年，该公司又将留存在黄埔的设施作价 8 万元转卖给广东地方当局，从而完全结束了在广州的船舶修造业务。

外国资本家在黄埔兴办的船坞、船厂，是广州近代造船工业的开始。这些船坞、船厂是非法建起来的，为外国航运业服务了近 30 年，只是到了无利可图时才被放弃。各

① 《字林西报》，1873 年 9 月 3 日、9 月 6 日。

外资船坞船厂却大量雇用当地人做工，受雇的工人数以千计，他们或多或少掌握了近代修造轮船的技术，成为广州近代最早的一批产业工人。

二、洋务运动在番禺兴办的官办工业企业

第一、二次鸦片战争失败后，清王朝中一些当权者深感统治危机，意欲图强，开展了标榜为“自强”“求富”的洋务运动。洋务派官员抱着“师夷长技以自强”的目的，在全国展开工业运动，后又以“求富”为口号兴办民用工业。洋务派引进了西方的机器和企业管理，兴办了一批新式军事工业和民用工矿企业。在番禺“官办则有省城之钱局、河南之士敏土厂、黄埔之船坞水雷局、石井之兵工厂”；官商合办的有“电力公司，在靖海门外堤岸，机厂在五仙门外堤岸，宣统元年六月向英商旗昌行购回”。[①]

（一）黄埔船坞、水雷局

光绪二年（1876 年）秋，两广总督刘坤一以 8 万元收购了香港黄埔船坞公司废弃在黄埔的船坞及其附属工厂设备。原坞主租用的船坞用地，另以地价银 2.3 万余两购回官用。刘坤一购回黄埔各船坞后，黄埔船坞成为广东官府的军事工业基地，先后开设船局、水雷厂、火药厂和水陆师学堂。首先是扩充广东军装机器局，从事修理本省轮船业务。刘坤一认为这些船坞所在地长洲，“实为虎门内第二重门户，未可委之外人”[②]广东军装机器局自接收上述船坞后，不雇聘外国技术人员，雇用的工人大部分来自曾在外国工厂做过学徒的中国人。机器局在船坞从事修理本省轮船，并建造内河小轮船和内河炮艇。光绪五年（1879 年），李鸿章大力推介西方的蚊子船（伦道尔式炮艇）。刘坤一令军装机器局总办温子绍赴北洋考察，经过考察，温子绍认为广东完全有能力建造蚊子船，并决定自己出资仿制。光绪七年九月，蚊子船仿制成功，船身长 40 米，排水量 350 吨，主机为自制康邦卧机，功率 200 马力，航速 8 节。此船被命名为“海东雄”号。当时刚好从英国购回的蚊子船“海镜清”号到粤，两船同时试航比较，除进口船是铁壳、机器较多，自制艇是铁肋木壳外，两船的航速和发炮的准确性均不相悬殊。而自制蚊子船的工料费，共用银 3.39 万两，仅及进口船价和运费 16 万两的四分之一。温子绍大胆修改设计，把原来木壳全部包裹铁皮改为纯木壳，在重要部位包裹铁皮装甲。这样既可以避免锈蚀，又可以节省工料费，而且还减轻了船的重量，使得航行更加轻捷。另外，他还用后膛炮代替前膛炮，使得装填方便，后坐力降低，船的稳定性提高。该款炮艇在广东水师服役有 30 年之久。

光绪十年（1884 年）五月，张之洞调任两广总督。他到任后，积极筹办粤洋海军，调整广东军事工业布局。六月，即在黄埔设立黄埔水雷局，从德国购入水雷数百颗，购

---

①民国《番禺县续志》卷十二《实业志·工商业》。

②刘坤一：《复刘仲良书》，载中国科学院历史研究所第三所工具书组校点：《刘坤一遗集》，中华书局，1959 年 6 月，第 1811 页。

进雷龙、雷虎、雷中双管鱼雷艇3艘及雷乾、雷坤、雷震、雷巽、雷坎、雷艮、雷兑、雷离单管鱼雷艇8艘。该局设有仓库以储藏水雷，局内鱼雷机器厂有压气机供鱼雷装气及核定使用，还有车床、钻床等设备供修理鱼雷机件使用。该局曾招收鱼雷生数十名，训练合格者19人，先后升任鱼雷艇艇长。光绪十一年初，又设立黄埔船局，先行试制可行驶近海的浅水炮艇。至光绪十六年（1890年）先后建造广元、广亨、广利、广贞、广戊、广己、广玉、广金炮舰8艘。其中广元、广亨、广利、广贞船身长110英尺、宽18英尺，舱深8.5英尺，排水量200吨，采用双桨、双康邦卧机，航速7.8节～8.7节，配炮5门，可行驶近海。广戊、广己两艘铁肋木壳浅水炮舰，船身长150英尺、宽20英尺，吃水7英尺，排水量400吨，采用双桨、双卧机，功率400马力，航速达10节，配炮6门，可行驶近洋。舰上的机器设备，全部由该局的技师谭茂等自行制造。广金、广玉两艘是铁甲炮舰，为黄埔船局首次建造的铁肋钢壳舰船，也是广东近代建造的最大型军舰，船身长150英尺、宽24英尺，吃水9.5英尺，排水量650吨，双桨、双卧机，功率500马力，航速10.8节，可行驶大海，配炮5门。

光绪十年到十七年（1884—1891年），是黄埔船局、水雷局兴旺发展阶段，生产能力和技术水平均为华南之首。光绪十九年（1893年），李瀚章上奏："船局无兴造之事，应行裁撤。所有船坞器具等项，就近归雷局派员照料。"[①] 船局裁撤以后，修船业务由水雷局代管。光绪二十七年（1901年），清廷恢复黄埔船局。宣统元年（1909年），清廷筹办海军，将广东黄埔船坞列为海军四大厂坞之一，但仅从事修船。

辛亥革命后，广东省实业厅接收黄埔船坞，于1914年设黄埔船厂。1915～1916年间为粤海军建造"东江""北江"两艘浅水炮舰。全盛时职工达千人。1925年厂务停辍，机器设备部分被当局盗卖，部分于1930年拆迁至大黄滘海军广南造船所。

广州沦陷期间，日本侵略军在黄埔船坞侧设立"第八野战船舶修理所"和一间制造8马力单缸柴油机的"仕上制作所"。抗战胜利后，国民党海军粤越区特派员公署派员将其接收，改作"黄埔海军造船所"，设有3道50吨船排，仅能修理小型船舶和炮艇，职工最多时有300人。新中国成立前夕，该所机器设备大部分被拆卸装箱运走，仅剩下十几台旧皮带车床等残旧设备。

（二）石井兵工厂

光绪十二年（1886年），两广总督张之洞鉴于军队装备大量使用洋枪，所需枪弹日益增多，决定兴建一所规模较大的枪弹厂。是年十月，委托江苏补用知县薛培榕向上海泰来洋行购买制造枪弹机一套，并接收广西订购的枪弹机一套，在番禺县石井墟购地37亩多，支银1.73万余两，兴工建厂。次年六月建成投产，定名为广东制造枪弹厂（又称"广东制造西局"）。初时生产毛瑟、马梯尼亨利、斯乃德、文且斯得4种枪弹，日产量2000发，后发展至日产8000发。

---

① 李翰章：《裁撤船坞归并雷局照料片》，见孙毓棠：《中国近代工业史资料》第一辑，第472页。

光绪三十一年（1905年），两广总督岑春煊见外界军火制造日益精良，而广东制造东、西两局机器陈旧，产品质量差，产品不能满足两广军队需用，决定再建一所机器制造新厂。于是向德国订购了日产毛瑟枪25支、枪弹25000发、无烟药140公斤的机器设备各1套，经奏准在石井广东枪弹厂旁购地，增建新式步枪厂和枪弹厂。光绪三十三年（1907年），两家新厂建成投产，并不断试制新产品。同年，仿制成功德国1904年式6.8毫米毛瑟枪，时称“光绪三十三年六厘八新式五响无烟快枪”。光绪三十四年，仿制成功麦特森式8毫米轻机枪，这是中国制造轻机枪的开始。

1886年，两广总督张之洞在番禺石井墟兴建广东制造枪弹厂。该厂后改名为广东兵工总厂，是当时中国南方颇具规模的兵工厂。图为广东兵工总厂大门口。

光绪三十三年，广东制造局先后改为“广东制造军械局”“广东制造军械总厂”，再改名“石井兵工厂”，继又改名“广东兵工厂”。1912年（民国元年），广东制造军械总厂归广东都督管辖，改名“广东兵工总厂”。

（三）广东钱局

“广东钱局”全称“广东官银钱局”，由两广总督张之洞创办。光绪十三年（1887年），张之洞在向清廷上奏《购办机器试铸制钱折》说：“上年与广东布政司高崇基详筹熟商，博采众议，惟用机器制造则钱精而费不巨”[1]。奏折获准后，当年四月，张之洞委托刘瑞芬与英国喜敦厂签订合同，购买铸钱机器。光绪十四年底，机器全部运抵广州。同时，张之洞在广州大东门外黄华乡购地80余亩兴建厂房。该厂于1889年5月落成投产。[2]该局备有熔化炉72座，安装铸币机90台。钱局由藩司兼督办，设提调主持日常工作。粤海关报告说：“广东钱局受藩司节制，实际经办则由3名总董负责。……除威安先生外，所有其他职工都是中国人。技工和工人大部分是广东人，有些堪称能工巧匠，他们全都很勤奋，并遵守纪律，听从指挥。”[3]钱局分为铜厂和银厂。铜厂部分包括铜铅配合钢模处、储模所、机械处、外银印花处、熔铜所、烘铜胚处、物料库房等10多个生产、储物处所；银厂部分包括权饼房、较准房、银舂饼处、银烘片处、银库房等10个左右的生产、储物处所。

---

①苑书义、孙华峰、李秉新主编：《张之洞全集》第一册，河北人民出版社1998年8月版，第525页。
②蒋祖缘、方志钦主编：《简明广东史》，广东人民出版社1993年7月版，第519～520页。
③《粤海关报告汇集》，第899页（该引文有几处参照张富强、乐正等译编：《广州现代化历程》作了调整，可参见广州出版社该书1993年版第40、41页）。

除铜厂银厂的设施外，钱局还设有电灯房、电灯锅炉房、修机房、打机房、木工房、翻砂房、新旧烘炉房、汽锤房、铁工房、煤仓等两厂共用的生产、储物处所。全局所使用的机器共分为 9 大类，即汽炉类、引擎类、辗片机类、舂饼机类、光边机类、印花机类、修理工具机械类、天平磅平类和炉具类。钱局设督办、提调、坐办等为高层管理人员，下有作为中下层管理人员的委员 20 人、司事 41 人，并曾聘用 4 名英国技工。全局生产人员共有机器匠 56 人、工匠 181 人、艺徒 124 人，另有哨弁 2 人、护勇 91 人和书差杂役 35 人。广东钱局于光绪十五年（1889 年）五月投产，铸造制钱“光绪通宝”；1890 年铸造银币“光绪元宝”；1900 年开铸铜仙，这是中国最早铸造和使用的铜元。[①] 这些银币、铜币大多“运往别省通用”[②]。广东钱局于光绪三十三年（1907 年）改为度支部（相当于财政部）造币厂。辛亥革命后，改为广东造币厂。

1889 年 5 月，两广总督张之洞在番禺黄华乡创办的广东钱局建成投产，开创了中国机器制钱币之先河。图为广东钱局。

广东钱局在技术上依赖英国，不仅全套设备由英国进口，而且由英方派 4 人为钱局工程师。铸造铜银币本属一国的主权，但英国于 1908 年借口广东所铸小银币太多，影响香港商务，无理要求停铸。度支部向英国妥协，“限广东每铸大元四万两，搭铸小元八千两”。民国前期，广东造币厂大多时间归省管，以铸双毫银币为多，时停时铸，直至 1929 年。

（四）广东士敏土厂

《番禺河南小志》记载：广东士敏土厂“光绪三十二年（1906）六月，总督岑春煊奏准开办。地在河南草芳围。用围田一百七十余亩、潮田一百四十余亩，筑基建厂，购料安机，至宣统元年（1909 年）闰二月蒇事。每日造士敏土五百桶、红砖二万块。”[③] 初办时由洋务督办温宗尧主理，其向德国礼和洋行订购克虏伯厂生产的日产 500 桶士敏土之机器，以及炉窑、锯木机、红砖机、花阶砖机等机器，共值银 39 万两。光绪三十三年，周馥任两广总督，其随从山西候补道刘麟瑞被委任为士敏土厂会办，提学司沈曾桐为督办，由刘麟瑞负责以每亩百元的价格征用民地，共得 500 亩，并建筑厂房。刘麟瑞同沙面兴华洋行签订了建筑机房、炉窑、锯木房、焙砖巷等工程合同，同冯润记建筑店订立了建

① 蒋祖缘、方志钦主编：《简明广东史》，广东人民出版社 1993 年 7 月版，第 520 页。
② 《粤海关报告汇集》，第 319 页。
③ 黄任恒编纂，黄佛颐参订，罗国雄、郭彦汪点注：《番禺河南小志》，广东人民出版社，2012 年 4 月版，第 70 页。

筑全厂围墙、会办住所、工人住所及其他各种房屋马路等合同，还与另一家洋行订立了建筑两座办公洋楼以及工程师楼合同，广东士敏土厂全面动工。各项工程及办公用具和家具共用银130多万两，建筑用地300多亩。其布局如下：正中为办公洋楼（即后来的孙中山大元帅府），靠近珠江边；南面为红砖厂，再南为自来水池；办公洋楼向西横过一条小河即为士敏土厂炉窑、车房、土房、货仓、工匠房、造桶房、工程师室、办公室. 化验室等；办公洋楼的东边为一块空地，作扩厂之用，有200余亩。简而言之，全厂的布局，以办公洋楼为中心，西为士敏土厂，南为砖厂，东为备用土地。光绪三十三年，温宗尧从礼和洋行订购的机器运到，至宣统元年（1909年），全厂工程才告竣，并于正月试机烧土。由于引进的机器是西方早已废弃淘汰的设备，窑炉也是旧式的考棣斯氏窑，开工两三个月，日产只有100余桶，且几乎全是废品。后聘用洋人为工程师，但每日仅可出土200余桶，与买机器时所定的日产500桶的指标相差甚远。经多次交涉，仍得到不解决。至宣统三年，会办夏同彝稍为计划，将炉窑塘设风扇机4具，每日出土增至400桶。进入民国后，生产也不正常。民国10年（1921年）起，招商承办。先后多人承办亦无起色，亏蚀巨甚。1928年，该厂改归广东省建设厅直辖，改为官督商办，由益普商人投资扩大生产，添置无烟煤发动机及风扇机等，日产才增至500桶以上。1933年，与西村士敏土厂合并，成为西村士敏土厂河南分厂。

1906年，两广总督岑春煊在广州河南草芳围兴建广东士敏土厂，是中国最早的水泥厂之一。图为广东士敏土厂全景。

（五）广州电力公司

广州电力公司，前身为光绪二十六年（1900年）英商旗昌洋行在广州长堤五仙门开办的粤垣电灯公司。开业资本150万元，初时有发电机4台，装机容量共546千瓦。宣统元年（1909年），广东官商合股150万元，把粤垣电灯公司收购赎回自办，成立广东电灯股份有限公司，并在长堤靖海门设立事务所。民国2年（1913年）起，为适应经济发展和市场需要，多次添置发电机组，扩展供电业务，且在城区增设街灯。至1915年，装机容量1900千瓦。至1919年公司资产增至300万元。同年，官股招商承买，变成完全商办，改名为广州市商办电力股份有限公司。1920年，在旧厂房旁新建电力机厂落成，安装的两台2500千瓦发电机组于1921年发电。以后不断扩充，至1926年装机容量1.6万千瓦，1931年达2.4万千瓦。

三、番禺商人兴办的近代工业企业

洋务派在广州地区兴办工业的同时，一些民族资本近代工业企业也相继出现。在19世纪末20世纪初，番禺地区先后出现了火柴、电灯、缫丝、针织等企业。

（一）火柴工业

火柴工业由于投资少、利润高、资金周转快，对投资者有很大的吸引力，成为19世纪末20世纪初投资热点之一。1879年，肇庆旅日华侨卫省轩在佛山创办巧明火柴厂。随后不到10年，在番禺地区有多家火柴厂开办，如投资22500元的吉祥火柴厂、投资6000元的人和火柴厂，还有振兴火柴厂等。[①] 火柴工业的发展也艰难曲折。这些火柴厂都是小型企业，除“巧明”外，当时还没有商标注册，这些火柴厂的产品，都沿用“舞龙牌”商标，火柴盒上左右两边写着“振兴国货，挽回利权”等字样，在盒上方写有“××厂造”的字样，以示厂名。1908年，日本资本收购了巧明火柴厂，为了挤垮其他火柴厂，提出“舞龙牌”是日本公益社在广东、广西推销的火柴商标，其他火柴厂不能以“舞龙”为商标，并向清廷交涉要取消别厂使用舞龙牌的权利。后清外交衙门照会日本公使：龙是大清国的国旗，中国人以“舞龙”为商标与外国人无涉。日本人企图专利舞龙商标以扼杀其他火柴厂的诡计没有得逞。日资的巧明光记火柴厂以其资金雄厚和使用手摇排柴枝机比其他各厂纯手工操作的效率更高、成本更低的优势，降价倾销，不几年就几乎独占了两广市场，致使几家小型火柴厂倒闭。

第一次世界大战期间，帝国主义列强对中国的压力相对有所松弛，中国民族工业得以发展。这几年间，火柴工业发展相对较快，原来已倒闭的工厂重新生产，还兴办了一些新厂。吉祥火柴厂、兴亚火柴厂分别在河南马涌桥、鸭墩关开设，广中兴火柴厂在新造兴办，市桥火柴厂在市桥开业。广中兴火柴厂于1920年还在市桥开业，1933年产量达4320箱。

（二）缫丝业

清同治十一年（1872年），中国第一家民族资本近代工业企业继昌隆机器缫丝厂诞生，由于经营得法，成效渐著，群相仿效。番禺商人也发展桑蚕，兴办机器缫丝厂。商人张凤华，尤重实业，在同治壬申至光绪乙亥（1872—1875年）“于河南龙导尾乡筑同德围，又于凤凰冈麓筑务本围以及岐山附近各乡，北暨茭塘新造，南至香山黄阁，批筑田地数百顷，锹塘种桑养蚕，同时并举。”[②]1899年，商人郑炯文投资2.6万元在石壁乡创办德成缫丝厂，釜数450，注册商标致中和。产品出口至香港，是一知名品牌。该厂于1942年3

① 丁身尊主编:《广东民国史》上册，广东人民出版社2004年4月，第18～19页；丘传英主编:《广州近代经济史》，广东人民出版社1998年6月，第146页。

② 民国《番禺县续志》卷二十一《人物志四》。

月17日被侵华日军飞机炸毁。[①]1917年4月，天津《大公报》发表的《粤东丝业调查录》载："粤东现今丝业仍以顺德为最，该县属内有大小丝厂百余家，釜数约2万余。其次南海、番禺、新会尚有50余家，釜数亦在1万左右。"据1926年《中外经济周刊》146期资料，是年番禺种桑面积1万亩，产茧3220担，出丝644担。1928年，建设委员会统计事务处调查，番禺有缫丝厂11家。[②]

（三）电力工业

1909年（宣统元年），广东官商合资购回粤垣电灯公司自办。此后，番禺一些墟镇也陆续开办电灯公司。1910年，禺北高塘村创办天丰电灯公司，开业资本2.1万元，用1台柴油机发电，容量为52千瓦，低压配电线路为110伏。1917年7月，番禺县沙湾司市桥宏光电灯股份有限公司开办，地址位于市桥墟尾旧炮台，开业资本为8万元，经理李康符。该公司用煤气机发电，容量为70千瓦，周波为60赫兹，电压为2.3千伏，低压配电线路为110伏。宏光公司后来并入福利电灯公司。1919年，伦少孙与几位商人合股开办市桥福利电灯公司，发电厂位于市桥镇大洛口，装有煤气机2台，配套德国西门子发电机2台，总容量为140千瓦。有2.2千伏三相高压线路2.4公里，采用杉木杆角铁横担、针式瓷瓶三角形布线，架设单支8号铜芯麻皮线供电；110伏低压线路（单线计）6.5公里，以照明用电为主，月售电量约1.5万千瓦时。当时的电压质量很差，低压线尾电压降低20～30伏。同年，沙湾乡绅何厚艺和几位商人开办沙湾电灯公司。1932年，沙湾本善电灯公司开办，开业资本为2.8万元，装有煤气机1台、42千瓦发电机组，周波为50赫兹，用220伏低压线路供电。1933年新造电灯公司开办。[③]

第二节　市头、新造糖厂的兴建和传统工业的发展

辛亥革命后，中华民国成立。民国政府颁布了一些保护工商业的规章，投资环境有所改善，经济有一定的发展。1929～1936年期间，陈济棠主粤，广东政局相对稳定，经济建设、工业生产有较大的发展。

一、市头、新造糖厂的兴建

1929年，陈济棠掌握了国民党在广东的军政大权。他利用当时国内外的有利形势，提出要发展广东的经济，并于1933年1月1日正式颁布《广东省三年施政计划》。发

①参阅杨大金编：《近代中国实业志（制造业）》，南京中山书局1933年版第71页；杨万秀主编：《广州通史》近代卷，中华书局，第639页。
②建设委员会统计事务处：《广东丝业之调查》，载（广州）《农事双月刊》1928年第4期。
③参阅何益智主编：《广州电力工业志番禺分志》，2001年12月，第1～2、11～12页。

图为1934年，广东省建设厅农林局局长兼岭南大学农学院院长冯锐率广东糖业考察团赴菲律宾考察。后引进外资和先进技术，在广东创办了国内第一批共6家现代化甘蔗制糖厂。

展经济是《广东省三年施政计划》的一个重点。陈济棠说："三年计划系以经济为重心，一方面建设国家经济，一方面同时建设国民经济，以国家经济发展国民经济。"① 陈济棠发展经济的策略是先发展利大而易于周转的项目，再用其盈利去建设其他工厂，实行"以厂养厂"。基于这个考虑，他认为发展白糖生产是刻不容缓之举。1933年初，广东省建设厅农林局长冯锐往菲律宾考察当地糖业，回省后即提出"复兴广东糖业三年计划"，建议成立广州、惠阳、潮汕、徐闻、琼崖5个蔗糖营造区，在各区分设新式糖厂，以广州区第一蔗糖营造场新造制炼处（新造糖厂）为复兴糖业"最前线之一战士"。②6月，广东省政府通过冯锐的拟议，择定番禺县属之市头、新造为首两所新式糖厂厂址。③

1934年12月，市头糖厂投产。它是中国第一家大型机械化甘蔗糖厂。图为市头糖厂竣工投产时外景（南面），从左至右的建筑物为仓库、安装中的酒精车间、烟囱及汽锅房。

1933年12月，广东省建设厅与捷克斯可达工厂签订购买市头糖厂日榨蔗能力1000吨全套机器设备合同。1934年3月，广东省建设厅与捷克斯可达工厂签订承建市头糖厂的制糖部分及酒精厂部分的建筑工程合约。1934年5月，项目破土动工兴建。同年12月10日，糖厂先竣工投入生产。1935年4月4日，酒精厂竣工，5月11日开始蒸馏酒精。至此，市头

①陈济棠:《整理与建设要同时并重》,广东省档案馆编:《陈济棠研究史料(1928~1936)》,1985年版第198页。

②冯锐:《广东复兴糖业之经过述略》，广东省建设厅1934年版，第2～4页。

③《广东省政府第6届委员会第194次会议录》，广东省档案馆编:《民国时期广东省政府档案史料选编》，1987年，第3册第380页。

糖厂第一期工程全部完成投入生产。这是我国第一家大型机械化甘蔗制糖厂，生产能力为日榨甘蔗1000吨、食用酒精5000升。1936年初，广东省建设厅决定将市头糖厂扩大，增加日榨蔗能力1750吨和日产10～15吨方糖车间。3月，冯锐代表广东省政府同捷克斯可达厂驻华代表吴办农及驻华南代表杜力签订市头糖厂购置机器合同；5月，签订市头糖厂扩建的建筑工程合同。同年12月，扩建工程竣工投产。市头糖厂成为中国历史上第一家具有从甘蔗直接制成白糖、精炼糖、方糖和利用废糖蜜酿造酒精的日榨蔗2750吨现代化大型糖厂。

1933年8月，广东省建设厅与檀香山铁工厂签订购置新造糖厂的机器及厂房建筑工程合同。1934年12月26日，糖厂竣工，即行试机榨蔗制糖。1935年1月9日，附属的酒精厂全部机器设备亦安装完毕，当月30日开始蒸馏酒精。新造糖厂设计生产能力为日榨蔗量500吨、日产酒精5000升，产品有赤砂糖、酒精、桔水（即废糖蜜）。

市头、新造糖厂使用机器制糖，这是国内的一个创举。当时中国机器制糖技术人员、技术工人都非常缺乏。为了拥有自己的技术力量，主要从以下几个方面解决。机械技术工人主要来源于西村士敏土厂，有230多人；招聘了负责指导市头糖厂安装机器和生产工作的斯可达厂的工程师；在承担安装工程的工人中挑选了八九个人，这些人对机器设备情况熟悉，技术水平较高。新造糖厂聘请了由檀香山铁工厂派来指导安装设备的阮国平、陈荫材两位工程师；制糖技术人员主要从香港太古糖厂招聘过来，其中有陈尔显、张冠成、黄俊初、郑兆祥、程志聪等制糖技师，还有几个是我国早年留学外国的制糖专家，如曾留学美国的周大瑶、沈镇南。同时，招收一些国内大学毕业的青年技术员到各车间跟班学习。在新造糖厂筹备期间，就举办了一个省营糖厂人员训练所，吸收了高中毕业生和初中毕业生各30人，分为高级和初级两个班，进行专业训练。训练所规定，理论学习一年，实习两年，实习完毕，即以技佐任用。这些学员在市头、新造糖厂投产后就到糖厂实习。

1934年12月，新造糖厂竣工试机榨蔗。图为工人将已过磅甘蔗放至输送槽。

建厂初期，市头、新造两糖厂设计日榨蔗量共1500吨，1936年市头糖厂扩建后增至3250吨。1934年和1935年两榨季实际生产量如下表。

榨蔗制糖是季节性生产，且当时原料蔗不足，榨季大都不足100天。在停榨期间，糖厂还利用制糖设备炼制白糖。市头糖厂在 1935 年 4 月停榨后，曾以赤糖 7103.5 担炼制白糖 5256.99 担。此外，两糖厂还利用副产品生产酒精。1935 年，市头糖厂附设酒精厂生产酒精 376.86 担，新造糖厂生产酒精 214.08 担。

表 2-1　　市头、新造糖厂 1934 年和 1935 年榨季产量表

厂别	1934 ～ 1935 年榨季			1935 ～ 1936 年榨季		
	天数	榨蔗量（担）	产糖量（担）	天数	榨蔗量（担）	产糖量（担）
市头	109	1044806.75	83966.38	98	1314079.32	115355.86
新造	57	245717.77	19668.09	77	536359.60	46254.00
合计		1290524.52	103634.47		1850438.92	161609.86

注：1934 年榨季，市头糖厂从 1934 年 12 月 10 日至 1935 年 4 月底，实榨蔗 109 天；新造糖厂从 1934 年 12 月 25 日至 1935 年 3 月，实榨蔗 57 天。1935 年榨季，均从 1935 年 12 月至 1936 年 4 月。资料来源：司徒锡：《广东省营糖厂之今昔观》，载《糖业月刊》1937 年第 1 期。

市头糖厂、新造糖厂的建成投产，对番禺工业发展有着重大意义。广州于 1921 年 2 月正式建市，至 1928 年 8 月，区域范围东至东圃、车陂，南到河南、黄埔，北尽白云山，西达增埗对河之两岛。番禺原辖区内近代工业企业随区划变化大多数被划入广州市区域内，而市头糖厂、新造糖厂坐落番禺区域内，成为番禺现代工业的标志。

二、传统工业的发展

鸦片战争后，帝国主义列强向我国输出工业品，开办近代工业企业，洋务派也在各地兴办了一些近代工业。但是，近代工业在整个工业经济中只占很小的部分，面广量大的仍然是传统的家庭工业和各式各样的手工工业。传统工业的生产还占有非常重要的地位。虽然近代新式工业所占比例不大，但新的工业部门和先进的工业技术进入中国后，传统工业也发生了很大变化：一些行业吸收了先进技术，用新工艺制作传统产品，因此整个行业仍然延续下来；有的行业被新的行业取代而销声匿迹。一些民族文化固有的行业，由于它有固定的市场，仍一如既往发展。番禺的传统工业也和全国各地传统工业一样，有发展的一面，也有不发展的一面，发展是主要的，不发展是次要的。下面简述近代番禺主要传统工业行业的发展状况。

（一）制糖业

明清时期，番禺已成为著名的蔗糖商品基地，历来有大量的糖品运销各地，出口东南亚各国。清末民初受洋糖冲击，致使甘蔗的种植和制糖业遭受打击，一度衰落。慕德

里司“至民国五年（1916 年），此地几无蔗糖业之可言”。沙湾司“民国元二年，榨蔗寮尚不过二三家”[①]。第一次世界大战后，洋糖进口减少，甘蔗种植和蔗糖生产逐渐恢复。至 1921 年前后，慕德里司甘蔗种植面积 2500 亩左右，榨蔗寮 20 余家，每年出糖约 150 万斤；沙湾司甘蔗种植 13000 多亩，榨蔗寮 80 余家，每年出糖约 900 万斤；茭塘司甘蔗种植 5500 亩左右，榨蔗寮 60 余家，每年出糖约 650 万斤；鹿步司甘蔗种植 1000 多亩，榨蔗寮 60 余家，每年出糖约 100 万斤。全县甘蔗种植面积 2.2 万亩左右，产糖约 1800 万斤。但这些榨糖寮，还是主要靠畜力拉动荔枝木碌压榨，三星炉煮炼制糖。[②]

在市头、新造糖厂筹建期间，广东省政府就通过了《广东省民营糖厂取缔暂行规程》，第五条明文规定：“民营糖厂资本额不得超过毫银五万元，每日出产糖量不得超过 3 吨”；第六条规定：“凡购国外糖砖、糖浆、粗糖翻制白糖之糖厂均不得设立”。[③] 这样就堵死了民营资本在广东办新式糖厂或设立精炼糖厂的门路。另一方面，为解决新型糖厂原料供应，将全省适宜种蔗的地区分为 5 个蔗糖营造区，其中番禺、东莞、顺德、南海为第一区，规定私人不得在蔗糖营造区内办糖厂，农民种的糖蔗只有卖给省营糖厂。同时在蔗区设立甘蔗繁殖场，引进甘蔗优良品种，研究和推广甘蔗栽培技术。糖厂还以农业贷款方式向农民供应甘蔗良种和化肥。过去蔗农“虽知种蔗有利，但是资财不裕也很难经营”[④]。贷款制度和农业技术推广制度，打破了民间高利贷对农民的盘剥，促进了甘蔗生产的发展。1934 年，市头糖厂、新造糖厂借给农民的款项达 39.8 万多元（粤币），贷款定约蔗田面积 3.6 万多亩，分布于番禺、东莞、顺德、中山 4 县，以番禺最多。[⑤] 1935 年，番禺的甘蔗种植面积增至 6 万亩，占全县耕地面积的 22.62%。[⑥] 大部分蔗农都将所产甘蔗按约定的价格卖与糖厂，不再自己榨蔗制糖向糖商出售产品，只有少数较大的“耕家”和远离糖厂运输不方便的农户继续自己榨蔗制土糖。

（二）碾米业

碾米历来是以人力舂米，至 20 世纪初逐渐改用“火绞”（碾米机）。《番禺县续志》载：舂米之业，“往者，各乡米店必安碓数座，请人舂米，每人日以三坎为率，晨舂午磨，习以为常。光（绪）宣（统）间，火绞盛行，除自耕自食之农家外，无或以人力舂米，其用人力者，亦仅用地碓”[⑦]。

广州机器碾米始于清光绪三十二年（1906 年）开设的植丰、恒丰泰两家碾米厂。当时，

①邵尧年：《番禺增城东莞香山糖业调查报告书》，民国十四年（1925 年）九月国立广东大学农科学院刊行，第 7 页、12 页。
②参阅邵尧年：《番禺增城东莞香山糖业调查报告书》。
③载 1933 年《广东省政府公报》第 239 期第 5 页。
④黎献仁：《中国糖业政策》，《农声》第 190 期，国立中山大学农学院，1935 年。
⑤陈绍宇：《广东糖业与冯锐》，载《民国史料丛刊》第 560 册，大象出版社 2009 年 8 月版，第 66 页。
⑥《番禺县主要农产品耕地面积比较表》，载《番禺县政纪要》，1935 年。
⑦民国《番禺县续志》卷十二《实业志·工商业》。

机器碾米是新兴行业，营业旺盛，获利颇厚。于是，经营碾米者纷至沓来，如义盛、维新、恒安泰等厂先后开办。至宣统年间，又有东安成、岐安泰、协和祥、协源等厂相继成立。当时机器碾米厂多设在花地、芳村、大涌口和河南等处。[①]20世纪20年代，市桥、新造、石壁、石碁等地米商见机器碾米有利可图，也纷纷开办碾米厂，自行碾米销售。市桥利民、利成、联升等厂，除为米商碾米销售外，还解决了邻近各乡及沙田区陇枕、鱼窝头、东涌、黄阁等地农民碾米之需。至抗战前，化龙、渡头、良角等地相续开设了"米机"。这些米机的动力设备一般采用广州均和安、协同和等机器厂生产的25～40马力内燃机，燃料多用木炭，也有用谷壳、柴油；碾米设备一般有大号或2号扑磨一台，并配横磨1～2台。

（三）晒莨、土布业

晒制莨布是番禺市桥的传统手工业，起源于何时，已难稽考。1931年，黄花考古学院在广州西郊大刀山发掘的晋墓中出土了一块麻布，是用薯莨染整过的一面红一面褐的麻织物，说明当时已有薯莨染整的工艺。清同治《番禺县志》载："薯莨，市桥始用以染绸……以为当暑常服。"[②]至清末民初，市桥晒莨业还有浩源、和隆、坤记等几家晒莨作坊，且是数代相传。20世纪20年代，发展到有同盛、东兴、天利和、义隆栈、同发、和记等六七十家，分散在西坊、织箩街、三堂、水松堂、云瑞门、涌基尾、白鹤社、黎地基、凤岭坊等处。1930年前后，市桥厂商发展至120多家、从业人员1000多人，年产薯莨布60万～100万匹。厂家的大小按设置的晒布地多少衡量，有一百地、百五地、二百地不等。一百地是指能晒一百件莨布，每件莨布为五丈长、一尺至尺二宽（排钱尺计）。每家雇请工人，从十工八工至三十余工，视乎晒地大小而定，也有以自己家人为主力，只雇三几个工人的小户。

薯莨布根据原料的不同分为纱、绸、布三类，各类又有不同的品种，如纱分为大纱、云纱、点梅纱、花纱、绉纱，绸有纺绸、土绸、茧绸、卜绸、东京绸，布则分洋布、棉布、夏布等。不同的原料晒莨出不同种类的莨布，相同的原料也可晒莨出不同品种的莨布。如用上海扣布晒制的，有"泥乌竹布""蒸深竹布"两种；用土白布晒制的，有"朱坑莨布""板桥莨布"两种。四种莨布的质量要求："泥乌竹布"要底红面乌；"蒸深竹布"与"朱坑莨布""板桥莨布"，底要白，面要像荔枝红色。布面要一片光滑，有闪星色；布身纯软无疵毛。这才算一等品。市桥莨布很闻名，著名的商标有广生的"双生牌"，张宝记的"双鹿牌"，广昌的"双广牌""双吉牌"等，产品行销国内以及东南亚各地。

莨布的制作过程，是多层次纯手工操作的复杂过程。一是漂白。晒莨要先将布漂白，分"蒸灰""蒸枧""碰（音扇，以下同）布"3个工序。蒸灰是将布放进白灰（蚬壳灰）

---

①参阅陈启辉《广东土地利用与粮食产销》，载萧铮主编《民国二十年代中国大陆土地问题资料》，（台湾）成文出版有限公司、（美国）中心资料中心联合出版，1977年12月版，第26131～26134页。

②清同治《番禺县志》卷七《舆地略五·物产》。

水里浸透后，转放到大木甑里蒸8小时，取出拿到河里洗净后晒干。晒干后再浸枧水，以蒸灰的方法进行“蒸枧”。继之是“砑布”，用木棍将白布卷成筒状，放在砑架上，压上500斤重的石马，由砑布工人踏在石马上，用力左右摆动砑压，砑至布匹光滑为止，才完成整个漂白流程。二是晒莨。晒莨工人每天早上3时起床，先将薯莨磨碎，装进大木斗中用脚踏透，放水搅拌，制成“生莨水”备用。等到太阳出来，便将白布放进生莨水里透湿，张铺在草地晒干，干了又浸，浸了再晒，这样连续反复浸晒十二三次。再将布放在大镬里煮一次，好让布纤维均匀吸附薯莨溶液。这镬煮布的水叫“熟莨水”。浸过熟莨水再晒一次，叫“晒熟水”，是使熟水晒回布上。之后，还要浸晒生莨水两次，煮第二次后复晒干。经过浸晒十四五次，煮两次，才能完成晒莨工序。晒莨后根据不同的品种还有不同的制作程序。如“蒸深竹布”的制作，是等太阳西下后，将制好的莨布铺在草地“摊雾”，使布身受潮润湿一点，收起来放在撑布台上，用手将布撑纯软，然后复晒一次，把布捆成一卷，用大木甑蒸5小时，蒸成荔枝核般的深红色，便是成品。又如“泥乌竹布”的制作，把晒好的莨布送到泥乌工场，扫上一层泥浆，待10分钟左右将泥浆洗去，放在草地晒干便成。

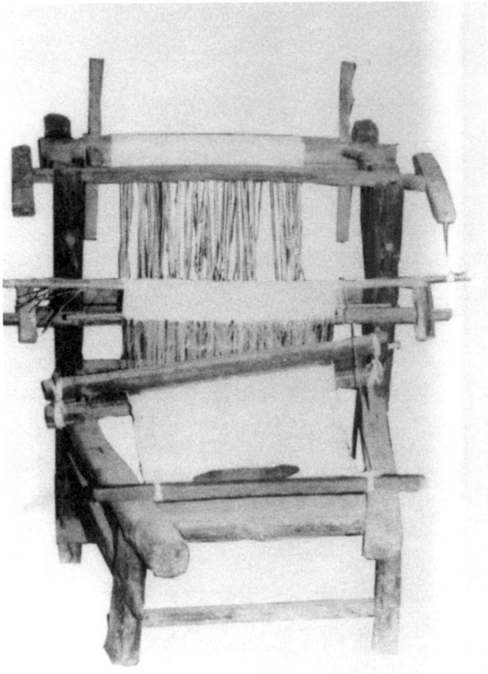

清中叶至民国期间，番禺乡村妇女多以织制土布为副业。图为当时使用的一种木制织布机。

晒莨的季节性很强，习惯于农历二月开始生产，八月结束，只有六个月的经营期，其中遇阴雨天还要停晒，故有“百日红”之称。晒莨工人绝大部分是来自邻近农村的季节工，以沙头、沙墟、黄编、罗家、石岗等地农民为多，市桥居民占少数。晒季结束后，大部分季节工返农村务农，少数留下来，替厂家转营农副产品，如晒菜干、晒榄角、晒菜丝等。晒莨制作是繁重的体力劳动，技术性也很强，工人都很艰苦，砑布的终日汗流浃背，晒莨的早上3时起床，日出晒到日落，晚上还要“摊雾”“撑布”，或打包装往轮渡付货，正所谓“睡无五更床”，而收入却很微薄。雇工有两种形式：一种是月工，除老板供食外，每月只得一百斤米左右，技术工可得白银十二三元；另一种是判工（即包工），担半米晒一作（一作五十件）。

前面说晒莨的过程分为漂白和晒莨。晒莨业的厂家，有专营晒莨的，有专营漂白的，有两者兼营的。漂白布，市桥有很好声誉。同治《番禺县志》载：“漂白布，以山水当烈日中数数浇之，自然莹白，各处布匹皆付市桥漂制，以其水浩而工习也。”[①]1930年前后，

①清同治《番禺县志》卷七《舆地略五·物产》。

市桥先后有卫厚德、忠和、荣生、津记、信隆、和隆、广生、义昌盛等40多间（包括碰布）漂白染房。

晒莨业也影响着土布织造业的发展。晒莨原材料需用的白布，一部分是上海扣布，一部分是土织白布。土白布需用量很大，因此，石碁、沙头、南村、新造、小谷围等一带的农村，家家户户都设置木制的织布机，妇女以织制土白布为副业，有的还以此作为生活主要来源。原来土布织造用土纱。1930年前后番禺本地还有少量棉花种植。[①] 女工用本地生产的棉花和外购棉花纺纱织布。鸦片战争后，大量洋纱涌进中国市场。由于洋纱质量较好，价格便宜，一些织户改用洋纱织造土布，致使一些以纺纱为业的女工失业。“邑中女红以纺织为业，近洋纱自外国至，质松价贱，末俗趋利，以充土纱，遂多失业矣。”[②] 织户们把织出的土布拿到市桥四九墟出售，各漂白、晒莨厂家逢墟期便派人到墟场收购。每墟前往墟场售布的妇女，常有一二千人。土白布有两个品种：朱坑布和板桥布。这是由于朱坑、板桥两村，织造土白布起步早，织布人较多，产量较大，质量较好，且各自有自己的规格，其他乡村织的布，以这两村的规格质量为标准，便于晒莨厂家收购使用，因此这两个村名被冠为土布产品名称。朱坑布长10丈、宽1尺，轻而薄；板桥布长10丈、宽1.2尺，结而重，裁衣合度，各具特点。

（四）砖瓦制造业

清末民初，随着广州、香港等城市发展，建设规模扩大，砖瓦等建材需求日增，原来砖瓦生产相对集中的沙湾司渡头、北海，茭塘司的白蚬壳，鹿步司的南岗以及慕德里司流溪河沿岸的砖瓦制造业有了新的发展。

沙湾司砖瓦生产集中在渡头、北海一河两岸，南有渡头埠、兰陵埠、杉岩埠，北有北海埠、南庄埠、南山埠，共6处，工场、寮铺、厂房，参差起伏绵亘2000多米，总称沙湾埠。渡头的砖瓦业自明代已出现。沙湾埠全盛时期有窑炉90个左右，生产工人2000多人，另木帆船只为日常运输也百余艘，年产量二三千万块。沙湾埠的砖瓦以工艺精良、质地坚固、泥水均匀幼滑而誉满全省。产品销往珠江三角洲各大中小城市和港澳等地，台（山）开（平）恩（平）新（会）四邑侨乡亦多来此地采购。

茭塘司白蚬壳（现属广州市海珠区），原是一片海滩，清末时开始有人在此建窑烧灰，继而建窑烧制砖瓦。早期在此经营砖瓦的窑主多来自沙湾司，烧制砖瓦的工人一般也是从禺南雇来。1932年，颇具规模的同顺砖瓦窑在该地开业，也是由沙湾司人筹资开设的。继后，“联丰顺”“德泰”“陶兴”“同利”等10多家砖瓦窑号相继开业。邬庆时在《番禺末业志》说：“茭塘司之白蚬壳，以烧砖瓦为业，出品精良，广州建筑多用之。”[③]

---

①民国十九年（1930年）四月，卓正丰在《番禺县农业概况调查报告》说，“棉，县属各司均有少数种植。”载国立中山大学农学院编：《广东农业概况调查报告书续编》下卷，1933年版，第18页。

②清同治《番禺县志》卷七《舆地略五·物产》。

③转引自《番禺河南小志》卷五，第234页。

常年有工人1000人左右，生产各种砖瓦供应各地。

鹿步司南岗（现属广州市黄埔区）的砖瓦业于清末民初逐步发展起来。早期因缺乏烧制技术，往沙湾埠征招股东合伙经营，生产逐渐扩展。民国初期至抗日战争前，南岗红砖生产迅速发展，至抗战前有窑号15家、砖瓦窑21座、常年工人1600人，年产红砖1000多万块。其中规模较大的有“泰和窑”和“泗和窑”。泰和窑先后在香港油麻地开设“万兴隆”砖瓦店，在广州惠福东路开设“万盛隆”砖瓦店；泗和窑于1932年在广州中华南路开设“泗和号”砖瓦店，经营砖瓦批发、零售。南岗红砖曾以品质坚硬、色泽鲜艳而驰名省、港、澳，曾远销婆罗洲，深受用户青睐。那时广州不少大型建筑物如爱群大酒店、西村士敏土厂、广州电影院、中山大学医学院及东山梅花村住宅区等，均使用南岗各窑号的红砖。

此外，禺北地区流溪河沿岸也有不少砖瓦厂，如石井鸦岗的地利砖窑股份有限公司、石井庆丰土生砖窑、人和砖窑股份有限公司等，烧制砖瓦供应市场。

砖瓦品种有条砖（砌墙砖）、阶砖、瓦片、瓦筒等，各品种又有不同的规格。工人有制胚工、装窑工（入窑师傅）、烧火工、睇火师等，有长工和散工。制胚工分别有制条砖、阶砖、瓦片、瓦筒的，均为手工操作，带一定技术性，多是各自完成，有个别师傅自雇童工协助。制坯工人多少根据各窑号的窑炉、工场的大小决定，多的一般十人八人，小的五六人（童工不计在内）。装窑工（即入窑师傅），每埠有二至四名，配助手几名。装窑系传统工艺，技术性强。装窑工个子要高大，气力要充足。装窑过程中，每每要举起七八十斤（扳尽手），踮高脚，放置在垛顶上，砖瓦坯不能损棱掉角，方式也有变化，所以称他为装窑师傅。烧火工，任烧窑工作，由有烧窑技术和责性心强的人担任，其中有人要晚上通宵烧火，以保证正常生产。睇火师，每埠有一至两名，专一替各窑户看火候。睇火师在烧窑时，掌握温度，控制火候，指导烧火工烧火。生产出的成品优与劣，关键在这环节上。有些窑户由经营者自己睇火，不另雇请。散工（俗称“海边龙”）人数较多，有各埠那些亦工亦农的人，也有专一作为职业者，但只在本埠工作，不得越过别埠。这些工人主要是为各窑号入窑、出窑，担货品落船，或由船上起卸各类原料（泥土）上工场等等。长工，每窑一至两名，负责管理工作，或兼采购、炊事等等。其中管理工作由投资者自身充当的较多，有些窑户是父子、兄弟或合作经营者担当全部日常工作，不另雇长工。

砖窑的燃料、原料，各地根据运输条件等不同采购自不同的地方。沙湾埠砖瓦窑的燃料，初时以松树尾为主，采购自西江（云浮、郁南、高要、德庆）一带的山区，用木船运输。后来，对窑炉进行了改革，逐渐改烧禾秆、茅草，主要来自番禺本地和中山、东莞等地。原料泥则根据不同的产品，采用不同的泥土。有名的白泥瓦采用东莞峡口白泥烧制，赤泥瓦及瓦筒的赤泥多来自小洲、土华，烧制大阶砖的泥主要用东莞麻涌的泥，造红砖用的泥则多来自顺德的“老桑基泥”和本地邻近农村的“老基泥”。

（五）铁木农具制造业

番禺农业生产发展较快，特别是明清以来，沿海围垦开发及农业商品性生产的日益发展，对铁木农具需求量很大。但是，历代封建王朝对铁矿资源和冶铸铁严格控制，多采取官冶制度。洪武年间（1368～1398年），曾严禁民间采矿冶铸，《大明律》对“盗掘”违例者规定“分别轻重治罪”。随着经济的发展，农业和手工业生产对铁器具的需求大量增加，明王朝不得不解除禁令，洪武二十八年（1395年），宣布“罢各布政司官冶，令民得采炼出卖，每岁输课三十分取二”①。各地商民经呈报官府，领取许可证，缴纳铁课，即可自行采矿、冶铸。但是，“许可证”并不容易领取。清初，广东官府将铁农具等器具的生产“官准专利”划归佛山，规定“通省民间日用必须之铁锅、农具，必令归佛山一处炉户铸造”②。佛山生产的铁器不但供应两广地区，且远销到全国各地，各省商人也要长途跋涉到佛山购买。“两广铁货所都，七省需焉。每岁浙、直、湖客人腰缠过梅岭者数十万，皆置铁货而北”③。番禺地区的铁农具也多到佛山采购。由于农业生产的发展，迫切需要有充足的铁农具供应，佛山生产的铁农具，无法满足全省农村的实际需求。之后，朝廷不得不采取相应的措施，准许各地“领照纳税”的“土炉”生产铁农具。嘉庆年间广东规定：“（本省）各属输饷承开大小官炉，在内地铸造铁锅、农具发卖，均应听从民便”，但须“铸明各该官炉记号”④。广州府各属开设土炉，“收买旧烂废铁造食锅、农具、钴铊等项，名曰土炉。……准其就地售卖”⑤。番禺民间铁器农具制造由此逐渐发展起来。

清末民初，番禺各墟镇都有铁制器具的作坊，以供应当地，满足人民生产和生活需要，其中以市桥镇和江高镇为多。市桥有铁制器具作坊20多家、从业人员200多人。新造墟也有3间铁农具作坊。初时，铁器农具生产，以锻打为主，至20世纪30年代才开炉冶铸犁头等，早期有市桥的大兴炉、禺北的兴发炉。新造墟和江村也各有犁头铸造厂1间。铁制农具的产品有犁头、禾镰、锄头、耙、蔗锹、草锹、蔗刀、四齿钩、沙鎒、铁边高锹等。较大的店号有区正昌、区利昌、甘全合。禾镰生产最为驰名，当时省内生产禾镰的作坊不多，市桥禾镰产量多、质量好，行销省内外。其中，区正昌禾镰以“淬火得当，软硬适中，利而不脆”最负盛名。民国期间，生产的“耙唛”禾镰，年产60万张，出口东南亚一带就有5万余张。区正昌除雇工20多人外，还收购各店号出产的禾镰，经独特的淬火加工，刻上“区正昌”标记出售，获利甚丰。锻造铁器杂件，在清末已成为较大行业，主要集中在市桥，商号有区荣利、富记、叶生利、新正记、区球记、巨利

①《明会典》卷一九四《冶课》。
②阮元：《两广盐法志》卷三五《铁志》。
③霍与瑕：《霍勉斋集》卷一二《上吴自湖翁大司马书》。
④阮元：《两广盐法志》卷三五《铁志》。
⑤光绪《广州府志》卷七〇《经政略一·榷税》。

栈、区和记、大利栈等10家。各号作坊规模不大，从业者共60多人。各店按照客户图纸，热锻成各种产品，主要有铁锚、栏栅、铁闸、夹万、木工工具、机械部件以及铁钉、锄头等。

木器作坊则遍布城乡，有生产家具为主的店铺，但生产农具的店铺为多，主要集中在市桥、新造、石楼、东圃、江高等较大的集镇。木农具生产以犁、耙、牛轭、锹、桨橹、大板车、水车、风谷柜、牛马车、打禾桶、鱼苗桶、水桶等为主。木器作坊一般前店后坊的多，规模较小。此外，还有熟此工艺者，不设门店而由用户雇请加工制作各种木器。

木器制作还有一大项目就是造船。清末民初，市桥有大小船厂32家、从业者100多人。造船工人流动性大，固定工工资较低，临时工工资较高，厂家接有造船任务，则雇请临时工。市桥造船作坊多集中在大洛口和南面基一带，较大的船厂有“新顺隆”“富兴隆”“生记”等，均以修造木结构渔船、货船、小艇以及维修花尾渡（客船）为主。除市桥外，造船厂还遍布各墟镇，如渡头、大石、上漖、石楼、灵山、鱼窝头、东涌等地。沙田地区的船厂以制造渔船和农艇为主。

竹器手工业遍布城乡，竹制农具和日用品主要有竹箩、谷围、畚箕和雨帽、葵衣、竹椅、竹床、窝筛等。除专业竹器织造者外，还有一些农民以此为副业，如石碁官涌农妇擅长编织花鱼笼。此外，绞绳业也颇盛。绞绳，“分草绳、麻绳两种，盛于新桥、大山、土华、小洲，以新桥为最多，一乡所出，足供全邑之用。”①

（六）机器维修与制造业

鸦片战争后，近代工业生产和科学技术逐渐发展，如粮食加工使用碾米机，机动轮船逐步成为交通运输的主要工具，一些手工生产开始向简单的半机械生产过渡。机械设备的推广应用，为机械行业的发展创造了条件。番禺地区的机械行业也得以产生并发展，最早出现的在河南。“织造机房、机器厂，均在河南，各有百余家。”②20世纪30年代，市桥艺成机器厂、广利和艺林修整机器店等开业。艺成机器厂于1934年创建，厂址在市桥张家祠、李家祠，置有发电机3台，车床、刨床、钻床等20多台，工人最多时有120人。产品主要有30马力卧式煤气发动机、小型压缩机。该厂还有锻打、铸造设备，能生产甘蔗压榨机、煮糖锅及铜铸件等，兼营修理米机、轮机等机械设备的业务。

第三节　沦陷时期的工业

1937年7月，日本发动了全面的侵华战争。1938年10月21日，广州沦陷。10月28日，番禺县署驻地新造沦陷。日军在侵占新造后，向各镇村推进。每推进一个镇村，沿途“扫

①民国《番禺县续志》卷十二《实业志·工商业》。
②《番禺河南小志》卷二，第91页。

荡”，烧杀抢掠，工业生产遭到严重破坏。抗战前，番禺经济虽然还是以农业经济为主，但已有一些现代的工业企业，如市头糖厂和新造糖厂，手工业也颇发达。抗战初期，两大糖厂被炸毁外，手工业一落千丈，奄奄一息，有些行业甚至几乎消失。《番禺县志》载："沙湾渡头砖瓦业，几乎全部歇业。市头糖厂被炸后，连机器也被拆走外运。农民联营的糖寮，很少开榨，‘食糖紧张……发票定量供应’（《中山日报》1944 年 6 月 22 日）。晒莨厂原有四五十家，只剩十余家。”[①] 抗战前创办的“艺成机器厂”，在沦陷时因日伪敲榨，1942 年也被迫歇业。[②] 刚刚起步的番禺现代工业，因日本的侵略，被战火摧毁。

沦陷期间，日军采取“以华制华”“以战养战”政策，培植汉奸势力，疯狂掠夺资源。大汉奸李辅群（李朗鸡）为扩充实力，在县内兴办兵工厂，制造机枪、步枪；兴办钱庄操纵金融；为控制经济兴办碾米厂、机榨糖厂。

1940 年前后，局势稍安定，番禺工业生产稍有恢复，有多家小型机榨糖厂、碾米厂开办。但由于日军对物资统制，交通被封锁，原材料供应和产品销售受阻，加上李辅群对金融操纵和经济垄断，且屡受敌伪敲诈勒索，民营的工业企业经营困难重重，难以发展，有的甚至倒闭。

一、工业生产遭严重破坏

1937 年 7 月 7 日，日本发动了全面的侵华战争。同年 9 月起，日军对番禺多次空袭，民居、工厂、商店被炸。10 月 28 日，番禺县署驻地新造沦陷，日军侵占番禺。日军所到之处，杀人放火，奸淫抢掠；汉奸土匪趁火打劫，工业生产遭严重破坏，几乎毁灭。

（一）日机狂轰滥炸，工厂损毁

番禺沦陷前，日军多次对番禺空袭轰炸。据资料记载，禺南地区最早遭日军飞机空袭的是 1937 年 9 月 30 日，日机狂袭番禺，是日是新桥村墟期，村民赴墟者甚众，无从藏避，致被日军飞机开枪扫射，并投下炸弹 2 枚，当场炸伤 20 余人。同日，傍江村被炸毙 1 人、伤 20 余人。[③]1938 年一二月间，日军多次空袭番禺农村，造成重大的人员伤亡和财产损失。1938 年 3 月，日军飞机就先后 5 次对位于番禺的市头糖厂、新造糖厂轰炸，工厂厂房、宿舍、办公室被毁甚多；炸死 2 人，伤 1 人。[④]1938 年 1 月至 10 月广州沦陷前出版的《中山日报》《越华报》《国华报》等报刊报道，番禺遭空袭轰炸、扫射达二三十次。广州沦陷两三天后，日军飞机又先后轰炸新造、南村、市头等地，设于南

①《番禺县志》广东人民出版社 1995 年 3 月第 1 版第 171 页。

②《番禺县志》广东人民出版社 1995 年 3 月第 1 版第 328 页。

③广州市档案馆编著：《侵华日军在广州暴行录》，中国档案出版社 2005 年版，第 100 页。

④王肇九：《广东省营市头糖厂王肇九呈省营工业管理处文》1938 年 3 月 18 日；广东省政府：《空袭损失统计番禺新造糖厂被炸损失调查表（1938 年）》，载广东省档案馆编：《日军侵略广东档案史料选编》，中国档案出版社，2005 年 8 月第 1 版，第 86、88 页；《省营糖厂被炸经过》，《越华报》1938 年 3 月 20 日；《敌机连日轰炸番禺糖厂》，《中山日报》1938 年 3 月 20 日。

村的贲南中学被全部炸为平地。市头、新造两家糖厂再度被炸。1942 年 3 月 17 日，日军飞机又把位于石壁的德成缫丝厂炸毁。这是一家在清末创办的缫丝厂，原有工人 200 人，在当时算是有相当规模的企业。①

（二）日军大肆搜刮掠夺

沦陷初期，番禺局势混乱。日军乘机大肆掠夺工厂和群众的物资。市头糖厂虽经几次空袭轰炸，尚未造成重大破坏，机器设备经修理后仍可恢复生产。番禺沦陷后，日军即占据糖厂，陆续拆卸机器设备运走。市头糖厂就被日军全毁了。1941 年 4 月，日军在沙湾大涌口登陆，冲入生利米机，抢去大米 100 多包、糖 1 包而去。②8 月，敌伪军在番（禺）顺（德）边境“清乡”，又冲入三善米机大肆抢掠。③ 日军大肆搜刮掠夺资财，一是要控制当地经济，使其沦为日本经济的附庸；二是要补充战时“给养”。一名在中国战场参战的日本军官写道：“我当中队长时，在两年的战斗中只有两次从团和营里得到过给养，而且只有 1 升米（人均）。……日本军队在进攻时多是以‘向敌人要粮’依靠战利品养活自己为方针的，在防守时或驻扎时多要求部队‘自给自足’、‘在当地自己养活自己’的……但是，从原则上讲，几万、几十万人的大部队怎么可能一边作战一边又种地来‘自己养活自己’呢？那只能是要么饿死，要么允许它进行大规模的掠夺，二者必居其一。”④

（三）汉奸、土匪趁火打劫

1939 年 1 月 5 日（农历十一月十五日），日本侵略军入侵市桥，在市桥烧杀抢掠，不久撤离。这时，市桥治安成了真空，盗贼四处蜂起，各自招兵买马，划地为盘。1939 年 4 月 13 日（农历二月廿四日）晚，群匪洗劫市桥。他们有手持“大头六火”旧式手枪的，有持禾枪、匕首的，涌向市桥工商业集中的海傍东路、东涌路、大东路，冲进各店铺，大肆搜掠。匪徒们成箱成担地肩挑、手挽、车载而去，一片混乱。市桥一时沦为匪徒的天下，劫后市面百业萧条，晒莨业也只剩下 10 余间。其他墟镇也是这样。如新造墟在国民党番禺县军政当局撤出，日军尚未进驻之时，治安力量一度形同真空。墟内及附近村乡的土匪，乘此机会，打劫墟内工商店铺。国民党番禺县政府迁址新造时官商合资创办的新造电灯有限公司，也被迫停业。市头糖厂在日军拆卸机器设备运走后，大汉奸李辅群及附近土匪多次到厂区把剩余的钢筋、铜、铁等盗拆一空，最后连整间厂房的钢架结构和高 140 呎的钢烟囱也拆走。⑤ 新造糖厂也遭同样命运。番禺地区最具先进技术水

① 中共钟村镇委员会编：《钟灵毓秀》，现代出版社 2009 年 4 月版第 9 页。
② 《抗战旬刊》，1941 年 4 月 25 日，卅五、卅六期合刊。
③ 《抗战旬刊》，1941 年 8 月 15 日，第四十七期。
④ [日] 若槻泰雄，赵自瑞等译：《日本的战争责任》，北京：社会科学文献出版社，1999 年 9 月版，第 111 ~ 112 页。
⑤ 冼子恩：《广东省营市头糖厂》，载《广东文史资料》第 56 辑。

平的两家大型现代化糖厂，就这样被夷为平地。享有盛誉的番禺砖瓦业生产，在日军侵占番禺时遭受严重破坏，以至全行业关闭歇业。一些土匪、地痞连已经歇业的砖瓦窑也不放过，砖瓦窑被偷的偷、拆的拆，大多成为瓦砾场。

番禺沦陷，人民遭受数百年未有的劫难，刚起步的番禺工业也被战火摧毁。汪伪番禺县长李智庵于 1940 年 11 月在“番禺县县政设计委员会第一次会议”上致词也不得不承认：“查广州此次事变，实为亘古未有之惨祸。事后，疮痍满目，流离载道，人民生计困苦已极，元气之伤，恐非百数十年不能恢复。番禺县界毗连广州，受祸尤为迫切。”①

二、工业生产的“复苏”

日本帝国主义为巩固其对沦陷区的统治，采取“‘以华制华’的政治进攻和‘以战养战’的经济侵略”②，疯狂地掠夺资源和加紧控制各经济部门，竭力培植汉奸，建立傀儡政权。沦陷初期，番禺较大的乡镇都有日军扶植的“维持会”，其负责人有些是名副其实的汉奸，也有些是不愿见到“地方糜烂”的“老好人”。1939 年 4 月 14 日（农历二月廿五日），土匪李辅群以“自卫大队”名义率约 200 人进入市桥，随即投靠日军，充当汉奸。1940 年 5 月，伪广东省政府成立，委派李智庵为番禺县长，伪县府设于广州东山。全县分设 8 个区 623 个乡，区、乡长正副职由伪县政府委派。

这时，广州地区虽然还有战争，但局势已相对稳定。在番禺，由于县署驻地新造被日机炸毁，顺德县陈村被烧成废墟，市桥成为邻近水稻产区生产的谷米、农副产品的交易场所，周边市镇很多商贩、难民也涌到市桥，于是工商业也相对“繁荣”起来。

（一）土糖业

番禺沦陷后，市头、新造两糖厂被毁。在局势稍安定后，农村的甘蔗种植面积得以恢复和发展。于是小型糖厂陆续开办。较早兴建糖厂的是榄核国本农场。国本农场是抗战时国民党将领余汉谋、叶肇等在甘岗创办，安排军中老、弱、残人员当场员，内设糖厂，是机榨小糖厂，有机械动力 60 马力。1940 年，汉奸李辅群在鱼窝头开办福隆农场，内设糖厂、米机、酒厂，其中糖厂的机械动力 60 马力。随后，在沙湾大涌口也先后开办了小型糖厂，有裕生、利隆、农利、信兴和、生利等 5 家。至 1944 年，禺南地区除上述糖厂外，还有在灵山地区的墩塘、九比、沙角、顺河和冯波糖厂，鱼窝头地区的马克、大乌、小乌糖厂，南村的坑头永隆、市头辉利隆、市头梁地糖厂，化龙的眉山、石碁的双岗等小型糖厂。这些糖厂除市头梁地、眉山、裕生、大乌、双岗等几家使用牛力压榨外，其余都是机械压榨，采用半机械化生产。

① 《番禺县县政设计委员会第一次会议记录——李智庵致词》，载《番禺县政公报》1940 年第 11 期（1940 年 11 月 11 日）

② 《毛泽东选集》第二卷，人民出版社，1991 年 6 月第 2 版，第 583 页。

（二）碾米业

20世纪40年代，市桥成为了珠江三角洲谷米、农副产品集散地和交易场所，推动了市桥乃至整个番禺的碾米业发展。市桥谷米市场发展起来后，以李辅群为首的汉奸为垄断谷米市场和碾米加工而开设了多间粮行和米机。李辅群独资经营的粮行有唯一商行、泰生公司、时丰谷市，米机有联丰和米机、联义和米机、在灵山的大中国米机、在鱼窝头福隆农场的米机；黄志达在西涌口开设志和米机，还有德兴祥米机、利丰祥米机等，从事粮食投机、垄断粮食市场。此外，钟村、诜敦、谢村、屏山、大石、大龙、石楼、明经、榄核、沙湾、三善等地都有开设米机，有些较大的墟镇还开有多间。

（三）机器制造与维修业

由于机榨糖厂、碾米厂等工业企业的增加，对机器制造和维修的需求也增加。在市桥除原有的艺成机器厂、广利和艺林修整机器店等厂店外，在这个时期新增了艺新、广兴、广成、建隆等机器厂。艺新机器厂创建在1942年，主要设备有15台机床，工人有六七十人。这些机器厂主要是制造糖厂压榨机、煮糖锅、铜铸件等，还加工零部件，修理米机、糖厂及轮船的机械设备。

此外，还有大汉奸李辅群开办的兵工厂。沦陷期间，李辅群为扩充实力，先后在县内办过3家兵工厂。第一家于1939年8月建于东涌，有各类机床34台、柴油发动机两台，据说部分设备是从解体后的石井兵工厂搬来的，工人最多时有200名，制造机枪、步枪。至1942年6月，生产“七九”步枪、轻重机枪5000多支（挺）。市桥第一兵工厂建于1941年，厂址设西坊吴家祠，工人约100名。市桥第二兵工厂建于1942年，厂址设云瑞门韩家祠，有20马力发动机1台、机床12台，有工人20多名。

三、工业由“复苏”走向衰退

沦陷期间，番禺工业的“复苏”只是相对于沦陷初期工业受到严重破坏，几乎被全数摧毁而言。这种“复苏”也是短暂的，并且体现出虚假和畸形的特征。

（一）日伪对企业敲诈，企业经营环境恶劣

伪政府成立后，依靠其军事政治力量的支持，对企业进行赤裸裸的掠夺、敲诈、勒索。1940年7月，李辅群伪军向市桥和珍酱园勒索。勒索不遂竟在店内埋藏炸弹，炸伤8人。[①] 艺成机器厂于1934年开业，是市桥地区开业较早、设备较好的机器厂。在抗战时期，由于日伪经常敲诈，被迫于1942年歇业。艺新机器厂于沦陷期间在市桥开业，是有见于禺南地区碾米、机榨糖厂和轮船运输增多而开设的，但由于日伪的敲诈，开业不久便被迫迁至广州河南。

---

① 《抗战旬刊》，1940年7月25日，第十一期。

（二）日伪政权实行严格的经济统制政策

日军在沦陷区实行严格的经济统制政策，低价收购或经营各种产品。1942 年 7 月，汪伪广东省政府成立中央储备银行广东支行，发行伪“中储券”，并奉命整理“旧币”。1943 年 4 月，宣布“统一币制”，废止其他货币，如港币、法币等，以“中储券”为新法币。由于“中储券”没有发行准备金。且日伪机构滥发伪钞，致使物价飞涨。另一方面，李辅群依靠日伪势力的支持，插手经营工商业，垄断金融、谷米市场，武装走私贩私，从中投机垄断，攫取高额利润。一般民营工业岌岌可危，而新办的企业则困难重重，无从发展。

此外，在战争环境下，社会处于动荡混乱的状态，交通阻隔，商品流通不畅、原材料供应困难，严重影响了市场的拓展，生产难以为继，扼杀了工业生产正常发展的进程。

第四节　战后四年工业的衰退

1945年8月15日，日本侵略者宣告无条件投降。经过8年艰苦抗战，抗日战争胜利了。人们奔走相告，庆祝抗战胜利，以为赶走了日本侵略军，从此可以过上和平安定的日子，建设自己新的家园。因此，工业生产有过短暂的兴旺时期。可是好景不长，由于国民政府在内政和外交中推行一系列倒行逆施的政策，人民重建家园的美好愿望很快就破灭了。

一、工业的恢复和发展

抗日战争结束，百废待兴，许多厂家、私营业主满怀信心投资于工商业，促进了经济的发展，番禺的工业生产也出现了快速恢复的局面。

恢复较早较快的传统工业是晒莨业。沦陷时期，人民颠沛流离，在饥饿死亡线上挣扎，已无法顾及衣着。因此，市桥莨布业一落千丈，晒莨厂只剩下二三十家，年产量不足 15 万匹。其中部分厂商惨淡经营，甚至接受客户以旧被布、旧蚊帐布加工晒莨。战后，人民生活稍为安定，对衣着需求迅速扩大，从而增加了对莨布的需求。晒莨业随之复苏，厂家很快恢复到五六十家。其中较有影响的厂家有苏仪、苏业父子的“广昌”，麦桂、麦添兄弟的“万吉”，谢恩年的“年发”，蔡智开、蔡炽荣的“广生”（广生的“双生牌”莨布是公认质量较好的）以及“苏春记”“黎记”。一些原来不是经营晒莨的外行人，听说莨布业利润好，也纷纷设厂生产。1946 年，晒莨业发展至高潮，厂家增至百多家。市桥附近农村的沙墟、罗家也办起晒莨厂。全行业年产量达到 100 万匹以上。有的厂家还到从化、花县、南海等县开设分厂。当时，东莞县横沥镇水边平巷村还专门派人到市桥学习晒莨布技术，后在该地发展晒莨业。[①]

① 《昔日满村晒红布，如今丈尺难觅》，《东莞时报》2013 年 2 月 1 日 A13 版。

晒莨业的恢复和发展也带动了土布业和裁缝业的发展。当时还没有制衣厂，各墟镇均有裁缝制衣店，也有裁缝师傅在家庭承接缝制服装生意，还有布店设一二台缝纫机兼营裁缝业务。市桥的裁缝店，以“新景象”“新世界”“好世界”较有名，每店从业人员 5 ～ 8 人，能缝制西装、警服、中山装、校服、旗袍、衬衣等时装服式。其他墟镇共有制衣店 35 家，从业者 60 余人、缝纫机余 40 台。

砖瓦业恢复和发展也较快。抗战胜利后，百废待兴，很多人看好建筑市场，也看好砖瓦业，纷纷投资砖瓦生产。为了尽快投入生产，一些投资者先简单修葺原弃置的窑炉，边生产边修建寮铺、场地等。渡头埠很快就恢复窑炉 60 多座，有工人约 2000 人。在南岗，从抗战胜利到 1947 年，复业的砖瓦窑号有 9 家、砖瓦窑 14 座。

此外，造船、铁木农具行业等也得到恢复和较快发展。

二、工业的迅速衰退

抗战结束后不久，国民党当局就忙于内战，对经济建设无心无力，加上政府官员贪污腐败，通货恶性膨胀，物价飞涨，人民购买力持续下降，市场不断萎缩，工商业遭受沉重打击。抗战胜利后暂时的经济繁荣被衰败替代，工业生产迅速衰退。

（一）政府官吏贪腐，民众对发展经济丧失信心

日本宣布无条件投降，蒋介石就急调部队进占广东，抢占胜利果实。大批国民党大小官员蜂拥进入番禺，如第二方面军的代表庄清沅、区剑涛，广东省政府的代表罗贯一、邱曙光等到市桥。他们打着“接收”的旗号，把“接收”变为“劫收”。这些官吏，上至中央特派员，下至机关小职员乃至部队士兵，无不中饱私囊，大发横财，甚至官僚政客的亲朋故旧或略有关系的大奸商、地痞，也乘机浑水摸鱼，敲诈勒索。在肃奸中受贿索贿，与汉奸讨价还价，进行肮脏交易。“肃奸工作就成为肃奸人员与特务敲诈的门径”[①]。番禺大汉奸李辅群“在任伪职期内，替敌收购粮食，勒收军谷，及协助敌寇，以清乡为名，焚毁乡村，洗劫杀人，无恶不作，又藉勒收禾票与船只保护费，更假借举办农场，霸占民田 27 万余亩，霸耕 11 万亩，霸占民房在广州番禺两处共 27 间”[②]。他原已被判处死刑，一些肃奸官员受贿后又撤销原判，交由南京“更为审理，期臻明确，而昭折服”。群众对当局审理汉奸的工作极为不满，有民间传言：“大汉奸免死，小汉奸无事，中汉奸而有孽钱者方传讯”。[③] 国民政府肃奸工作中的腐败，由此可见一斑。政府官员贪污腐败，使民众对政府和发展经济完全丧失了信心。

“接收”“肃奸”官员如此，“重建”官员也是这样。抗战胜利后，国民党广东省

① 孟琛：《灾难重重的一年》，《正报》旬刊新 3 号，1946 年 8 月 11 日。
② 见《正报》，1947 年 11 月 1 日。
③ 《谈广东的肃奸工作》，《正报》第 68 期，1946 年 4 月 15 日。

政府于 1948 年 7 月决定由资源委员会和台湾糖业公司联合出资复建市头糖厂。省政府划出厂址和负担港币 30 万元、资源委员会拨出港币 22 万元，台湾糖业公司负责把拆卸台湾花莲港、寿丰两家日榨甘蔗 500 吨糖厂的设备搬来，并负责设计、施工，还拨砂糖 9000 余吨作为修建费。同年 9 月 1 日，成立了“广东糖厂筹建处”。原计划 1949 年建成投产，但因贪官污吏腐败无能，糖厂不但建不起来，而且资金变得越来越少。到 1949 年 10 月国民党撤离大陆时，工地上长满茅草，还有一堆废铜烂铁，只盖了一座办公楼。

（二）通货膨胀加速工业生产的衰退

抗战结束时，中国政府财政已非常紧张。本来国土的收复、工商业的复兴为财政的好转提供了契机。但是，国民党当局却积极内战，军费开支激增，为解决巨额军费开支，以加大货币发行量来弥补，造成货币急剧贬值，物价飞涨。“1947 年 10 月 23 日，省统计处公布广州市10月中旬物价指数，比战前物价上涨64500倍。”“民国期间货币的贬值，以法币 100 元计算，其变化如下：1937 年可买一头大水牛，1942 年 11 月可买 20 斤大米，1946 年 1 月可买 2 两猪肉，1948 年 2 月，仅可买十分之一盒火柴，1949 年 8 月只能买 10 万分之一粒大米。”[①]1947 年 5 月 3 日至 8 日的 5 天内市桥的商店倒闭 24 家，“其歇业缘由，为受物价飞涨影响，及各种捐税、杂项支销太大，不易维持云”[②]。商店这样，工厂也是如此。制糖业、晒莨业、砖瓦业等行业迅速恢复起来不到两年又趋于萧条冷落，不少厂家因滞销、资金周转不灵而纷纷倒闭。制糖业，曾“极一时之盛，惨胜后连年政府无计划经营，已使日趋没落，厂商停止营业者已达百分之四十五”[③]。1949 年，番禺红糖产量为 621 吨，只是市头糖厂 1937 至 1938 年榨季白糖产量 7281 吨的 8.5%。市桥晒莨业，“全盛期在 1935 年左右，共有 103 家，到抗战时逐渐衰落，只有 10 余家，抗战胜利后渐始复苏，但又受反动政权的金融动荡影响，造成了虚盈实亏……因此一落千丈”[④]。1949 年，莨布产量 5.5 万匹，只及最高年产量 100 万匹的 5.5%。

---

①《番禺县志》，广东人民出版社，1995 年 3 月版，第 208 页。

②《番禺民报》1947 年 5 月 9 日。

③番禺县人民政府工商科：《番禺县地方工业概况》，1951 年 4 月。

④番禺县人民政府工商科：《番禺县地方工业概况》，1951 年 4 月。

第三章　工业生产的恢复和社会主义改造

1949年10月1日，中华人民共和国成立。10月23日，番禺全境解放。番禺的社会经济发展进入了一个新的时代。

新中国成立后，中共番禺县委领导全县人民维护社会治安，迅速医治战争创伤，发展经济，国民经济迅速恢复，工农业生产稳步发展。1953年6月，中共中央提出了党在过渡时期的总路线，指出党在过渡时期的总路线和总任务，“是要在一个相当长的时期内，基本上实现国家工业化和对农业、手工业、资本主义工商业的社会主义改造。”中共番禺县委、县人民政府根据总路线的要求，在工业战线上对手工业和资本主义工业进行社会主义改造，至1956年底基本完成。

第一节　恢复工业生产

新中国成立前，由于受帝国主义、封建主义和官僚资本主义的压迫，特别是国民党反动当局不顾民生，只顾打内战，造成工商业萧条，农业衰落，物价上涨，市场混乱，经济严重衰退，濒临崩溃。面对这种局面，中共番禺县委根据中央制定的方针政策，领导全县人民，克服种种困难，为番禺的国民经济尽快恢复和发展努力奋斗。

一、建国初期工业状况

番禺县人民政府工商科在新中国成立初期曾对全县工矿业进行了普查，结论是：番禺的工业以手工操作为主，有机械动力的主要是粮食加工业和机榨小型糖厂。总的来说，工业基础还很薄弱。

（一）有动力设备的

米机　全县有米机93家，全部有动力机械设备，共有煤气内燃机94台、横磨98台、扑磨65台。每月正常产量8200吨，最高月产量可达1.8万吨。生产能力已过剩，大部分米机是代客加工碾谷，开工时间短暂。

糖厂　全县有糖厂18家，参加生产职工656人，有动力设备的15家，共有煤气内燃机18台、压榨机16台、白糖机2台。生产能力为每月可产糖568吨，实际产量为396吨。有生产工人10人以上的糖厂3家，1家每月最高产量9.58吨，正常产量5.3吨。由于原

20 世纪 50 年代番禺农村土榨花生油作坊

料缺乏，小部分糖厂陷于半瘫痪状态，未能正常开榨。

火柴厂　全县有火柴厂 7 家，其中有动力设备的 1 家，有生产工人 10 人以上的 3 家，生产工人共 198 人。平均每月产量 2466 笠，产销基本平衡。

榨油　全县有油厂 57 家，其中规模较大、有动力设备的 1 家，有 10 名生产工人以上的 10 家。共有生产工人 341 人，20 马力煤气内燃机 1 台、木榨油槽 234 条，每月可产花生油 436.83 吨，实际产量 150.73 吨。

发电　发电厂 1 家，在市桥。有煤气内燃机 2 台、170 马力，锅炉 2 台，发电机 2 台、140 千瓦，有职工 26 人。每月最高发电量 1.5 万千瓦时，正常发电量 1 万千瓦时。

（二）有生产工人 10 人以上者

沙头小平村用泥砖垒起的烧砖土窑，据说有近百年历史。

酱料　全县有酱园 45 家，全部是手工和曝晒生产。较大的有市桥的和珍、调昌、大昌、时利和等几家，都是 10 人以上的手工业工场。

干果　全县制果工场规模较大的有 63 家，其中生产工人 10 人以上的 11 家，家庭式作坊 52 家，90％集中在第五区萝岗乡，生产人数共 265 人。

织布　织布在番禺较普遍，直接参加生产的工人有 10 人以上的 3 家，家庭式手工业作坊 398 家。共有生产工人 548 人、织布机 514 台，每月最高产量 4370 匹，实际产量 3395 匹。织布业分布：二区[①]占 80%，有 359 家，生产工人 400 余人；一区占 12%，有 30 家；市桥占 8%。产品为单缝土白布，大部分供应当地晒莨业作原料。

砖瓦　全县有砖瓦窑户 69 家，生产工人 658 人，窑 81 座。其中，禺南有 50 家，工人 498 人。

晒莨　是市桥最大的手工业，生产工人 10 人以上的只有 1 家，10 人以下的有 34 家，

① 1950 年 3 月至 1953 年 4 月，番禺全县设 8 个区和 1 个区级镇（市桥镇）。其中禺南 3 个区：一区辖沙湾、陇枕、螺阳、榄核、大乌、沙鼻、灵山、九如、濠下 9 个乡，二区辖石楼、岗尾、深水、金沙、联沙、同安、协恭、东平 8 个乡，三区辖同风、显社、和平、东山、亲仁、彬社、平西 7 个乡。

番禺农村酿酒作坊

生产工人共352人。每年4月至8月为生产旺季，莨布每月最高产量8.5万匹(每匹9码)，实际产量1.6万匹。

同时有漂白作坊为晒莨业服务。漂白白绸布是晒莨布的原料。全县有23家漂白作坊，全部在市桥，生产工人均不足10人，合共212人。漂白业与晒莨业相互依存，每年4至8月为作业季节，最高月产量为漂白布22425匹，实际产量为11425匹。

毛巾织造　全县有毛巾厂7家，均有生产工人10人以上，总共有木毛巾机191台、生产工人133人，月最高产量可达9430打，实际产量3975打。

酿酒　全县有酒厂30多家，其中禺南19家，禺东4家，禺北12家。产品主要是米酒，平均每家年产量约5000升。

（三）家庭手工业

白菜干　是番禺土产之一，生产季节在冬季3个月。市桥镇有7家工场，工人共77人，每月实际产量270担。产品大部分远销南洋、港澳、广州一带。

草绳　是农村主要副业之一。有1家规模最大，直接生产工人63人，有铁绞绳机3台、木绞绳机20台。不足10人的家庭式作坊共有505家、生产工人1116人，有绞绳机505台，每月平均生产草绳933150条、麻绳26710条。该业二区占95%，市桥占5%。产品销往三水县西南、佛山、广州一带。

麻网　麻线、鱼网、罾罟，为家庭副业生产，集中在市桥和禺北大田村。产品除供应县内渔民和沙田区农民外，还输往广州销售。

灯芯　制作灯芯、灯芯球是番禺三区显社乡（大石）家庭手工业的重要部分，有324家、生产工人1060人，乡民很多是靠此业为生。每月可产灯

1956年，南村乡坑头村农民晒制菜干。

芯 1.54 万把、灯芯球 180 万个。产品多销往广州、香港和各区乡。

腐竹　腐竹是番禺著名土产，在家庭手工业中占重要地位。全县有生产腐竹作坊 1000 家、生产人数 2700 人。八区[①]农民多靠此为主业或副业。全县每月产量 99.2 吨，产品销往各县及港澳等地。

竹器　全县有竹器作坊 240 家，参加生产人数 906 人。其中七区同高乡有 165 家、从业人员 300 多人。主要产品有竹箩、竹篸、竹筛、渔具等，多销往本县各区乡。

铁农具　全县有铁农具厂 (店)60 多家，其中市桥 30 家，江高 15 家，其他分布在各墟镇，全系手工制造，产品有犁头、犁壁、耙、锄头、禾镰、刀、锹等，著名的有市桥禾镰。

大石地区村民结灯芯球

木农具　全县有 170 多家木农具店铺，市桥和江高比较多，其中市桥有 40 多家。产品以锄头、草耙、犁、盆、桶、标榜、禾桶、秧板、风柜、水车等为主。禺南地区部分店铺兼造农艇及船艇用具，如桨、橹等。

此外，还有木家具、裁缝、棉胎、制枧、印刷、烟丝等手工业。

1951 年 8 月，番禺开展工商登记并核发营业执照。全县共有工商企业 4878 家，其中工业 1051 家。

二、建立国营工业企业

建立和发展国营经济是新中国建国初期人民政府在经济上的主要任务之一。番禺国营工业的来源主要是没收官僚资本企业，人民政府投资建设。

（一）没收官僚资本企业

没收官僚资本是中国共产党既定政策，在 1949 年 4 月 25 日发布的《中国人民解放军布告》中已明确提出："没收官僚资本。凡属国民党反动政府和大官僚分子所经营的工厂、商店、银行、仓库、船舶、码头、铁路、邮政、电报、电灯、电话、自来水和农场、牧场等，均由人民政府接管。"[②] 1951 年 2 月 4 日，政务院发出了《关于没收战犯、汉奸、官僚资本家及反革命分子财产的指示》，明确规定了"对战犯、汉奸、官僚资本家

①1950 年 3 月至 1953 年 4 月，番禺县设 8 个区和 1 个区级镇 (市桥镇)，七区、八区均位于禺北，七区辖和风、江莲、蚌湖、同高、鸦湖、同文 6 个乡，八区辖中和、兴仁、凤凰、太和、共和、同升 6 个乡。

② 《毛泽东选集》第四卷，1991 年 6 月第 2 版，第 1457 页。

以及其他反革命分子在企业中的股份和财产依法没收的程序”。在番禺，官僚资本主要有：开始复建的市头糖厂(但至新中国成立时只建了办公楼1座)；国民党政府接收抗日战争时期汉奸李辅群的财产，其中工业有在鱼窝头的福隆农场内的机榨糖厂(国民党接收后曾改名为“建中糖厂”)、碾米厂，在市桥的新同和米机、联丰和米机，在灵山的大中国米机等；国民党46军151师经营的在榄核甘岗的国本农场内的国本机榨糖厂。此外，还有一些汉奸、官僚资本家以及其他反革命分子掌握的米机、机榨糖厂等。番禺90多家米机、10多家小型糖厂，其中部分就为汉奸、官僚资本家所操纵。对这些企业，人民政府按政策、程序予以没收。

1949年10月28日，中国人民解放军市桥市军事管制委员会(简称“市桥军管会”)成立，行使县人民政府职权。市桥军管会内设工商科，接收官僚资本和汉奸、官僚资本家以及其他反革命分子的工商企业。

为稳定各地米粮供应，在没收官僚资本和汉奸、官僚资本家的粮食加工厂(米机)后，在各区较大墟场建立国营粮食加工厂。至1953年，全县建起12家国营粮食加工厂(每区1家)，还有私营粮食加工厂76家，生产能力过剩。特别是1954年国家实行粮食统购统销后，粮食由国家统一经营，粮食加工业受到限制，部分经营粮食加工的资本家和从业人员转业，至年底全县尚有粮食加工厂81家。

同时，接收机制糖厂13家(含市头糖厂)，其中市头、福隆两家糖厂由省接管。县接管小型糖厂后，把其中6家租给蔗农经营。1954年下半年，番禺县人民政府收回租给蔗农经营的机榨糖厂，投资2.5亿多元(旧币)进行改造、合并，组建为3家地方国营糖厂。在沙湾大涌口的原生利糖厂改建为地方国营沙湾第一糖厂，日榨蔗能力105吨；原信兴和糖厂改建为地方国营沙湾第二糖厂，日榨蔗能力65吨；原位于灵山顺河的三益糖厂改建为地方国营灵山糖厂，日榨蔗能力90吨。1954年初，广东省工业厅接管福隆糖厂后，决定改建、扩建，将原国本农场糖厂的设备搬去，组合拼凑，用了8个月时间，基建和设备安装工程竣工，建成设计能力为日榨230吨甘蔗的糖厂，并改名为“广东省地方国营鱼窝头糖厂”，仍隶属省工业厅。

此外，还接收了市桥福利电灯公司和调昌酱园，分别改造为地方国营市桥电厂和地方国营市桥酱油厂。

接管的企业加强了经营管理，建立起各项规章制度，开展政治工作和劳动竞赛，推动了生产的发展。如粮食加工行业，国营加工厂加工费比私营厂低，市桥粮食加工厂每担谷碾费3300元(旧币)，私营厂要3700元；出米率较私营厂高，产量也较以前增多。又如市桥电厂自接管后，工人发挥当家作主精神，换街线、修机器等工作认真负责，电灯也较以前光亮了。

（二）投资兴建工厂

重建市头糖厂。1950年9月，广东省人民政府为了更好地利用广东的自然条件优势，发展蔗糖业，决定重建市头糖厂和揭阳糖厂。1951年2月1日，广东省糖业公司成立“市头、揭阳糖厂修建委员会”，同时成立“市头工程处”。从东莞糖厂调来职工149名，从广州纸厂调来工人38名，并在当地招收几十名工人，合共200多人，于当年4月9日开始了全面的复建工作。由于糖厂的设备是从台湾寿丰糖厂拆卸过来的，本身就不是完全配套。如汽动真空泵是1911年檀香山铁工厂制造，3台锅炉是1934年日本制造，泵蒲马达是1934年英国制造，煮糖罐是1924年日本制造，白糖分蜜机是波兰制造，丙糖分蜜机是捷克制造；压榨、澄清、制炼三大部分的设备部件残缺不全，且没有发电机组。技术人员和工人克服了各种困难，在半年时间内，把残缺不全的旧制糖机器配套成龙，建成了压榨、澄清、煮炼、锅炉、电力、保养等生产车间，还建成了码头、仓库和3间职工宿舍。1951年11月28日，复建工程竣工，投入生产，设计能力日榨甘蔗1000吨。至1952年5月29日榨季结束，共压榨甘蔗83787吨，比新中国成立前的市头糖厂任何一个榨季的榨蔗量都要多，而且在几个主要技术指标方面，也远远优于旧市头糖厂，甘蔗糖分为13.72%（旧厂最高为12.90%），榨得糖分为92.08%（旧厂最高为91.04%），煮得糖分为87.25%(旧厂最高为84.09%)，总收回率为80.34%（旧厂最高为76.55%），产糖率为11.05%（旧厂最高为9.4%）。1955年建成日产9吨食用酒精的车间。

1953年8月，新建的紫坭糖厂竣工，12月投产。

新建紫坭糖厂。1951年8月，广东省制糖工业公司向轻工部提出，为了配合农业生产发展的需求，拟利用惠阳糖厂的残存设备（惠阳糖厂系1936年建造，抗日战争时期被毁坏停产），在珠江三角洲地区建设日榨蔗量1000吨糖厂一家。经勘测选址，于1952年6月确定在番禺县沙湾镇紫坭村河涌岗西南面河滩地带设厂。厂址南临潭洲水道，距顺德县县城大良镇8公里，位于番禺县南部及顺德县北部蔗区中心，水道纵横，交通方便，有利于甘蔗的水路运输。该厂核定设计生产能力为日榨甘蔗1000吨，占地面积208382平方米。同年10月，工程破土动工。厂房由南向北延伸，蒸发及煮糖工段的厂房构架及部分设备系把旧惠阳糖厂残存的厂房和设备拆卸过来再组装完善的，压榨间、锅炉间、电力间及其他附属设备是新建配套。甘蔗运输方式全部采用水运，甘蔗起吊使用3部吊机（每部起重量为5吨），设称蔗器（蔗磅）1具，采用蔗卡和输送带混合方式输送甘蔗。压榨机（采用一列11辘式）由蒸汽机带动。蔗汁中和采用鼓泡式，改变了过去淋洒式传统方法。蒸发采用四效蒸发，加热面积1070平方米。煮糖罐3个，每个罐的容积28立方米。砂糖的干燥采用溶筒密闭式。锅炉使用燃烧蔗渣的低压锅炉，气压13公斤/平方厘米，共3台，总发汽量每小时43吨。自备电厂采用1台600千瓦和1台700千瓦背压式汽轮发电机组。生产线全部机器设备中有16%的设备是已有16年历史的旧惠阳糖厂遗物，另84%的设备属新置设备。除主体生产线外另设有设备维修保养车间1座，拥有车床8台、刨床4台等设备。工程项目于1953年8月竣工，同年12月2日正式投产。

上述两间糖厂成为番禺地区国营的大型现代化工业企业。

1952年，县人民政府在南村、沙湾、江高兴建地方国营电厂，在市桥兴建地方国营番禺印刷厂。南村电厂在1954年初关闭。

至1954年，番禺地区有省属国营工业企业3家：市头糖厂、紫坭糖厂、鱼窝头糖厂；番禺地方国营工业企业8家：糖厂3家、电厂3家和印刷厂、酱油厂各1家，另有国营粮食加工厂12家。这些国营工业企业为番禺国民经济的恢复和发展奠定了基础。

国营工业企业建立后，即开展了以计划管理和建立经济核算制为主的生产改革。首先是进行清产核资，对各厂的资产摸清底子，使财务工作有了头绪，为计划管理提供了可靠的数字依据。其次是加强定额管理工作，企业逐步健全了各种原始记录，对各项定额进行测定，使定额更为准确。再次是开展劳动竞赛和增产节约运动，发动职工提合理化建议，开展技术革新，从而提高了劳动生产率，降低了成本。同时建立和加强了企业的计划、统计等工作。此外，各厂还加强了技术管理工作，普遍建立了安全责任制、技术责任制和各种维修与产品检验制度。通过一系列的生产改革，国营及地方国营工业企业生产快步发展，并逐步确立了其在经济上的领导地位。

三、调整工商业内部关系，扶持其发展

对于资本主义工商业，人民政府的政策十分明确。《共同纲领》规定："中华人民共和国经济建设的根本方针，是以公私兼顾、劳资两利、城乡互助、内外交流的政策，达到发展生产，繁荣经济之目的。国家应在经营范围、原料供给、销售市场、劳动条件、技术设备、财政政策、金融政策等方面，调剂国营经济、合作社经济、农民和手工业者的个体经济、私人资本主义经济和国家资本主义经济，使各种社会经济成分在国营经济领导之下，分工合作，各得其所，以促进整个社会经济的发展。""凡有利于国计民生的私营经济事业，人民政府应鼓励其经营的积极性，并扶助其发展。"人民政府对有利

于国计民生的正当私营工商业给予了大力的扶持。新中国成立前，由于国民党、敌伪长期的压迫和剥削，番禺工业基础十分薄弱，至新中国成立初期经济还很萧条，市场冷淡，工业生产遇到了重重困难。如市桥禾镰在外县的销售量比抗战前缩少了70%，竹器木器大部分滞销，造船业一年内有半年停工，晒莨、榨油业由新中国成立前延续下来的劳资纠纷尚未解决。1950年6~8月间，市桥镇的工商企业歇业的就有134家，而开业的只有31家。为此，番禺县人民政府根据中南军政委员会和中南局联合发布的《关于调整工商业与公私关系的指示》，开展工商业调整工作。1950年5月下旬，县人民政府工商科在开展以市桥为重点进行工商登记及全县工商业调查统计工作的基础上，开展以调整公私关系、劳资关系、产销关系为主要内容的工商业调整工作。

调整公私关系是调整工商业的重点。主要包括两个基本方面：一是调整公私工商业关系；二是调整负担。在工业的生产销售关系上，人民政府在需要和可能的条件下，有组织地扩大加工订货和收购成品的数量，解决私营工业在原料、资金和产品销路等方面的困难。1951年上半年，县人民政府由贸易公司收购一批农具，使五金手工业能维持生产，不致停工。在薯莨布滞销期间，贸易公司从1951年5月至12月委托加工莨布8850匹，并协助私商推销，打开销路。在原料方面，由贸易公司到梧州、北江等地采购薯莨15多万公斤，供应晒莨业；采购10多万公斤花生仁，以比市价低2.3%的价格供应市桥地区的私营榨油厂，减轻私营厂家的成本。调整负担是保证国家财政需要的前提下，从税收方面适当减轻私营工商业的负担。如对手工业从民主评税逐步改变为定额税制，以激励手工业者经营积极性。在税收手续上也给予适当照顾。此外，还通过银行贷款解决工业生产的资金困难。从1950年到1953年，每年给手工业的贷款就达18万余元。

调整劳资关系的要求是：一方面保护工人的民主权利和合法权益，另一方面防止工人的过高要求。劳资间的纠纷，按照有利生产的原则通过民主协商的方法解决。新中国成立前，番禺地区的工人受到资本家的残酷剥削，劳资关系比较紧张。新中国成立后，市桥军管会派出人员发动工人群众，成立了市桥工人运动促进委员会。在此基础上，于1950年9月成立番禺县总工会，中共番禺县委常委周健夫兼任总工会主席。劳资关系要解决的一个重要问题就是劳资纠纷问题。如榨油业和晒莨业的劳资纠纷在新中国成立前就已发生，一直未得到解决，全县榨油厂和大部分晒莨厂停工。工人运动促进委员会成立后，即对这两个行业的劳资纠纷进行调解，订立集体合同。劳资纠纷得到了解决，恢复了生产，也部分解决了工人失业问题。新中国成立前，工人在国民党反动统治下，受到资本家的压迫和剥削。新中国成立后，一些工人对压迫剥削过甚的资本家产生报复情绪，提出一些过高的要求；部分资方人员长期压迫工人，对工人采取强硬的态度。人民政府通过总工会，按照确保工人民主权利、有利发展生产、劳资问题通过民主协商解决的三原则，协助工人争取合法利益，先后在晒莨业、榨油业、沙湾渡头砖瓦业、粮食加工业、茶楼业等各业进行调解，促使劳资双方签订了临时协约，解决了纠纷，安定了雇佣关系，企业得以正常经营。

在产销关系上，人民政府大力协助解决原料供应和产品销售出现的困难，大力促进城乡交流，重点组织联营。1950 年 5 月，县政府召开了一次全县物资交流会议，传达上级决议精神，提高工商界对交流会的重视，共同商讨如何解决滞销问题，加强了经营信心。为了避免盲目竞争，维持正常发展，在市桥重点组织晒莨业、榨油业等行业联营。以“联购、联销、分产”的方式，克服困难，打开销路。晒莨业联营后，提高了产品产量。然而，六七月间，东莞莨布低价倾销，使市桥莨布滞销，经常有 1 万多匹莨布积压，致使资金链断裂，生产停顿，情况颇为严重。政府多次组织劳资双方协商，进一步使晒莨、漂白联营，节省开支，降低成本，每匹布价格降低 1 万元 (旧币)，同时，劳资双方组织推销小组，分赴各地区大力推销积存的莨布，打开了销路。资方除保证把回收的资金用于再生产外，还增加了 2800 匹白布的资金，经营日见好转。禺南砖瓦业和南岗砖瓦业也分别成立了联营社。

调整工商业，使资本主义工商业逐步实现从半封建半殖民地的轨道向新民主主义轨道转变，有利于国计民生的行业得到扶持和发展，进一步加强了社会主义国营经济的领导地位，资本主义工商业在经营方针和经营作风上也得到了初步改造。

第二节　手工业合作化

党在过渡时期总路线规定，个体手工业和个体农业与资本主义工商业一起纳入了社会主义改造的轨道。对个体手工业的改造是实行个体手工业合作化。中共番禺县委、县人民政府按照党关于个体手工业社会主义改造的方针政策，从番禺手工业生产的实际情况出发，调整了手工业内部的各种关系，开展了手工业的合作化运动，完成了对手工业社会主义改造的任务。

一、合作化前手工业的状况

番禺的手工业生产历史悠久，比较发达。据县手工业管理科 1954 年 10 月的调查，全县手工业从业人员 22391 人（其中农业兼营手工业商品性生产的有 13630 人），分布在农村的 16490 人（大部分为农业兼营生产者），城镇 5901 人（其中县城市桥镇 3215 人）。产品主要有铁器农具、竹木家具农具、船艇、麻绳、纲网、土白布、食品等，产品除供应本县外，还远销至粤中、粤北各县，比较有名的有市桥禾镰、木桶、麻网、绳索等。番禺的手工业生产在地方经济中占有重要地位，特别是在现代工业尚未发展，轻工业产品还远远不能满足人民日益增长需要的时期，其重要性尤为显著。为此，政府对有利于国计民生的手工业大力予以扶持。通过国营商业和供销合作社扩大国家对手工业的加工订货，供应原材料、收购产品；帮助手工业者改进生产技术，降低生产成本，提高产品质量；通过银行贷款，解决手工业者生产资金不足的问题，推动手工业生产的恢复和发展。但是，由于手工业生产组织性差、资金短缺、工具落后，生产极不正常，旺季忙、淡季闲，在原料和产品的买卖上还不能完全摆脱商人的中间剥削，手工业者的生产仍有一定困难。所以，1953 年，中共中央正式提出党在过渡时期的总路线，把个体手工业与个体农业、资本主义工商业一起纳入社会主义改造的轨道，采用合作化的方式，组织手工业生产合作社，以防止手工业者的两极分化，防止资本家的剥削，促进手工业生产的正常发展，使其更好地满足人们生产和生活的需要。

当时，番禺的手工业有三种类型：一是农业兼营商品性生产的手工业。二是独立经营的个体手工业。业主以自作为主，有些雇几名工人，带一两个徒弟。三是雇工经营的工场手工业。根据中央政策，个体手工业社会主义改造的对象主要是第二类，即个体手工业。其次是第三类中雇工不足 4 人（学徒不算雇工，雇工超过 4 人的工场手工业归到私营工商业的社会主义改造的范围），本人参加劳动且是手工业劳动者出身的工场手工业者。第一类，包括以经营商品性手工业为主的农业兼业户大部分已参加农业合作化。

二、手工业合作化的初步开展

1953 年 11 月，第三次全国手工业合作会议召开，提出了坚持“积极领导，稳步前进”的方针，采取群众能接受的形式，把手工业者组织起来。按照中央的精神，1954 年 3 月，番禺县委确定以市桥、江高两镇为重点开展手工业合作化运动，逐步铺开全县。首先在市桥铁器、木器两行业发动贫苦手工业户，按照自愿互利的原则，组织生产小组和生产合作社。1954 年 5 月，建起了市桥铁器第一生产合作社和一个铁器生产合作小组，社、组员人数共 28 人。建社组后，政府给予支持，银行发放了 3000 元贷款帮助解决资金问题，供销总社订制了 33000 把禾镰，解决了铁器农具的淡季生产问题，突现了组织起来的优越性。随后又建立了市桥麻网生产合作社。手工业生产合作社 (组) 的出现，成为了手工业生产的典范。手工业者到合作社（组）参观访问，看到了合作化确比单干优越，纷纷要求组织起来走合作化道路。为了更好地引导手工业劳动者走合作化道路，8 月间，县委组织工作队，在市桥、江高两镇召开手工业者和工人座谈会，宣讲互助合作的政策，讲述手工业者组织起来的优越性。通过宣传教育，手工业者和工人对合作化有了一定的认

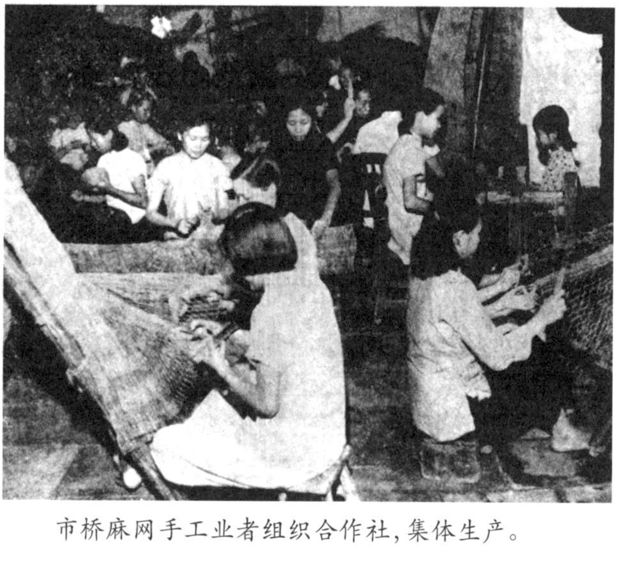

市桥麻网手工业者组织合作社，集体生产。

识。一些手工业者还到广州找同乡同行人员了解合作化情况，亲身考察组织起来的好处，于是主动要求互助合作。工作队引导手工业者，从供销入手，由小到大，由低级到高级，开展合作化。合作的组织形式，一般根据行业的特点，由供销生产小组、手工业供销合作社到手工业生产合作社逐步发展提高。不论采取什么样的合作形式，工作队都组织手工业者和工人深入讨论章程，把它作为学习政策、开展互助合作的重要环节来抓好。如市桥镇雨帽业的手工业者，经过 4 天的认真讨论，通过了组织章程，成立了领导机构，组织起供销生产小组，选出正副组长，确定了有关联供、联销的做法，还制订了会议制度、生产检查制度、请假制度等制度。一些行业经过供销生产组一个阶段的实践后要求转为生产合作社，如市桥搓麻供销生产组要求转社，也组织他们讨论合作社章程，选出筹备委员，具体开展组社建社工作。

为了进一步推动手工业的合作化运动，市桥镇通过典型示范，引导手工业者组织起来。1954 年 10 月 26 日，市桥镇召开手工业劳动者代表会议，结合开展总路线教育，总结开展互助合作的成绩，畅谈组织起来的优越性，传达贯彻政策，并举行手工业生产合作社（生产组）的成立典礼，以影响其他手工业者，为手工业合作化的发展开辟道路。

1954 年底，全县组织起手工业生产合作社 7 个、生产小组 31 个，社（组）员共 895 人，占全县手工业从业人员的 12.2%，为全县手工业合作化打下良好的基础。

三、在整顿中巩固和发展手工业合作社（组）

1954 年 12 月，全国第四次手工业生产合作会议召开，提出了“统筹兼顾，全面安排，积极领导，稳步前进”的改造方针，决定 1955 年手工业社会主义改造工作的中心任务：把手工业主要行业的基本情况继续摸清楚，分轻重缓急，按行业拟定供产销和手工业劳动者的安排计划，有准备、有步骤、有目的地进行改造、整顿、巩固和提高现有社（组）。根据全国第四次手工业生产合作会议精神和中央的指示精神，番禺县委、县政府加大了手工业社会主义改造工作力度，加强对手工业情况的调查研究，安排手工业的供、产、销，对手工业合作社（组）的经营管理进行整顿，抓紧全县手工业合作化组织的发展。

（一）开展重点手工业行业的调查

县手工业管理科在全县范围对手工业的主要行业进行了认真的调查。调查工作重点是摸清铁器、木器、棉织、针织等行业的情况，以便对手工业进行安排和改造，并把手工业的各种计划逐步纳入地方工业的计划中去。通过深入调查，进一步分清手工业和非手工业的界限，确实地摸清县内手工业的基本情况。在此基础上，县手工业管理科在县委的直接领导下制定了开展手工业社会主义改造的全面规划，以便更稳妥地推进手工业合作化运动。从 9 月起，建立起经常性的计划，包括生产计划、原材料供应计划、财务收支计划等。这样，一方面更好地安排手工业生产的供、产、销，促使三者相互平衡，重点解决普遍出现的原材料供应困难的问题。另一方面也使手工业纳入地方工业的计划中，全面规划地方的经济发展。

（二）在整顿中巩固和提高手工业生产合作社（组）

从1954年起，在全县组建了一批手工业生产合作社（组），建立了一些规章制度，培养了一批合作社管理干部。但是，由于建社时间不长，管理干部普遍经验不足，管理水平比较低下。1955年春节后，手工业生产进入了淡季，手工业生产面临着重大考验。县委根据上级的指示精神，结合本县手工业生产的实际，开展对手工业社（组）的整顿工作。1955年3月，召开了番禺县第一届手工业者代表会议。代表们学习了中央关于对手工业工作的方针，明确了"统筹兼顾，全面安排，积极领导，稳步前进"的改造方针。会议分析了手工业生产的情况，特别是对本年度淡季来得早的情况作了分析，检查了手工业合作组织内部存在的问题。有针对性地提出了健全财务、原材料的保管收发、产品质量检验等制度，废除不合理开支，勤俭节约、杜绝浪费，提高产品质量，降低成本等共同度淡措施，并决定以此为契机全面开展整顿社（组）工作。整顿社（组）工作，把提高干部、手工业者和工人的社会主义觉悟，批判资本主义思想作为重要环节，把提高管理干部的思想水平和管理水平作为重点。还发动工人提出合理化建议，以形成民主办社的气氛。通过整顿，各方明确了手工业生产的发展方向，进一步建立和健全了各种规章制度。整顿工作调动了手工业者和工人的生产积极性，通过开展劳动竞赛等形式，促进生产的发展，巩固了手工业合作组织。

（三）继续推进手工业的互助合作

1955年，手工业合作化的工作，在整顿、巩固、提高原有合作组织的基础上继续发展，并从市桥、江高两镇向全县各墟镇发展，一部分在1954年成立的生产组转为生产合作社。到1955年年底，全县组织起来的手工业生产合作社10个、供销生产合作社2个、供销生产小组29个，组织起手工业户733户、从业人员1168人（其中手工业工人246个，手工业劳动者922人），占全县从业户数的30.3%，占从业人数的24.89%。发展起来的手工业生产合作社（组），除较集中分布在市桥、江高两镇外，沙湾、石楼、大龙、钟村、石井、钟落潭、灵山等墟镇也占了一定比例。1955年12月，番禺县第一届手工业者代表会议第二次会议召开，成立番禺县手工业生产合作社联合社和番禺县手工业劳动者协会。手工业生产合作社联合社

1956年春，在广东省丝绸公司帮助下，小谷围北亭成立绣花社，后发展至贝岗、深井等地成立分社。图为北亭绣花社社员在一起绣花。

作为全县手工业的联合组织，起到组织手工业生产合作、指导各生产合作社的计划生产的作用。手工业劳动者协会作为群众团体，把组织手工业者学习和贯彻党的方针政策法令，引导手工业者走互助合作道路为己任。

四、手工业合作化高潮

1955年秋后，中国的农业社会主义改造工作迅猛发展，手工业的合作化运动不得不加快。1955年12月召开的全国第五次手工业生产合作会议就着重批判了怕背供销包袱而不敢加快手工业合作化步伐的“右倾保守”思想，会议指出：手工业合作化的发展速度必须与国家对农业和资本主义工商业的社会主义改造相适应。会后，中共中央在批转会议报告的批语中指出：“加快手工业合作化的发展速度，是当前一项迫切的任务。”在全国形势的催迫下，番禺的手工业合作化运动也掀起了空前高潮。1956年1月17日，县委举办番禺县手工业建社骨干训练班。参加训练的有手工业者和工人，他们学习了全国第五次手工业生产合作会议的精神；县领导作了全国社会主义改造的形势报告，把合作化的初步规划提交训练班讨论。受到全国手工业社会主义改造高潮的影响，特别是1月12日北京市手工业全部实现了合作化的消息传来，以及学习了北京手工业合作化的经验介绍，训练班学员精神振奋，认为番禺的规划保守，批判了右倾保守思想，决定训练班后全面发动手工业者，迅速行动起来组社建社。1月20日训练班结束，一个在全县范围内声势浩大的手工业合作化运动迅速发展。3天时间里，全县90%的手工业者报名入社。很多手工业积极分子按照全行业改造的方针，自我串连发动，筹组生产合作社，等待工作组审查批准。以往是在展开大规模宣传的同时结合审查对象，召开批准大会，宣布成立生产合作社。由于面广分散，干部缺乏，手工业合作社的成立已不能采取常规的做法，而采取了边集中生产、边学习社章、边开展评议审批的做法。从1月20日建社骨干训练班结束开始，经过20天的时间，全县手工业合作化在春节前基本完成。全县共成立手工业生产合作社119个、社员2938人，生产小组55个、组员293人；组织起来的社、组总共174个、3231人，占全部手工业从业人数的79%。手工业基本完成了由个体经济到集体经济的转变。

手工业完成合作化后，县委、县政府在手工业生产合作社中贯彻民主办社和勤俭办社的方针，推动手工业生产的发展。在手工业生产合作社内实行民主集中制，社员大会为合作社的最高权力机构，决定生产计划、财务计划，以及有关组织形式、核算形式、工资福利等。社员大会还选举产生合作社的理事会和监事会，领导和监督合作社的日常工作，调动社员生产积极性。各生产合作社(组)坚持勤俭办社，广开生产门路，灵活经营，挖掘生产潜力，推出新产品，努力发展生产。

经过一系列的工作，番禺县手工业在合作化过程中，生产不断发展。1956年，全县手工业总产值比1955年增长25.5%，推出了新产品20多种，直接支援了农业生产，较好地满足了农村和城镇的生产、生活需要。

第三节 对私营工业的社会主义改造

1954年9月，第一届全国人民代表大会第一次会议通过的《中华人民共和国宪法》规定："国家对资本主义工商业采取利用、限制和改造的政策。国家通过国家行政机关的管理、国营经济的领导和工人群众的监督，利用资本主义工商业的有利于国计民生的积极作用，限制它们的不利于国计民生的消极作用，鼓励和指导它们转变为各种不同形式的国家资本主义经济，逐步以全民所有制代替资本家所有制。"中共番禺县委、县政府根据宪法的规定和党的政策，对番禺地区的资本主义工商业逐步进行改造，通过委托加工、计划订货、统购统销、委托经销代销、公私合营等一系列从低级到高级的国家资本主义道路，采取和平的方法，运用赎买的方式，变资本主义经济为社会主义经济，实现了对私营工商业的社会主义改造。

一、引导私营工业纳入国家资本主义轨道

对私营工商业的改造是从国家资本主义开始的。国家资本主义分为低级形式和高级形式。在工业，国家资本主义的低级形式主要有收购、加工、订货、统购、包销等，统称为"加工订货"。加工订货在国民经济恢复时期就已开始。随着国家经济建设的发展需要，加工订货进一步扩大。私营工业在国营经济的扶持下有了较大的发展。例如番禺的毛巾、晒莨、火柴等行业，曾出现经营困难：江高毛巾厂由于盲目生产、规格质量差，产品积压而亏损；市桥晒莨业严重滞销，资金积压；昌华火柴厂由于经营不善，加上对国家的政策有怀疑，浪费资金，造成流动资金严重不足。县政府为支持有利于国计民生的私营工业的发展，通过加工订货，推销了这些企业的积压产品；帮助企业搞好规格质量，以合理的价格向这些私营工厂收购产品；以预付订金、协助办理银行贷款等形式为私营企业解决资金不足的困难，扶持其发展。政府为帮助私营工业者发展生产而开展加工订货，把私营工业生产纳入国家计划的轨道，使国营经济与私营经济的联系紧密了。到1954年，番禺10人以上的私营工业企业和大部分手工业企业都接受了加工订货、统购包销。1953年底，国家实行粮食的统购统销。县政府根据中央的政策公布了《粮食市场管理条例》，规定对粮食加工业实行严格管理，对专营米机的委托其代加工，纳入国家资本主义轨道；对兼营者，引导其转营其他有益于社会的行业。

为了更好地引导私营工业纳入国家资本主义轨道，县委认真贯彻中央"统筹兼顾，全面安排，积极改造，认真负责"的方针，由国营企业归口包干对私营工业企业负责安排生产。全县工业系统10人以上的私营工业企业共24户，分为15个行业，根据各行

业的经营情况、类别、经济关系，分别由 7 个国营企业归口包干负责安排生产。其中，供销社负责铁农具业 (犁头)，贸易公司负责火柴、制饼、印刷、毛巾、橡胶 5 个行业，纱布公司负责晒莨、染房 2 个行业，粮局负责机器修理业，油脂公司负责榨油业，专卖公司负责制酒、烟丝 2 个行业。各公司分别根据各行业实际情况拟出安排方案，并根据各行业的产销情况适当调整了供销任务，同时教育资本家积极搞好经营管理、打开销路，教育工人搞好生产、降低成本，使供产销三方面基本上安定下来。经过生产安排，对私营工业企业的改造有了进一步的提高，加工订货比例有较大增长，1954 年，占其全年总产值 84.27%；1955 年，占 89.18%。

为便于安排产、供、销，解决企业资金、设备、技术的不足，也便于改造工作的集中统一领导，在安排生产的基础上，选择条件较好的行业开展联营并厂工作。至 1955 年年底，有 16 家工业系统的私营企业联营并厂，合并为 5 家：市桥和珍、大昌、时利和 3 家酱园合并为和昌酱油厂；市桥福英、富华、同兴 3 家饼厂合并为福华兴饼厂；渡头的福生酒庄和利生酒庄合并为渡头酿酒厂；南浦的和昌酒庄、植村的合栈酒庄、会江醉美园组成大石酿酒联营社，钟村大生、裕隆、协丰、祥记、兴记组成钟村酿酒联营社，再由大石酿酒联营社和钟村酿酒联营社合并为大中酒厂；石龙、江高 2 间酒厂合并为江高酒厂。在粮食系统方面，对一些因机器损坏无法修复，或者设备虽好但原料、资金不足，又或者设备残损、技术力量不足的企业，亦采取并厂联营的办法，取长补短，解决原料、资金、设备、技术等问题，促使生产的稳定和发展。联营须经过资本家申请、工人同意、政府批准等手续，然后将全部从业人员、资金、设备并到一间厂去。1955 年，并厂的先有三区明经的永丰和、广丰和，改名为明经联营米机；五区有市头的穗丰祥与六区的公安成合并，后改称为公安祥；十区有人和米机与裕丰合并，改名为人丰米机。这一年，全县有 14 家私营米机合并为 7 家联营厂。市桥原有的 6 家榨油企业 (协和生记、大兴、利丰祥、和兴、悦盛隆、兆兴祥) 合并为兴华油厂。

二、公私合营的试点

公私合营是国家资本主义的高级形式。1954 年初，中央财经委员会和中南财经委员会先后召开了扩展公私合营会议，根据“巩固阵地，重点扩展，作出榜样，加强准备”的方针，拟对雇工 10 人以上的私营工业企业先行公私合营。同年 9 月，政务院公布了《公私合营工业企业暂行条例》（以下简称《条例》），对合营企业的股份、经营管理、盈余分配、领导关系等问题作出具体的规定。

根据《条例》的原则，番禺县工业科拟定开展公私合营的工作计划，并决定把私营禺南砖瓦联合窑厂作为公私合营的试点。禺南砖瓦联合窑厂于 1955 年 6 月 11 日申请公私合营，同年 6 月 13 日上级批准。县委工业部从有关部门抽调 19 名干部以及从该厂抽出 25 名干部，组织成立工作队共 44 人，内有中共党员 15 人、共青团员 14 人，经短期

1955 年 6 月，渡头沿河的砖瓦窑联合组成公私合营禺南砖瓦厂。图为砖瓦厂工人送砖坯入窑。

集中学习后，于 6 月 15 日下厂开展合营工作。禺南砖瓦联合窑厂是华南砖瓦业首屈一指的大型手工业工场，位于番禺一区渡头的一河两岸，原有几十窑户厂分散经营。1952 年土改期间，窑户老板中的地主恶霸分别被斗争、扣押、处决的共有 40 多人，部分窑主分散隐藏资金，很多砖瓦窑濒于倒闭。工会为了解决工人生活，在党委领导下把渡头的 68 家私营小厂组织成为 5 个生产社。1953 年 1 月，再由 5 个生产社合并为私营禺南砖瓦联合窑厂。该厂有从业人员 735 人。其中，生产工人 681 人 (内有长期生产辅助工人 113 人)，管理人员 33 人，炊事人员 21 人。全厂有股东 153 人 (内股东 22 人，外股东 131 人)，内股东中有 11 人参加行政管理，11 人直接参加车间生产。全厂土地面积 282 亩，其中有厂房 432 间，有窑炉 72 只 (能生产的 68 只)。当时联合，只是把生产流动资金入股经营，而土地、厂房、炉窑等，则采取租赁办法，全未折价入股。

合营工作关键是清产核资，确定股权。工作组进厂后即广泛开展思想教育，宣传合营政策，调动工人积极性，解除资本家思想顾虑，做好清产核资的各项准备工作。清产核资工作比较复杂，既有政策性，又有技术性，是具体贯彻合营政策的重要工作。清产核资，首先是清点资产。清点工作根据“资方报、我方查”“双方反复查对，多除少补”的原则。为了做到公平合理、实事求是、全面清点，对资产分为厂房、窑炉、土地、制成品、半制成品、燃料原料、家私杂物、工具等项，分工场、分地段、分窑炉进行清点。在清点基础上进行核资，根据“私方报、我方评，双方反复协商，高降低升”的原则，协商进行。为合理核价，聘请技术人员和老技工做出厂房、窑炉鉴定及协商作价方案。最后是定股，对核评出来的资产所有权，先经工人审查，再多方对证后加以确定。为核实有关没收、代管资产的情况，派人到法院、公安局、乡府等单位收集有关资料，呈报上级批准。经清产核资、定股，计公方股 19497 元、私股 275000 元，另有 133000 元的没收代管股权，因未经法定手续暂作待定股。同年 9 月中旬，公私双方签订合同，宣布合营，私营禺南砖瓦联合窑厂改为公私合营禺南砖瓦厂。合营后，企业制订了生产计划，健全各种制度，改选工会组织，发展党团员，对资方从业人员进行服从领导、爱国守法教育，生产得以发展。

在粮食系统进行公私合营的粮食加工企业，有江村的诚丰米机和市桥的利信米机。

这两家米机与禺南砖瓦厂相比有不同的特点，它们有机械动力，机器较新，资产不复杂，股东较少，但同样存在着管理混乱、无制度、生产无计划等现象。这两间厂的员工中没有党团员，骨干力量较弱，但由于有禺南砖瓦厂合营的经验，工作较顺利，均于 1953 年年 11 月实现了公私合营。

三、掀起对私营工业改造的高潮

1955 年 11 月，中共七届七中全会制定了《关于资本主义工商业改造问题的决议（草案）》，确定了实行全行业公私合营的方针、政策和计划，要求把对资本主义工商业的改造工作推进到一个新的阶段。12 月，广东省委召开第一次市、镇委书记会议，番禺王文华、段志平、黄子衡参加了会议。会上传达了中共七届七中全会的精神，部署全省对资本主义工商业的社会主义改造工作，要求到 1957 年底基本完成对资本主义工商业的社会主义改造。会后，县委成立了番禺县对资本主义工商业改造领导小组，正副组长分别由县委副书记王文华、县长周健夫担任。领导组下设工业组、商业组和“对资改造”综合办公室，负责具体工作。同时，县委制定了《番禺县工业、商业、手工业的改造规划及试点工作意见》，对番禺私营工商业改造作出了具体的规划，提出了工作步骤。番禺对资本主义工商业改造的工作进入到全行业公私合营的阶段，并迅速掀起了高潮。

全县私营工商业改造工作，在 1955 年试点和少量私营企业完成公私合营基础上加快开展，计划在 1956 年全部完成。在作出规划期间，北京于 1956 年 1 月 20 日召开联欢大会宣布社会主义改造胜利完成。紧接着，上海、天津等大城市宣布进入社会主义，广州随后于 1 月 29 日宣布全市完成全行业公私合营。此际，形势发展一日千里，番禺的私营工商业者纷纷提出申请合营，全行业公私合营工作不得不加快进行，中共番禺县委于是提出了在第一季度内完成的要求。

工业系统方面首先在酱园、制饼、犁头三个行业开展合营工作。市桥原有和珍、大昌、时利和、调昌 4 家酱园。和珍有工人 24 人，大昌有工人 12 人，时利和有 10 多名工人，调昌有 17 名工人。各酱园主营豉油酱醋，均产驰名的鲜虾抽，其中时利和出品的最为著名。此外，各酱园还加工凉果，均设有工场。时利和还兼营腊味，所制的各式腊味，特别是腊肠，用汾酒巧制，甘脆可口，

1955 年，市桥 3 家酱园合并成立公私合营和昌酱油厂，随后并入地方国营市桥酱油厂，后改为地方国营番禺县食品厂。图为番禺县食品厂全貌。

1956年春节前，番禺县对资本主义的改造进入高潮，工商业者纷纷拥护和平改造政策。图为番禺工商业者列队游行到县人民政府报喜，接受改造。

远销港澳，驰名海内外。和珍最闻名的产品为“番禺鸡唛榄豉”，经销县内外，以东莞、增城新塘较为大宗，亦远销港澳等地。此外，还有和珍的八珍梅、大昌的添丁甜醋等，亦受到广大顾客的喜爱。调昌酱园沦陷期间股权易人，为汉奸操纵，于新中国成立后被国家接收，剩下的3家私营酱园于1955年合并为和昌酱油厂。市桥制饼业则有福英、富华、同兴3家饼厂，也合并为福华兴饼厂。生产犁头的市桥大兴炉(在市桥西炮台附近)与禺北兴发炉，后合并为联兴犁头厂，有工人20多人，产品除在番禺销售外，还畅销中山、顺德、南海等县，每年正常销量达2.5万公斤。上述8家企业分别在1956年1月初申请公私合营。番禺县委即组织工作组深入工厂，在工会和工商联的配合下，开展合营工作。具体分为三个步骤：第一，大张旗鼓宣传政策，并个别动员，消除顾虑，发动其自愿申请。在宣传发动中，继续组织资方人员学习过渡时期总路线，指出私营工商业已经逐渐不能适应社会的发展要求，不能有效地处理劳资矛盾、公私矛盾及由此而引起的其他矛盾，从而限制了劳动生产率的提高和社会生产力的发展，实现公私合营对资本家和私营企业的现实和前途都有利。在宣传发动中，认真详细地宣讲公私合营的政策：依据实事求是、公平合理的原则进行清产定股；对原有实职人员参照原有情况量才使用；公方为主，承认私方的合理合法权益等，以消除资本家的疑虑。第二，成立合营筹备委员会，采取自报、自估、自评的方式，按照实事求是、公平合理的原则，在职工的协助监督下进行清产核资，定股计息；对私方人员按照“全部包下来，适当安排工作”的原则，安排人事，调整机构。第三，政府委派公方、私方厂长(经理)，健全机构，订立制度，做好生产经营。通过上述工作，分别成立了公私合营和昌酱油厂、福华兴饼厂、联兴犁头厂。

为保证在第一季度全县完成全行业公私合营，县委抽调大批干部组成工作队，分赴私营工商企业，组织、发动工人，促进私营企业的社会主义改造。在全县各区镇各行业大张旗鼓地开展宣传教育，组织工商业界人士学习全国工商联第一届执委会第二次会议通过的《告全国工商界书》，使他们提高思想觉悟，听从党中央号召，认清社会历史发展规律，掌握自己的命运，积极接受社会主义改造。经过一系列的思想教育和准备工作，1956年2月上旬(春节前)，全县掀起了对资本主义工商业社会主义改造的高潮。全县的私营工商业者在喧天的锣鼓声和爆竹声中，在“迎接公私合营，拥护和平赎买政策”

的大横额下，手捧红底金色大双喜字的合营申请书，列队向县、镇人民政府报喜，接受改造。县人民委员会集中审批，在数天时间内全县基本上实现了全行业的公私合营。

在完成大规模的全行业公私合营之后，番禺县委抽调大批干部下厂下店，根据中央的各项方针政策，结合本地实际情况，重点抓好如下几项工作：

第一，清产核资。清产核资是核实私营工商业的资产，包括清点企业财产和清理企业的债权债务，这是定股定息的必要步骤。根据中央规定的对合营企业的财产处理，要采取“从宽处理，尽量了结”的方针和“公平合理，实事求是”的原则，采取资方自报、自估、自评，职工协助监督，政府批准的做法。1956 年，番禺县参加公私合营工业企业共有 64 户。其中，32 户包括机械农具、火柴、毛巾、印染、晒莨、制革、橡胶、印刷、烟丝、榨油、酱油、饼食、制粉、酿酒、农产品加工、砖瓦共 16 个行业，在职从业人员 1320 人 (其中职工 1047 人)，资产总值 477607 元；粮食加工企业 32 户，有从业人员 496 人 (其中职工 393 人)，资产总值 984300 元。

第二，人事安排。按照中央“量才使用，辅以必要照顾”的政策和对资方人员的安排“全部包下来，适当安排工作”的原则，根据他们的工作能力、政治态度、原经营企业规模的大小和原任职务高低等条件，分别作适当安排，使他们人尽其才，各得其所；对部分年老体弱或原在企业中有业绩但现已丧失工作能力的人员，安排比较适宜的职位。在安排中贯彻民主协商精神，采取“私提公批”的办法，安排的名单由工商界酝酿讨论，公私协商后由政府批准。据统计，纳入公私合营的工业、粮食业，合营后安排私方人员当正厂长的有 13 人，当副厂长的有 33 人，当董事长的有 2 人。

第三，定息发息。根据国务院《关于全行业合营企业定息和关于公私合营企业定息办法的若干指示》，决定公私合营企业的定息，不分工商，不分大小，不分盈余户亏损户，不分地区，不分行业，统一规定为年息 5 厘。番禺全县公私合营工业企业中，私股额为 690362 元。其中，2000 元以上的股东 102 人，共股额 437072 元；2000 元以下的股东 665 人，股额 253290 元。1956 年发放股息按息率五厘算共 34518 元。9 月初，全县第一次发放当年上半年股息，全县发放股息 44580.12 元，其中工业 26570.51 元。发放股息，兑现赎买政策，增加了原工商业者对党和人民政府的信任，他们大都表示要积极生产，加强学习，继续改造。

第四，经济改组。开展以联厂、并厂为内容的工业经济改组工作。番禺工业规模小，基础差，设备简陋落后，技术力量薄弱，管理紊乱，造成产品成本高、质量差。全行业合营后，县委根据“全面规划，加强领导”的方针及“统筹安排，经济改组，按行改造”的原则，开展改组工作，实行联厂、并厂。合营前番禺工业系统企业共有 44 户，经过经济改组后合并为 24 户。经济改组根据各厂的生产情况进行。例如，合营和昌酱油厂并入地方国营市桥酱油厂；由艺兴、广成、建隆机器厂合并成为公私合营的艺成隆机器厂，再与公私合营联兴犁头厂合并，成立公私合营番禺县机械农具厂；原来分散经营的 6 间小烟丝厂合并为和平烟丝厂；两间印刷厂合并为文大印刷厂；灵山酿酒联社、市桥德裕丰酒庄迁入渡头酒厂组成公私合营渡头酒厂，后石碁酒厂(包括英利酒曲厂)又并入渡头酒厂；蔡边酿酒联营社(由水坑仁和、蔡边生隆、汀根黎荣联营)、新造酿酒联营社(由细墟同兴、新造裕安组成)并入大中酒厂组成公私合营大中酒厂。粮食系统的公私合营粮油加工企业合并为15户。这些厂合并后能集中设备，发掘生产潜力，在劳动条件和产品质量上都有所改进，有利于生产的发展。

番禺工业在社会主义改造后，所有制结构发生了根本性的变化。生产资料私有制的社会主义改造完成后，资产阶级作为阶级基本消灭了。全行业公私合营和实行定息后，资本家虽然还领取定息，但是他们已经没有了对生产资料的支配权和对企业的经营管理、人事调配权；资本家在公私合营企业中的职权已经不是原来的资本家的职权，而是国家管理下的企业公职人员的职权。企业的性质改变了，公私合营企业的性质与国营企业基本一样，它的生产、原材料供应、产品销售等都纳入国家计划。个体手工业走上合作化的道路，组织起手工业生产合作社和手工业生产小组。同时，番禺已有国营的大型现代化糖厂——市头糖厂和紫坭糖厂，以及一批地方国营工业企业，国营和地方国营工业已经占绝对优势。番禺已经基本上建立起生产资料公有制为主体的工业经济制度，这是番禺工业进步和发展的基础。

第四章　工业在曲折中发展

1956年6月，中共番禺县第一次代表大会召开。县委书记张其昌在向代表大会所作的《中国共产党番禺县委员会工作报告》中宣布：在生产资料所有制改造基本完成后，“全县整个生产关系已经起了翻天覆地的变化。合作社所有制代替了农业、手工业个体所有制，贫困的小农经济被日益繁荣的合作社经济代替了；国家资本主义经济代替了资本主义经济，我县已经走入社会主义生产建设的时期了。”工业战线的广大干部职工在县委的领导下，发扬了主人翁的主动性、创造性精神，努力工作，促进了工业的发展。然而，在大规模的社会主义建设中，由于党在指导思想上出现了“左”的错误，在经济建设上急于求成，发动了“大跃进”，经济发展遭遇严重挫折，国民经济出现了严重的困难。面对困难局面，中共中央于1961年1月召开八届九中全会，提出了对国民经济实行“调整、巩固、充实、提高”的八字方针。番禺县委根据中央的方针，认真总结经验教训，及时制订了符合本地区实际的具体政策，加快调整的步伐，坚持工业为农业服务的方针，努力提高产品数量和质量，使工业生产得以恢复和发展。

第一节　建设工业发展的基础

1956年9月15日至27日，中国共产党第八次全国代表大会在北京召开。大会正确地分析了国内形势和国内主要矛盾的变化，提出了党在今后的根本任务。大会指出，由于生产资料私有制的社会主义改造已经取得了决定性的胜利，社会主义制度在我国已经基本建立起来，无产阶级同资产阶级的矛盾已经基本解决，“我们国内的主要矛盾，已经是人民对于建立先进的工业国的要求同落后的农业国的现实之间的矛盾，已经是人民对经济文化迅速发展的需要同当前经济文化不能满足人民需要的状况之间的矛盾”①。党和全国人民当前的主要任务是集中力量发展社会生产力，把中国尽快地从落后的农业国变为先进的工业国，逐步满足人民日益增长的物质和文化生活的需要。中国进入了全面建设社会主义的新阶段。

一、七年工业建设规划

三大改造基本完成的时候，中共番禺县委员会、县人民委员会根据本地区的实际着手筹划番禺的经济、社会发展的规划。1956年6月9日至13日，中共番禺县第一次代

①《中国共产党第八次代表大会关于政治报告的决议》，1956年9月27日。

表大会召开。县委书记张其昌代表县委作了《中共番禺县委员会工作报告》。会议讨论并通过了县委工作报告和《番禺县七年建设规划(草案)》。该规划包括《番禺县地方工业、手工业及交通运输业工作七年规划(草案)》，要求地方工业要为农业生产服务，与农村经济相结合，支援农业合作化与农业生产大发展。目标是地方工业产值(当时番禺县辖区范围，按1952年不变价格计算)从1955年的3722万元到1962年要达9200万元，即比1955年增加1.47倍，年均增长12%。为此，将投资新建、扩建一批工业项目。初步规划建设萝岗罐头厂、市桥西坊造纸厂，江高电厂增设榨糖设备改建为糖厂，扩建市桥机械农具制造修理厂、禺南砖瓦厂、沙湾糖厂、鱼窝头糖厂、市桥电厂、沙湾电厂等，修建、调整一批粮食加工厂。手工业方面，除一些特种手工艺行业(如象牙雕刻、玉器、首饰、刺绣)和某些不能采取机械化的行业外，要逐渐实现半机械化以至完全机械化生产。到1962年，手工业系统内从事机械化、半机械化生产的人数将达到2067人，占从业人数的53.7%；手工业总产值将由1955年的265万元增至1962年的995万元，即增长288.67%，年均增长20%。“规划”提出了实现目标的措施：贯彻地方工业为农业服务，与农村经济相结合的方针；依靠工人群众，发挥工人阶级的积极性和创造性，按照中央“又多、又快、又好、又省”的要求，开展先进生产者劳动竞赛；有计划地培养管理干部和技术力量，降低产品成本，提高产品质量；大力生产经济耐用、适合农民需要的新产品。

番禺工业七年建设规划符合番禺的实际，是番禺工业发展指导性文件。番禺工业基础薄弱，手工业和私营工业的社会主义改造后，全县工业系统“共有大小工厂34间，其中地方国营有沙湾第一糖厂、沙湾第二糖厂、灵山糖厂、市桥电厂、江高电厂、沙湾电厂、市桥酱油厂、番禺印刷厂及地委工业部委托代管的广东省鱼窝头糖厂等9间；公私合营有：1955年合营的禺南砖瓦厂1间，1956年合营的酒厂6间，火柴厂2间，毛巾厂3间，粉厂4间，晒染厂2间，另有机械农具、印刷、烟丝、酱油、农副品加工、榨油、饼厂各1间，共25间，职工人数共2236人。”① 粮食系统有粮食加工厂25家，其中国营厂10家，公私合营厂15家，另有公私合营油厂1家。② 此外，还有合作社合营工厂6家。全县手工业者有近八成参加了生产合作社（组）。此外，有国营的大型现代化糖厂——市头糖厂和紫坭糖厂坐落番禺。全县还有极少量的私营工业、手工业。1955年，番禺全县工农业总产值47915万元(1990年不变价，含省、市)，其中工业总产值13174万元，农业总产值34741万元，③ 工农业产值比例是27.5:72.5。番禺必须加快工业的发展，以适应社会主义建设发展的要求。

①番禺县人民委员会工业科《一九五六年番禺县工业工作总结报告》，1957年2月11日。
②参阅番禺县粮食局编印：《番禺县粮食志》，1992年，第217～219页。
③数据来源于番禺市统计局编《番禺五十年》第22页，统计范围是1992年时番禺县辖区，与1955年番禺县辖区有不同。

二、加快工业的发展

手工业和资本主义工商业的社会主义改造，调动了职工群众的生产积极性，促进了番禺工业的发展。全县国营、地方国营、合作社营和公私合营的工业企业，继续开展增产节约运动，加强计划管理和财务管理，在此基础上开展了以技术改革为主要内容的先进生产者运动，掀起生产高潮，部分企业进行了改建和扩建，提高生产设备利用率，促进了生产的发展。

（一）加强企业管理

1954 年，番禺首先在地方国营工业企业推行计划管理、成本管理、财务管理等企业管理工作。随着公私合营、合作社营的工业企业的建立，也在这些企业实行。全县国营、地方国营、合作社营、公私合营工业企业逐步全面纳入国家计划。各厂在企业生产上推行作业计划，按旬分日地编制生产小组或个人的生产计划，健全各种原始记录，把各项定额(包括产品产量、质量、原材料消耗、工时等)进行测定，加强定额管理；逐步建立起健全的财务计划制度，加强成本核算；在技术管理方面，按生产需要建立产品质量鉴定小组和技术研究小组(委员会)主导生产技术工作，建立安全责任制、技术责任制、维修制与产品检验制等制度，制订或修订各种操作规程与产品质量标准，并组织职工的技术学习，进一步加强技术组织措施。在制订或修订操作规程中，各企业广泛发动工人提合理化建议，把它作为解决生产技术问题的关键来处理，并认真研究审核，予以执行。在公私合营企业，为了促进企业内部的改造和发展，进行了合营企业内部制度的改革，改善了经营管理，显示了合营企业的优越性。在企业里还建立民主管理委员会，对企业开展民主管理。委员会设主任 1 人(由公方担任)，副主任 1 人(由私方担任)，委员若干人。有关重大问题，利用这个集体领导机构来研究决定。通过加强企业管理，使企业的生产潜力得到充分发挥，生产不断发展壮大。

（二）全面开展先进生产者运动和增产节约运动

1956 年 2 月 9 日，中华全国总工会第七届执委会主席团第十次会议通过了《关于开展先进生产者运动的决议》。中共中央于 3 月 12 日批转了这个决议，并发出了《关于积极领导先进生产者运动的通知》，要求各级党委必须加强对先进生产者运动的领导，“采取切合实际的具体的技术组织措施，以便保证先进生产者运动的广泛开展，使这个运动成为最广泛、最深刻的群众运动，成为发展我国社会主义经济的强大动力。”中共番禺县委号召各级党组织切实加强对运动的领导，按照党中央和毛主席指示的“又多、又快、又好、又省”的要求，推进技术革新，贯彻为农村经济服务的方针，争取提前完成第一个五年计划的各项指标。先进生产者运动在全县各行业中迅速发动起来。5 月 9 日，番禺县先进生产（工作）者代表大会召开。参加大会的有地方国营工业、手工业、交通运输及商业、供销社等方面先进单位代表和先进工作者代表。大会上，有 10 个先进个人和单位作了经验介绍，其中有坚持1年多时间对“番禺改良犁”的犁头、犁壁试验11次而获得成功的犁头厂工人林财，出席全国轻工业系统召开的先进生产者会议的曾惠，还有总结和推广先进经验工作有显著成绩的禺南砖瓦厂等。大会总结、交流经验共176条，其中地方国营工业95条，手工业18条。这些经验大大地启发和鼓舞了代表们的创造性和积极性，解决了很多在生产上遇到的问题。大会号召全县人民继续深入开展先进生产者运动，进一步推广先进经验，充分发挥职工的积极性和创造性，把社会主义劳动竞赛引向深入。提出要努力提高产品质量，降低成本；反对右倾保守思想，充分地发挥积极首创精神，大胆提出合理化建议，试制新产品；团结、互助，发扬集体主义精神，共同努力，争取提前和超额完成生产计划。先进生产者运动的开展使全县广大职工的生产热情进一步高涨，掀起了生产高潮。在手工业系统，结合贯彻“勤俭办社”“民主办社”方针，全面开展大规模的先进生产者运动，涌现出大批先进生产者，其中有1人被评为全国先进生产者，81人被评为县先进生产者。运动中，创造和仿制新产品20多项，改良工具30多种，并总结推广了先进经验，进行了技术改革，大大地提高了产品产量和质量。①

1956年2月，全国开展先进生产者运动。番禺市桥木农具社黎棉被评为全国先进工作者。图为4月黎棉在北京参加全国先进工作者代表会议期间在北海公园留影。

在先进生产者运动开展的同时，还开展了增产节约运动。1957年2月8日，中共中央政治局通过《关于1957年开展增产节约运动的指示》。指示指出：“为了和缓物资供应和财政支出的紧张局面，使经济战线在1956年巨大的进军以后，转向稳步前进，并且作必要的休整，必须在1957年对建设的规模和速度作适当的调整，必须用更大的努力在全国范围内开展群众性的增产节约运动。”为了更好地领导增产节约运动，番禺县委成立增产节约委员会。在工业企业内部进一步挖掘生产潜力，提高设备利用率，提高产品质量，减少非生产开支，降低生产成本，改进产品花色和品种，有计划地增加生产，保证国家计划的完成。通过增产节约运动，广大工人群众进一步增强了“勤俭建国，勤俭兴家”的意识，在生产中厉行节约，大力节约原材料，发展生产。

（三）扩建、改造，提高工业企业的技术水平和生产能力

在先进生产者运动和增产节约运动的推动下，各工厂大力开展技术改造，更新设备，试制新产品，生产能力有较大的提高。市头糖厂重建初期，日压榨甘蔗能力只有800吨，

①转引自黎春华：《番禺县人民委员会1955年和1956年工作报告》，1957年1月20日。

经技术改造迅速提高到1000吨，并于1955年建成利用废糖蜜日产酒精12吨的酒精车间。紫坭糖厂于1956年10月完成了由原设计生产能力日榨甘蔗1000吨扩建为2000吨的工程，1956—1957年榨季平均日榨蔗量达1934.5吨，比上一榨季增加36.15%。鱼窝头糖厂于1954年12月改建完成，日压榨甘蔗能力为230吨，经技术改造，1955年至1957年日榨能力提高到320吨。沙湾第一糖厂和第二糖厂于1956年合并为沙湾糖厂，日榨蔗量由近50吨增加至100吨，同时把煮炼片糖设备中的三星炉改建为六锅长炉，大大提高了产量和质量。禺南砖瓦厂在1957年底建成第一座轮窑，并从南岗砖瓦厂调入制砖机，以加快砖坯制作速度，提高红砖的产量和质量。

生产资料社会主义改造后，番禺工业持续平稳发展。据统计，1956年，全县完成工业总产值4504.55万元(1952年不变价)，已纳入国家计划轨道的国营、地方国营、合作社营、公私合营工业企业合计完成总产值计划的98.87%，为1955年的122.93%。其中，国营完成计划的96.74%，为1955年的102.90%；地方国营完成计划的101.76%，为1955年的171.74%；合作社营完成计划的59.28%，为1955年的120.88%；公私合营完成计划的108.97%，为1955年的122.17%。①1957年，全县完成工业总产值5165.40万元，为1956年的105.55%，其中已纳入国家计划的工业企业总产值4755.30万元，完成国家计划的103.72%，比1956年增长7.77%。②

第二节　工业“大跃进”

1957年9月20日至10月9日，中共八届三中全会在北京召开。10月25日，中共中央正式公布全会通过的《一九五六年到一九六七年全国农业发展纲要(修正草案)》，并发出通知，要求组织开展关于农业生产建设的大辩论，掀起生产的高潮。10月27日，《人民日报》发表题为《建设社会主义农村的伟大纲领》的社论，提出“有关农业和农村的各方面的工作在十二年内都按照必要和可能，实现一个巨大的跃进”，正式向全党、全国吹响了“大跃进”号角。1958年2月2日，《人民日报》又发表了题为《我们的行动口号——反对浪费，勤俭建国》的社论，提出了国民经济“全国大跃进”的口号，指出：“我们的国家现在正面临着一个全国大跃进的形势，工业建设和工业生产要大跃进，农业生产要大跃进，文教卫生副业也要大跃进。”在全国“大跃进”形势下，番禺县委提出了“苦战三年，实现农业机械化，全县工业化、电气化”的口号。为实现“三化”，全党全民办工业，掀起了工业“大跃进”高潮。

---

①转引自番禺县计划委员会：《一九五六年国营、合作社营及公私合营工业企业年报综合表》1957年2月5日，《关于1956年番禺县国民经济发展和国家计划执行结果公报》。

②番禺县计划委员会：《关于1957年度国民经济计划执行结果的公报》，1958年3月20日。

一、“苦战三年，实现‘三化’”

1957年12月14～22日，中共番禺县第一届代表大会第二次会议在“大跃进”号角声中召开，县委书记郭信民代表县委作了题为《正确认识农村形势，组织农业生产大跃进》的报告，讨论通过了《番禺县农业生产十年远景规划（草案）》。大会提出要坚决贯彻“多快好省”的方针，大力批判和克服右倾保守思想，破除迷信，解放思想，苦战3年，提前5年实现农业发展纲要40条，在第二个五年计划期间（1958—1962年）实现亩产千斤，在生产上要早日实现机械化、电气化。会后，全县掀起了大搞水利、积肥的高潮，开始了农业“大跃进”运动。

随着农业生产“大跃进”运动的开展，工业战线的“大跃进”也发动起来了。1958年1月27日，中共广东省委发出《关于迅速掀起全省工业生产高潮，争取工业大跃进的指示》，要求广东在5年内，地方工业产值要超过农业产值。1958年保证超额完成增长15%的指标任务，争取增长22%。2月7日，省委召开一届九次全体委员(扩大)会议，传达贯彻南宁会议精神。会议决定：鼓干劲，反右倾，苦战3年，做到在1962年，即提前5年全面实现《农业发展纲要》，保证粮食亩产800斤；工业生产5年增长3倍，到1962年总产值达120亿元，约占工农业总产值的60%，实现工业化。同年3月，成都会议通过了《中共中央关于发展地方工业问题的意见》，明确提出发展中央工业和发展地方工业同时并举的方针，要“打破对于工业化的神秘观点，全党办工业，各级办工业，全面规划，加强领导，走群众路线。”[①] 这时，原番禺县属的禺东、禺北地区17个乡和江高镇被划入广州市，原禺南15个乡调整为10个乡，番禺县辖10个乡和市桥镇。是年3月31日至4月2日，中共番禺县委召开各乡基层党委书记会议，提出了“苦战三年，实现农业机械化，全县工业化、电气化”的“三化”目标。“三化”的基本要求包括以下几个方面：

在农业机械化方面，三年内要做到机耕面积占全县耕地面积70%，其中犁耙、播种、种植、中耕、收割等均以机械操作为主；同时，70%的运输量将由汽车、机船负担。据此，全县将拥有大、小型拖拉机838台，联合收割机300台，播种或插秧机1200部；沙田区每个农业社应有1～2艘电船，丘陵区每个农业社备有1～2部汽车，每台拖拉机再备一辆拖车作运输。

在工业化方面，计划三年内全县建立4个工业网：①机械动力和运输工业网——建立农具机械厂、造船厂、机械修配厂，从中制造各种柴油机、煤气机、车床、轴承机、滚珠轴承、电船和小型拖拉机等，以满足本县需要；②肥料工业网——建设年产8000吨的化学肥料厂，年产40万吨的海肥厂，年产250万斤的细菌肥料厂；③建筑材料工业网——建设年产4万吨的无熟料水泥厂，日产10万块砖瓦的轮窑，各乡、社建立大

① 《中共中央关于发展地方工业问题的意见》(1958年3月23日成都会议通过，同年4月5日政治局会议批准)，载《建国以来重要文献选编》第11册，中央文献出版社1995年版。

大小小的石灰厂，以满足建设需要；④农副产品加工及其他轻工业网——包括枫茅油厂、酒精厂、造纸厂及乡、社各种农副产品加工机械化工厂。此外，还建立钢铁冶炼工业。

在电气化方面，三年内要做到乡乡社社都有发电站。其中以沼气发电为主，兼有火力、风力、水力发电，城乡联成大小发电站网，以保证供应工厂机械生产和人民生活照明用电。同时，乡、社要普遍设立广播站和电话网，以指挥生产和传播文化。①

实现“三化”，实质是一个工业化问题。为此，县委第一书记一手抓工业，一手抓农业，并指定 3 名县委委员，后增加两名县委书记成立“番禺县‘三化’领导小组”，专责领导发展地方工业。领导小组下设办公室，负责日常工作，总结推广工业生产经验。②

二、“全党办工业，各级办工业”

县委规定：“发展地方工业，必须是有利于发展农业生产，促进农业机械化为目的。确定‘以国营为骨干，乡乡社社办工业，百花齐放，分工协作’和‘全面规划，综合利用，就地取材，多快好省’的方针，并采取‘三就三自’(就地建厂、就地加工、就地销售，自供、自产、自用)的原则。在乡、社办工业方面，还确定了三条原则：①不能因搞工业而忽视农业，发展工业应为农业服务，工农业共同配合，互相支援；②乡、社办的工业，要‘就地取材，自制自用’，按农业社的需要而生产，不能办商业性的工厂；③农副产品的原料，首先要满足国营工厂的需要，然后安排自己的生产。”③

为实现“三化”，县委号召全党齐动手，乡乡社社行行办工业，苦战一年实现乡乡有工业、社社有工厂。为掀起全民搞“三化”的热潮，县委在全县范围内开展“立五功，献十计”运动，发动群众人人出主意、个个想办法，调动一切积极性，发展地方工业。具体办法是：①全党办工业、各级办工业、全民办工业，包括县办、乡办、社办、队办、部门办，单独办、联合办，做到工、农、商、学、机关、居民一齐办。②以小型为主，因陋就简，就地取材。③综合利用，充分发挥“旧家底”力量，挖掘原有生产设备潜力，修旧利废。

1958 年 3 月至 7 月，全县用这样的办法共兴办了 2125 家工厂。其中，县一级办的有 82 家，乡一级办的 95 家，社一级办的 1835 家，其他如居民、学校、机关等办的 113 家。

---

①章再冬:《番禺县怎样进行“三化”(机械化，工业化，电气化)?》，载中共番禺县委办公室编:《番禺向机械化、工业化、电气化迈进》，广东人民出版社，1958 年 9 月版第 3 ~ 4 页。章再冬时任中共番禺县委办公室主任。

②“番禺县‘三化’领导小组”于 1958 年 7 月成立，由赵冬垠、邱皖、解横、何仲云、刘鉴三组成，其中赵冬垠、邱皖为县委书记(时县委设第一书记 1 名，县委书记若干名)。

③解横:《发展地方工业的几点经验》，载《番禺向机械化、工业化、电气化迈进》，第 17 页。解横时任中共番禺县委城镇工作部部长。

番禺县全民办工业分类统

表4-1　　1958年7月　　单位：家

项目	肥料	农药	炼钢	机械维修	木农具	造船	沼气发电	电力	建筑材料	粮食加工	其他	农副加工	总计	备注
合计	1590	9	2	20	182	17	13	4	66	24	117	81	2125	
县工业办	7	1	1	4	1	1	1	2	3		25	6	52	县办工业中，机械维修4家，包括机电厂、拖拉机修理厂
商业办	1				1						1	1	4	
粮食系统办										24			24	
农林水办	2												2	
乡办	1			3							2		6	乡办工业
商业办	12	1		2							10	1	26	
乡商社合办	1			4		1					2		8	
商社合办	22					1					3	2	28	
商乡手合办				1				1					2	
乡社合办				1			1				2		4	
乡商合办	7	1		3		2		1	1		3	1	19	
商业合办				1		1							2	
社办	1435	4		1	179	10	11		61		60	70	1831	农业社办工业
联社合办	2										2		4	
小商贩办	32												32	其他部门办工业
机关企业办	8												8	
手工业办	10					1							11	
街道办	18										1		19	
学校办	32	2	1		1				1		6		43	

番禺县全民办工业分布情况表

表4-2　　1958 年 7 月　　单位：家

项目	市桥	城郊	沙湾	榄核	灵山	鱼窝头	石楼	化龙	石碁	南村	新造	大石	钟村	渔民	合计
合计	72	231	182	229	110	122	149	74	277	150	159	230	137	3	2125
肥料	28	105	135	215	89	85	123	45	222	129	130	172	111	1	1590
农药	3									1		5			9
炼钢	1		1												2
机械农具修理	3	2	1	1	1	2	1	4	1	1	1	1	1		20
木农具	3	26	18	8	11	13	13	19	14	8	16	15	18		182
造船	1			1	1	1					1	10	1	1	17
沼气发电	1	1			1		1	4			2	3			13
电力	1		1			1					1				4
建筑材料	1	17	16		1	13	1		10			7			66
粮食加工	1	3	3	1	1	1	2	1	2	2	3	2	2		24
农副产品加工	2	40	3		2	2	1		12	7	5	5	2		81
其他	27	37	4	3	3	4	7	1	16	2		10	2	1	117

三、开展“双反”和技术革新的群众运动

毛泽东在《工作方法六十条（草案）》中号召：“现在要来一个技术革命，以便在十五年或者更多一点的时间内赶上和超过英国。”[①]1958 年 3 月 3 日，中共中央下达了《关于开展反浪费反保守运动的指示》，“中央决定以两个月到三个月的时间，在全国进一步普遍地开展反浪费、反保守、比先进、比多快好省地建设社会主义的运动。”指示指出：“在运动过程中，会不断出现惊人的奇迹，出现各种平日难以达到的先进的速度和先进的指标，树立起各种先进的典型和旗帜。原来设想和安排好的平衡，也会不断地被万马奔腾的群众运动所突破。我们应该欢迎和赞扬群众在各个战线上的跃进，促进落后的部分赶上去，力求在先进的基础上达到新的运动的平衡，并且审订原来的规划。”[②]

根据中央的指示，番禺县委在 1958 年 3 月中旬开展了“反浪费、反保守、比先进、

① 《工作方法六十条（草案）》（1958 年 1 月），载《建国以来重要文献选编》，第十一册，第 45、49 页。

② 《中共中央关于开展反浪费反保守运动的指示》（1958 年 3 月 3 日），载《建国以来重要文献选编》，第十一册，第 203 页。

比多快好省”的运动(简称“双反”运动)。工交系统的“双反”运动以批判“右倾保守”，明确为农业生产服务的方向，大力开展群众性的技术革新为主要内容，推动工业大跃进。在运动中，工业系统干部职工大力创造和仿制新式农具，支援农业技术革命。至5月，共创制、仿制新式农具302种。其中县机械农具厂制造的有小型拖拉机、万能加工机、谷物干燥机、斩蔗机、25马力柴油机、抽水机、推进小艇、切薯苗机、空中运土滚轮、动力打桩机、电船等17种；手工业社制造的有花生收割机、打禾机、插秧机、自动风柜、秧船、颗粒肥料桶、切片机、各式耙、播种机、手推车、扬谷器等200多种；其他厂企的新产品有水泥石砖板、无熟料水泥三通砖、土制起重机、手摇推进艇、农药、牛皮胶等50多种。技术革新运动一个重要内容是工具改革，实现滚珠轴承化。其要求是：所有以人力、畜力为动力的生产工具，一切转动工具(包括1958年计划发展的1万部马车、2万部水车、3万部手推车、4万部打禾机、2万部风谷机、2万部人工造雨器、4万个制颗粒肥料桶)都装上轴承，至1958年底全县要生产滚珠轴承80万个。6月中旬，县第二机械农具厂试制滚珠轴承成功。[①] 群众性的技术革新运动在全县推进，除工业系统外其他部门也大力开展。如县农林水利局在技术革新运动中，派出技术员颜杞明研究矽酸钾肥料，朱可研究沼气利用，何志强、罗俭文、彭永镛研究无熟料水泥，张仲球、唐金丽研究细菌肥料，并在工业部门的协助下，建起了矽酸钾肥料厂、细菌肥料厂、无熟料水泥厂、沼气发电站等工业企业。

在运动中，新建和扩建了一批工厂。新建的有：在莲花山下的海肥加工厂、细菌肥料厂，在市桥的沼气发电站，在渡头的玻璃厂、陶瓷厂等等。扩建改造，增加新产品和产量的项目很多。如鱼窝头糖厂，投资18万元，增添了少许设备和基建，便成了既是糖厂，又是粉厂、枫茅油厂、酿酒厂、饲料厂、机械农具修理厂、造纸厂，实现“一变七”(1间厂变成7间厂)。产品除原来的赤砂糖外，还有白酒、葡萄糖、生粉、枫茅油、香茅油、羌油、蒜油、铸件、石灰、纸板等。由于各行业“大跃进”，市桥地区用电量剧增。为适应发展需要，市桥电厂安装2台发电机组发电，新增容量共140千瓦；接

1958年4月，在“大跃进”运动中，番禺县在市桥建成大型沼气发电站。图为沼气发电站的沼气池。

① 参阅邱皖：《跨上工具改革的新阶段》，载番禺县工业交通局编：《土法制造滚珠轴承经验汇辑(第一辑)》，1958年8月，第2页。

收市桥电器社，增设电机车间，首次设计制造电动机、电焊机，并开展重绕小型配电变压器线圈等业务。沙湾电厂投资 1000 元搞基建，利用原有的动力设备，既可发电，又增加了锣木、饲料加工、碾米等生产业务。此外，很多工厂综合利用，创制新产品，如昌华火柴厂制造农药硫酸钾、氯化钾，和平烟厂利用烟骨制造碱性杀虫农药，玻璃厂制造矽酸钾肥，等等。全县工商业者也掀起了献计、献技为主要内容的“双献”运动。运动中，制革厂原工商业者蔡荫池公开制猪皮的配方技术；邓洪公开制兔皮法；张细但献技制四轮脚踏电动两用小型汽车；叶权公开烧砖瓦技术；周其公开制烘胶粉（火柴珠头胶）、黏合板、纺织印染等技术；市桥通用机械厂原工商业者梁沛献计以水泥代钢铁制造出龙门钻床，凌顾愚献计制造出“无齿锯床”和“发锉机”；南村酱杂业的原工商业者罗季权试制成功“卫星”牌电池，交南村经营处电池厂生产，促进企业的发展。“双献”运动既提高了原工商业者为社会服务的积极性，又带动了全县的技术革新运动，促进了生产的发展。

1958 年 3 月，番禺开展反浪费反保守和技术革新运动。番禺农业机械厂工人大搞技术革新，试制 25 马力柴油机、万能拖拉机等新产品。

四、改组手工业

县委发出“苦战三年，实现‘三化’”的号召，贯彻“全民办工业”的方针后，为使手工业适应这个新的形势，挖掘生产潜力，开拓手工业的发展道路，决定对手工业进行改组。改组从以下几个方面进行：

（一）上升为国营工厂或合作工厂。主要是集中在县城市桥的手工业社，一部分当时急需扩大生产，如造船、铁器社等，转为国营工厂，地方财政适当投资，增加生产设备，实现机械化、半机械化生产。上升为国营工厂的有 5 个社组，共有 276 名员工。另一部分如木器、电机、五金等社由手工业联社投资成为合作工厂。转为合作工厂的有 62 个社组，共 2160 名员工。

（二）小社并为大社或组成农具修配厂。手工业较集中的墟镇，手工业社社员人数较多，有一定规模的，改造途径有两种：一是在乡党委领导下，把几个小社并为大社，统一资金使用，加强生产协作，集中门市部，有利于实现机械化、半机械化生产。二是由乡地方财政投资，配备一定的机械设备和技术工人，组成机械农具修配厂。

（三）并入农业社。分散在农村和小墟镇的手工业，行业多样，企业规模较小，与农业社关系密切，并入当地农业社对支援农业生产和发展工业生产都有好处。合并有两

1958 年 4 月，市桥两家修造木船小艇的生产组合并，成立地方国营番禺造船厂。1961 年恢复为番禺县二轻造船厂。

种做法：①组织和经济全部并入农业社，按农业社计划安排生产，首先满足农业社需要，多余产品可出售。手工业工人保留原计件工资制，所得工资按农业社分值折成工资分，每月预支 50% 现金维持生活，其余和农业社社员一起分配。②组织并入农业社，经济保留独立核算方式。首先按农业社计划安排生产，产品先满足农业社需要后才出卖。农业社直接消费的产品作内部调拨，按成本计价。其余制度不变。

全县改组转制的手工业社组占全县社组总数的 75%，人数占总人数的 86%。还有 27 个社组、461 人，主要是小墟镇的缝纫、打棉胎及小修理等，继续保留原来的形式。改组后的手工业社组都有较大变化。上升为国营或合作工厂的普遍都扩大了厂房，增加了设备，相当部分手工业生产劳动用机械化、半机械化代替。如市桥的木厂、铁厂合共增加了 165 马力的电动机、车刨床 8 部、其他机械 27 部。番禺造船厂于 1958 年 4 月由两个手工业小组合并转为全民所有制的番禺县地方国营造船厂。转制前两个生产小组共 99 人，其中生产工人 94 人，科室人员 5 人；生产工具只有斧头、手鎚、锯子等手工工具，只能生产一些小艇和修理，最大的产品只是 1 ～ 15 吨的泥艇和运输船。改组后，人员增至 272 人，其中生产工人 151 人，杂工 81 人，学徒 38 人；厂房面积由 1500 平方米增至 4000 多平方米；生产工具向机械化、半机械化发展，试制成功电动木制企头锯、电动刨木机、舂灰机、风车锯等。改制后不久即试制成功一艘电船 (上游号)，继而生产的新产品包括电船、汽轮船、渡车船、机帆船、大缯渔船等。下放到农业社的社组变化也很大，解决了本身缺原料、缺市场的困难，也方便了群众，节约了农业社的成本。如榄核木器农具社过去和当地的农民兼手工业者矛盾较大，业务不足，社员有半年时间要去顺德做散工，生活不安定。并入农业社后，生产业务满，淡季不淡，商业部门也为他们找原料，解决供销问题，产值提高 30%，社员工资普遍增长 20%。

五、大炼钢铁

1958 年 5 月召开的中共八大二次会议正式提出：“我国工业在十五年或者更短的时间内，在钢铁和其他主要工业产品的产量方面赶上和超过英国”。[①]6 月 8 日至 11 日，广东全省钢铁工业会议在清远县召开，会议通过广东省 1958 年发展钢铁工业规划，要求全省 1958 年建成年生产能力共 100 多万吨的炼铁炉 1659 座、年生产能力共 40 万吨的大小炼钢炉 30 座，形成一个密布全省的钢铁工业网。会议要求依靠群众，土法上马，大搞钢铁工业。[②] 为贯彻省委的钢铁工业会议精神，番禺县委决定在县机械农具厂进行炼钢试验，经过该厂职工的努力，“克服技术上和设备上的种种困难，用土办法苦战 10 天，在 17 日晚炼成第一炉生铁。再经两天苦战，又炼出第一炉钢水。”[③]

同年 8 月 17 日，中共中央在北戴河召开政治局扩大会议，提出了在 1958 年生产 1070 万吨钢的任务。广东省纳入中央计划的是钢 25 万吨、铁 50 万吨。为完成钢铁生产计划，省委于 8 月 19 日和 9 月 21 日先后发出《关于加强钢铁生产领导的紧急通知》和《动员全党全民争取钢铁生产上游的紧急通知》，要求各级党委必须狠抓钢铁生产，第一书记要挂帅；发动群众，掀起一个大规模的全省大搞钢铁的群众运动；各县要保证完成任务。为此，番禺县掀起了大炼钢铁高潮。县委领导挂帅，县委副书记邱皖和副县长解横亲自率领冶炼队分别组织数百人到花县采煤，到新造挖矿砂。全县炼钢铁队伍迅速扩大，到处建炼钢炼铁高炉。到 9 月初，“已建成或正在兴建中的高炉有 40 座，其中在市桥西坊晒布地就建起了炼铁土炉 10 多座。有 15 个已投入生产，已生产钢 20 吨，铁 2008 斤。这些高炉如果全部投入生产，每天可产钢铁 20 多吨。”[④] 为加快钢铁生产进度，番禺人民公社党委于 10 月 19~20 日召开扩大会议，决定“加强对钢铁工业的领导，全党全民全力大搞钢铁，并贯彻小土群的方针，大搞土坯炉。要在 11 月 1 日放出钢铁大卫星。”[⑤] 于是，大炼钢铁运动掀起了更大的高潮。全县集中 6 万多个劳动力挖煤、烧炭、挖矿、建炉，动员人民群众砸烂铁锅、拆除铁门窗铁栏栅作炼铁原料，砍伐各地的风水林、山岗上的乌榄树、堤围上的荔枝树用作烧炭。从 10 月 22 日起，日夜奋战 10 天，完成任务。11 月 1 日，番禺放出了生产千吨钢铁、完成全年钢铁生产任务的“卫星”，生产规格铁 700 吨、三等铁 300 吨、氧化铁 400 吨，土高炉日产铁 30 吨。据说 1958 年“我县大搞钢铁，共投资 160 多万元，建了高炉 55 座……三个月内共炼了生铁 489 吨，土钢 100.02 吨”[⑥]。

在群众性的大办工业高潮中，适逢人民公社成立，极左思潮泛滥，抽调大批农民“大

①刘少奇：《中国共产党中央委员会向第八届全国代表大会第二次会议上的工作报告》，载《中国共产党第八届全国代表大会第二次会议关于中央委员会的工作报告的决议中国共产党中央委员会向第八届全国代表大会第二次会议上的工作报告》，人民出版社 1958 年 5 月 1 版，第 22 页。

②《全省大搞钢铁工业》，《番禺日报》1958 年 6 月 19 日。

③《番禺县自炼钢铁成功，不日大量生产》，《番禺日报》1958 年 6 月 19 日。

④《为全县今年出钢四千吨而奋战》，《番禺日报》1958 年 9 月 6 日。

⑤《全党动员，全民动手，全力以赴，县要大放钢铁卫星》，《番禺日报》1958 年 10 月 20 日。

⑥中共番禺县委工业部：《番禺县工厂企业社会主义总路线教育运动情况报告》，1959 年 11 月 5 日。

办工业”。1958年9月3日，番禺宣布全县成立一个公社。9月21日，番禺人民公社第一届社员代表大会第一次会议在沙湾召开。人民公社作为工、农、商、学、兵联合起来的社会基层组织，她“打破工、农、商、学、兵分行分业的老规矩”。番禺“人民公社一经成立，我们就抽出了2000多个劳动力大搞钢铁、滚珠轴承和其他工业。秋收后，我们还计划抽调一万个劳动力搞工业。”[①]番禺工业“大跃进”，得到上级的肯定和支持。广东省委决定把番禺作为人民公社大办工业的试点。1958年秋，轻工业部派出干部在全国10个县搞试点，要求每个试点县在40天内办起200个社办工厂。[②]番禺是其中一个试点。轻工业部杨成司长、李斌处长还加入了于1958年12月25日成立的“番顺县人民公社大办工业办公室”，参与领导全县人民公社大办工业工作。[③]“经过全国的高唐公社工业现场会议的启发，我县又一次掀起了一个声势浩大的人民公社大办工业的群众运动，在省、地委领导和中央、省工作组的直接领导协助以及全民的努力下，从1958年12月下旬起，经过40天的奋战，在巩固原有工业的基础上，在沙湾、灵山、石楼、石碁、大石、南村、大良、陈村8个试点公社，新建完工投入生产的有553个厂，扩建生产的有85个厂，恢复生产的有134个厂，正在基建动工的有60个厂(包括原有的共计1013个厂，平均每个公社已有126间)”。[④]1958

1958年8月，番禺掀起“大炼钢铁”高潮，全县兴建小高炉40多座。图为在市桥西坊建起的10多个炼铁“小高炉”。

①中共番禺人民公社委员会第一书记郭信民在番禺人民公社第一届代表大会第一次会议上的报告：《高举人民公社的红旗奋勇前进》，1958年9月21日。

②1958年秋，轻工业部派出成批干部到山东省高唐县试点，45天内办起1730多个公社小型工厂。随后，组织有关省市的轻工业厅（局）把试点扩展到江苏宿迁、浙江海宁、安徽临泉、福建莆田、河南遂平、湖北麻城、湖南平江、广西玉林、江西鄱阳、广东番禺共10个县，要求每个试点县都在40天内办起200个社办工厂。参阅颜公平：《对1984年以前社队企业发展的历史考察与反思》，见《当代中国史研究》，2007年3月，第14卷第2期，第65页。

③1958年12月15日，番禺、顺德合并为番顺县；1959年6月，番顺县撤销，恢复番禺、顺德两个县级行政区。

④中共番顺县委员会：《番顺县八个公社开展人民公社大办工业的总结——我们是怎样开展人民公社大办工业的》，1959年1月4日。

年，番禺在“全党全民办工业”高潮中，“短时期内即兴办了各种中小型工厂 3000 多间，相当于 1957 年原有工厂 72 间的 50 倍。而且有 90% 以上是服务于农业生产，开始形成了以国营为骨干的五网 (制造机械农具、运输工具网，肥料制造网，沼气发电网，建筑材料制造网，农副产品加工网)。1958 年的全部工业人员达到 19000 ～ 22000 人，比 1957 年增加近 6 倍。”[①]

六、工业“大跃进”的再起

1958 年番禺的工业“大跃进”，速度过快，指标过高，出现了很多不协调的问题。这种现象在全国均有出现，中共中央和各级党委已有所察觉，毛泽东在 1958 年 11 月的武昌会议提出了要“压缩空气”[②]。中共番禺县委、县人委[③]从 1959 年初至 8 月期间着手进行纠正。1959 年七八月间，中共中央在庐山召开了政治局扩大会议和八届八中全会。会议从原定纠“左”转为反“右”，纠“左”被迫中断，并引发了在全国开展的“反右倾”和社会主义总路线教育运动。从 8 月起，番禺开始了反右倾、鼓干劲，再度掀起“大跃进”高潮。

8 月 28 日，县直属机关干部、市桥各工厂企业职工、学校师生以及各界群众万余人在市桥新广场举行大会，拥护中共八届八中全会的决议，宣布在全县范围立即开展“反右倾、鼓干劲、厉行增产节约”运动，为完成和超额完成 1959 年工农业计划，为提前完成第二个五年计划而努力奋斗。9 月 25 日，中共番禺县委召开扩大会议，传达贯彻中共八届八中全会及省委三级干部会议的精神，把一些坚持实事求是、敢于讲真话的同志定为右倾机会主义进行揭发、批判。接着又召开四级干部会议，进一步揭发批判“右倾机会主义”思想，并决定在农村、城镇开展“社会主义建设总路线教育”运动。番禺工业系统的社会主义总路线教育运动从 9 月上旬试点，10 月 6 日全面铺开。全县共 174 家工厂、13369 人参加了运动，其中县属厂 30 家、4939 人，公社工厂 144 家、8430 人。运动采用大鸣大放大辩论的方式，进行回忆对比、算账教育，深挖根源、重点批判，搞透右倾思想，干部联系检查，公开站队。运动中，对“反对总路线”“否定大跃进成绩”，错误严重的干部给予处理。最后，放手发动群众，制订 1959 年第四季度至 1960 年的大跃进规划，进一步深入开展社会主义总路线再教育，组织生产高潮，以保证生产全面跃进。在运动的强大压力下，打断了纠正“左”倾错误的进程，恢复了高指标，引发了新的浮夸风，掀起了新的“大跃进”高潮。

1959 年 12 月 12 日至 22 日，中共广东省委召开全省工业会议，总结 1959 年工交、基建工作的经验，初步制定 1960 年工业生产和基建计划。会议要求各地及早准备，以

---

①番禺人民公社计划委员会：《番禺人民公社一九五八年国民经济发展的巨大成就》，1958 年 12 月 6 日。

②《毛泽东文集》第七卷，人民出版社，1999 年 6 月，第 445 页。

③含当时的中共番顺县委、县人委和中共番禺人民公社委员会。

保证1960年开门红、月月红、全年红。会议强调抓紧工业支援农业的中心环节，组织工业生产的大跃进。在会上，番禺县委分管工业的书记解横作了题为《充分发挥地方工业作用，大力支援农业技术改造》的发言。发言中提出了1960年番禺工业的初步规划："1960年工业基建投资约1000万元(其中县400万元，公社200万元)，比1959年增长两倍多；地方工业产值1960年比1959年增长53%，争取70%，由10603万元增至16300万元，争取达到18000万元(已除大队工业计)，其中县属工业保证增长66%，公社工业翻一番。"

1960年1月26日至2月2日，中共番禺县第二次代表大会在市桥召开。大会通过了《番禺县1960年—1962年国民经济发展规划》，提出了"苦战三年，提前五年实现十年远景规划"的口号，在工业发展方面提出："地方工业的发展，坚决贯彻以农业为基础，从推进农业的技术改造，积极发展公社经济的前提下出发，坚持贯彻以小、土为主，大中小结合的以土为主、土洋结合两条腿走路的方针，积极办好机械农具运输工具制造、电力工业、肥料农药制造、建筑材料制造、农副产品加工五大农村工业网。"为此提出了在1960—1962年期间，新建和扩建多家工厂的计划。

按照当时生产计划计算，每月约需煤1万吨、铁500至700吨、水泥1万吨、原油1000吨，此外还需要大量的竹、木等。为保证工业生产原材料的供应，县委成立了由工业、农业、商业、交通等部门的领导组成的原材料生产领导小组。[①] 在县内没有煤、铁等天然资源的困难情况下，千方百计办起了原材料工业。1960年"5月间便派出近千人到南海县官窑煤矿采煤，另派人到三水县去挖铁运铁。在市桥镇的农业机械厂新建了一个炼铁车间，建了两条二点六立方米的小高炉。到7月底，小高炉已胜利出铁。本县没有石灰石，而为了烧制肥田用的石灰和水利用的水泥，他们又派人到花县去采运石灰石。现在已把原来土法生产的渡头水泥厂发展成为月产六七百吨的小洋群，质量达到三百到四百标号，数量和质量都可以基本满足本县的需要。他们还组织了一千多人到增城县龙门林区去斩伐木材，并把一个八十多人的小造船厂搬到龙门，就地造船(小艇)。现在每月能为沙田地区造船二百多吨。就是这样，他们冲破了没有资源的种种困难，初步办起了必要的原材料工业，解决了工业发展和支援农业的基本需要。"在新造南亭新办"炼油厂，利用本县的坭

1960年2月，番禺县集中数千名机械、铁工、木工开展制造插秧机"大会战"。图为木工大会战场面。

①中共番禺县委员会：《贯彻省委工业会议的情况报告》，1960年5月6日。

炭土提炼出轻柴油、重柴油、汽油和煤油等，供应农业机械以及农村测螟、照明之用。”[①]在生产上，甚至采用大兵团作战的方式。例如：1960 年“2 月 29 日，集中了全县机械、铁木技工等 3000 多人在市桥镇，以 1958 年大炼钢铁的劲头，一连苦战了 10 天，到本月 (3 月)10 日止，已制造插秧机 5799 部，实现了每百亩稻田一部插秧机的要求”[②]。

七、工业“大跃进”出现了问题

1958 年至 1960 年期间的工业“大跃进”，由于速度过快，管理体制变化过大，技术条件不具备，产品质次价高，造成极大的浪费；因工人增加过多，造成了经济比例失调，农业生产下降，原材料供应紧张，产品结构不合理，出现了副食品和日用工业品供应不足等问题。

（一）过多地无偿抽调农村劳动力搞工业，严重影响了农业生产

1959 年 7 月，中共番禺县委工业书记解横在佛山地委工业会议上发言说：“目前公社大队办的工厂有 706 间、从业人员 9175 人，其中公社工业占 189 间、4190 人 (来自农民 1750 人)，占农村总人口 1.04%，占劳动力 3%”[③]，这还未包括抽去搞大炼钢铁和县上抽去的大量劳动力。农业劳动力严重不足，影响了农业生产。一些人说 ：“大炼钢铁挤掉一切，到处关门闭户，造成工厂停工，禾熟无人割，乌榄落地无人摘，花生出芽无人收。”[④]

1959 年 7 月，县委曾裁减工业劳动力、整顿劳动组织。当时县委指出，“现在不是增加新工人问题，而是在于调整体制，改良工具，逐步提高机械化程度，提高劳动生产效能。”[⑤]裁减的工业劳动力有 3805 人，各农村公社工厂亦总共裁减了 5408 人。这些劳动力回到农业生产第一线，支援了农业生产。但 1960 年工业“大跃进”再起，又从农村抽调劳动力到南海挖煤、到三水挖铁矿等。由于过多地抽调农村劳动力，使农业生产劳动力再度紧张，严重地影响了农业生产，反过来也影响了工业生产。如 1959 年的甘蔗生产，亩产只有 2.4 吨，为 1949 以来历史最低；工业总产量只有 217821 吨，是 1954 年以来最低。由于蔗源太少，鱼窝头糖厂于 1959 年跨 1960 年榨季停产。1960 年至 1962 年甘蔗产量也不能满足糖厂生产所需，灵山糖厂和沙湾糖厂被迫在 1960 年底和 1961 年底分别关闭。

---

①施扬、王德宽：《在大办农业中应该怎样对待工业？——记番禺县在大办农业中抓好工业实现工农业共同跃进》，《南方日报》1960 年 10 月 20 日第二版。

②中共番禺县委员会：《关于我县大搞生产插秧机的情况报告》，1960 年 3 月 16 日。

③中共番禺公社委员会：《关于印发＜解横同志在地委工业会议上的发言＞的通知》[(59) 番字第 41 号]，1959 年 7 月 26 日。

④转引自中共番禺县委工业部：《番禺县工厂企业社会主义总路线教育运动情况报告》，1959 年 11 月 5 日。

⑤中共番禺公社委员会：《关于印发＜解横同志在地委工业会议上的发言＞的通知》[(59) 番字第 41 号]，1959 年 7 月 26 日。番禺区国家档案馆，2-A2.3-113-19。

（二）管理体制变化大，不适应生产要求

工业“大跃进”改变了原来的管理体制，特别是手工业的管理体制。1958 年三四月间大搞地方工业时，对手工业进行了改组，实行三个办法：一是上升为国营工厂或合作工厂；二是小社并为大社或组成农具修配厂；三是并入农业社。1958 年八九月间，即公社化前后，手工业方面的体制又发生了变化。市桥地区主要是按业归口，行业不变。在农村，变化较多，波动很大，原来下放到农业社的手工业社组都回到公社被并为工厂，不同经济体制、不同行业也都挤在一起。如石楼机械农具厂包括9个行业(机械修理、铸造、电器、铁器、木器、竹器、造船、单车修理、五金修理)，分设 9 个车间、8 个工场。大岗农械厂包括了机械、五金等10个行业，职工最多时达456人。在工资分配上，原来以“按件计工”为主，并为工厂后改为“按月计工”，甚至把工人与农民的工资“大拉平”，严重影响工人生产积极性。

过多过快地升级合并，并集中大批工人生产收割机、播种机、插秧机、深耕绞关等“新式农具”。这些“新式农具”，大多由于技术未过关或不适合番禺地区使用而作废。如1960 年 2 月集中大量人力物力赶制出来的 5799 台插秧机，由于性能不佳、农民不接受而报废。一些中小型适用农具大量减产，蟛蜞锹、牛虱耙、猪屎耙等小农具不见了，锄头、禾镰也少了。如石楼 1957 年生产锄头 2240 锹，1960 年只生产了 940 把。据统计，全县铁、木、竹 3 个行业 1957 年主要品种有 619 个，1960 年只剩下 168 个，减少了 72.6%，款式、规格更是千篇一律。其他行业也有类似情况。这样，不但影响了支援农业作用的发挥，还大大地削弱了手工业生产，日用工业品品种大量减少，产量和质量都大大降低，影响了市场的供应。人们日常生活所需的工业品，如洋烛、电池、灯纱、蓆、沙煲、瓦罉、玻璃瓶、肥皂、土纸、木屐、扫把、牙刷等更是极度缺乏。一些产品质量很差，造成很大浪费。如“火柴产量本来不多，质量又差，三两盒才顶上过去一盒的用量”。①挤掉修理业务也造成了日用工业品供应紧张。过去手工业社组很多是门前设店，店后设厂，随时为群众修理，并厂后大都撤销了，农村串街上门的流动修理担也没有了。一些中小农具和日用工业品坏了没人修，只得丢弃掉，增加了消耗，造成浪费。

（三）技术条件不具备，产品质次价高

番禺大办工业，掀起工业“大跃进”，是在“苦战三年，实现农业机械化，全县工业化、电气化”口号下进行的。工业化的其中一个要求是“建立农具机械厂、造船厂、机械修配厂，从中制造各种柴油机、煤气机、车床、轴承机、滚珠轴承、电船和小型拖拉机等，以满足本县需要”。《南方日报》也曾报道：“现在番禺县的工业已能够生产煤、铁、木材、水泥、石油、化肥、农药、柴油机、煤气机、发电机、电动机、大型抽水机、挖泥船、电船、电犁、插秧机、各种工作母机和较大的农产品加工机械设备等。当前农业生产最

①中共番禺公社委员会：《关于印发＜解横同志在地委工业会议上的发言＞的通知》[(59) 番字第 41 号]，1959 年 7 月 26 日。番禺区国家档案馆，2-A2.3-113-19。

急需的产品，除了拖拉机、电力等要由国家供应之外，本县工业部门大都可以生产。”[①]事实上，由于不具备必要的技术设备，大量的新工人技术水平低下，一些新办的工厂，如化工农药厂、炼油厂、纸厂等，因技术未过关，长期不能出产品。在新造南亭新办的“炼油厂”，利用本地的泥炭土提炼汽油、柴油、煤油，根本出不了产品，很快就失败关闭。县农业机械厂，职工从 1957 年的 92 人猛增至 1000 多人 (1961 年压缩到 424 人)，没有根据原材料、生产设备和技术条件的可能，在一个时期几乎集中全力制造 40 马力煤气机、60 马力柴油机、电犁和巨型榨油机等。这些产品质量低劣，寿命不长，而成本甚高。例如 60 马力柴油机，牌价 11000 元，而农机厂的成本竟达 20300 元。由于全力去搞大型机器，小农具的生产被挤掉了，造成了大型机器用不了、小农具没得用的矛盾局面。

第三节　工业的调整、巩固、充实、提高

工业“大跃进”出现的问题，各级党委都有所觉察。从 1959 年初起，番禺县委对出现的问题采取了一些措施去解决，对一些错误做法予以纠正：曾确定 1959 年县、社工业的发展方针是：“整顿、巩固、提高，一般不再新建”[②]。提出在大办工业时办起来的工厂，缺乏原料、燃料，占用农村劳动力太多的要下马。在全县开展“以技术改革为中心，以企业管理为重点，以政治工作为动力，以劳动竞赛为形式，以三高一节 (高产、高质、高效率、节约原燃材料) 为目的”的增产节约运动[③]。工厂要制订计划管理、生产管理 (技术管理、工具保管使用、劳动定额、产品检验、原燃材料领退和消耗定额、出勤)、财务管理等项制度，逐步消除企业的混乱状态，以达到质量好、产品多、产量高，减少费用，降低成本的效果。恢复和发展日用工业品生产，缓解日用工业品供应紧张状况。

但是，工业生产的调整工作被庐山会议后“反右倾”运动中断了，并发起了新的“跃进”，给经济建设带来严重的后果。全国国民经济比例关系严重失调，工农业生产下降，财政经济状况恶化。就番禺县的情况来说，1956 年稻谷产量 23.5 万多吨，从 1959 年到 1961 年，年产只有 21.5 万多吨左右，减产 8000 多吨。甘蔗从 1956 年的 50 万多吨减到 1961 年的 25 万多吨。其他杂粮、油料、经济作物和畜牧业也减产 30% ～ 50%。[④]面对国民经济和人民生活的严重困难，中央决定改变原定的计划部署，对国民经济实行调整的方针。1961 年 1 月，中共八届九中全会提出了对国民经济实行“调整、巩固、充实、提高”的方针 (简称“八字方针”)。番禺和全国一样，进入国民经济调整时期。

①施扬、王德宽：《在大办农业中应该怎样对待工业？——记番禺县在大办农业中抓好工业实现工农业共同跃进》，《南方日报》1960 年 10 月 20 日第二版。

②覃景良：《总结成绩巩固提高稳步前进——县委召开工业会议贯彻工业生产方针任务和部署当前生产》，《番禺报》1959 年 7 月 7 日。

③覃景良：《总结成绩巩固提高稳步前进——县委召开工业会议贯彻工业生产方针任务和部署当前生产》，《番禺报》1959 年 7 月 7 日。

④中共番禺县委第一书记骆助 1962 年 6 月在县委扩大会议上的报告：《认清经济形势，完成光荣任务》。

一、工业的调整

根据“八字方针”，中共番禺县委开展了对国民经济全面的调整。在工业方面，“对现有工业企业进行一次全面的调整工作，坚决采取‘保、缩、分、并、停、关’的办法加以处理。调整以后，应该迅速健全经营管理，提高产品质量，使生产逐步走上正轨。手工业工作主要是继续调整体制，贯彻政策，恢复和发展生产。”①

（一）地方工业的调整

1958年年底，番禺停办了“大跃进”期间在渡头北海兴建的县钢铁厂，在原址建“地方国营渡头水泥厂”；停办了在莲花山下的海肥厂，在原址筹建机制纸厂。1961年，番禺县委贯彻“八字方针”，对工业再进行了调整。对地方国营工业企业分别采取“保、关、缩、分、并、退”的办法，对原材料没有保证、长期亏损的企业进行关停，压缩工业规模。1960年年底，番禺工业系统有工业企业26个、职工5599人。1961年，经调整、压缩，保留企业23个、职工3373人。1962年，中央指出：县办工业企业“要迅速进行清理，大关一批企业，至少应当关掉三分之二。少数条件好的、必须保留的，也要大加精减。”②根据中央的指示，番禺县委加大了调整的力度，关停了沙湾糖厂、大中酒厂、石楼酒厂、潭洲酱油厂、和平烟厂、毛巾厂等6家企业，精简职工627人。1963年，关闭番禺纤维板厂、玻璃厂等。

1958年年底，番禺县把停办的番禺钢铁厂，并入番禺县农业机械厂。农业机械厂易名为番禺县通用机械厂。该厂后改名为番禺县农业机械修造一厂。

（二）调整手工业体制

1957年，番禺有手工业社(组)129个、3702人。1958年后，进行了合并、升级，其中3个合作社、491人升为地方国营，大部分合并改造转为公社工厂。绝大部分企业工资分配制度由能够体现按劳取酬、多劳多得的计件工资和比例分成工资制改为计时工资制。为广大群众所欢迎的下乡串街的各种修理服务人员大多进厂当技工。体制的改变大大削弱了手工业生产，直接影响了支援农业生产和群众日常生活的需要。

1961年，番禺县委根据“八字方针”的要求和省委关于恢复农村手工业合作社的指示，结合番禺

① 中共番禺县委书记黄文在中共番禺县第二届代表大会第二次会议及党员、贫农积极分子大会上的报告，1961年10月10日。

② 《中共中央、国务院关于进一步精减职工和减少城镇人口的决定》，1962年5月27日。

的情况，提出“凡是合并、升级不当，对生产不利的，原则上都应该恢复为集体所有制。”[①] 根据县委的意见，各公社（镇）对手工业体制进行了较大的调整。调整后，全县集体所有制手工业社（组）共 147 个，有 4797 人（其中农村公社手工业社组 126 个、2067 人，市桥镇手工业社组 22 个、1635 人），比 1957 年原来的手工业工人增加 30%。此外，修理服务行业恢复了固定的修理服务站 127 个、995 人，长期流动的修理服务人员 204 人，合计专门的修理服务手工业工人 1199 人。大部分手工业社组实行按件计工、比例分成的工资分配制度，部分实行计时工资加奖励的制度。

1963 年 4 月，番禺县人民委员会制定了《番禺县个体手工业暂行管理条例（试行草案）》，对合伙经营的个体手工业户、独立经营生产或修理服务的个体手工业户、代厂或顾客加工的个体手工业户，经手工业局审查批准发给营业执照，准予开业。

（三）调整公社、大队工业企业

“大跃进”期间，各公社、大队都兴办了一批工业企业。据统计，1959 年，全县农村人民公社有工厂 270 间、工人 10355 人。1961 年工业体制调整时，把已转为公社企业的原手工业社（组）再转回去，重新成为手工业社（组），并关停了部分与国营工业争原材料，又办得不好的企业。至 1961 年年底，全县各公社办的企业剩下 212 家、职工 6492 人（含部分非工业企业，如电管站、广播站、农场、畜牧场等）。

蔡边大队农副加工厂晒制豉油

1962 年 5 月 27 日，《中共中央、国务院关于进一步精减职工和减少城镇人口的决定》指出：农村社办工业企业“摊子多，人数多，产值低，劳动生产率低，原材料浪费大，消耗商品粮不少，一般地应当停办，人员回到生产队。……今后，在调整阶段，农村人民公社一般地不办工业企业。”中共八届十中全会通过的《农村人民公社工作条例（修正草案）》也指出：“公社管理委员会，在今后若干年内，一般地不办企业。已经举办的企业，不具备正常生产条件的，不受群众欢迎的，应该一律停办。”大队办的企业也照此办理。根据中央的指示精神，番禺县委对公社、大队办企业制定了六个处理原则：凡是对农业生产和市场作用不大，与国营、手工业重复和争原材料又办得不好的，坚决关掉；凡是对农业生产有利，当前又是必需的，可以采取下放生产队经营或由几个生产队联营，或下放街道民办，或保留公社继续办下去；原来是手工业小集体转来，现在对农业生产和市场又是很需要的，可转为手工业合作社

① 中共番禺县委员会：《关手恢复农村手工业合作社的几点意见（第三次草案）》[（61）番字第 32 号]，1961 年 6 月 7 日。

南村公社队办的农副厂晒制榄豉

（组）；原来是国营企业转来，现在很需要，办得又好的，极个别的可收回国营；大队办的工业、企业，原则上全部下放给生产队经营，如一个生产队办不了，可以由几个生产队联营，也可以变为社员家庭副业；工业、企业中的职工，凡是1958年1月1日以后从农村出来的，原则上压回农村参加农业生产。①

根据以上原则，各公社对公社企业进行调整，全县共关闭企业34间，涉及职工698人（主要是建材厂、机械厂、综合厂、酒厂等）；转回手工业和小集体自负盈亏的31间，涉及职工1221人（主要是草织厂、五金修理厂、轻木厂等）；下放民办8间，涉及职工114人（主要是修船厂、粮食加工厂、农场等）；收归国营35间，涉及职工698人（主要是农副加工厂、拖拉机站、电影队等）。调整后，全县各公社办的企业共有104家、职工2159人，其中包括电管站22个、广播站15个、农场4个、畜牧场4个、运输站4个，属于工业的有铁木竹农具（家具）厂15家、造船厂10家、机械（农机）厂10家、粮食加工厂4家，还有石矿场、农副产品加工厂、建材（砖厂）各几家，共50多家。

对于大队企业，中共中央在1962年2月13日发出的《关于改变农村人民公社基本核算单位问题的指示》中指出："大队企业一般地应当按照以下的原则处理：凡是不利于分散经营的，仍归大队所有；凡是由生产队经营更为有利的，就下放给生产队经营，并且确定归生产队所有。"番禺县委通过调查，认为种苗繁育场，如猪苗、鹅苗、鸭苗、鱼苗等；直接为农业生产服务的企业，如竹木农具厂、绳厂、酒厂等；为城乡人民生活服务的副业和手工业，如刺绣、织席、制砖、车衣、运输等，不利于分散经营，继续由大队经营，其余下放给生产队经营或生产队联队经营。

石碁公社新桥大队发挥本地工艺技术特长，开办新桥绳厂。

二、工业的充实提高

"八字方针"重点是调整，也有巩固、充实、提高。番禺的工业生产建设，主要是在支援农业、轻工业、日用工业品和扩大出口工业品生产方面积极前进，加以巩固、充实、

①中共番禺县委会：《关于坚决调整公社、大队工业、企业的决定》，1962年9月11日。

提高。

（一）建设大电网，为工农业生产提供能源

1959年，中共广东省委、省人委为加快珠江三角洲农业发展步伐，规划广州市郊、佛山市郊、南海、番禺、顺德等8个县(市郊)为建设现代化农业示范区和农产品商品基地，要求加快农业机械化和电气化的进程，在1960年实现半机械化和部分机械化，到1962年基本实现机械化和电气化。为此，在珠江三角洲地区掀起了建设农村电网的高潮。番禺县委随即成立了输变电建设工程指挥部，组织力量施工，并得到广州供电公司的支持和协助，工程建设进度迅速。1960年5月1日，第一项35千伏输变电工程——芳村至市桥输变电工程建成，35千伏市桥变电站2台0.18万千伏安变压器和4条10千伏馈电线同时投入运行。同年11月，35千伏市桥至灵山输电线和灵山变电站建成投产。市桥和灵山输变电工程的建成投产，使番禺工农业生产和人民群众生活由大电网供电，电力紧缺状况得到缓解。

在1961—1962年，番禺县继续进行35千伏输变电工程和10千伏配电网工程建设，农村高低压电网初具规模。至1962年年末，全县有35千伏输电线路6条、总长度88.537公里，35千伏变电站6座、主变压器9台，容量共1.46万千伏安；10千伏配电线路22回，共510公里；用户配电变压器385台，容量共3.09万千伏安。当年，全县电力最高负荷0.3万千瓦，年供电量1810万千瓦时，售电量1620万千瓦时。番禺用上大电网的电力后，市桥电力厂及10多个公社的小型柴油发电机组先后停止发电。电力在生产和生活各领域发挥了巨大作用，城乡普遍通电，农村建设了电动排灌系统，工业生产有了更稳定的能源，加速生产的发展。为了提高电力的安全经济运行水平，从1962年起，番禺供电部门有计划、有步骤地进行设备改造，提高供电能力和降低线损率，改善安全运行状况。1965年，全县供电量3253万千瓦时，年售电量3082万千瓦时，比1962年增长90.25%。

1960年5月，番禺建成芳村至市桥输变电工程，后不断扩容发展。图为20世纪70年代初番禺变电站一角。

（二）充实支农工业，提高支农能力

中共八届十中全会通过的《中共中央关于进一步巩固人民公社集体经济、发展农业生产的决定》指出：“我们的各个工业部门，都必须坚决地把自己的工作转移到以农业为基础的轨道上来。我们必须逐步建立起为农业生产服务的完备的工业体系。”为贯彻中央的决定，番禺县委在工业战线上着重抓了以下三个方面工作。

1961 年 2 月，番禺氮肥厂建成投产。1963 年新建合成车间，大大提高了生产能力。图为番禺氮肥厂生产车间。

第一，加快番禺氮肥厂建设，提高番禺水泥厂的生产能力。番禺氮肥厂于 1958 年在新造公社破土动工。1959 年 4 月，广东省委为加快番禺氮肥的建设，解决当前各方面对合成氨产品的迫切需要，并为培养全省合成氨的技术力量，决定把番禺氮肥厂交由广东省化工厅直接管理。番禺氮肥厂是新中国成立后全国最早建设的 13 家县级氮肥厂之一，也是中南地区首家小氮肥生产企业，设计生产能力为 2000 吨 / 年合成氨。该厂于 1961 年 2 月建成投产，初期以生产农用氨水为主，也产少量固体碳酸氢铵。1961 年、1962 年分别生产合成氨 528 吨、928 吨。1963 年，第二期扩建工程竣工，合成氨生产能力达 4800 吨 / 年，当年生产合成氨 1817 吨。1965 年，改革生产工艺，产量增加至 5162 吨。1966 年，进一步完善生产工艺，合成氨产量达到 7235 吨。

番禺水泥生产发端于 1958 年，当时为了解决农村建地堂 (晒场)、农田涵窦等农田基本建设之需，农林水利局技术员“土法上马”，用生石灰、烧黏土、青砖碎、石膏等材料搭配烧制“无熟料水泥”。在此基础上，县委工业部决定筹建硅酸盐水泥厂。1959 年 5 月，把水泥生产迁至渡头北海，并取名“地方国营渡头水泥厂”。利用“大炼钢铁”后遗弃的土高炉和原来的牛骨磨等简陋设备，研制硅酸盐水泥。建厂初期，由于设备差、工艺落后，产品质量差，产量低，成本高，生产严重亏损。1961 年年底，被迫停产。

番禺的堤围和农田木水窦很多，但由于“大跃进”期间多年的延误，很少更新、维修，已逐年减少。1956 年全县有水窦 8952 个，至 1962 年 6 月底只有 7439 个，且其中 75% 左右损坏严重，已经关不住、排不了水，严重影响排灌，急需维修。如按水系联围建闸、

建设电动排灌站以及堤围竹木涵闸改为混凝土涵闸等，农田水利基本建设任务更重，水泥缺口很大。为了支援农业生产，渡头水泥厂停产后，留厂的工人、干部认真总结、研究，调整、改革生产工艺，几个月后即取得成功并复产。由于严把生产工艺和化验关，提高了产品质量和产量。1962 年，生产出水泥 2753 吨，其中 425 号 2340 吨，325 号 413 吨。

水泥厂转入正常生产后，政府加大投入，先后购置了 9 台 0.96 米 ×1.88 米的小球磨机和 1 台 1.83 米 ×6.12 米生料磨机；土立窑也几经改造，把人工投料的 10 多条炼钢窑改造为 4 条直径 1.5 米和 1 条直径 1.8 米的土立窑，后又建了 1 条直径 2.3 米的钢立窑，并安装了直径 2.4 米球盘机械投料机，水泥产量和质量有了很大提高。1964 年至 1966 年，年产量分别达到 10016 吨、11115 吨和 11567 吨。

第二，充实中小农具生产能力，集中力量生产中小农具。“大跃进”期间，农村的中小农具损失很大。如大沙田地区的农艇大量减少，对农业生产和农田基本建设造成极大影响。据统计，1956 年全县有小艇 29516 只，1961 年减为 13960 只，减少 52.7%，剩下的也由于多年失修，已破损严重。其他中小农具也一样，当年在石楼公社海心、沙北等 7 个沙田大队的调查显示：犁耙、水车、禾桶、泥锹、标榜、谷箩、肥料桶、搪箩等 10 项主要农具，1961 年存量比 1956 年减少 60%。[1] 有鉴于此，县委工业部大力扶持中小农具生产，并直接组织力量增加生产。根据木、竹中小农具缺口较大，特别是大沙田地区小艇欠缺较多的情况，首先供应木材制造一批农艇以恢复大沙田地区农业生产运输能力，其次组织力量生产缺货的中小型木、竹农具，如风柜、标榜、禾桶、水车、谷围、谷箩等。同时，组织材料和人力加快维修中小农具。中小农具生产量不断增加，且损耗报废减少，供应紧张的状况逐渐缓和。

石楼竹器社女工编织竹器农具

第三，积极做好对农业机械和电动排灌站的维修配套。中共广东省委曾在 1959 年 12 月规划番禺等县为现代化农业示范区和农产品商品基地，并要求在 1960 年实现半机械化和部分机械化，1962 年基本实现机械化和电气化。在“实现农业机械化”口号下，番禺县的农业机械增加较多。1960 年，番禺接通了大电网后，建设了多座电动排灌站。机械工业行业坚持“为地方服务，维修第一”方针，全力支援农业机械和电动排灌站的维修、配套和安装工作，努力做到随到随修。还组织技术人员下乡巡回检修，帮助沙田地区检测维修电动排灌站的设备，帮助修理拖拉机及各种农机具。县电机厂为农村修理

① 中共番禺县委：《关于番禺县粮食生产、负担和恢复生产力的一些主要情况》（佛山地委工作会议参考文件之一），1962 年 5 月 17 日。

变压器、电动机以及其他电器设备，以提高农业机械及排灌站利用率。其次是组织好配件及配套设备的生产。县农机厂、电机厂等工厂集中主要设备和人力，生产拖拉机零件和农用水泵、水泵传动设备、变压器、电动机等供应农村。在此基础上，仿制、试制农业机械新产品。1965 年，仿制、试制的新产品有电动脱粒机、电动饲料打浆机、统糠磨、高低压黑光灭虫灯、2.8 千瓦交流电动机、氨水施肥器、20 ~ 40 吨氨水贮存罐等 20 多种。

工业加强了对农业的支援，对农业生产的恢复和发展起了很大作用。农业的发展又为工业提供了更多的原料，促进工业的发展。如 1960—1962 年，由于甘蔗产量低，灵山糖厂和沙湾糖厂被迫分别在 1960 年年底和 1961 年年底关闭。经过调整和工业的大力支援，全县糖蔗产量从 1963 年开始回升，总产超过 1957 年的产量。为了适应糖蔗产量的增加，沙湾糖厂于 1964 年春节后重新上马恢复生产。同年，鱼窝头糖厂更换了一套 500 吨压榨设备，生产能力由日榨 320 吨提高到 500 吨，并由赤砂糖转产白砂糖。渡头酒厂也从压榨蔗头、蔗尾取汁制酒发展为直接榨蔗制糖及酿酒，压榨量从 1963 年跨 1964 年榨季 150 吨/日，提高到 1964 年跨 1965 年榨季 350 吨/日，厂名也由“渡头酒厂”改称为“渡头糖酒厂”。

20 世纪 60 年代初，机电工业部门按照“调整、巩固、充实、提高”八字方针，加强农机和农村电动排灌站的建设。图为机电工人安装设备。

（三）积极增加日用轻工业品和手工业品生产，满足人民生活需要

“大跃进”后，轻重工业比例严重失调，日用轻工业品和手工业品市场供应十分紧张。1961 年 1 月，中共中央要求各级党委以高度关怀人民生活的态度，切实地把日用工业品供应工作抓起来，并且一直抓下去。根据中央指示精神，番禺县委工业部积极组织，迅速恢复和发展传统日用手工业品的生产，大量生产市场奇缺的铁镬、菜刀、日用陶瓷、家具和盆、桶、饭盖、菜筛、围仔、扫把、草席、土纸等日用品。同时，坚决贯彻中共中央颁布的《关于城乡手工业若干政策问题的规定（试行草案）》(即“手工业三十五条”)，调整了手工业所有制，加强经营管理，改变经营方式，调整了工资支付形式，充分调动了手工业工人积极性。手工业厂社积极恢复前门设店、后门设厂传统经营方式，自产、自修、自造、自销，大大方便了群众的生产生活。此外，组织工人、干部下乡访问，了解农村的需要和对工业品供应数量及产品质量的意见，及时安排生产。例如，通过访问，了解到农村饭碗、草纸很缺乏，即组织工厂积极试制，突破了技术关，并努力提高产量。至翌年初，全县每月可生产饭碗 4 万只、草纸 2 万公斤供应农村市场。

1961 年，市场纸张供应紧缺。为满足需要，县工业部门利用关停后的莲花山海肥制冰厂厂址上马建设莲花山造纸厂，试制机制纸。初时，设备简陋，只有容量 300 公斤的打浆机和 1.25 单缸单网抄纸机各 1 台，生产原色有光纸，年产 234 吨。紫坭糖厂也在原生产纸板的基础上，自行设计、制造、安装建成一台单缸、单网、双毛布抄纸机，设计生产能力日产 1.5 吨机制纸。

20 世纪 60 年代初，经调整后，保留了部分大队、小队直接为农业生产服务和城乡人民生活服务的副业和手工业。图为队办手工业编织的竹制日用品供应市场。

经过调整、充实，全县日用工业品生产得到了恢复和发展，市场供应紧张的状况逐渐缓和下来。

（四）恢复和扩大出口工业品生产，争取多创外汇

番禺有不少传统的出口手工业品和副食品，且靠近港澳，便于出口。“大跃进”期间，番禺外贸出口大幅下降。大力恢复和扩大出口工业品生产，争取多创外汇，也是充实、提高工业生产的一个重要方面。1962 年，番禺县委、县人委进一步加强了对外贸工作的领导，12 月成立了番禺县对外贸易局，对外贸易得到了恢复和发展，工业品出口总值不断提高。1962 年，全县工农业产品出口收购总值 702 万元，其中工业品 86 万元，占 12.3%；1965 年，收购总值为 846 万元，其中工业品 180 万元，占 21.3%。县对外贸易局对传统出口工业品给予大力扶持，如“三角唛”红砖，1962 年开始收购出口，1963 年达 1594 万块，至 1965 年平均每年出口 1000 万块左右。其他工业品出口也随着农业的恢复和发展，品种不断增加。1961 年，县级工厂的出口产品品种只有 5 种，1962 年增加到 16 种，1963 年增加到 30 种左右，加上手工业品便有 100 多种。

三、整顿生产秩序，提高企业管理水平

“大跃进”以来，企业管理体制混乱。1961 年 2 月，中共中央颁布了《国营工业企业工作条例（草案）》（即“工业七十条”）。工业七十条的基本精神，按照邓小平的说法就是“治乱”，是要把企业管理上的混乱局面扭转过来。1963 年 1 月，中共广东省委召开全省工业交通工作会议，会议提出全省工交部门的任务是：广泛地开展“以支援农业为中心，以提高产品质量、增加品种、降低成本为主要内容”的增产节约运动。番禺工业系统通过开展增产节约运动，贯彻工业七十条，改善经营管理。在增产节约运动的过程中，企业和工人树立了质量意识，积极提高产品产量和质量，降低成本。工人们提出：“一分一厘动脑筋，一点一滴不浪费”“毫厘必计，分秒必争”，在不影响产品质量的前提下，尽可能使产品的消耗降到最低水平。1964 年初，开展了学先进、赶先进活动，

学习江门酱油厂勤俭办企业的精神。与此同时，把提高产品质量作为增产节约运动中的一项重要内容。1964 年 5 月，番禺工业系统开展“两赶三消灭”(主要工业产品质量的各项主要技术指标，赶上和超过全国先进水平，赶上或接近国际先进水平；消灭三类产品，消灭主要技术经济指标低于本企业正常年份历史先进水平的现象，消灭由于经营管理不善所造成的亏损)活动，以及广泛开展以“双革双新”(技术革新、技术革命，采用新技术、新工艺)为主要内容的“比学赶帮超”运动，努力提高产品质量，降低成本，增加花色品种，提高劳动生产率。与此同时，在工业企业中进行了小整顿，健全各项制度，巩固班(组)核算制。国家财政也加大了投资，对企业进行技术改造和填平补齐给予支持。1964 年，全县工业基建投资 120 项，投资额 749.89 万元。1965 年投资 59.60 万元，安排 94 个项目。1965 年当年投产的项目有 69 个，加之上年改造和新增的设备不断竣工投产，不少企业的设备得到平衡配套和改造，对提高工效和质量、降低消耗等起到了关键性作用。1964 年，可比产品质量比 1963 年提高的有 13 种。1965 年，大多数在原有质量基础上有不同程度的提高。胶鞋、变压器达到或超过部颁标准；白砂糖达到一级标准；有光纸从二级品(1964 年)上升为一级品；红砖一等品率达到 72%，比 1964 年提高 6%。其他大宗产品，如水泥标号稳定性等均有提高。在成本方面，1964 年，县属全民所有制工业企业可比产品成本为 3528.7 万元，比 1963 年的 4120.6 万元降低 591.8 万元，下降率为 14.6%。1965 年，全民所有制工业企业可比产品总成本降低 66.75 万元，下降率为 6.4%。从而在保证质量的前提下，调整了部分产品的出厂价格。如犁头、犁壁由每公担 31 元降为 21 元，降低 32.8%；电动绞关由每台 320 元降为 240 元，降低 25%；电动脱粒机由每台 360 元降为 290 元，降低 24.1%；氮肥由每吨 330 元降为 250 元，降低 24.24%。20 种中小农具平均降价 5.4%。水泥、石灰、砖瓦等产品的出厂价也作了适当调整。此外，农机设备服务费也大幅下降。

四、工业调整的完成

番禺县贯彻执行“调整、巩固、充实、提高”的方针，经过 5 年的全面调整，工业生产得到全面的恢复和发展，并取得了巨大的成就。1965 年开始，工业生产走上了正常的轨道。

工业生产能力显著提高。调整时期可以分为两个阶段：前两年主要是压缩、退却，对一些没有原材料来源、没有技术保证、长期亏损严重的企业采取“关、停、并、转”，以缩短战线，保证必要的生产。后 3 年是对保留企业充实、提高，以恢复和发展。充实、提高以配套、填平补齐为重点，使一些建设起来的工业企业充分发挥作用。同时，新建设一些必要的工业项目，特别是 1960 年联接了珠江电网，使番禺改变了由地方小电厂各自发电供电和技术落后的状况，开始向大电网、大容量、高电压、高科技发展，为工业生产提供了稳定的能源，工业生产能力有了新的增长。1965 年与 1963 年对比，食糖生产能力由压榨蔗量 3911 吨 / 日增至 4750 吨 / 日，合成氨生产能力由 2000 吨 / 年增至

4800 吨 / 年，水泥生产能力由 8600 吨 / 年增至 15200 吨 / 年。还增加了原来不能生产的产品，如化肥、机制纸等。其他行业企业设备亦有不同程度的增加，生产能力有所提高。

工业生产全面发展。番禺工业生产在 1962 年退到最低谷，年总产值 13309 万元 (1990 年不变价，下同)，低于 1957 年的 14405 万元。1963 年开始迅速回升，1965 年工业总产值达到 18474 万元，比 1962 年增长 38.8%，超过“大跃进”时期 1958 年的 15732 万元和 1959 年的 16448 万元。在增加数量的同时，还提高了质量，增加了品种规格。

工业产品质量普遍提升。1965 年，被列入佛山专区直接考核的鱼窝头糖厂的白砂糖、市桥橡胶厂的胶鞋全部达到部颁标准并获好评。专区规划由县考核的水泥、红砖、石灰、白有光纸、红糖 5 种产品，质量不断提高。莲花山纸厂的白有光纸由二等品上升为一等品，并纳为省经委管理；番禺水泥厂经过设备技术改造后，产品平均标号在 400 号以上。

总的来说，番禺工业经过调整，停办了消耗高、质量差、没有原材料和技术保证的企业和项目，加快了支农工业的发展；从各方面整顿了企业管理，建立和健全了各项规章制度，加强经济核算，努力开展技术革新和设备改造，提高质量，降低成本，增加品种，各项经济技术指标创出历史最高水平，工业总产值、主要工业产品产量显著增长，为日后的发展奠定了良好基础。

表4-3 调整时期番禺县主要工业产品产量表

产品名称	单位	1960年产量	1961年产量	1962年产量	1963年产量	1964年产量	1965年产量	1965年为1960年的百分数	1965年为1962年的百分数
合成氨	吨		528	928	1817	2787	5162		556.25
氮肥（折纯）	吨		30	297	1059	1057	3283		1100.54
胶鞋	万双	33.70	36.70	47.70	55.61	51.21	49.95	148.22	104.72
食糖	吨	16085	35029	30907	41980	71814	63368	393.96	205.03
水泥	吨	6352	3433	2753	5067	10015	11112	174.94	403.63
红砖	万块	1392.5	1432.7	1662.2	2110.6	1981.9	1986.1	142.63	119.49
印染布	万米	474	75.4	50.2	111.2	258.7	448.1	94.54	892.63
机制纸	吨	375.70	300.80	667.36	1358.69	1592.66	2342.39	623.47	350.99
饮料酒	吨	1577.49	1672.49	1151.45	1851.62	1963.45	1026.20	65.05	89.12
酒精	吨	808.09	997.04	1011.19	816.08	2005.63	2923.09	361.73	289.07
手电筒	万支					3.9	65.1		
电动机	千瓦	629	216	20	228		566	89.98	283.00
变压器	千伏安			400	1066	1370	3595		898.75
铁制中小农具	万件	31.8		59.84	55.39	70.31	87.65	275.63	146.47
农用水泵	台			10	76	31			
农艇	只	55	77	2200	2097	8382	4200	7636.36	190.91

资料来源：1. 番禺县统计局：《番禺县国民经济统计资料(1949～1982)》，1983年6月；2. 番禺市统计局编：《番禺五十年》，第50页；3. 番禺县工业局：《番禺历年工业企业各项经济指标资料》，1974年12月。

第五章 工业在运动的夹缝中发展

经过 1962 ～ 1965 年的调整，番禺的工业与全国各地一样出现了良好的发展势头，面临着一个新的发展时期。然而，“文化大革命”中断了这个势头。1966 年 5 月，中共中央政治局扩大会议通过了《中国共产党中央委员会通知》(简称“五一六通知”)，“文化大革命”启动。8 月，中共八届十一中全会通过《中共中央关于无产阶级文化大革命的决定》，“文化大革命”全面开展。“文化大革命”的重点“是整党内那些走资本主义道路的当权派”，开展“批斗”，发动“夺权”，党政机关、事业单位首先受到冲击，工业部门 (企业单位) 也不可避免。工业生产受到影响，生产下降。1968 年，番禺县革命委员会成立，社会基本稳定下来。但是，政治运动还是一个接着一个，“清理阶级队伍”“斗、批、改”“一打三反”等等，工业生产艰难地逐步恢复。

1970 年 2 月，全国计划会议强调各地要建立自己的“五小”工业[①]，形成为农业服务的地方工业体系。番禺县政府先后扩大氮肥厂、水泥厂的生产规模，新建农药厂、磷肥厂、渡头氮肥厂等支农工业企业；各公社、大队贯彻毛泽东关于“在有条件的时候也要由集体办些小工厂”的指示，兴办社队企业，促进了社队工业的发展。

第一节 “文化大革命”对工业生产的冲击

1966年5月，“文化大革命”开始，不久即席卷全国，打乱了国民经济正常发展的进程，工业生产受到严重的破坏。

一、“抓革命，促生产”

1966 年 5 月，“文化大革命”开始发动起来。中共番禺县委为了加强对运动的领导，于 6 月 17 日发出了《关于当前文化大革命的安排和若干问题的意见》，决定成立县委

①1970 年 2 月全国计划会议强调要大力发展地方“五小”工业，是指直接服务于加速实现农业机械化，以支援农业、为农业服务，地方举办的小钢铁、小机械、小化肥、小煤窑、小水泥等工业。后泛指地、县两级举办的小型工业。

文化革命小组，下设办公室；文教战线专门成立文化革命分组，其他战线根据具体情况成立文化革命学习核心组，以利开展运动。对工厂企业的运动提出要求：“工厂企业单位，应把文化大革命和当前开展大学毛主席著作运动结合起来，通过学习一些有关文化大革命的材料，和回忆对比，忆苦思甜，激起和加深广大职工对反党反社会主义黑帮的仇恨和愤慨，从而起来声讨和批判反党黑帮的罪行，揭露黑帮分子，对黑帮分子散播的毒素，进行清除和消毒。”

中共中央、国务院为了防止“文化大革命”对工业生产的影响，于7月2日下发了《关于工业交通企业和基本建设单位如何开展文化大革命运动的通知》。通知说：“工业交通企业和基本建设单位（包括设计、施工单位）的文化大革命，要和四清运动结合起来，按照《二十三条》的规定，按照各地原来确定的部署，分期分批地有领导有计划地进行。不要打无准备、无把握的仗，不要全国所有工矿企业，一哄而起。否则，不但不能取得“文化大革命”的成功，而且会使生产建设遭到损害。”

8月8日，中共八届十一中全会通过了《关于无产阶级文化大革命的决定》(即十六条)，毛泽东又发出“你们要关心国家大事，把无产阶级文化大革命进行到底”的号召，文化大革命迅速蔓延。番禺县的一些部门受到了冲击，一些领导干部认为“文化大革命”的斗争重点是“当权派”，迟早被整，不敢大胆领导，工作缩手缩脚，一些生产建设规划也搁置下来了。中共番禺县委认为，原来由文化革命小组领导全县“文化大革命”已经不能适应运动发展的需要。为此，决定撤销县文化革命小组和各战线文化革命分组，全县的“文化大革命”运动由县委常委直接领导。[①]为了保证生产的顺利进行，县委组织干部、群众学习《人民日报》社论《抓革命，促生产》和中共中央下发的《关于抓革命促生产的通知》（简称“工业六条”）。1966年10月11日，县委副书记罗共鸣在番禺县学习毛主席著作先进单位、积极分子代表和贫下中农代表、民兵代表会议上，作了题为《把活学活用毛主席著作的群众运动推向新阶段，夺取精神战线和物质战线的新胜利》的报告。他指出：《人民日报》社论《抓革命，促生产》说，“我们搞社会主义，有精神战线和物质战线。精神战线是改造旧思想，提高社会主义的革命觉悟。物质战线是改造自然，发展社会主义国民经济。”抓革命、促生产是毛主席提出的方针，不论工厂、农村都是适用的，都必须遵守的。

1966年，尽管“文化大革命”对工业生产有很多干扰，但由于番禺县委还基本掌控着当地运动的发展，工业企业的绝大部分干部、职工能够坚守工作岗位，番禺的工业，在前5年经济调整的基础上，还有较大幅度的增长。1966年全县工业总产值达20110万元(1990年不变价)，比1965年的18474万元增加1636万元，增长8.86%。[②]

①中共番禺县委员会：《县委关于撤销县委文化革命小组，由县委常委直接领导文化革命的决定》，1966年9月8日。

②据番禺市统计局编《番禺五十年》第50页的数据计算。

二、在无政府状态下，工业企业生产衰退

1967年，“文化大革命”进一步蔓延，波及到城镇和农村，直接影响工业企业的生产。1967年1月1日，《人民日报》《红旗》杂志联合发表题为《把无产阶级文化大革命进行到底》的社论，提出1967年要展开全国全面的阶级斗争，把“文化大革命”从机关、学校和文化各界，发展到工矿企业和农村。声称“一切抵制在工矿企业和农村中大搞无产阶级文化革命的论调，都是错误的”。在“文化大革命”的冲击下，番禺的工业管理机关和各企业领导干部被打倒或“靠边站”，管理机构处于瘫痪、半瘫痪状态；无政府主义猖獗，合理的规章制度被批判和废弃，劳动纪律松弛，工业生产衰退。

（一）派性组织“全面内斗”

1966年12月9日，中共中央发布《关于抓革命、促生产的十条规定（草案）》。“十条规定”除规定坚持8小时工作制、遵守劳动纪律、完成生产定额外，允许改选领导生产班子，成立群众组织，实行“四大”(大鸣、大放、大字报、大辩论)，在本地进行串联，成立文化革命小组等。在番禺，工厂开展“文化大革命”后，部分干部、企业职工成立了各种组织，并与学校、机关单位等群众组织联系起来。不同的组织开展“大辩论”，由于观点不同，形成了互相对立的派别组织，并逐步演变为“全面内斗”。

番禺两派群众组织还搞起了“文攻武卫”。一些工厂工人、干部离开生产岗位参与武斗，一些人还利用工厂原材料、设备制造武斗器械。于是，工厂生产秩序混乱，工厂遭到破坏。两派群众组织还分别冲击武装部门，抢夺枪支弹药。1967年8月11日夜，一派群众数十人冲入县武装部抢去70多支枪(大部分缺件)、20多箱子弹。翌日，另一派群众抢夺市桥镇武装部的枪支弹药。14日凌晨，两派各数十人到县武装部再次抢夺枪械，发生冲突，互以冲锋枪扫射，投掷手榴弹，某厂工人梁某当场中弹身亡。由于无政府主义盛行，“内斗”严重，正常的企业生产秩序大乱，工业生产倒退。

（二）乱揪乱斗，掀起“对敌斗争”高潮

1968年3月，番禺县革命委员会成立。随后，县工交系统各单位分别成立了革命委员会。随后即开展“革命大批判”和“斗、批、改”运动，抓住“清理阶级队伍”这一重要“战役”，掀起“对敌斗争”的高潮。

1968年5月，毛泽东批发了《北京新华印刷厂军管会发动群众开展对敌斗争的经验》，随后中央又发布了“七三”“七二四”两个《布告》。据此，番禺县革命委员会在全县展开了“清理阶级队伍”运动，掀起“对敌斗争”的高潮。各单位革命委员会迅速行动，在番禺的省属工业企业和县属工交系统24个单位，到1968年底共揪斗了292名干部、工人，罪名是“死不改悔的走资本主义道路当权派”“叛徒”“特务”“现行反革命分子”“国民党残渣余孽”等。被揪斗的干部职工遭到残酷的斗争，甚至被监禁、抄查住宅和游街

示众。在工交系统，受“新南沙反共救国军”假案[1]牵连的就有113人。1969年9月下旬，番禺县工交服务站举办被揪斗人员“落实政策”学习班，全战线被揪斗过的共401人，有4人被划为“敌我矛盾”，23人被“适当处理”，其余的“通过教育，提高思想后免于处理”。

（三）开展“大批判”，废弃规章制度

“革命大批判”是“文化大革命”的重要内容之一。1969年9月，番禺县革命委员会发出的《关于深入开展革命大批判的意见》说：“工交战线要批判‘专家治厂’‘利润挂帅’‘生产第一’‘产值第一’‘经营自由’‘技术第一’‘奖金挂帅’‘物质刺激’等反革命修正主义路线”。这些“大批判”，颠倒是非，混淆黑白。如把生产责任制、劳动纪律、质量检查、安全操作等冠以“修正主义”的“管、卡、压”罪名加以批判；在工资制度中贯彻按劳分配政策，实行“按件计酬”、按比例发放奖金等，被说成“物质刺激”“奖金挂帅”，是“经济主义的妖风邪气”；企业加强经济核算，提高经济效益也被批判为“利润挂帅”，是修正主义的货色。为发扬“无产阶级的彻底革命精神”，清算“经济挂帅”“物质刺激”等修正主义“流毒”，冲破“旧框框”，废弃“一切不合理的规章制度”。但是，新的规章制度没有建立起来，企业管理无章可循，造成企业管理混乱。1968年，番禺全县100多个工厂、企事业单位废除了多种奖金制度和附加工资，工人还要退还1967年发放的奖金；过去实行“计件工资”制的工厂也改为“月工”制。

在“斗、批、改”运动中，经济管理部门和企业在“精简机构”名义下进行了“大改革”，企业的专业管理机构被裁减。番禺县工交战线原来的一个部(工交政治部)、两个委(经委、建委)、三个局(工业局、交通局、二轻局)、两个联社(民运联社、手工业联社)等近10个机构，通过“改革”，合并为一个“工交服务站”。县属21家工厂(含农业线的工厂)，合并为15家，其中农机厂、电机厂、粮油机修厂、排灌站、拖拉机修配厂、工业机械维修站合并为“农业机械修造厂”。二轻系统在13个人民公社原来有136个社、组，合并为92个社、组。工交战线的调整，机构和企业合并了，下放了大批机关干部和企业科室人员。1968年，全县工交战线机关干部共108人，下放到县“104干校”的有77人，占干部总数的71.3%；在番禺的省属工业企业和县工交战线属下的厂、场干部654人，下放一线生产劳动的有352人，占53.8%。

由于一些行之有效的经济制度和规章制度被废弃，经济管理部门和企业变动过大，打击了工人的生产积极性；一些企业领导干部受到冲击，害怕被戴上“以生产压革命”和搞“唯生产力”的帽子，不敢抓生产；一些专业管理干部和人员被剥夺正常行使职权

① “新南沙反共救国军”假案于1968年5月间在“清理阶级队伍”运动中逐步构成。时番禺县革命委员会无产阶级专政小组怀疑3名曾参加过反共救国军的一般成员搞反革命活动，严刑迫供，不断株连扩大，制造出有77个据点的反革命集团，涉及18个公社、19个机关企事业单位，株连2118人。由于蒙冤者大多来自新造、南村、沙头3个公社，故称“新南沙反共救国军”。此案经佛山地区赴番禺专案组调查后予以否定。1978年11月12日，中共番禺县委在市桥召开万人大会，为“新南沙反共救国军”冤假错案公开平反。

的权力，知识分子出身的“臭老九”要接受工人的再教育，被下放到班组参加劳动。企业管理普遍混乱，劳动纪律松弛，产品质量无人过问，成本无人核算，全县工业总产值和产品产量、质量普遍下降。1967 年和 1968 年全县的工业总产值（按 1990 年不变价格计算）比 1966 年下降：1967 年为 16885 万元，是 1966 年的 83.96%；1968 年为 18975 万元，是 1966 年的 94.36%。

第二节　大力发展“五小”工业

1969 年 4 月 1 日至 24 日，中国共产党第九次全国代表大会在北京召开。中共九大前后，社会秩序、生产秩序、工作秩序逐步有所恢复，国内政治局势逐步趋于相对稳定，经济也开始回升。1969 年 2 月，全国计划座谈会召开，讨论了《一九六九年国民经济计划纲要（草案）》。“纲要草案”提出了要大力发展农业，加强工业对农业的支援；大力加强国防工业、基础工业和内地建设等任务。1970 年 2 月，国务院召开全国计划会议。会议提出了“以阶级斗争为纲，狠抓战备，促进国民经济的新飞跃”的口号，拟定了 1970 年国民经济计划草案。计划草案规定：要加快内地战略后方的建设；大力发展农业，加快农业现代化的进程；积极发展地方“五小”工业，尽快做到县县有农机修造厂，形成为农业服务的地方工业体系。

根据中央的指示精神，番禺县革命委员会于 1969 年 12 月 23 日制定了《番禺县一九七〇年革命和生产大跃进的初步规划（初稿）》，指出：“一九七〇年将是深入贯彻‘九大’精神，取得更大胜利的一年，是‘备战、备荒、为人民’的伟大战略方针更加落实的一年，是社会主义建设大跃进的一年。”随后，在 1970 年 1 月的四级干部会议上提出：工业生产要“立足于战备，服务于农业。大搞群众性技术革命和技术革新，狠抓薄弱环节，攻破技术难关，攀登科学高峰。大搞综合利用，大挖生产潜力，大造支农产品。实现一九七〇年工业总产值此一九六九年增长百分之三十二。进一步开展交通运输的改革，使交通运输业立足于战备，做到拉得出，开得动，配合得上，当好大跃进的‘先行官’。”[①]“县革委”提出要“贯彻地方工业为农业服务的方针，充分发挥工人阶级的领导作用，发扬‘自力更生’‘艰苦奋斗’，敢闯、敢干的革命精神，大搞技术革命和技术革新的群众运动，合理调整工业布局，充分发挥现有设备能力，根据农业生产的需要，逐步建立一个小而全的工业有机整体”。[②]

为了加快发展“五小”工业，实现社会主义建设的新跃进，同时克服资金不足、设备短缺等问题，番禺县革命委员会于 1970 年 6 月 1 日成立“番禺县社会主义建设大会战指挥部”，采取“大会战”的方式，新建、扩建了一批“五小”工业项目。

① 《番禺县四级干部会议决议》，1970 年 1 月 13 日。
② 《番禺县革命委员会贯彻省革委 < 关于进一步开展农业学大寨群众运动的决定 > 报告》，1970 年 11 月 10 日。

一、建设番禺农药厂

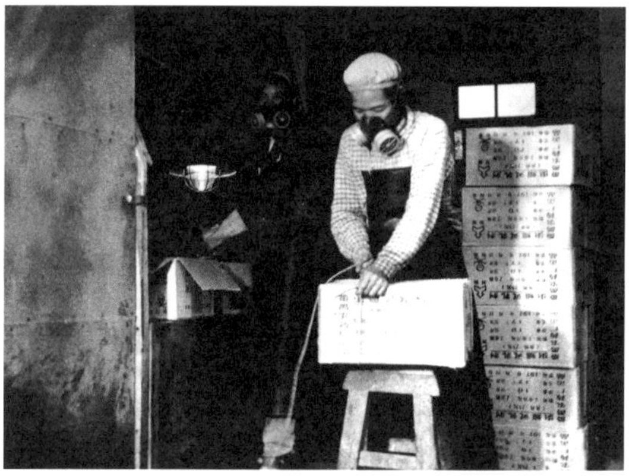

1970 年，番禺县农药厂竣工投产，生产高效低毒新农药杀螟腈。在此基础上，又成功配制新农药虫螨灵。图为农药厂工人包装产品。

番禺是珠江三角洲重要的粮、蔗产区，而虫害也有新发展，对水稻、甘蔗的危害比较严重。县革命委员会为确保粮食生产大上快上，决定自力更生兴建县属番禺农药厂，生产由广州市化工研究所小试成功的农药“杀螟腈”。1970 年 1 月 18 日，正式动工兴建厂房。工交战线号召各单位有人出人、有物出物、有设备拿设备，并组织了 20 个厂 (场)、集中 47 人前往支援。参加会战的工人、技术人员、干部，在广州市化工研究所的支持帮助下，利用旧厂房、旧设备，因陋就简，土法上马，进行设计、施工，安装机械设备，建成一间年产 30 吨杀螟腈的农药厂。于当年 9 月 5 日试机投入中试。在中试期间，广州市化工研究所的工程师、技术人员和工人一起，迎着困难，反复试验，经过一年多的努力，无数次的试验——失败——再试验的过程，取得了中试成功，并于 1971 年下半年正式投产。杀螟腈是一种高效低毒的新农药，具有广泛的杀虫活性，对鳞翅目、鞘翅目、缨翅目等害虫都有很好的防治效果，尤其对水稻螟虫三龄内幼虫效果显著。这种农药毒性低、使用安全、残毒遗留小，作物不受药害影响，为国内农药的一个新的品种，受到农民普遍欢迎。杀螟腈投产后，番禺农药厂继续与广州市化工研究所合作试制新农药。1976 年，配制成功杀螟腈与甲胺磷 (或乙酰甲胺磷) 的合剂：25% 虫螨灵 (10% 杀螟腈，15% 甲胺磷)。经大面积使用，证明虫螨灵是一种既能杀虫又能杀螨的农药，深受农民欢迎。1977 年初，利用旧设备、简易厂房，建成年产 50 吨乙酰甲胺磷的生产车间，可年产 25% 虫螨灵 200 吨。继而，于 1977 年 9 月建成三氯化磷车间，解决了三氯化磷中间体的供应。1977 年，生产 25% 杀螟腈和虫螨灵 101 吨。

二、兴建番禺磷肥厂

新建番禺磷肥厂是县革命委员会大会战的重点工业项目之一。初步方案是：年产普通过磷酸钙 2 万吨，配硫酸 8 千吨，厂址选在沙湾青峰农场的凤岗山窝，占地 2.2 万平方米。第一期生产车间基建面积 3680 平方米，总投资 89.74 万元，需钢材 140 吨、铸生铁 90 吨、硬铝 10 吨、木材 100 立方米、1 ～ 100 千瓦电动机 53 台。当时无设备、图纸，缺乏材料，资金不足。建设番禺磷肥厂需采取自筹资金、自找材料、自制设备的办法兴建。资金由各公社每亩筹借 1 元，投产后逐步归还的方法筹集；所需材料则结合清仓查库、节约代用，充分挖掘现有物资潜力解决；设备由全县各个工业厂社加工制造，并实行“三包一保证”：包制造、包质量、包安装，保证按时完成任务。

1972 年番禺磷肥厂竣工投产。该厂通过不断技术革新和设备改造，产品产量和质量不断提高。图为番禺磷肥厂外貌。

1970 年春节前后，县属各机关单位、市桥镇、沙湾公社、沙头公社等干部、职工到建设工地参加突击劳动，完成近 2 万土方工程。2 月 15 日起，又从各公社、大队抽人，加上建筑专业队共 200 多人进行土建工程建设。在设备加工方面，从 2 月 4 日起，各有关厂社请战接受加工任务。在设备加工中，承接加工任务的厂社，如市头甘化厂、农机二厂、市桥建华厂、南村铁社、农机一厂、鱼窝头糖厂、机锻厂、市桥塑料社等单位都积极想方设法按时按质完成任务。很多单位领导还亲自挂帅，组织加工，加快进度。农机一厂、农机二厂、市头甘化厂在统筹安排的材料不足的情况下，主动把厂里自有的材料先借出来使用，以保证设备加工的顺利进行。由于原材料不足，设备不配套，只能因陋就简，土法上马，至 1972 年才进行试产，当年生产普通过磷酸钙 290 吨。在这基础上，磷肥厂的干部职工自力更生，大力开展技术革新和设备改造，如实现硫酸“双机生产”、磷肥“三级破碎”，使生产明显好转，1973 年生产磷肥 4112 吨，1974 年 7617 吨。此后，通过技术革新和改造，使产量不断提高，1975 年 8847 吨，1976 年 12282 吨，1977 年 13769 吨，1978 年 13807 吨。

三、番禺氮肥厂填平补齐工程

番禺氮肥厂于 1961 年 2 月建成投产，设计能力为 2000 吨 / 年合成氨。1963 年实施第二期扩建工程，合成氨生产能力提高至 4800 吨 / 年。1970 年年底，番禺县革命委员会决定开展会战，对氮肥厂设备填平补齐，使其生产能力达到每年生产 1 万吨合成氨。为此，需要增加 1 台煤粉气化炉，加大铜洗塔，增设高、低压机各 1 台，改造锅炉，改造脱硫塔等设备。根据情况，填平补齐工程分二期进行。第一期先行制造关键设备，攻下粉煤气化关。

生产氮肥的主要原料之一是煤，由于优质块煤缺乏，粉煤相对较多，要使用粉煤就必须攻下粉煤气化关。氮肥厂大会战小组在学习石家庄化肥厂经验的基础上，设计了一个自动操作的粉煤气化炉方案。他们利用厂里的废旧物资，根据设计方案开展全厂大会战。焊工组在废铁堆里把有用的铁块一块块割出来，又一块块焊接起来，光焊路就达3000多米，配合了工程的需要。自动排灰设备是主要项目之一，该项目的会战小组东凑一件、西凑一件，凑齐了材料。在没有特殊工具的情况下，就用蚂蚁啃骨头的精神，用土办法和废旧料制成自动排灰设备。仪表组为使粉煤气化炉的操作自动化，设计出一台“电子波动秩序控制自动机”，并用苦干巧干的精神，花了约1000元，创造出万多元价值的设备。这种自动机，节省人力，操作方便，效率和质量都很好，为制造煤气操作自动化提供了经验。

简易煤粉气化炉的研制造功，代替了固定层煤气炉和富氧粉煤气化炉生产合成氨用的半水煤气，可燃烧粒度为5毫米左右的广东粉煤，并有电子液动程序控制、机械排渣等先进技术，每小时产气量500～1000立方米。简易煤粉气化炉在使用过程中还不断改进。由于受资金、原材料缺乏等因素的影响，其他配套工程进展缓慢，直至1975年才完成。当年，合成氨产量达10011吨。

四、扩大水泥生产能力

番禺水泥厂1969年生产水泥16249吨、石灰5254吨，还未能适应工农业生产发展需要。1970年，工交战线革命委员会决定在该厂新建日产80吨水泥的立窑和年产9000吨的石灰窑，作为工交战线“扩大十项支农”的大会战的项目。

1970年年初，水泥厂接受了新建日产80吨水泥立窑任务后，立即订计划、制措施，全厂动员，开展建窑大会战。会战中，焊工不足，车工、钳工、电工顶上；没有起重机，工人们用肩膊抬着500多公斤重的螺旋糟一步一步地扛到20多米高的窑顶上；没有卷板设备，就用锤子一锤一锤地将钢板打成圆筒形。工人们群策群力，努力奋战，新立窑在“七一”前夕建成投产。新建的年产9000吨石灰窑也于9月建成投产。

1971年年初，县革命委员会决定在新立窑建成投产的基础上，开展扩大水泥厂生产能力至年产水泥

番禺水泥厂在20世纪70年代初开展技术改造、更新设备的提升生产能力大会战，产量不断增加，至1977年年产量达45330吨。图为1977年番禺水泥厂外景。

32000吨的大会战。扩大水泥厂生产能力大会战的关键是增加一台大球磨机。但是，大球磨机设计出来后，两年都找不到单位承办加工。这是由于大球磨的体积大，大齿轮的直径就有3.2米，重4吨多。1973年，水泥厂决定自己加工、自己安装。这一年，水泥厂抓了三大项目：一是成品车间的大球磨机上马。资金不足，就发动群众，利用工余时间，义务劳动挖土方，节省开支；材料不足，就依靠群众，集中群众的智慧，改进设计方案，删繁就简；没有设备，就自己动手，土法上马。他们造了一台夹饼直径3.15米端面的大车床头。在加工大齿轮开边平面时，挖深坑，筑水泥墩，装上两条钢管，再在钢管上安装一台行程350毫米的牛头刨床，完成了切削任务。大球磨用的鼠笼式电机需要一个250千瓦电动机的起动器。电工班自己动手，在兄弟单位的支援下，边做边改，成功地制造了起动器，使大球磨顺利上马。二是立窑中心风管改造。3月17日，水泥厂组成了“三结合”技术革新小组，开展对立窑升高中心风管的技术革新试验，进行技术探索，并取得初步经验。后在华南工学院杨家智教授等具体指导下，不断试验、总结、改进，取得了良好的效果。立窑熟料台时产量由原来3.76吨，提高到4.27吨，日产熟料稳定在90吨以上，最高日产量达到113吨。三是造一台400×600厘米的破碎机。这也是依靠自己的力量制造的。1973年的3大项目改造工程完成，水泥生产能力得到扩大。1974年，年产水泥32657吨，实现了上级提出的计划目标。1976年3月，水泥厂淘汰了直径2.3米普通立窑，新建了直径2.5米的塔式机械立窑，同时配套了成品车间的1.83米×6.1米磨机，提高了机械化水平，年产量增加到40017吨。

同一时期，紫坭糖厂也兴建水泥车间生产水泥。1971年初筹建日产1吨的小水泥车间，于同年6月27日投产，当年生产水泥245吨。1973年，改善了部分设施，改大立窑直径，增设了部分物料输送带，生产能力提高至日产5吨。1974年产量为1540吨。1975年，对水泥车间进行了较大的改造，扩大立窑，改为高5.6米、直径1米；增设了生熟料球磨机，各工段增设防尘设施，生产能力达日产15吨。1975年，产量达5510吨。

五、供电升压

1970年，随着经济建设的发展，番禺工农业生产用电负荷增长较快，原向番禺输电的35千伏输电网各条线路均出现不同程度的超负荷，输变电设备供电能力偏低。为改变供电网落后状况，解决供电设备容量不足，“县革委”把供电升压作为大会战重点项目建设。番禺县供电公司根据社会经济发展需求，制定了番禺电网10年发展规划，其中包含35千伏线站升压至110千伏，并把芳村至市桥线输变电升压至110千伏工程列为重点工程。规划经佛山地区供电公司批准。1971年8月，县供电公司制订了设计和施工方案，11月采购设备器材，对市桥变电站实施扩建改造。工程采用首期带电作业方式施工，落实施工安全措施，首先进行带电演习，然后全公司总动员，抽调公司办公室、生产班组干部职工参加工程施工。1973年，芳村至市桥线路升压为110千伏工程和35千伏市桥变电站升压为110千伏工程完成。升压后，市桥变电站主变容量由0.93万千伏安增容为3万千伏安。同年，市桥至灵山35千伏线路和35千伏灵山变电站升压为110千伏，灵山变电站主变容量由0.36万千伏安增至1.5万千伏安。番禺输变电升压后，大大增强了供电能力，有力地支援了工农业生产。

六、渡头氮肥厂项目上马

1974年，中共番禺县委为了解决农业生产所需化肥，决定自筹资金、自备材料，自力更生建造一间年产3000吨合成氨的氮肥厂，项目选址沙湾公社渡头村。

当年7月，番禺县革命委员会从一些部门和单位抽调干部、工程技术人员73人开赴建设工地，并成立番禺县渡头氨水厂筹建处办公室，下设机电设计、土建工程、物资供应、政保、行政、计财6个小组，分工负责各项筹建工作。筹建处从氨水厂生产工艺流程、生产规模以及厂房布局入手，进行厂房和机械设备的设计。采取边设计、边施工、边制造设备、边培训技术人员的办法，争取早日建成投产。9月中旬，合成、机修两个车间的厂房以及脉冲池工程开始动工兴建；造气、锅炉、气柜等几个车间还在紧张地进行设计，已开始了基础施工的准备工作。9月24日，从县建材厂职工中挑选出来的39名青年骨干被派到番禺氮肥厂实习培训，为氨水厂投产作准备。机械设备则分批安排到县内各工厂负责生产。很多厂接受任务后，积极安排生产，提出不管有多大困难也要完成任务。番禺氮肥厂选派了一批富有化工机械经验的技工参加氨水厂的建设，还送去一批设备、材料；县农机一厂承担了制造量大且结构复杂的铜液氨冷器和合成氨冷器等设备任务；鱼窝头糖厂刚好从外地购入锅炉，获悉建设中的氨水厂适用，就主动把锅炉和一些机修设备转过去；县机电厂拿出材料生产电动机、变压器、调压器等。机械设备生产出来后，各厂即派出人员到现场安装、调试。其他部门也大力支援建设，如农机局派出平板船为氨水厂的建设抢运物资、设备；供电部门派出人员到工地调查了解情况，为架设专线供电作准备。1976年7月，在各部门的配合下，渡头氨水厂工程基本完成，撤销氨水厂筹建处，工厂改名为番禺渡头氮肥厂，成立了厂革命委员会，开展投产前的各项工作。渡头氮肥厂的建设，先后动员了34个企业单位从人力、物力、财力、设备等给予支援，组织了30多个单位加工设备，抽调了280多个工人和技术人员安装设备。在各方大力支援下，渡头氮肥厂于1977年6月试运行后投产，当年生产合成氨927.3吨。1978年，合成氨产量为3215吨。

在新建、扩建的一批工业项目中，还有市桥制药厂等工厂的建成投产。市桥制药厂是1970年在市桥糖果厂内土法上马制造穿心莲片、复方穿心莲片、感冒片、消炎片、止咳糖浆等多种中草药制剂基础上发展起来的。药厂的规模从小到大，品种不断增加，到1971年生产的产品达32种，剂型有片剂、水剂、针剂，是番禺县第一家制药厂。

七、生产吸泥船和水泥运输船

1973 年，由番禺机械维修厂和县二轻造船厂成功研制小型吸泥船。图为技术人员检测吸泥船。

1970 年 8 月，番禺县革命委员会提出建造挖泥船的建议，工交部门决定由县农机一厂和县二轻造船厂以大会战的形式生产。两厂组织技术人员进行设计，共同协作研制。县二轻造船厂负责制造船体，该厂领导亲自带领职工施工，工人们用两班人干三班的工作，于是年国庆节期间完成了造船任务。机械安装主要由县农机一厂负责。为了抢时间，由各厂抽调焊工支援。他们发挥大协作精神，积极加快焊接工作进度。县农机二厂主动支援油罐、水管。市桥搬运站带来吊车，给安装工作以很大的支持。在各单位协作下，吸泥船的建造工作很顺利，于 1971 年 1 月 1 日联动试车成功，制成番禺县第一艘水泥壳电动绞吸式吸泥船。吸泥船船体用水泥、钢筋造成，排水量为 40 吨，每小时能把 60 立方米泥浆吸到 50 米远。吸泥船移交大岗公社。县里还组织了钳工、电工、焊工等几名技术工人随船到大岗公社指导船员操作，进行生产。

1973 年，番禺县委根据沙田地区河涌交错的特点，为方便当地入泥积肥，决定试制小型吸泥船。由县二轻造船厂负责制造船壳，县机械维修厂负责机械设备配套和安装。县机械维修厂成立了一个有工人、干部、技术人员参加的“三结合”吸泥船试制小组。工人、干部、技术员紧密配合，边设计、边绘图、边加工、边安装，用了 45 天时间，造出第一艘小型吸泥船。试验时，吸上来的泥浆浓度只有 20% ～ 30%，未达设计要求。试制组坚持在河中试验，从中发现问题，对吸头不断改进，使泥浆的浓度达到 50% 以上，一天可吸泥浆 80 ～ 100 立方米，基本达到要求。该产品经上级批准后，定型投产。1973 年，县机械维修厂与县二轻造船厂一起，共生产吸泥船 23 艘。

番禺地处珠江三角洲水网地带，水上运输较发达。但因木材缺乏，制约了番禺造船业的发展，也影响了物资的运输。1959 年，番禺造船厂曾用竹篾和小量圆钢结构扎网制造 1 艘 1.8 丈 (6 米) 水泥船，载重 400 ～ 800 公斤。但由于船体笨重、无弹性、易下沉，不适合运输使用。1972 年，番禺造船厂派人到省水泥制件厂学习试制水泥船。当年生产 7、8、10、18 吨位的水泥船共 350 吨。造船厂制作水泥船的工艺水平不断提高，逐步增加了拉丝机 (可把直径 9 厘米圆钢拉至 0.9 毫米)、拉网机等设备，制作过程的织网、扎并、批船、起重、制件、安装等工序基本配套。最大船台能生产 80 吨水泥船，年生产能力 2500 吨。1973 年，生产水泥船 43 艘、735 吨，1974 年生产 85 艘、1011 吨，1976 年生产 127 艘、2305 吨。

八、充实农机修造工业，提高农机修理和配件生产能力

1969年7月，国家第一机械工业部和第八机械工业部联合召开了全国建设县农机修造厂工作会议。8月13日，周恩来总理接见了参加全国建设县农机修造厂工作会议的代表并讲话，传达了毛泽东关于“每县都要有农机修理制造厂”的指示。周总理指出：抓农业机械化，现在到时候了，不能再耽误了。从常规到高级的收获、加工、运输、电动、杀虫、塑料薄膜都要。他说，每个县都要有农机修造厂，其主要任务除平战结合、又修又造、以修为主外，将来还要修造结合。我们要创造出各种类型的农业机械，以适用于中国各种土壤的耕作、运输、灌溉，不仅粮食，还有棉花等经济作物。

根据全国建设县农机修理制造厂工作会议精神和周恩来总理的指示，番禺县革命委员会提出了“建设好县农机修理制造厂”的任务，指出“要平战结合，又修又造，目前以修为主，平时修造农用机具和配件，要急贫下中农所急、想贫下中农所想，全心全意地为当地农业生产服务；战时修枪修炮，造手榴弹、地雷等为战争服务。要贯彻执行‘独立自主，自力更生’的方针。遵照毛主席亲自批准的鞍钢宪法，依靠工人阶级成立工人、技术人员、领导干部‘三结合’的革新小组，土法上马，土洋结合，勤俭办厂，因陋就简，就地取材，走自己武装自己的道路。”[①] 由此，对番禺的农机工业重新布局和充实。1970年5月，把原来由农机厂、电机厂、粮油机修厂、排灌站、拖拉机修配厂、工业机械维修站合并而成的“农业机械修造厂”重新分开，农机厂易名为“番禺县农业机械修造一厂”(简称“县农机一厂”)，拖拉机修配厂易名为“番禺县农业机械修造二厂”(简称“县农机二厂”)，工业机械维修站改为“番禺县机械维修厂”，电机厂、粮油机修厂、排灌站名称不变。各厂根据自己的特点武装自己，不断充实发展，提高技术水平。如农机一厂除生产犁头、犁壁外，还生产小氮肥设备、氮氨压缩机、空气压缩机等；农机二厂则重点维修拖拉机和制造机车内燃机配件及其他农机配件；机械维修厂坚持维修农机具外，还制造离心泵、轴流泵、泥浆泵等农用水泵。此外，市头糖厂、紫坭糖厂在1969年也成立了支农办公室，为农村公社、大队、生产队修理打禾机、

20世纪70年代，番禺县强调发展支农工业，增加农用机械生产。图为1973年番禺县机械维修厂生产的离心式农用水泵。

① 《韩成忠在番禺县革命委员会三级干部会议上关于抓革命、促生产工作意见的讲话》，1969年10月23日。

番禺县农机部门组织技术人员深入农村，帮助农民修理农机具，并征求农民对农机具生产的意见。

水泵、电动机、碾米机等农机具。

在大力建设“五小”工业的同时，原各工业企业也根据自身特点，进行技术改造，增加设备，发展生产。市头糖厂于1965年开始试验用蔗渣生产富强粘胶人造纤维浆粕，采用除髓后的蔗渣经过水解、碱煮、洗涤、筛选、氯化、碱处理、漂白和酸处理后抄成浆粕，可作富强纤维原料，纺纱织布。1969年4月6日，市头糖厂蔗渣纤维浆粕车间试产成功，生产出第一批富强纤维，日产2吨的甘蔗渣富强纤维车间正式投产。但终因蔗渣纤维浆粕性能差，成本高，于1978年停产。紫坭糖厂为了提高机制纸产量，增加品种，1967年1月建成第3号抄纸机(双缸双网)，设计生产能力为7.5吨/日。投产后，纸张品种增加有光纸、凸版纸、单面胶版纸等。1971年，该厂为配合造纸生产，兴建1.5吨/日生产能力的烧碱车间，当年投产，生产烧碱140.85吨(100%NaOH计)。1975年扩建烧碱车间(生产能力5吨/日)，1976年1月投产，当年烧碱产量为433.59吨。鱼窝头糖厂于1973年增加一台压榨机，生产能力由原来日榨500吨提高至600吨。沙湾糖厂在1969年新装1台30吨/日机车锅炉，使用间呆沉淀池，以蒸发罐进行蒸发，用机械连续煮糖，红糖制作由土法手工制作改为机制。1973年，对全厂重新规划、重新布局：重建压榨车间，新造1台30吨摇臂旋转起重吊蔗机和自动卸蔗台，压榨机增至一座四组，日压榨量提高到500吨；制炼车间对澄清工序进行改造，添置糖粉机，开始生产质量较好的红糖粉。1975年建成轧钢车间，当年轧钢30吨。随着设备的改造，技术提升，生产较快发展，1978年11月，转产白砂糖，日榨量达580吨。1977年4月，广东省珠江华侨农场糖厂建成投产。该厂生产能力为500吨/日。1977年至1978年榨季生产白糖4749.383吨。

番禺县农机修造厂生产的电动脱粒机。

1976年10月，江青反革命集团被粉碎，结束了长达10年的“文化大革命”内乱，全国人民欢欣鼓舞。番禺工业系统的广大干部职工精神振奋，千方百计克服生产上遇到的困难，各企业狠抓技术革命和技术革新，开展“革新、改造、挖潜”运动，增加了产品产量，提高了产品质量，促进了工业生产的发展。1976～1978年，县属全民所有制工业总产值 (1990 年不变价) 分别为 11202 万元、12178 万元、15320 万元。

第三节　二轻工业

在 1961—1965 年，番禺县二轻工业[①]根据“手工业 35 条”进行调整，生产得到恢复，并有了一定程度的发展。1965 年，全县二轻工业厂 (社)145 户，工业总产值 1612 万元 (1990 年不变价)，比 1961 年 1220 万元增长 32.13%。二轻工业遍布全县墟镇，其行业主要有中小农具制造 (含铁制农具、木制农具、竹制农具、造船)、五金制品、轻工机械、缝纫服装和刺绣、珠绣等工艺美术品制作，对支援农业生产、方便群众生活、出口创汇和城镇居民就业等做出了很大贡献。“文化大革命”期间，二轻工业受到“左”的干扰和破坏，出现过一些问题。但是，由于二轻工业的合作工厂、合作社是集体所有制企业，没有“大锅饭”可吃，也没有“铁饭碗”可端，因而能在动乱中坚持生产，且得到了一定的发展。

一、二轻工业受到干扰

“文化大革命”开展不久，二轻工业系统就围绕“手工业 35 条”展开了激烈的争论。“手工业 35 条”被诬为“资本主义黑纲领”，受到批判并被无端废弃。原来一些行之有效的技术管理工作规范和规章制度，被当作“资产阶级的管、卡、压”遭到否定。二轻工业的管理机构县第二轻工业局陷于瘫痪，大批领导干部和合作工厂 (社) 干部被批斗、“靠边站”，生产管理工作无人负责，正常的管理体系和生产秩序被搅乱。在防止“资本主义复辟”的蛊惑人心的煽动下，手工业合作社被扣上“资本主义尾巴”和“小生产自发势力的温床”的帽子而横遭限制和排斥。职工思想被搞乱。二轻工业被看作“过渡性质经济”，政治上受到不公平的待遇，业务上受到刁难，在原材料、机器设备、燃料动力的供应上，不能享受国营工业的同等待遇。计划和物资部门是按照“先国营、后集体”的原则进行安排的，缺口大的时候，只给国营企业，不给二轻集体企业。职工也受到歧视，在工资待遇上，一方面规定要参照国营企业的工资制度和升级办法，不能自行其是；另一方面又规定他们的工资水平和福利标准不能向国营企业职工看齐，只能低于国营企业。在集体工业内部，又规定“小集体”企业要低于“大集体”企业。由此使一些人认为“搞重工业主动，搞轻工业被动，集体经济的手工业厂 (社) 没有国家计划、原材料无保证，更加被动”，要酝酿“升级、下放、合并”。这直接影响了二轻企业职工的生产积极性，造成生产一度下降。1968 年番禺县二轻工业总产值只有 1548 万元 (1990 年不变价)，比 1965 年下降了 4.07%。

①二轻工业即原来的手工业合作厂（社）。1965 年 2 月，番禺县手工业管理局易名为番禺县第二轻工业局，其管辖的企业统称为二轻工业企业。

二、加强管理，推动二轻工业发展

市桥铁器农具厂禾镰生产车间

二轻工业不同于全民所有制工业，不可能捧着“铁饭碗”吃“大锅饭”，在“文化大革命”期间基本还能够进行正常生产。1969 年后，社会逐渐稳定下来，二轻工业企业的生产活动也比较正常进行。1971 年 11 月 18 日，广东省革命委员会批转广东省革命委员会生产组《关于加强手工业管理若干问题的意见》，要求各地稳定手工业所有制和管理体制，不得随便转产，工人干部的政治待遇与国营企业一视同仁，各地要建立和健全手工业局。1972 年 5 月，番禺县恢复了第二轻工业局。县二轻局加强了对二轻工业的领导和管理，扩大二轻工业厂 (社) 生产业务范围，促进了生产的发展。

（一）坚持支农方向，保持中小农具生产平稳发展

二轻工业厂 (社) 约有一半是生产中小农具的铁社、木社、竹社、船厂 (社) 等，保持中小农具生产平稳发展，既是企业自身发展的需要，也是落实毛泽东关于“坚决地把工业部门的工作转移到以农业为基础的轨道上来”指示的要求。但是，由于受到“文化大革命”的干扰和破坏，生产中小农具的原材料供应无保证。如“铁器中小农具的原 (燃) 材料属计划内价格供应的占 50% ～ 60%，有 40% ～ 50% 是计划外材料，价格高、质量差、使用率低。”“几年来不论上级下拨或是自行组织的原 (燃) 材料价格都有不同程度提高，总的农具铁原料价格上提 10% ～ 25%，燃煤材料价格上提 30% ～ 40%。”[①] 一些厂 (社) 生产中小农具出现亏损，产生了“支农吃亏”的思想，甚至转产其他项目。县二轻局对企业具体指导，除了抓好思想转变，确立支农观念，还协助企业加强管理，增加生产，降低成本，确保完成支农产品生产计划。此外，生产中小农具的厂 (社) 每年在农忙季节还组织农具维修队下乡，为生产队修理农具。

（二）增加日用工业品生产

日用工业品（小商品）主要由二轻工业集体企业生产，日用工业品中有一部分是生产用品，多数是人民所必需的生活用品。“文化大革命”期间，日用工业品生产和修理服务受到很大干扰。在“重大轻小”“先全民后集体”的经济管理思想影响下，认为日用工业品生产的产量和品种可多可少，修理服务可有可无，造成日用工业品品种和数量

① 番禺县计划委员会 (物价)：《关于铁器中小农具产品质价问题调查报告》，1973 年 5 月 22 日。

减少，市场供应紧张，铁锅、锅盖、锅刷、碗、筷、杯、水瓶、木盆、木桶、竹篮、扁担、铁钉、家具、儿童玩具常常缺货，圆钉、圆线、铁镬更是奇缺。“本县生产的菜刀、柴刀、金工木工工具等小商品也普遍减少。”“木制品，据市桥镇调查，由于缺乏木材供应，禾桶、秧盆、饭盖、木桨、木橹、学生枱凳等已无生产。”[①]

1971 年 7 月 7 日至 25 日，国家轻工业部、商业部、对外贸易部、农林部、燃料化工部联合召开全国日用工业品会议。会议讨论了发展日用工业品生产问题，提出：各地区和有关部门应将必须由国家和地方分配给生产日用工业品的企业的原材料纳入计划，妥善安排；要在政治上关怀和生活上照顾集体企业职工，有计划地补充企业所必需的劳动力和设备、工具、配件，不以任何形式平调企业资金、设备、材料和劳动力；企业要重视综合利用，主动解决原材料困难，纠正粗制滥造和片面追求产值、产量的偏向，提高产品质量，增加花色品种，恢复传统名牌产品和少数民族特需用品，按照“国内市场为主、国外市场为辅”的原则，组织出口日用工业品生产；工商部门之间通力合作，互相支持，搞好日用工业品生产。9 月 23—26 日，番禺县革命委员会召开全县日用工业品会议，贯彻全国和全省日用工业品会议精神，研究落实进一步搞好日用工业品生产的办法和措施。市桥镇、大岗镇和各公社手工业厂、社以及计划、物资、工交、财贸有关单位的负责人参加了会议。会议指出：许多手工业产品没有纳入计划，生产的组织、原材料的供应、产品的销售都存在问题。为此，必须实行统一计划，分级管理。要明确企业的生产方向，不能随意转产。除列入省和地区计划的日用手工业品外，地产地销的日用手工业品要列入县的计划，由各级计划、工业、商业、外贸部门逐级搞好供、产、销衔接工作。通过计划，安排落实原材料的分配和产品品种、产量、质量，不能挤掉纳入计划的日用手工业品生产。会议强调要加强对手工业的领导和管理，认真落实党对集体所有制企业的政策。会后，番禺县革命委员会组织工交、财贸部门有关人员对日用工业品的产销情况深入调查，掌握各种产品的余缺情况，安排落实计划，签订供、产、销合同。各生产厂（社）清仓挖潜，充分利用各种废旧材料，利用本地资源，广开原材料来源门路，不断提高日用工业品生产原料的自给水平，扩大日用工业品生产。日用工业品生产逐年增长，产品质量有所提高，部分商品供应紧张的局面有所缓解。

（三）扩大出口产品生产

番禺二轻工业厂（社）生产出口轻工产品历史悠久，主要品种有钢家具、刺绣和珠绣服装、电筒、塑料制品、电珠等。1965 年，钢家具出口收购 2.74 万元，以后每年都有所增加，但幅度不大。为了增加出口，1973 年，以番禺金属结构厂（原市桥白铁生产合作社发展而成的合作工厂）为基础，以老带新，帮扶市桥竹社转产出口钢家具。至 1976 年，出口钢家具的收购值达 60 多万元。后来，市桥竹社也发展为番禺金属结构二厂。1973 年，二轻系统要扩大供出口的刺绣、机绣服装的生产，利用番禺很多乡村妇女有刺

① 《番禺县革委副主任李长余同志在县日用工业品生产会议上的总结报告》，1971 年 9 月 26 日。

绣技术的优势，发展多个生产点，共有1000多人生产，使该产品出口值猛增64%。1975年，珠绣品生产进一步发展起来，出口收购值达100万元。其他二轻工业厂（社）生产的出口轻工业品也逐步增长。1976年，出口产品工业总产值757.20万元(1970年不变价)，占当年全县二轻工业总产值的16.31%。

番禺县二轻金属结构一厂生产的出口钢家具

（四）打破行业界限，开发新产品

番禺县二轻工业，基本上是在1956年手工业合作化时组织的手工业生产合作社基础上发展起来的。“文化大革命”期间，共有8个县联社集体所有制合作工厂和100个小集体生产合作社，职工人数由合作化时3200多人发展到8000多人，生产规模从小到大，生产由手工操作到机械化、半机械化。企业也不断开发新产品，扩大生产范围，以适应社会发展的要求。但一些企业，人员增加了，机械化程度提高了，生产任务却不足，必须根据市场的需要开发新的产品，以扩展生产门路，上级也下达一些新的生产任务给企业，以谋生存和发展。1970年2月，国务院召开全国计划会议，提出了“以阶级斗争为纲，狠抓战备，促进国民经济的新飞跃”的口号，全国出现了发展工业的热潮，对金属切削机床类产品需求甚殷。番禺二轻系统的一些厂社积极发展这类产品。番禺县革命委员会生产组计划办公室调查组在1971年1月12日的《关于落实工业生产计划调查情况汇报》说：“各厂、社广大干部职工都遵照毛主席关于‘抓革命、促生产、促工作、促战备’，‘自力更生，艰苦奋斗’的伟大战略方针，发扬敢想、敢干、敢于革命的精神，鼓起更大的干劲迎接第四个五年计划的到来。我们所到的厂社看到广大干部职工在当地公社革委的领导下，鼓起更大的干劲，完成上级下达的工业生产计划任务，大搞技术革命和技术革新，攻破生产设备不足的难关，实行自己武装自己，设备不足自己动手做，打破了行业界限，打铁、造木、修理小五金的都能够造出各种车、刨床产品。”二轻工业系统的大岗铁社，总人数90人，转产机械产品的占60%，仅留下20多人生产铁制小农具。该社生产设备一般，职工全部都是原来的打铁工人，没有正式机械技术工人，但他们有干劲，对生产车、刨床有很大信心。1970年4月开始，到11月已经生产B630牛头刨床44台。这个社没有“翻砂”铸造设备，都是靠发外加工铸件，自己加工车、刨和装配产品。大岗木农具社，职工总人数133人，原来主要生产中小农具和木家具。1971年，转产机械产品的有42人，占总人数的31.6%。此外，有10多人到梧州搞加工。1970年4月至11月，生产了B630牛头刨床24台。1971年，试产B635牛头刨床和8尺龙门刨床。该社增加和改造生产设备，以提高机械产品生产水平，全面转产机械产品，木农具生产则大大减少。大岗机械社，职工人数134人，其中新招工人30人。1971年，生产B665牛头刨床和C620车床。这个社制造机械产品时间较长，设备比较好，还扩大厂房，增加设备，扩大生产。在其他公社的二轻工业系统的厂社，特别是铁社都有把部分工人和设备转向机械产品生产的情况。

由于木材紧缺、木家具销路欠佳，市桥木器家私生产合作社于1965年前后试制铁木结构的汽车客车厢。1972年，始生产全金属材料车厢。后木农具社、盆桶生产社、木屐生产社合并进来，扩大了客车厢生产。1973年，转为合作工厂，易名为番禺红桥汽车装配厂，生产不断发展。1976年，装配客车(中巴)142台，产值达435万元。此外，原市桥铁器第二生产合作社，增加机械加工项目，锻造柴油机曲轴等，发展成为番禺县机锻厂。原市桥麻网生产合作社，在麻网业转到莲花山地区后，改产照相机脚架、五金制品，发展为照相器材厂。原皮革生产社，1965年停产皮革后，改产塑料制品，易名市桥塑料生产社。初期生产钮扣、汤匙等小件塑料制品，1970年开始，生产塑料凉鞋、拖鞋，加工塑料雨衣等。

"文化大革命"时期，番禺县二轻工业坚持集体所有制体制，不搞升级，适当调整企业布局，合并一些微小社(组)，加强企业管理。他们根据二轻工业企业的特点，开展定额管理，实行定产值、定质量、定消耗、定费用、定出勤，完成任务给予适当奖励的办法，调动工人生产积极性，发展生产。到1976年，番禺二轻工业共有97家企业，其中合作工厂8家、合作社89家，有10个行业，工业总产值(1970年不变价)4641.46万元。

1977年2月，番禺县革命委员会根据国务院批转的农林部、轻工业部《关于把农村手工业划归人民公社领导管理的报告》，把在农村的77家二轻工业企业划归所在公社领导管理。二轻系统划出77家企业后，剩下在市桥、大岗两镇的20家企业、职工5036人，其中合作工厂8家、职工2593人，合作社12家、职工2443人。县第二轻工业局加强对留下来的厂(社)的管理，指导企业开发新产品，调整企业的布局和规模，促进企业发展。所属企业在1978年前后逐步转为手工业联社集体所有制合作工厂。

1973年，由市桥木器家私社等几家手工业社组成番禺红桥汽车装配厂。该厂生产不断发展壮大，成为番禺县二轻工业重点企业。图为一批已装配好的汽车准备出厂。

1976年番禺县二轻工业总产值表

表5-1　　　　单位：万元（1970年不变价）

项目	企业数	总产值	占总产值%	项目	企业数	总产值	占总产值%
总计	97	4641.46	100	4. 塑料加工工业	2	174.89	3.77
在总计中：1. 重工业	6	884.99	19.07	5. 中小农具	51	1522.88	32.81
2. 轻工业	91	3756.47	80.93	①铁制中小农具	9	216.97	
在总计中：1. 合作工厂	8	1690.44	36.42	②木制中小农具	13	256.19	
2. 合作社	89	2951.02	63.58	③竹制中小农具	14	247.83	
在总计中：				④造船工业	15	801.89	
为农业生产服务		814.23	17.54	6. 缝纫工业	17	875.02	18.85
为工业生产服务		1140.67	24.58	7. 工艺美术品	2	421.48	9.08
为出口创汇服务		757.20	16.31	其中：刺绣品	1	21.30	
为人民生活服务		1929.36	41.57	珠绣品	1	400.18	
按行业分类				8. 工业性修理服务业	3	35.25	0.76
1. 纺织工业	1	216.29	4.66	其中：生活用金属品修理	3	35.25	
其中：纺织印染	1	216.29		9. 轻工机械工业	6	884.99	19.07
2. 日用化学工业	1		0.15	①生产用机械制造	4	344.18	
其中：肥皂	1	7.21		②交通设备制造	1	435.65	
3. 五金制品工业	9	458.88	9.89	③机电设备制造	1	105.16	
其中：①生产用五金	5	212.19		10. 其他工业	5	44.57	0.96
其中：铝制品	1	146.04					
②生活用五金	4	246.69					
其中：金属家具	1	175.84					

第四节　社队工业的恢复和发展

1965年9月5日，中共中央、国务院发出的《关于大力发展农村副业生产的指示》指出："各级党委和政府有必要也有可能进一步贯彻执行'以农为主，以副养农，综合经营'的方针，在继续大抓粮食和主要经济作物生产的同时，大抓副业生产，大力发展农村副业，以促进整个国民经济的不断高涨。"[①]1966年5月7日，毛泽东在《对总后勤部关于进一步搞好部队农副业生产报告的批语》中指出：农民以农为主，"在有条件的时候也要由集体办些小工厂"。[②]这时，全国掀起了"文革大革命"，一些城市工厂"停产闹革命"，工厂停工造成国内市场商品缺乏，一些与国外客商签订的贸易合同也不能履行。为满足国内外市场需要，一些地区农村抓住时机，发挥自己的资源优势，兴办小工厂，发展社队工业。1970年北方农业会议提出要在1985年实现农业机械化，农村要建立三级农机修造网，为社队机械工业发展打下基础。但是，在"文化大革命"时期，社队工业的发展经常被戴上"重工轻农""以钱为纲"等大帽子，被作为"走资本主义道路"的典型遭到批判。然而，由于它符合农村经济发展规律，符合广大农民的要求，有深厚的群众基础，能在逆境中顽强发展。

一、克服种种困难恢复社队工业

1958年12月，中共中央在《关于人民公社若干问题的决议》中提出要实现"公社工业化"，"人民公社必须大办工业，……有计划地发展肥料、农药、农具和农业机械、建筑材料、农产品加工和综合利用、制糖、纺织、造纸以及采矿、冶金、电力等轻重工业生产"。番禺县农村建立了一大批小工厂。这些小工厂大部分在1961年调整期间被压缩，停办了。1965年9月，中共中央、国务院下达《关于大力发展农村副业生产的指示》，提出要大力发展集体副业，集体副业应当以生产队（包括以大队为核算单位的大队）经营为主。中央的指示和毛泽东关于"在有条件的时候也要由集体办些小工厂"的批语，为发展社队企业开了一个口子。番禺县各公社、大队、生产队抓住时机，恢复和发展社队工业。1967年5月，番禺县抓革命促生产临时指

1963年沙湾公社兴办的沙湾砖瓦厂，生产的红砖质量好，并发展成为县内同行中效益较好的企业。

① 《建国以来重要文献选编》第20册，中央文献出版社1998年版，第498页。
② 《建国以来毛泽东文稿》第12册，中央文献出版社1998年版，第54页。

挥部“农村社队办”对社队(街道)办企业的调查报告指出：“近年来，特别是毛主席‘五七’指示发表之后，我县社队(街道)办企业有了很大发展。全县十九个公社，社办企业一百三十八间、九千七百多人(十六个公社计)，大队、生产队办企业三百四十八间，街道办企业七十二间、一千五百一十二人(按六十四间计)。这些企业建立以来，大部分都能执行国家政策法令，坚持‘以农为主，以副养农，综合经营’和‘三就地、四为、四不准’的方针，坚持社会主义大方向。对增加集体经济，促进农村‘四化’和国家社会主义建设，增加社会财富以及安排农村闲散劳动力等方面起到应有的作用。”①

社队工业是农村公社、生产大队、生产队自力更生发展起来的。发展资金主要靠农业的微薄积累；厂房常常是利用废弃的旧房、破庙、祠堂、仓库等；机器多购自城市工业淘汰的旧设备，或自己制造的土设备。不少企业因陋就简，先生产后建厂或者边建厂边生产。工人所干的是艰苦的手工劳动和繁重的体力劳动，技术主要靠边干边学，从实际操作中逐步掌握。但是，社队企业在工业部门没“户口”，在计划部门没位置。因此，机器设备、原材料和燃料动力的供应没有可靠的来源；产品销售没有正规的渠道。这种状况，使社队工业的发展遇到重重困难，但也使社队工业具有更强的生命力。由于没“户口”，使它有了比较完全的经营管理自主权，有较高的灵活性去适应环境，谋求生存和发展。由于在计划部门没有位置，社队企业一开始就得同市场建立密切的联系，在竞争中安排供、产、销，接受市场的考验，使它具有较强的应变能力和竞争能力。社队工业企业从事商品性生产，按照市场需求调节生产。石碁农业机械厂是一家以修理电动排灌站机械零件和农具为主的社办工厂。1965 年 3 月，该厂为了扭亏为盈，在原有的电机、切削、电排 3 个车间的基础上，增加 1 个铸造车间。1966 年，铸造车间利润 9819 元，使该厂扭转了亏损局面，实现利润 7343 元。钟村公社于 1964 年开始恢复和发展社办工业企业。1965 年，有社办工业企业 5 间、职工 340 多人。随后又创办了石场、五金加工厂、沥青纸厂、石灰厂、机电厂等工厂。沙头公社的沙头砖厂，1958 年建土窑生产红砖。1964 年按湛江砖瓦厂提供的图纸兴建轮窑，1965 年 8 月双门轮窑竣工投产，年产红砖 1300 万块。20 世纪 60 年代至 70 年代初曾生产“三角唛”红砖，出口港澳地区。南村公社农副产品加工厂，原来生产传统的菜干、切菜等，由于产值低、效益差，于 1969 年转产电线，后发展为番禺电缆厂。除公社办工业企业外，大队、生产队也大力发展工副业。1965 ～ 1966 年，钟村公社一些大队利用当地盛产番薯的优势，办起 20 多家季节性的番薯加工厂，生产当地驰名的土特产番薯干。他们除加工自己生产的番薯外，还到化龙、南村、大石等地购买番薯加工。南村公社坑头大队大力发展队办企业，至 1974 年就建有农机厂、粮油加工厂、竹木农具厂，还有车衣、建筑、木工等服务站。粮油加工厂除为本大队群众碾米、榨油外，还为外地加工，为国营公司加工。大队晒场不仅加工自产的乌榄，还为梅山、市头、樟边、江南等大队加工。竹木农具厂制造和维修竹木

① 番禺县抓革命促生产临时指挥部农村社队办经济调查工作组：《关于我县社队（街道）办企业调查情况的报告》，1967 年 5 月 29 日。

农具，如风柜、禾桶、水桶、竹箩、竹篸等。

1970年北方农业会议后，各公社和部分大队兴建了农机修配厂。农机修配厂一般配备有一些简易车床及陈旧的钻床、刨床、电焊机等简易通用设备，负责当地的农用水泵、拖拉机、柴油机、喷雾器等农机具的维修保养。由于农机具修配有季节性，收费价格又不能高，企业为了生存，在立足农机修配和简易农机具生产的同时，根据市场和社会的需要，为一些国营工厂加工机械零件，以增加收入，并不断提高自己的设备水平，增强技术力量。随着自身力量的不断壮大和社会需求的增多，逐步发展到生产各种中小型金属切削机床和锻压机床、电线电缆等通用机电产品。1968年，大岗镇机械厂率先试制、生产B665牛头刨床。随后，新造、南村、石碁、石楼、沙湾、沙头、黄阁、南沙等社办机械厂(农机厂)相继生产各种机床，如C620、C630车床，B630、B635、B665牛头刨床，8尺龙门刨床等。当时，番禺县各公社(镇)的机床产品销往全国各地。由于生产用的原材料需自行组织，故各厂外销的机床，通常每台要收回生铁、铝材或焦炭等3～10吨。

20世纪60年代，番禺县沙田地区为适应茅房改建砖屋的需求，不少公社、大队、生产队建窑烧砖。民田地区的砖瓦业也相应发展。继1964年沙头公社兴建轮窑烧制红砖后，东涌公社大稳大队于1968年兴建轮窑，机械制砖。沙湾公社砖厂于1971年7月建成双门轮窑，年产红砖1400万块。各地的土窑则星罗棋布。据1975年调查，全县有公社办的砖厂8家，大队办的55家，生产队办的395家。沙田地区大队和生产队办的砖厂所生产的红砖，大部分供茅房改建砖屋使用。

二、冲破重重阻力谋发展

由于社队工业重新兴起之时，正值“文化大革命”时期，因而在发展过程中遇到了重重阻力，不断受到冲击。首先是社队工业的地位不明，县、社没有一个明确的管理机构。尽管毛泽东在1966年说过，农村“在有条件的时候也要由集体办些小工厂”。但是中共中央于1962年关于“公社和生产大队一般地不办企业”的规定，还没有修改。各级领导机关对社队办的企业认识很不一致。一时说：社队企业“对增加集体经济，促进农村‘四

钟村公社队办番薯加工场农民制作驰名土特产“四季仔”番薯干

20 世纪 70 年代，沙田地区为实现茅房改砖屋，不少大队建窑烧砖。图为万顷沙公社沙尾一大队砖厂。

化’和国家社会主义建设，增加社会财富以及安排农村闲散劳动力等方面起到应有的作用。”一时又说：发展社队企业是“重钱轻粮”“重工轻农”，“走资本主义道路”，“挖社会主义墙脚”，要彻底批判。从中央到地方都没有明确指定由哪个部门主管社队企业，领导对社队企业难以支持，碰到问题还往往互相“踢皮球”，谁也不想管、不愿管、不敢管。社队企业的发展，特别是大队、生产队工副企业的发展基本上是农民自发的行动。其次是受经济管理体制的限制。社队工业生产是面向市场的商品生产，在产品经济的计划管理体制下，供、产、销渠道阻塞不通。1970 年 2 月 5 日，中共中央发出《关于反对贪污盗窃、投机倒把的指示》，规定：“除国营商业、合作商业和有证商贩以外，任何单位和个人，一律不准从事商业活动。”“集市管理必须加强，一切按照规定不许上市的商品，一律不准上市。”除了经过当地主管部门许可以外，任何单位，一律不准到集市和农村社队自行采购物品。不准以协作为名，以物易物。不准走“后门”。“一切地下工场、地下商店、地下包工队、地下运输队、地下俱乐部，必须坚决取缔。”农村的集市贸易普遍受到限制甚至取消，社队企业的原材料采购、产品销售困难重重，只能在暗地里进行交易。第三是把社队企业作为资本主义而限制、批判。在“文化大革命”期间，提出限制“资产阶级法权”，主张取消商品生产，把商品生产与资本主义划等号。社队企业经常受到限制和批判。在打击“反革命经济主义”和“投机倒把”中，又直接波及到了社队企业。“割资本主义尾巴”，也割到了社队企业。此外，社队工业企业还经常被视为“阶级敌人篡夺领导权”的典型。一些社队工厂开办时，聘请一些技术人员和供销人员，其中有些是在“文化大革命”期间，在城市“清理阶级队伍”时，被认为是“有政治问题”而被清理遣送回乡的。这些工厂往往被视为“阶级敌人篡夺了领导权”，或者“互相勾结，包庇坏人”。因此，一些社队工厂领导被批斗，有的企业被取缔。

1967 年 6 月，番禺县抓革命促生产临时指挥部批转农村社队办经济调查组《关于我县当前社队（街道）办企业调查情况的报告》的批语说：“当前社队（街道）企业中的两条道路斗争仍很尖锐：有的企业领导权被敌人所篡夺，有的企业现在还大搞投机倒把，有的未经申请批准招黑人办黑厂黑组，有的企业经营思想严重不纯，把企业引向邪道，这是一个很值得严重注意的政治问题。”批语还指出：“为了巩固社会主义阵地，各公社临时指挥部应结合无产阶级文化大革命，对现有社队企业注意进行整顿，凡属于混进企业篡夺了企业各项大权的地、富、反、坏、右分子和城乡投机倒把分子，要发动群众，进行揭发、批判、斗争，斗垮、斗臭，肃清其影响，并从企业中清除出去，送回原籍劳动改造，把企业领导权夺回到无产阶级革命派手里。凡属于经营方向错误的企业，要有准备地、有步骤地，在一定时期内转业转产。凡属于投机倒把和经商活动的黑厂(组)要坚决取缔。”在批判资本主义运动中，各公社把“不符合社会主义方向的社队工业”进行重点解决。石碁公社“取缔了11个厂(场)：其中有东风(石岗东)大队第三、第五生产队粉厂，水坑新村第一生产队豆腐厂，南浦大队小食店，解放(竹山)大队拉丝厂，新桥大队第一、六、七、九生产队翻砂厂、铸件厂、电镀厂、锻打厂。合并的有东风(石岗东)大队第八队油厂、水坑第一生产队油厂、红山(金山)十队淀粉厂，合并入大队经济，由大队经营。”[①]

这种状况在“文化大革命”时期反复出现，社队工业在限制、批判中艰难地发展。直至1975年后稍有改变。1975年8月，国务院讨论《关于加快工业发展的若干问题》，邓小平作了《关于发展工业的几点意见》的讲话，指出：“要确立以农业为基础，为农业服务的思想。工业支援农业，促进农业现代化，是工业的重大任务。工业区、工业城市要带动附近农村，帮助农村发展小型工业，搞好农业生产，并且把这一点纳入自己的计划。”[②]同年9月15日，国务院副总理华国锋在全国农业学大寨会议上的报告中说：“社队企业的发展，使公社、大队两级经济强大起来，有效地帮助了穷队，促进了农业生产，支援了国家建设，加速了农业机械化的步伐。它是促

番禺民田区社队开办农副产品加工企业，将自产蔬果加工成副食品，除供应本地市场外还出口创汇。

①番禺县革命委员会：《石　公社社队工业调查情况报告》，1970年3月4日。
②邓小平：《关于发展工业的几点意见》，《邓小平文选》，1975—1982年，人民出版社1983年7月第一版，第28～29页。

进人民公社制度进一步发展的重要物质保证。各地党委应当采取积极态度和有力措施，推动社队企业更快更好地发展。”10月11日，《人民日报》刊发了《伟大的光明灿烂的希望——河南巩县回郭镇公社围绕农业办工业、办好工业促农业的调查》，介绍了回郭镇公社发展社队企业的经验，并配发了题为《满腔热情地办好社队工业》的评论员文章，指出：社队企业“不仅为壮大集体经济、加速实现农业机械化创造条件，而且对于逐步缩小三大差别、加强工农联盟、巩固无产阶级专政也有极为深远的意义。”呼吁“要满腔热情地对待社队工业”。

1975年9月1日至5日，中共番禺县委召开了发展和整顿社队企业会议，各公社(镇)党委负责人和县有关办公室、行政局负责人共113人参加了会议。会议研究分析了番禺县社队企业的发展情况，会议指出：番禺的社队企业，从总的来说，发展的速度是缓慢的，今后必须加快发展步伐。会议提出，要实行书记动手、全党动员、依靠群众，全面规划、各方配合，切实把现有的社队企业整顿好，充分挖掘、利用本地资源和劳动力，发展社队企业，实现1976年社队两级企业总收入要比1975年翻一番。会后，各公社(镇)大力发展工业企业，原有工业企业开发新产品，扩大生产规模。市桥镇扩大了电筒厂的规模。该厂原是1957年由各街区的小五金手工艺人员组成的市桥五金综合总厂，当时以生产小五金产品为主。1965年开始生产手电筒供出口。为扩大生产，提高产品质量，在20世纪70年代初期，派技术人员到广州生产电筒的企业学习，吸收经验，进行技术改造，逐渐改为以生产手电筒为主，并改名为市桥电筒厂。初期年产手电筒5万打左右，1977年达20万打。该厂后发展为番禺海鸥集团公司。1974年，市桥镇为适应农村茅房改砖屋之需，投资3万元在市桥建材厂增设轧钢车间，配直径250×3轧机1台、直径250×1轧机2台，以旧铁船板为原料，轧制直径6～9圆钢，成品长约10米，卷成盘圆状出售，当年生产156吨，产品供不应求。1977年，广州市建委要求该厂试制简易钢窗用之小角钢，并委托其每年加工25×3角钢及T型钢1000吨，钢坯由市计委拨给指标。该厂遂再投资58万元，增建角钢车间，置Φ250×5轧机1台，于1978年4月投产，

石楼木器工艺厂生产红木家具

当年即生产钢型材3870吨。该厂发展成为颇具规模的轧钢企业。1976年，市桥机械厂分出部分人员组建市桥自行车零件厂，专门生产自行车中轴。市桥镇于1977年组建市桥服装厂等工业企业。大岗镇1968年把原化工原料厂与两间小型胶厂合并为大岗橡胶厂，生产海棉拖鞋、杂胶件等。1974年，大岗橡胶厂析出硫酸铝车间成立大岗化工厂。后来，化工厂通过加强管理，技术革新，提高产品质量，硫酸铝达到部颁标准，也取得较好的经济效益。1975年9月，大岗镇67名家庭妇女自带38台家庭缝纫机，外加木凳、木尺、剪刀等简单工具，租借200平方米旧楼房，创立大岗镇服装厂。1976年9月开始为省纺织品进出口公司加工“梅花牌”出口童服，并易名为大岗童服厂。1977年，再多租200平方米场地并使用机械设备生产，月产量提高至400打童服。该厂不断发展，后改名为大岗万新时装厂。据1975年6月番禺县整顿社队企业办公室《番禺县社队企业发展和整顿情况》报告，番禺县共有社队企业869家、职工20665人。其中，社办企业118家、8631人，大队办企业407家、9089人，生产队办企业344家、2945人。这些企业多是砖厂、砂厂、粮油加工厂、农机具电机修理厂和石场等，还有一些是直接为出口服务和为大工业服务的加工厂。1974年，番禺县社办企业完成总产值2665.74万元，比1973年的1954.37万元，增长36.4%。其中，公社办的为1135.26万元，两个区级镇办的为1255.96万元，街道办的为274.52万元。

1976年5月，番禺县社队企业管理局成立。1976年6月13～19日，番禺县委召开了社队企业工作会议，交流经验，参观学习，研究发展社队企业的措施。各公社（镇）党委分管经济工作的副书记或革委副主任，县各有关部委办局的负责人，共110多人参加了会议。县委书记李振卿全程主持会议，并带领与会人员到南海县参观学习；县委常委何桃作了大力发展社队企业的发言。会议结束后，以县委文件形式下发了《社队企业会议纪要》。这是一次从上而下的发展社队企业的大发动会议，也是加强对社队企业工作领导的新起点。会后，各公社相继成立了社队企业办公室，进一步抓紧社队企业的发展。石楼公社扩建了一批老厂，上了5大项目：500吨船坞、200吨位运输船、280亩海鸥岛商品塘鱼基地、日榨秋植蔗头30吨的糖酒厂。南沙公社投放70万元、100吨钢材、500吨水泥，建成日产3万块红砖的隧道窑。县社队企业管理局成立后，即深入社队企业调查研究，总结先进，推广经验，帮助整顿企业管理，促进社队企业的健康发展。县属各部门也大力支持社队企业的发展。1976年4月，县革委批转了县农机局《关于建设农业机械化先行队的报告》，决定以厂队挂钩的形式在全县建设18个农业机械化先行队，要求全县各行各业，特别是挂钩建设先行队的工厂要在维修设备、技术力量培训上给先行队大力支持。在厂队挂钩建设机械化先行队中，16家工厂支援了车床12台、钻床10台、电焊机8部、砂轮机10部、打铁炉10座、禾镰翻新机1台、钢材20多吨、轴承350多套、焊条300多公斤，有力地支援了农业大队农机维修站(农机厂)建设。在这个基础上，1977年1月开始，分3批开展厂队挂钩建设农机修理网工作，余下部分大队在1978年完成。

通过厂社挂钩建设，各大队农机维修站的设备水平和技术水平都有很大提高。粮食部门也派出技术人员到大队、生产队，协助建立粮油加工厂、饲料厂，安装设备，指导加工业务，传授操作技术，帮助维修粮油加工机械。

1976年上半年，农林部与轻工业部组织了联合调查，并向国务院提出了《关于把农村手工业划归人民公社领导管理的报告》。同年6月22日，国务院批转这个报告。批文说:“这对于更好地壮大公社企业，巩固发展人民公社集体经济，进一步发挥人民公社制度的优越性，加速实现农业机械化，加速公社工业化的进程，缩小三大差别，都具有重要的意义。”1976年11月，番禺在石碁公社开展划转工作试点，在取得经验的基础上，于1977年2月在全县范围内开展划转工作，并于3月完成。全县划归公社办的农村二轻企业77个、干部职工4200多人，年产值约2000万元。为保证企业的稳定，农村二轻工业企业划归社办后，原干部职工的工资粮食按原规定执行。各公社对划归社办的二轻企业十分重视，对它们遇到的困难，认真予以解决。石楼五金社由于电力不足，影响生产。公社党委拨来火电设备，使五金社能自行发电，增加生产。大岗公社和鱼窝头公社原来的二轻造船社因为用地问题未能解决，无法扩大生产规模。这两个公社的党委会为了促进造船业的发展，大力支持船社扩大生产，为它们解决了用地问题。潭洲船厂附近有10多亩泥滩，大岗公社原准备用于建葵类加工厂，也划拨给了船厂，支持该厂建造千吨船坞。

1975年后，番禺的社队工业在国家的引导和各级党委的扶持下，以较快的速度向前发展。1976年粉碎江青反革命集团后，社队企业冲破种种束缚，以更快的速度继续发展。社队工业进入了一个相对稳定的发展时期。1977年统计，全县社办工业企业有217家(含1977年由二轻局划归社办的77家企业)，工业总产值7538.48万元(1970年不变价)。各公社(镇)普遍建立了直接为农业生产服务的农机修造、建筑材料、造船、中小农具等工业企业，为人民生活服务的粮油加工、农副产品加工等工业企业，为大工业服务的机电、五金加工和为出口服务的日用品、工艺美术品等工业企业。1977年社办工业各行业产值情况见“表5-2”。

1966—1978年，是“文化大革命”10年和中共十一届三中全会前两年期间。这时期番禺县工业有一定程度的发展，先后建成了农药厂、磷肥厂、渡头氮肥厂，扩大了番禺氮肥厂、水泥厂的生产能力，社队工业也有较快的发展，主要工业产品产量有较大的增长，开发生产了一批新产品，还初步建立了县、公社、大队三级农机维修网。具体产品增长情况见“表5-3”。

然而，“文化大革命”时期，番禺的工业生产受到严重干扰，只能在“文化大革命”运动的夹缝中生存和发展。1966—1976年，全县工业总产值(1990年不变价)由20110万元增至29803万元，平均每年仅增长4.45%。从1965年、1970年、1975年3个年度番禺县属全民所有制劳动生产率和工业资金产出率(见“表5-4”)的情况看，这时期的工业经济效益也是低下的。1975年与1965年相比，虽经过10年时间，除全员劳动生产率有所提高外，每万元固定资产原值实现的产值反而下降了，税金增加不多，利润萎缩严重。出现这种状况既与“文化大革命”运动的干扰，造成管理混乱不无关系。同时，也是经济体制僵化、结构不合理的结果。要改变这种状况，非改革不可了。

1977 年番禺县社办工业总产值表

表 5-2　　单位：万元 (1970 年不变价)

项目	企业数	总产值	占总产值 %
	217	7538.48	100
在总计中：1. 重工业	65	1862.92	24.71
2. 轻工业	162	5675.56	73.29
在总计中：			
1. 城镇及街道工业	25	2825.87	37.49
2. 农村公社工业	192	4712.61	62.51
在总计中：			
为农业生产服务		1131.91	15.02
为工业生产服务		2882.08	38.23
为出口创汇服务		1550.21	20.56
为人民生活服务		1974.18	26.19
按行业分类			
1. 纺织工业	3	135.30	1.79
其中：棉纺织业	3	135.30	
2. 日用化学工业	3	254.58	3.38
其中：肥皂	1	8.23	
3. 五金制品工业	11	499.28	6.62
其中：日用电气器具	8	428.97	
铝制品	2	62.60	
金属家具	1	7.71	
4 塑料加工工业	4	169.72	2.25
5. 橡胶加工工业	2	471.86	6.26
6. 中小农具	50	1239.60	16.44
①铁制中小农具	7	108.92	
②木制中小农具	13	320.45	
③竹制中小农具	12	104.80	
④造船工业	18	705.43	
7. 缝纫工业	23	1171.42	15.54
8. 工艺美术品	7	164.09	2.18
其中：刺绣品	2	58.54	
珠绣品	1	5.03	
9. 工业性修理服务业	12	126.91	1.68
①农业机械修理	8	119.42	
②生活用金属品修理	4	7.49	
10. 轻工机械工业	24	767.76	10.19
①生产用机械制造	22	728.39	
②机电设备制造	2	39.37	
11. 建筑材料工业	32	973.24	12.91
①砖厂	12	321.65	
②石矿场	16	363.09	
③其他	4	288.70	
12. 木材加工业	1	31.00	0.41
13. 粮油加工业	4	30.32	0.40
14 食品加工业	8	455.99	6.05
15. 文教艺术用品工业	2	46.72	0.62
16. 其他工业	30	830.03	11.01
17. 生活用机械制造	1	170.66	2.26

资料来源：番禺县社队企业局《一九七七年工业总产值分月综合表》。

番禺县1966年和1976、1978年主要工业产品产量增长表

表5-3

产品名称	单位	1966年产量	1976年产量	1978年产量	1976年比1966年增长（%）	1978年比1976年增长（%）
合成氨	吨	7235	11060	16827	52.87	52.14
氮肥(折纯)	吨	4644	7906	10464	70.24	32.36
磷肥	吨		12282	13807		11.42
胶鞋	万双	44.04	56.94	62.09	29.29	9.04
塑料制品	吨	35	393	396	1022.86	0.76
食糖	吨	69480	60229	106260	-13.31	76.43
水泥	吨	11567	46423	55970	301.34	20.57
红砖	万块	2040	8565	9608	319.85	47.79
机制纸	吨	2529	6501	6763	157.06	4.03
酒精(折96%)	吨	1860	2500	2313	34.41	-7.48
手电筒	万支	102.4	172.21	324.12	68.17	88.21
电动机	千瓦	3872	28484	26561	635.64	-6.75
变压器	千伏安	10620	62921	55715	492.48	-11.45
金属切削机床	台		912	977		7.13
农用水泵	台		510	1325		159.80
铁制中小农具	万件	99.30	101.35	98.04	2.06	-4.27
脚踏打禾机	台	45	2541	1772	463.41	-30.26

番禺县1965年、1970年、1975年工业经济效益表

表5-4

项目 / 年度	年末固定资产（万元）		工业产值（万元）	税金（万元）	净利润（万元）	全员劳动生产率（元）	每万元固定资产原值实现		
	原值	净值					产值（元）	税金（元）	利润（元）
1965	1745	1420	5521	361	347	9053	31639	2069	1989
1970	1930	1397	6605	645	207	9303	34223	3342	1073
1975	3540	2177	8934	834	110	12077	25237	2356	336

资料来源：《番禺县志》(1995年)，第183页。

第六章　改革开放初期　工业加快发展

1976 年 10 月，随着江青反革命集团被粉碎，“文化大革命”结束，中国开始进入一个新的历史时期。1978 年下半年，全国开展了真理标准问题大讨论，彻底否定了“两个凡是”的错误思想，确立了“实践是检验真理的唯一标准”的正确观点。同年 12 月，中国共产党十一届三中全会召开，作出了全党工作重点从“阶级斗争”转移到社会主义现代化建设上来的重要决策。1979 年，成为中国进入全面解放思想、改革开放新时期的元年。番禺工业，也迎来了一个全新发展的机遇。

改革开放后，番禺发挥背靠广州、邻近港澳的优势，加快了工业发展的步伐。1979—1991 年，工业产值年均增长率达 22.7%，超过了全省乃至全国的平均增长速度。工业能高速增长，首先是大力抓好交通、能源、电信等基础设施的建设，改善了投资环境，于是“桥通、路通、港通、财通”；第二是大力发展县、镇、村经济，开拓外向型企业，逐步建成以县镇工业为主体，以外向型经济为导向，以制糖、轻纺、汽车装配、建材、机械、家电、电子、食品加工等为主干的工业体系；第三是改革经济体制和改善经营管理，工业投资改财政拨款为银行贷款、利用外资、地方及部门自筹，行政管理由管得过多、统得太死改为扩大企业自主权，分配制度改“大锅饭”为多劳多得按劳取酬。

20 世纪 80 年代初，番禺城乡开始冒出“万元户”。数年后，万元户比比皆是，工业个体户甚至有资产逾百万者。番禺的工业发展，始开拓出众彩纷呈的局面。

第一节　从全面纠错到观念更新

1978 年，全国开始拨乱反正。对在历次政治运动尤其是“文化大革命”期间造成的冤、假、错案予以公开平反。同年 6 月，中共番禺县委成立落实政策领导小组，下设办公室和 65 号办公室，负责此项工作的复查、落实、推动。同年 10 月 5 日，在市桥人民会堂举行大会，为“文化大革命”期间被迫害致死的副县长刘鉴三、小学教师郑锦涛平反昭雪、恢复名誉，并抚恤家属。同月 18 日，中共番禺县委再次召开落实政策大会，宣布撤销原县革命委员会于 1968 年 8 月 3 日诬陷 28 位领导干部为“走资派”和“反革命修正主义分子”的所谓“公告”，并分别发给平反通知书。1978 年 11 月 12 日，县委在市桥召开万人大会，对所谓的“新南沙反共救国军”冤假错案平反。1979 年，在“文化大革命”期间被迫害致死的 72 人全部平反；被强令疏散、遣送到农村的 442 人，除自愿留农村者外，其余 384 人均复户复工；对 221 宗“反革命案件”涉及的 247 人，改判无罪或免刑、减刑。1979 年，县工业局也在本系统内开展落实政策工作，为受害的干部职工平反昭雪，恢复职级，安排工作。1981 年 6 月，中共中央在十一届六中全会上审议通过了《关于建国以来党的若干历史问题的决议》，为拨乱反正、平反冤假错案奠定了思想基础和组织基础。1979 年，全县 99.8% 的地、富等“黑七类”人员“摘帽”；1982 年年末，余下 0.2% 的“黑七类”人员亦摘去帽子，同时改变其子女的家庭成分。

政策的落实到位，使“文化大革命”的余毒被逐步清除。由此重新树立了干部群众对拨乱反正、集中精力投入经济建设的信心，为加快番禺工业发展奠定坚实的政策基础和思想基础。

同时，随着改革的深化，番禺各级领导和群众在加快工业发展方面的相关理念得到了迅速的转变和更新。

一、从满足于农业大县地位转为追赶“广东四小虎”

改革开放前，番禺属农业大县，交通条件恶劣，工业基础薄弱且发展缓慢。工业体制分别有全民所有制和集体所有制两种。在全民所有制中，分别有县属地方国营工业、县办工业、粮食系统工业、部门办工业；在集体所有制中，分别有二轻系统工业和社队企业。主管部门分属过经济委员会、计划委员会，农业委员会也分管过社队企业。无论那种体制的工业，发展方向基本上围绕农业的发展而发展，农业为工业提供原材料，农村是工业产品的主要市场。番禺地处珠江三角洲平原，河网纵横、土地肥沃，是广东乃至全国著名的鱼米之乡，是粮食、甘蔗生产大县。在“以粮为纲”的统领下，“支农”成为工业的首要任务。另方面，不少干部满足于“农业社会主义建设先进单位”的称号，满足于全国农业大县的地位，不愿工业离开农业；不少干部长期受“极左”思想影响，不敢走在前面，不敢破旧立新。直到 1976 年，沙头公社横江大队还因各生产队都兴办砖厂，增加了农民收入，被当作“资本主义典型”来批判，在番禺工业界和思想领域造成极大的混乱。在混乱的思想指导下，工业发展的潜力未能发挥，导致番禺工业一直发展缓慢。1977 年，全县工企业总户数仅 285 家，其中省市属国有企业 3 家，县属国有企业 45 家，社办企业 217 家，二轻工业 20 家。工业总产值 39477 万元（1990 年不变价），其中市属国有企业 8263 万元，县属国有企业 12178 万元，社办企业 9755 万元，二轻工业 9281 万元。工业产品主要是化肥、农药、蔗糖、水泥、红砖、农机等服务农业、农村的生产、生活资料。

改革开放以后，整个社会从封闭走向开放，人们的思想观念从保守走向进取，生活方式从满足温饱到追求更高的生活质量。东莞、中山、顺德、南海四市县，在经济大潮中率先奋起，脱颖而出，被誉为“广东四小虎”。而广东四小虎则成为继“亚洲四小龙”后又一个经济腾飞的新标杆。番禺县委、县政府面对邻近市县的经济建设成果，根据党中央坚持解放思想、实事求是的思想路线，大胆调整思路，扭转单纯的支农意识，确立

榄核镇万安红砖厂

"无工不富"的观念，提出以工业为主导、二三产业同时发展的方向，制定出追赶"广东四小虎"的目标。1980年8月，县委召开经济工作扩大会议，各社、镇、部委办局一把手共100多人参加。会议就加速经济发展、让农民尽快富裕起来等问题展开讨论。会议特别强调：当前经济形势虽好，但思想还不够解放，步子还不够大。号召与会人员要解放思想，大胆致富。在抓好粮蔗生产的同时，迅速恢复番禺的名牌产品和发展出口产品，大力发展社队企业和联营企业，外贸、二轻等部门要给予积极协作和大力支持。会后，一个和"四小虎"近似的多形式发展经济的局面逐渐形成，并为后来的工业发展打下一定基础。1981年，全县工业企业总户数增至1394家（含村及村以下工业企业），比改革开放前的1977年翻了两番；工业总产值73276万元，比1977年也翻了一番多；全县人均收入为278元，而工人年人均收入接近1000元。

1984年11月，县五套领导班子召开改革专题学习会，学习贯彻十二届三中全会《中共中央关于经济体制改革的决定》。会议强调：要深入贯彻落实党中央"决定"精神，在继续搞好农村改革的同时，加快以城市为重点的整个经济体制改革的步伐。从农业大县的满足感中走出来，以经济体制改革为动力，奋力追赶"广东四小虎"。1985年上半年，全县工业生产形势喜人，总产值比上年同期增长50.17%。其中，二轻、乡镇企业产值分别比上年同期增长59.38%和37.40%。机电行业因生产了4.22万台48寸吊扇和21万台EL-838计算器，产值比上年同期增长2.01倍。

石碁镇在批判"以粮唯一"思想后，在抓好镇办企业的同时，因地制宜发展村办企业。1985年，全镇有村办企业195家，从业人员5000多人。村级经济总收入1850万元，比上一年增长42%；纯收入620万元，比上一年增长25%。这个曾经以粮食高产为自豪的农业大镇，在转变观念之后，走上了"宜农则农、宜工则工"的发展道路。

二、从依赖计划经济转为参与市场竞争

长期以来，中国实行计划经济管理、产品统购统销的政策，严重阻碍了市场经济的正常发展。番禺作为农业大县，对计划经济的依赖较为严重。1979年4月，党中央根据国民经济比例失调现象，提出"调整、改革、整顿、提高"八字方针。随着国家宏观经

番禺新造氮肥厂于1961年投产，经多年扩建，生产农用碳酸铵、食用碳酸铵和碳酸氢铵等产品。

济调整逐渐落实，计划经济规模逐渐减少，影响逐渐收窄，商品经济得以逐渐发展壮大，形成一段“双轨制”的过渡时期。番禺工业根据市场需求，及时扭转产销观念，调整生产布局和产品结构，增加碳氨、磷肥、水泥、机制纸、胶鞋、电筒、印染布、泡沫凉鞋、服装、出口钢家具等适销产品的生产，扩大销售。

1980年初，番禺县工业局通过分析当年产销形势后认为：随着调整的深入，工业生产在发展过程中的矛盾将进一步暴露出来。有些企业生产任务严重不足，有些产品和原材料的供销渠道已发生了重大变化，这些问题都会给完成当年任务带来很大的压力和困难。为此，要求各厂企根据市场竞争形势，改变产品结构，提高产品质量，增加花色品种，努力在经营思想和经营方法上来个大转变，把计划调节和市场调节较好地结合起来，压缩长线产品和滞销产品，发展适销对路产品，逐步改变生产被动局面。

根据以上思路，莲花山纸厂由滞销的凸版纸改产为畅销的卷筒卫生纸、香巾纸，同时提高内销瓦楞纸的质量，保持了较高的市场竞争力。

渡头糖酒厂生产的驰名龙虱酒、醇旧双蒸酒、三蒸酒和益健乐乳酸饮料等产品。

渡头糖酒厂在“计划经济”的余晖中有所收获。1985跨1986年榨季，在全国218家中型糖厂技术竞赛中，以总回收率88.46%名列第二，以煮炼回收率92.22%和吨蔗耗煤节省5.53%夺两项第一；糖产品质量获广州市第一名和广东省第四名。同时，在市场经济的朝阳下亦有所举措，恢复和增加了参茸龙虱酒、青梅酒、糯米酒、五加皮酒、酒精、无酒精饮料等品种，适应了市场的需求，促进了生产的发展。

番禺电机厂与广州远达日用电器厂、广州风扇总公司联营，生产钻石牌吊式风扇，还获省优质产品奖。图为该厂工人检验产品质量。

鱼窝头糖厂生产的双钱牌白砂糖和冰片糖，被轻工部评为优质产品，是国内第一个获部优称号的冰片糖品牌。此外，该厂还根据市场需要和本地资源，生产蔗汁饮料和松鹤牌马蹄（荸荠）粉，并建立了日处理马蹄50吨的附属厂，在服从“榨蔗”的计划经济中开辟了附属产品的“市场经济”。

县橡胶厂的老牌产品“解放鞋”销量大降，严重“吃不饱”。该厂根据市场变化转产皮鞋和皮凉鞋，1982年底试产成功，月产2000多双，产品供不应求。

市头甘化厂与省制糖学会、省糖纸工业公司合作研制日榨甘蔗4000吨的GSC2000-A型恒比滚动式甘蔗压榨机，填补国内空白。1982年生产4台，1983年生产9台，均为县内梅山糖厂、省内及广西等大型糖厂定制。

县红桥汽车装配厂采用HJ134底盘自行设计试制HQ641型25座中型客车，并通过专业鉴定，被纳入南京汽车工业联营公司定点产品，跻身于汽车装配的竞争行列。

县农机一厂和电机厂在失去国家计划安排、老产品大量滞销的严峻形势下，在发展适销对路产品中求得生机。农机一厂减少了空气锤、氮气机等老产品的生产，转产冲床并承接港商来料加工装配业务。电机厂减少了电动机、变压器、调压器等老产品的产量，大力开发内外销吊扇生产，并按名牌风扇的质量标准改进生产工艺，成为广州市郊县第一个钻石牌电风扇生产定点厂。1984年10月，广州市风扇工业公司把该厂定名为“广州市远达家用电器厂”，并下达了下一年生产电风扇10万台的任务。

县农机一厂属下的超声仪器厂与科研单位合作，研制生产超声心动图仪和超声眼球诊断仪，质量优于国内同类产品，获得医疗卫生部门的不少订单。

县机锻厂转产飞轮、翻铲。专用设备厂由原生产车、刨、钻床转产橡胶专用设备和自行车零配件。

县电镀厂研发铝材无机电解着色工艺，成功打入家具、门窗、装饰材料着色加工市场。

县电镀设备厂生产CF-9型磁力耐腐蚀过滤器、D1.2-61W无油离心鼓风机等一系列产品投入市场，解决了生产任务不足的难题。

番禺粉厂增加了银丝粉、宽条粉新品种，提高了产品价值。

县农副厂更名“番禺县保健食品厂”之后，研制成功冬茸羹、红萝卜马蹄晶、菊花雪梨晶、菠萝柠檬晶、瑶柱七丝羹、龙凤燕窝羹等系列产品。粮食系统属下的禺山饮料厂研制成功“益健乐”乳酸饮料。两厂产品需无计划经济的安排，却广为市场所接受。

县食品厂的“大石腐乳”改自然发酵为纯种发酵，既保留了风味，又增大了产出，深受港澳市场欢迎。

番禺磷肥厂是“政策性亏损大户”。1983年，该厂在抓好磷肥生产的同时，自筹资金250万元，在华南工学院等单位的支持下，建成年产3.2万吨水泥的车间。1984年1～8月，生产水泥17537吨，获利16.7万元。另根据市场需求，扩大硫酸、氟硅酸纳、磷酸、硫酸铝、复合肥的生产。同年1—8月，盈利14.5万元，比上一年同期增长231%，建厂15年来第一次甩掉了亏损的帽子。

为增加销售、带动生产，其他有条件的企业也采取开办产品展销门市部、设立代销网点、参加各种展销会和订货会、登门联系等多种方式推销产品，结合代办运输、送货上门等服务，多渠道多形式开拓产品销路。

社队企业也在调整中提高壮大。石楼机械厂从农副加工厂转产而来，初期为省拖拉机厂加工柴油机零件，后制造C6132车床和牛头刨床等小型机床。市场供求变化后，逐步减少乃至停产车床，转而为广州电梯厂加工电梯速控器、安全钳等零部件；与港商开展来样生产业务，仿制日本6MM钻孔两用机瑞典525型台式钻床、丹麦E18型手动液压弯管机，还生产国内设计的Z512台钻和钻攻机和B630牛头刨床等产品。经销单位分布国内8个省市机电设备公司，产品畅销全国各地。

化龙橡胶厂从生产橡胶半成品转为与华南工学院合作研发生产橡胶护舷，产品畅销南方各大港口。

市桥轧钢厂针对原主要产品圆钢滞销，而作为拉闸、钢窗原材料的扁铁需求量极大的情况，增置设备，大量轧制扁铁，生产从“吃不饱”到“吃不完”。

南村镇办服装业因调整产品结构而适应市场。1981年，服装厂、童服厂、针织厂等三家企业合计利润总额为134万元，占全镇企业利润总额近60%。南村镇办企业总产值2100多万元，纯利230万元，两项指标均列全县之首。

万顷沙镇除巩固原有工业基础外，针对市场需求开办了橡胶厂、塑料编织厂、饲料加工厂、玻璃钢壳船厂、玻璃钢渔具厂等新厂。

通过调整，1980年，番禺县工业生产全面增产增收，双超历史最高水平。

南村镇南兴服装厂的服装产品

工业总产值31220万元，比上年增长17.8%，完成年计划110.7%。工业利润分别是：国营工业实现421万元，比上年增长1.46倍，完成年计划131.7%；二轻工业实现207万元，比上年增长7.8%, 完成年计划103.5%；社队企业实现1032万元，比上年增长11.3%。1983年上半年，番禺工业再创历史新高，实现总产值22389万元，比上年同期增长7.4%。在计划经济规模逐渐减少，影响范围逐渐收窄，商品经济逐渐壮大，市场竞争逐渐激烈的形势下，番禺工业及时调整，顺利地渡过了这段“双轨制”的过渡时期。

1986年8—9月间，“中国乡镇企业出口商品展览会”在北京农业展览馆举行。番禺乡镇企业的收录机、鸿运扇、石英钟、服装、鞋帽、手袋、电筒、电子电池、计算器、塑料、机电五金等产品参加了展览。县乡镇企业局组织各镇工业公司经理40多人赴京参观。展览会让番禺很多乡镇企业获得了订单、了解了行情、开阔了视野、扩大了影响。

三、从视规章制度为“管卡压”到真正重视企业管理

1981年以前，番禺县的国营和二轻企业招工由番禺劳动管理总站负责；社办企业招工由该公社的劳动管理站负责。1981年，成立县劳动服务公司，负责全民所有制企业和县属集体企业招工；社办企业仍沿用原办法招工。招工分固定工和临时工两大类，以固定工为主、临时工为副。人们一旦成为固定工，就等于端上“铁饭碗”，除触犯党纪国法外，可工作至法定年龄退休。这种人事管理模式虽然能为职工队伍带来很大的稳定性，但过分的稳定也滋生了庸、懒、散现象。工厂实行定级工资制度，从厂长到工人、从师傅到学徒，按职务、技术高低定为若干等级，工资等级确定后，企业的效益高低与工资无关。“大锅饭”是对当时工资制度最形象贴切的比喻。“做亦三十六，不做亦三十六”(月薪三十六元)是当时的流行语。更有甚者，上班时间迟到、早退、旷工赚外块，变成“做亦三十六，不做四十六”。“食饭靠集体，赚钱靠自己”成为潜规则。在“工人阶级必须领导一切”的政治气氛下，企业的规章制度形同虚设；干部批评不良现象、教育后进工人，被斥之为“管、卡、压”；工人纪律涣散，迟到、早退成为家常便饭；企业对窝工、怠工、出勤不出力者放任自流。

在此期间，部分社队企业实行计件工资制度，在某种程度上体现了“多劳多得”的分配原则，但因其规模小，且只做不说，故总体上对上述局面并没产生重大影响。

随着农村联产承包责任制的普及，企业也开始打破“铁饭碗”和实行工资改革，“炒鱿鱼”（开除）、“发奖金”又成为一段时期的流行语。县属企业主管部门和各社镇政府对企业实行责任制管理，内容包括：产量、产值、成本、税利、设备、技改、固定资产等方方面面。企业把任务、指标层层分解到各车间、班组、个人，对所有可以量化的指标核算出详细的定额，对定额实行严格管理。机械、电器等技术含量较高的厂企，制定出标准操作规程，要求工人按工厂设计的标准动作操作，对违规者轻则批评、重则处罚。所有企业都制订了严明的纪律和清晰的制度，对违纪者须对号入座依章处理，最高处罚

为开除出厂。同时，企业内部大力开展职工培训，普及技术、管理知识，为制度建设和强化管理打好基础。

省、市大企业与县内小企业开展横向联营，不但开拓了产销渠道，还扮演了企业管理的“启蒙导师”。灵山制线厂作为一个有20多年历史的老企业，企业管理却差强人意。自与广州市纺织品进出口公司、广州振华制线厂联营后，不但得到技术、设备、业务的扶持，还得到加强企业管理上的帮助，从而提高了企业素质，增加了企业活力。1985年，仅有“宝塔线”一个产品的制线厂，就从亏损变为获纯利9万多元。灵山制钉厂同样是亏损企业，1985年与广州市机床工具工业公司联营，合作生产制钉机，不但改变了产品结构，改善了工艺和设备，打开了产品销路，还和制线厂一样，收到了“企业管理软效益”，仅8个月就盈利20多万元。番禺农机一厂过去只生产冲压设备，产品单一，经营困难。后与省市科研单位和大型厂企开展横向联营，增加了啤酒设备、食品机械、制糖设备和建筑设备等产品。1985年度的销售、利润分别突破千万元和百万元大关。在任务不足时，工人普遍认为：只要“有米下锅”，怎样管理都能赚钱。在横向联营后业务饱满，经“老大哥”管理示范后他们才明白，营销管理只是企业管理链条中的一环，还有诸如生产管理、财务管理、人事管理、安全管理等一系列管理需要高度重视。工人们的认识过程，是从“饿”到“饱”的企业转变中体验出来，具有普遍性。

通过打破“铁饭碗”、丢弃“大锅饭”，加强企业管理，莲花山纸厂、番禺氮肥厂、番禺染整厂、红桥客车厂、瑞丰机电总厂等一大批老国营、老二轻企业重新焕发了生机；社队企业的服装、机械、建材、建筑、食品、交通运输各个行业发展迅速；新办企业如莲花山电厂、梅山糖厂等大型厂企，从诞生之初就走上加强管理的正确轨道。

四、从批判“技术权威”到重视标准化、规范化管理和开展职业培训

“文化大革命”中，企业的技术管理体系被严重冲击，工程技术人员被扣上“反动技术权威”帽子受到批判、歧视、管制。“大老粗”治厂渐成“革命”潮流。社队企业虽对“技术权威”歧视较少，但技术人才极其匮乏。个别企业私下聘请国营、二轻的工程师到厂帮忙解决技术问题，一旦被发现，即被扣上“黑师傅”帽子，被公社责令清退。当时企业的质量控制普遍简易粗放，大多凭眼观、耳听、手摸、鼻闻、舌尝等感觉而定。因而导致产品粗制滥造，质量事故层出不穷。

随着计划经济日渐式微，市场竞争渐趋激烈，港、澳、台商的“三来一补”业务在番禺快速开展，科学管理的模式顺势传播，更随着国家名优产品评创活动的有力推动，标准计量、规范管理和全面质量管理在番禺工业系统普遍推广。1986年始，工业产品创优活动广泛开展。创优条件之一就是企业必须推行全面质量管理并能通过验收。创优企业的TQC（全面质量管理）活动在工业领域起到一定的示范作用，为工业企业在提高管理水平上积累了经验和提供了示范。

早在20世纪80年代初期，市桥电筒厂的“海鸥牌手电筒”就因质量上乘而畅销全世界70多个国家和地区。该厂设立了厂部、车间、班组三级质检网，实行工人自检、工序互检、技术专检制度。质检员均由责任心较强的技术骨干担任，除拥有在质检方面的绝对权威外，工人每月奖金也要质检部门会签后，财务部门才能兑现发放，技术权威受到前所未有的尊重。1981年，“海鸥牌”手电筒出口量达80万打，比1980年增长65%，超额完成全年出口任务，出口电筒产值1100万元。在狠抓现代企业管理的同时，该厂没有放弃传统的思想政治工作，大力开展最佳工段和最佳操作评选活动。内容包括：增产节约、完成指标、优产高质低耗、合理化建议等；评选方法为：各生产线每月统计成绩一次，每季评选一次，年终厂部总评。

番禺海鸥电筒厂专业生产各式电筒38种，远销世界78个国家和地区。

1981年，榄核陶瓷厂开办，生产当时供不应求的沙盆、黄盆，填补了番禺陶瓷工业的空白。该厂创办之初，除派员到佛山第三陶瓷厂学习外，还从佛山聘请了两名退休技术工人回厂指导生产。昔日被批判的“黑师傅”又成为受人尊重的技术权威。在老工人的指导下，成品率从不足70%上升至90%以上，年产各类陶瓷盆60万个，年产值30多万元。

番禺电镀厂因技术问题，电镀的产品并不高档。1983年，在广州市电器科学研究所的帮助下，“铝材无机电解新工艺”试验成功，填补了省内空白。该工艺运用二次电解的方法，在铝材表面附上一层高硬度、耐高温、耐腐蚀且色泽光艳的氧化膜，甚合楼堂馆所、家用电器、日用五金的铝材装饰之用。新工艺一经采用，生产任务即应接不暇，大大提高了企业产品的档次和经济效益。工人们一致认为：工艺的成功原因很多，但重中之重无疑是广州专家的技术援助。

县农机一厂技术力量较强，但“文化大革命”时期“技术权威”备受冲击。20世纪80年代初，厂领导班子解放思想，提拔2名技术员担任副厂长、7名技术员任正副股长或车间主任。副厂长、工程师吴秉衡抓全厂生产技术，带领下属分厂研制出达国内先进水平的“心动图仪”和“眼球仪”。助理工程师谢文教“放下包袱”后，研制成功10吨龙门吊机，比原来工效提高6倍。

横沥水泥厂自1982年投产后，生产效率低，产品质量差，生产经营难以为继。1984年初，聘请广州市水泥专业退休工程师到厂当顾问。经短期调研后，提出4条对症下药的措施：1. 定员定岗。经考核留下128名员工，精简掉60多人。2. 工资浮动。按1吨合格水泥 17.4 元的工资成本分解到各工序、个人，多劳多得。3. 改革工艺。把原来破碎工序从垂直提升式改为平行输送式，提高了工效。4. 狠抓质量。每个车间设质检部门，从源头控管产品质量。通过实施规范化管理后，水泥日产从原来最高只有 25 吨提高到正常的 30 多吨，最高日产达 40 吨；水泥质量从过去“只能落地、不能上天”（只能铺地面、不能建楼房）的 400 标号以下，提高到 400 标号以上，最高可达 500 标号，超出国家质量标准之上。四项措施的落实，不但使水泥销售由滞变畅，实现了建厂以来的首次产销两旺，还使干部、工人认识到规范管理的现实意义，为全厂员工甚至连同公社相关干部，进行了一次提高企业管理意识的“洗脑”。

莲花山电子厂生产的扣式电池，是标准化要求较高的科技产品。该厂在各工序设立质检员严格把关，产品合格率稳定保持在 99% 以上，超过了国家的技术标准要求，产品荣获省优质奖。1985 年上半年，已超额完成全年生产任务，产值 220 万元，利润 59 万元，相当于上一年同期的 12 倍，人均为国家创税利 1 万元。科技产品是技术密集型企业的产物，它的出现，宣告了“大老粗”时代的结束。20 世纪 80 年代中期，不但对“技术权威”“黑师傅”的歧视彻底消失，一些“星期日工程师”还名正言顺地在报纸刊登广告承接业务。此举不但为企业解决了技术难题，增加了工程师的经济收入，还彰示着尊重知识、尊重技术的日子已真正到来。

石碁镇旧水坑五金综合总厂是外向型经济为主的村办企业，属下 4 家外资企业主要生产电子元件、中周线圈、电路板、计算机、电子手表、音箱、扬声器、送话器、耳塞机、玩具车、动物玩具服装等产品，对标准化、规范化要求甚高。该厂以人才工作为抓手，带动现代企业管理的全面提高。具体措施是：1. 由驻厂外商负责招聘、考核应聘及在岗的工程技术人员，把好人才进入的端口和管好用好工程技术人员。据 1992 年统计，该厂有大专以上专业技术员 85 名，其中中级以上工程师 38 名。2. 合理解决生活待遇问题，安排工程技术人员在村的“工程师楼”或市桥镇居住，室内彩电、冰箱、空调、家具、厨具一应俱全，上下班配专车接送，为他们解除生活上的后顾之忧。3. 输送技术人员到国内和日本、新加坡等地进行业务培训。4. 大力提拔技术人员担任领导职务，其中任课长、主任的有 33 人，副厂长 1 人。该厂的人才待遇在全县首推为冠。1994 年，该厂被评为广州市创亿元乡镇企业，获广州市外商投资企业金鸡奖。

旧水坑五金综合总厂生产车间

石碁镇办工业企业在重视本地人才培养的同时，还通过各种渠道在全国范围内招聘工程技术人员。至1993年初，到石碁工作的工程师有250多名，其中高级工程师有13名。此外，还吸收了200多名专业对口的中专生到生产第一线。大批外来“技术权威”的应聘就职，改善了该镇工业系统的人才结构，加快了企业管理上档次的进程。

1987年起，国家对企业开展计量定级，对通过工厂、车间、班组计量检收的企业颁发三级计量合格证；无标准的产品不允许批量生产。1988年10月，县乡镇企业局召开全县乡镇企业上等级、产品创优工作专题会，16个镇、45家企业的厂长经理参加了会议，总结交流标准化、规范化管理经验，布置企业上等级和产品创优等工作。同年11月，县乡镇企业局被评为1988年广东省乡镇企业系统“质量管理、产品创优工作先进单位”。在形势的要求下，企业必须按标准严控质量，全面质量管理（简称TQC）在企业广泛推行。发端于国家对计量器具和产品质量标准化的相关法规出台，也推进了管理标准化和规范化在企业的开展，同时也为日后更先进的ISO认证打下了技术上的基础。至此，技术管理才真正走上较高的台阶，“技术权威”才从备受歧视到倍受尊重。

20世纪80年代初，番禺县工业局率先开展企业管理培训活动，邀请广东省委党校理论教员王守登到市桥镇讲授企业管理课程。内容从美国的泰罗制至日本的TQC，时间长达半年之久。1980年，县工业局举办首届技术表演赛，来自14个单位的75名选手在县农机一厂参加了比赛。比赛有钳工的平键、车工的精车螺纹和切削轴、焊工的焊接空压机气鼓等内容，以质量高、耗时短作评分标准，评出参赛者名次并予奖励，开番禺工业技术比武之先河。县二轻局在1980年就重视职业培训工作，分别在市桥、大岗举办服装行业技术骨干培训班。培训班以专业和业余相结合的办法进行学习，每期学习两个月。师资由各厂选派的技工担任，另聘请广州市服装研究所5名技师前来授课。首期学员就达230名，受训人员均成为日后的技术骨干。市桥制药厂长期举办文化补习班和业务培训班，全厂超过70%人员参加。还经常聘请外单位技术人员到厂辅导，选派青年人到省市有关部门进行短、长期培训。1983年，该厂青年技术人员研制出“宝宝钙糖片”“口服补液”等5个新产品，一经推出畅销全国。1984年4月，钟村电子元件厂与香港番禺电业有限公司签订来料加工合同，并实行全镇放榜招工，严格考核，择优录取。在首批录取的60多人中，再精选10多人作为骨干培养，派赴香港1—2个月学习电子技术，所有经费由外商支付，开了番禺来料加工企业这类培训方式之先河。因生产“钻石牌”吊风扇而驰名的广州远达日用电器厂，近70%的工人接受过进修培训，每年举办三次全厂技术大比武；组织有11个TQC小组，抓好全面质量管理工作，产品合格率长期保持在99%以上。之后，国营、二轻、社企各系统成立青年厂长经理协会，交流推广企业管理经验。市桥镇工业总公司重视人才培养。1985年，提拔一批有文化、有技术、有干劲的年轻干部到大专院校学习企业管理，提高了干部的理论素质。沙头镇的“江南化工仪表厂”是番禺首家电子生产厂。该厂除鼓励广大青工勤奋自学外，还聘请了广州氮肥厂、广州市电子工业总公司的工程师到厂举办“晶体管电路及仪器使用”“漩涡流量计焊接工艺”“收录机安装工艺”等培训班，有30多名业务考核成绩优秀的工人成为工厂技术骨干。该厂产品亦从单一生产漩涡流量计发展到生产示波器、函数发生器等10多个品种，产品畅销国内17个省市。1985年1至10月，该厂创造产值770万元，利润比上一年同期增长两倍，被列为中央化工部定点生产厂。沙头镇仅1985年就开办各类学习班、短训班、技术讲座合计54个，学员4260人，占40岁以下人员的25%。主要有电子技术、基础电工、无线电子技术、五金家用电器、编织、磨光、塑料、印刷、汽车维修等与社队企业生产实践密切相关的专业。沙头海绵厂从厂长到学徒开展全员技术培训，提高了员工素质。梅山糖厂首开番禺委托大专院校代培人才之路。1985年，该厂代培生、进修生合计163人。代培项目有制糖、造纸、食品等与糖厂生产直接对口的专业，另有外语、法律、师范、幼师、环保等多个与该厂全面发展配套的专业。

番禺县乡镇企业局针对管理干部普遍存在文化基础低、管理水平低、决策能力低的“三低”现象，按照实用、实际、实效的“三实”原则，开展多形式、多渠道的在职培训。首次举办的厂长经理学习班，邀请华南工学院管理工程系教授周裕新前来授课，各镇办企业厂长、经理踊跃报名，高涨气氛前所未有。1991年11月，该局正式举办首届厂长、经理岗位培训班，考试合格者颁发结业证书，作为人才培养和使用的参考依据。从开展培训之初到1991年年底止，乡镇企业举办各类专业培训班1464个、学员共63426人（次）；委托大、中专院校到县、镇举办证书班32班、学员共1247人。石楼成人教育学校属番禺开办较早的成校，开办早期大量设置企业管理课程，统一由广州高等院校专业老师授课。石楼经济发展总公司规定属下厂长经理必须完成相应课时。多年来，各系统、社镇、厂企乃至个人，采取“走出去、请进来”的形式，举办或参加各类学习班、培训班、证书班、学历班的培训学习，提高了职工队伍的整体素质。1991年，镇办企业员工大专以上学历比例从1986年的0.05%提高到0.81%；中专（高中）学历比例从9.4%提高到17.02%；初中学历比例从36.3%提高到45.01%；各类专业技术人员从247人增加到1631人，比例从0.5%提高到3.05%。县乡镇企业局于1989年被评为“全国农业系统成人教育先进单位”，1990年被评为全国乡镇企业系统“企业管理年”活动先进单位。

1984年12月，以县工业系统为主的一批年轻人，联合有志于促进本县经济发展、爱好探索经济问题的各界人士，自发成立番禺经济学术研究会，出版《番禺经济》刊物，普及经济管理知识。首批会员27人，副县长石铭磬为顾问，县经济发展总公司副董事长何明海任名誉会长，县委宣传部副部长邬志坚任会长，是广东省县级基层成立的第一个经济学会，开广东省民间经济管理理论研究之先河。其后，“番禺县青年厂长、经理协会”成立。前者侧重经济管理理论的研究，后者侧重企业管理实践的交流。1985年年末，县农委、经委、财委、团委联合举办“争当优秀青年厂长、经理活动”，评选出标兵5名，16人受到奖励。西南铝联合公司的陈国、县磷肥厂的何志权等20多人被评为优秀青年厂长、经理。这批脱颖而出的管理人才，不但在工作中创造出良好的经济效益，而且成为日后规范管理的标杆人物。

除在职培训外，始建于1986年的番禺劳动局职业技术培训中心所开展的就业前培训，也为番禺工业输送了大批实用型人才。该中心根据工业生产之需，开设了电脑、电工、焊工、汽车维修、摩托车维修、施工员、打桩机操作工、司炉工等数十个不同专业。理论课老师大多来自广州各大专院校；实操课教师云集了全县工企业的行尊，如“焊王”“电王”“桩王”等，比比皆是。学员大多为学以致用者，其发自内心的高涨学习热情，为普通教育所不能及。此外，该中心还开拓联合办学新路子，与个别镇成人教育办公室、职业中学和广州一些技校联合招生办学，为番禺工业技工人才培训创设了多个平台。该职业技术培训中心因而被誉为“技工摇篮”。

番禺境内的省市属糖厂人才较为集中，不但对培养番禺糖业人才不遗余力，还支援国内新办的30多家糖厂，代为培训制糖技工数千人。

五、从回避海外关系到发动华侨和港澳台同胞支援家乡建设

据不完全统计，旅居海外和港澳台地区的番禺人有40多万，分布在40多个国家和地区。其中，港澳乡亲有20多万人，另在县内亲属20多万人。1956年，毛泽东主席就接见过澳门中华总商会理事长、番禺籍人士何贤。“文化大革命”期间，全国统战、侨务工作受到极大冲击，海外关系被视为“复杂的政治关系”。番禺不能独善其身，归侨、侨眷和有海外关系的人员被视为“高危人群”，未被发现者则讳莫如深，唯恐招来不测之祸。

1978年年末，全国侨务会议在北京召开。会议批驳了“海外关系复杂论”，号召大家“要解放思想，大力发展侨务工作”。1979年2月，广州市侨务办公室下发《关于认真落实侨改户政策的意见》，要求做好华侨地主、富农改变成分的工作。1979年，县政府成立侨务工作办公室，番禺侨务事业走上正轨。之后，县政府设立落实华侨房屋政策办公室，专职负责解决侨房遗留问题。改革开放后番禺华侨政策的调整，以退还侨房为切入点，再扩展到经济建设的方方面面，并给为番禺建设作出重大贡献的华侨、港澳台同胞授予“荣誉市民”称号。番禺县委、县政府从形势发展中敏锐觉察到，旅居海外的侨胞及港、澳、台同胞，不少人拥有一定的经济实力和社会地位，是家乡建设不可小视的力量。如能先近后远、先易后难地把他们争取过来，将大大加快番禺经济的发展。为此，县政府“走出去，请进来”，组团赴港、澳拜

图为旅外乡亲捐资兴建的番禺宾馆联谊楼

全国政协委员、番禺市荣誉市民、香港纺织业商会会长陈遂球邀请番禺领导参观其在番禺开办的企业

访知名人士何贤、何添、霍英东、张耀宗等乡亲和各地同乡会；利用各种民间节日和举办恳亲活动邀请旅外乡亲回乡参观。1980年10月18日，县长黄伟宁带队赴港、澳开展为期半月的经济考察，受到何贤、何添、霍英东、郭华等知名乡亲的盛大欢迎。旅港澳乡亲表示了支持家乡建设的诚意。何贤、霍英东等一批旅外乡亲相继捐资兴建番禺宾馆、何贤纪念医院、英东体育馆、洛溪大桥等重大建设项目。之后，走出了医疗、体育、教育、交通等公益范围，进一步扩大到投资办厂、“三来一补”领域。1984年4月，县委、县政府召开侨务工作会议，传达上级侨务工作会议精神。会议通报了全县落实侨房政策的有271户（退还侨房或给予经济补偿），侨胞捐款共6131万元；“三来一补”加工业务创汇2200万美元。会议要求各级要把侨务工作摆上重要议事日程，进一步解放思想，引荐更多华侨和港澳台同胞回乡办厂，引进更多的先进技术设备为番禺四化建设服务。1985年，“三来一补”业务再上一层楼，加工企业发展到198家、员工29000多人，其中服装、玩具占60%；全年签订合同830份，合同金额6071万元。

石楼岳溪是旅澳名人何贤先生的故乡，在他捐建石楼会堂、岳溪抽水站、澄溪小学、长岭水泥桥等义举的影响下，港澳乡亲纷纷回乡办厂支持家乡经济发展。至1985年，已办合营工厂5间，安排就业700多人，每年加工费收入达80多万元。

石楼旅港同胞戴镜英带头捐资10万元，兴建楼高3层、总面积340平方米的侨联大楼。以来料加工的方式全力支持新落成的石楼制衣厂，引进车缝设备60多万港元，安排劳动力400多人。该厂1986年的总产值超百万元，属石楼镇早期的外向型企业之一。

石碁旧水坑大队得风气之先，通过旅外乡亲穿针引线，与外商合作，先后办起特旺玩具车装配厂、胜美达电子厂、利来电子玩具厂、玩具服装厂等多家企业，每年为国家创汇1000万港元。

沙头镇为连结乡谊，自筹资金21.8万元，建设一幢高4层、建筑面积1225平方米的侨联大楼，1984年6月6日落成。当天，香港番禺工商联谊名誉会长等一行70多人出席了庆典，许多港澳同胞表达了支持家乡发展工业的意愿，并出资捐赠，赠品包括汽车以及空调、彩电、热水器等大楼所需物品。

1990年6月，县委、县政府颁布《关于进一步做好引进外资工作的十七条优惠和奖励措施》，奖励到番禺投资办厂的外资企业和招商引资有功人员。受良好的投资环境所吸引，许多海外华侨和港澳台同胞回乡办厂，不少非番禺籍旅外人士也到番禺投资落户，不但解决了剩余劳动力出路、加大了固定资产投资、增加了机械设备投入、提高了技术水平，还引进了先进的经营管理理念，为加快番禺工业发展乃至促进番禺经济的持续发展作出了重大贡献。

第二节　政策推动、改善投资环境，促进工业发展

一、党政全力推动，坚持政策导向，搭建招商平台

中共中央在十一届三中全会决定，把工作重点从阶级斗争转移到社会主义现代化建设上来。番禺县委、县政府多次召开经济工作专题会议，贯彻落实中央精神和《工业三十条》以及“调整、改革、整顿、提高”八字方针。广州市要求工业系统重点调整，并对发展轻纺工业实行“六个优先”（原材料、燃料、电力、技改措施、基本建设、银行贷款优先）。随后，番禺对工业相应提出发展要求，提出追赶“广东四小虎”的目标，并制订奖励措施，褒扬先进，激励后进，还组织多形式、多层次的招商会、洽谈会，积极招商引资。

1980 年 3 月，莲花山公社领导力促香港港桥棉业有限公司与莲花山织布厂合作，来料加工胚布和织布，把当地最好的建筑物—公社办公大楼改作厂房，公社党委迁往公社广播站办公。切实的行动为企业搭建了招商的平台，真诚的态度赢得了港商的称赞。工厂当年出口胚布 13.3 万码。1981 年，工厂扩建，出口胚布 100 万码。

1982 年，番禺工业在困难条件下仍创佳绩，总产值 4 亿多元，比 1981 年增长 5.6%；国营工业实现利润 692 万元、二轻工业实现利润 330 万元，比上年分别增长 12.1%、27.9%，产值、利润均创历史新高。

番禺县领导及有关部门负责人参加“广州市对外经济技术合作 项目介绍会”

1983年3月13日，在番禺党政领导的全力推动下，“香港番禺工商联谊会”成立。出席嘉宾、会员共1500人，收到世界各地贺电贺函108封。该会后来成为推动番禺工商业发展的一个重要平台。

1980年8月，与港商合资，占地15万平方米的番禺拆船轧钢公司在莲花山浮莲岗建成投产。

1984年，县政府对工业局实行机构改革，划分为三大国营工业公司，分别为：化工建材工业公司、糖纸食品工业公司、机电轻纺工业公司，适应了新形势的发展。同年8月，中共番禺县委召开五届二次会议，制定了创新经济局面的几项措施：1.加强外经工作，积极引进项目，下发《番禺县引进外资的八条优惠措施》；2.发展一批县办企业，带动乡镇经济发展，包括电子、拆船轧钢、制糖、出口业务以及其他行业等10个项目；3.发展乡镇经济。县委还决定组建番禺县经济发展总公司，主要职责是搞好上述10个项目，支持乡镇经济发展。其直属企业有房地产开发公司、围垦公司、拆船轧钢公司、梅山糖厂。会议的“十个重点项目”和“八条优惠措施”出台，对推动工业发展，加快招商引资，具有现实而深远的意义。

1984年10月，县经济委员会以及县属三大国营工业公司、县二轻局、县乡镇企业局联合发布了《番禺县对外经济技术合作计划项目》，内容包括项目的名称、内容、合作方式、销售方向等多项。合作项目有：金属易拉罐、茶色玻璃、复合纸包装盒、制糖设备、食用干酵母、强力味精、中密度纤维板、复合纸及高级书写纸、鲜蔗汁饮料、高级糖果、不锈钢餐具、瓦楞纸、卫生纸、各式皮革制品及服装、食品包装、家用电器、水晶灯具、玻璃马赛克、平板玻璃、冷粘胶鞋、旅游鞋、书刊杂志商标、彩色挂历、包装装潢、彩色印刷、手套、汽车装配、自行车零件、电子及普通玩具、玩具服装、金属家具、红木家具、乳酸饮品、低度酒、塑料编织、鱼肉加工、饼干、酱油、西服时装、纺织印染、渔网、丝线及纸排线、真空滚镀铬机、特性电机、乙炔气体、电子表、铝型材、铝合金门窗、冷冲压五金件、磁珠、玻璃珠、搪塑假头、漂染人发、塑料加工、模具制造等数十项，构筑了番禺工业招商引资的一个广阔平台。

在1985年7月召开的中共番禺县委扩大会议上，县委书记黄伟宁要求：全力抓好工业体制改革，对国营企业要进一步“松绑”，对中小型企业要实行“全民所有、集体经营、国家征税、自负盈亏”，让企业有更多的自主权。对耗能高、无销路、亏损大的企业要关、停、并、转。对前景好的轻纺、食品、电子行业要加快发展。要利用番禺属“小三角”开发县之一的有利条件，积极开展“外引内联”。要抓好糖厂的挖潜改造、填平补齐、综合利用。要继续抓好老企业的升级改造。党政的推动，政策的引导，为番禺经济发展注入了新的动力。同年10月，在“番禺县发展农村经济经验交流会”上，县委书记黄伟宁特别强调要把发展乡一级经济摆到整个农村经济的重要位置上来，各有关部门和企业要把扶持乡镇企业作为份内任务。

沙头镇根据自身村办企业落后的实际情况，成立村办企业办公室，提供40万元无息、低息贷款作启动，且从人、财、物、信息、技术上给予支持。历一年多努力，沙头村有机玻璃厂、沙墟一村毛织厂、榄山村成衣厂、榄山村海绵厂、榄山村彩印厂、云星村童鞋厂、大罗村皮鞋厂、丹山村微风机厂、丹山村压塑厂、小平村可变电容器厂、汀根村海绵家私厂等11家村办企业建成投产。1986年初，这批企业共有工人近400人，投资302万元。沙头镇通过以大带小的帮扶措施，帮助困难村共同致富，如番禺海绵厂、沙头农工商公司帮助困难村开办海绵厂、水磨砖厂。

南村镇针对本镇工业行业单一，过于依赖车缝、制衣行业，竞争力薄弱等问题，积极出台政策推动，投入资金搭建招商平台，兴办了拉丝厂，扩建了电缆厂，米粉厂引进了自动生产线。从而拓展了工业门类，扩大了工业生产，增强了工业基础。1985年，镇办企业收入3000万元，创汇4000万港元。

县科委属政府职能部门，在做好本职工作的同时，不遗余力地支持基层发展工业。1986年，县科委联系华南工学院，帮助万顷沙兴建饲料厂，专业生产禽畜、水产养殖高级饲料，填补了县内空白。该厂日产高级饲料8吨，年利润9万元。

二、财税优惠措施，为工业发展注入强劲动力

过去的财政收支，实行“统收统支”“上缴下拨”的体制。这种做法，极大地制约了地方和企业主动拓展、增税创利的积极性。

1980年起，番禺县委、县政府把实行财税优惠政策作为改革开放、搞活经济的重要措施来抓，改过去的做法为“划分收支，分级包干，一定两年”的“包干制”，在一定程度上激发了各镇（区）发展工业、增加财源的积极性。后来，财政部门对国有企业实行利税包干、增量部分留作发展生产的管理模式，为企业未来的发展储备了一定的后劲。1981年4月，县工业局下发“〔1981〕番工字24号”文件，贯彻执行县政府关于实行国营工业利润包干的新财政体制。主要内容为：县工业局向县财政包干入库利润200万元（比1980年的136万元增长47%）；工业局把包干额分解到属下各厂，并制订了详细的分包规定，其中明确了超额利润留成部分原则上按“四三三”比例分配使用，即40%

作奖励基金、30% 作生产发展基金、30% 作集体福利基金。对渡头氮肥厂、磷肥厂、建材厂等困难企业亦制订了减亏分成办法。财税包干的优惠政策进一步激发了企业的生产积极性，成为推动番禺工业加快发展的强大引擎。

1983 年 4 月，全国实行“利改税”改革，番禺亦紧跟形势，把国营工业的上缴利润改为交纳企业所得税，税后利润归企业自行支配，用于建立新产品试制基金、生产发展基金、企业后备基金、职工福利基金、职工奖励基金。亏损亦归企业自负，取消“锄强扶弱”政策。由于工业企业是产生税收从而转化成各地财源的主要渠道，因此各级政府均千方百计加大基础设施投入，改善投资环境，建设工业园区，力图通过筑巢引凤、招商引资来实现跨越式发展。税务部门则以“税收养鱼、促产培税”为方针，对新建、技改项目给予大幅度的税收减免，允许其使用新增税收用于还贷。对纳入国家、省、市计委和科委试制计划的新产品，在试制期间免税；新产品投入生产初期，因纳税发生亏损的给予一年免税照顾。“以税还贷”的实施，对支持企业技术改造、加快产品升级换代、增产增收培植税基均起到十分积极的作用。1986 年起，番禺县对各镇级税收实行目标责任制，即划分税种，核定任务基数，逐年递增 5%，超收分成奖励。

为减轻社队企业的税收负担，税务部门对新办企业给予免税 3 年优惠。1981 年，国务院下达《关于调整农村工商税负担问题的规定》，除 21 种产品不能免税外，新办社队企业仍可免税 1 年。此年番禺社队企业减免工商税总额为 330 万元，1988 年为 1395.2 万元。

番禺为支持经济发展，对大型基础设施、能源交通设施、利用外资以及外资捐赠的建设项目，给予减免建筑营业税等优惠。

在涉外税收方面，番禺贯彻执行国务院《开展对外加工装配业务试行办法》，以及《中华人民共和国中外合资经营所得税法》《中华人民共和国外国企业所得税法》等法律法规，对“三来一补”企业收取的工缴费收入，3 年内免征工商税和所得税；用企业产品偿还设备价款或贷款本息的，在偿还期内对其偿还产品免征工商税，集体所有制企业免征所得税；合营期在 10 年以上的“三资企业”从获利年度起，第一、二年免征所得税，第三至第五年减半征收（即所谓“免二减三”政策）。1985 年 9 月起，对“三资企业”属生产性项目的六类企业，按规定所得税率给予八折征税优惠。对出口企业，执行国务院《关于对进出口产品征退产品税或增值税的规定》，属增值税征收范围的产品，退还生产环节已缴纳的增值税税款；属产品税范围的产品，退还最后生产环节已缴纳的税款；属于多档税率的产品，按核定出口退税税率办理。从 1981—1988 年，番禺出口退税款共 2534.6 万元。

三、大规模高强度持续性的路桥建设，对促进工业发展至关重要

番禺，以沙湾水道为界，习惯分为向南的沙田区和向北的民田区。民间惯称“饮井水者”

为民田区，“饮河水者”为沙田区。史载“其有潮水所到者，即可统之谓沙田区”。民田区人口较稠密，商业较繁荣，交通较便利，工业基础相对较好。沙田区在人口、交通、工商业诸方面与民田区有较大差距，但地域辽阔、土地肥沃，盛产粮蔗，且石矿资源丰富。因其起点低，故工业发展潜力较大。

番禺处珠三角之腹地，冲积平原上纵横分割的水网，极大地阻碍着现代陆路交通运输的发展。大石镇与广州市区地理紧邻，但在大石、洛溪两桥建成之前，省会广州对大石镇的经济辐射几乎全被三枝香、沥滘两水道所阻隔。其余各镇的河涌港汊，也成为制约番禺经济和工业发展的一个特殊瓶颈。

1979 年以前，全县 22 个社镇只有 12 个通达客车；宽阔的河面上没有桥梁，汽车往来一律用渡车船接送。市桥与广州两河相隔，距离仅 17 公里，但往返一次快则半天、慢则一日。汽车从番禺出境只有广州和顺德大良两个方向，其余均走水路，交通效率特低，番禺因而成了名副其实的“锅底地”。

番禺饱受交通闭塞之困，而建桥筑路是根本的改善之法。但因桥梁建设技术难度高、资金投入大，在财政资金紧缺的年代，建桥筑路几属天方夜谭。市桥大桥是当时县城通往城南 11 个社镇和顺德县的唯一桥梁，是一条长 314 米、宽 10 米、净高 5 米的水泥桥。该桥自 1973 年动工兴建，因资金不足而打打停停，直至 1980 年才竣工通车。改革开放后，番禺以“路通财通”为共识，将改善交通环境作为破题首选，一改过去靠国家财政拨款才能修路筑桥的思路，通过县内集资、港澳同胞捐款和各级政府拨款等办法解决建桥修路资金。成立公路桥梁工程建设总指挥部，负责建设项目的投融资、建设、管理和资产营运。1980—1985 年，番禺新筑和扩宽公路共 49 条，实现通车里程 308.92 公里；建造桥梁 83 座，总长 2204 米；建渡口 7 个。1984—1985 两年，全县公路建设投资额为 1.2 亿元。1985 年，完成货运量 216 万吨，完成年度计划的 104%；港口吞吐量 179 万吨，完成年度计划的 102%；旅客发出量 67 万人次，比上一年增长 2.4%。历多年大规模、高强度、持续性的路桥建设，番禺建成灵岗、蕉门、大石、龙湾、浅海、紫坭、九比、沙湾、骝岗、西樵、洛溪、下横沥、上横沥、南浦、赤坎、榄核、市桥二桥、三善、洪奇沥、亭角、

洛溪大桥首日通车

沙溪、市桥三桥等20多座大型桥梁和上百座中小桥梁，以及多条镇村公路。至1987年，全县实现镇镇通车。1991年，全县共建公路桥梁140座，总长13633米。在番禺桥梁建设史上，洛溪大桥为极具里程碑意义的一页。该桥项目获批于1983年，动工于1984年10月，建成于1988年8月。该桥的落成通车，不但是“集中财力、物力，保证以能源、交通为中心的重点建设”的具体体现，也是港澳同胞捐资助建基础设施的成功个案，更是番禺经济借桥起飞的典型范例。省、市各大传媒乃至中央电视台，先后报道了这一盛况。洛溪大桥通航高度34米，通航净宽180米，可供7000吨以下海轮通行。桥梁总长1914米，其中主桥长480米，通车宽度13米，行人道2x1米，为预应力T型刚结构，获国家优质工程银质奖和国家优秀设计奖。桥梁总投资7000多万元，由省交通厅支持、港澳同胞捐助、地方集资等多条渠道筹集。大桥通车之初年车流量大于27000辆次。洛溪大桥北面牌坊，镌刻着著名诗人刘逸生题撰的楹联：“珠水滔滔，凭谁问古今过客；禺山兀兀，最难忘桑梓名贤。”书写了珠江的历史，彰显了文化的含量，铭记着乡贤的情谊。

洛溪大桥、大石大桥的通车，增强了广州中心城区对番禺工业的辐射；沙湾大桥通车，加快了沙湾河以南沙田地区的工业发展进程。番禺工业借便捷的交通振翅腾飞，番禺人民“遇水有桥”的愿望成为现实，渡车船完全退出交通运输舞台，“锅底地”成为一去不复返的历史。随着路桥的畅通，番禺汽车拥有量亦大幅增加。1977年，番禺有客车15辆、货车233辆、小汽车26辆，至1991年，客车增至302辆、货车增至4254辆、小汽车增至1734辆。车辆的增长保障了工业的运输，加快了物流、客流的速度。在这关键环节中，路桥建设的作用功不可没，正如群众所说的“路通财通”。

四、海关、口岸配套建设，促进“三来一补”“三资”企业的发展

1985年年中，莲花山海关筹建。1986年1月，首期投资2000万元的码头和联检大楼竣工并开关营运。海关设客货运一类口岸，其中客运口岸每天有3艘快速客轮往来香港，航程64海里。1月18日开航后的10个月内，共有8万多旅客进出。香港中旅社组织国外旅游团开设了每周逢一、三、五莲花山一天游专线。1990年，南沙港筹建。1992年1月，南沙港竣工投入使用，国务院批准其为对外开放口岸，设有客货运口岸，每天有双体快速客船航行往返香港番禺两地。货运口岸主要有市桥综合装卸点、莲花山综合装卸点、南沙综合装卸点，每个装卸点有多个作业码头。

随着“三来一补”业务和“三资企业”的发展，来往港澳人员和进出境物资增多，在海关监管方面要求相应配合，以加快进出口货物和运输工具的流转速度。莲花山海关增加人手，在严格执行国家政策法规的同时，依据相关批文和“进出口许可证”等凭证，对照企业经营范围，按程序接受申报，加快审单、查验、征税、放行的速度；对符合减免关税条件的，一律予以减免。

莲花山港货运码头

莲花山海关对番禺县内“三资企业”“三来一补”企业和技术改造项目减免关税情况：1986 年，减免 1224 万元；1987 年，减免 821 万元；1988 年，减免 2520 万元；1989 年，减免 5392 万元；1990 年，减免 5551 万元；1991 年，减免 8119 万元。莲花山开关后，在市桥南岸设立货柜车检查场，对进出县境的货柜车现场查验，避免了车辆在深圳文锦渡、珠海拱北关口排队候检之累。1988 年，市桥装卸点被批准为省内直进直出口岸，加快了货物流转速度，深受厂家欢迎。莲花山货运港是口岸的一部分，港口开设定期航班往来莲花山、香港两地，其中货柜航班每天开出，散件杂货航班逢周一、三、五开出。口岸的开通大大地降低了运输成本，方便了人员往来，为加快番禺工业发展发挥了重要的作用。80 年代以来，番禺工业保持 20% 的年平均增长速度，尤其是“三来一补”企业发展迅猛，人们概括为“天时、地利、人和”。“天时”主要指改革开放政策，“地利”主要指邻近港澳和良好的通关环境，“人和”主要指港澳乡亲的人脉和县政府的侨务工作做得好。

五、完善电力、电信配套，做好发展的“先行官”

工业发展，电力先行，这是普通常识，也是基本要求。但过去，一方面电力紧缺供不应求，另方面“三为”要求（电力为农业、为农民、为农村经济服务）和保障居民用电占用了大量电力，工业用电被迫安排在农业用电和居民用电之后。“开四停三”（每周开工四天停工三天）成为工厂常态，“开三停四”不时出现，甚至“开二停五”也偶有发生。工厂为避开用电高峰，常改为夜班生产。因电力负荷过重和设备落后，电压质量难以保证。高峰期因电压偏低，常致电机无法启动或运转异常，因强行启动而烧坏电机者屡见不鲜。电力不足，成为与交通落后并列的严重制约番禺工业发展的主要瓶颈。

莲花山燃油发电厂于 1991 年 4 月首期投产，1993 年 5 月二期完成并网发电，装机容量 8.64 万千瓦。

1978 年后，经济建设速度加快，用电量大幅增加，省网供电更趋紧张。1980 年，全县供电量仅1.6亿千瓦时。为解电困，不少企业自购柴油机组自行发电。据统计，1981年全县供电缺口高达30%。1985年，县政府组织市头、紫坭、梅山“三大糖厂”增建发电项目，投入的三大机组分别于当年12月及翌年1月投产，总装机容量6万千瓦。1987年，在石岗建成220千瓦大型变电站，装机容量24万千瓦，使当年番禺用电量增加到2.24亿千瓦时。同时，通过省电力局拨款、番禺供电企业自筹、地方政府和企业集资等办法加快电网建设，提高输、变、配电能力。1990年，番禺用电量增加到4.9亿千瓦时，比1986年增加近一倍，其中工业用电量2.6亿千瓦时，比1986年增长55.3%。行业用电构成也发生了较大变化：1989年，供电量为4.45亿千瓦时，工业用电占总用电量49.92%，当年工业生产总值32.04亿元；1991年供电量上升至6.47亿千瓦时，工业用电比例升至62.15%，当年工业生产总值50.78亿元。

在支持电力建设方面，中国银行番禺支行亦发挥外汇专业优势，给予莲花山电力发展有限公司首期工程贷款800万美元，引进3台英国柴油发电机组；第二期工程贷款2000万美元，引进芬兰发电机组。每年为番禺增加发电量2.5亿千瓦时。至此，番禺工业用电随着全县供电的渐趋满足而得以纾缓，工业发展亦解决了电力短缺的后顾之忧。

电信业务的发展同样影响着番禺工业的发展。过去，人们联系方式是近则口传耳授、远则捎函通信，遇急事者以电报传递，费时失事，效率极低。后通长途电话，加快了远程联系的速度。然“文化大革命”期间，番禺载波电路发展缓慢。1968年，番禺通往广州的长途电话线路已达9条，历十年光景，至1978年才增加1条。

改革开放后，为适应通讯和信息发展需求，番禺加大了电信建设力度。1981年，长途电话线路增至21条，1991年，增至713条，“等半天打不通一个长途电话”的历史遂告结束。与此同时，城镇电话和农村电话也同步发展。1981年，市桥镇800门准电子自动变换机试制成功，取代了人工交换机。1985年，市桥、大岗、灵山、沙湾、潭州等镇自动电话连片。1986年，石楼、莲花山、新造、钟村、南村、沙头自动电话连片。1987年，市桥镇纵横制自动电话交换容量增至4380门，1991年再增至24021门。由县城市桥通向各镇村的农村电话建设亦实现水泥杆化、双线化、围缆化、载波化。1987年，交换机容量达7805门，实装用户5114户。市桥、沙头、石楼、莲花山、南村、黄阁、大岗、潭洲、灵山、沙湾、新造、钟村、化龙等13个镇开通了县内自动电话。1991年，全县开通程控自动电话，总容量达57021门。年末，电话号码由5位升至7位，并进入全国长途电话自动网。1992年8月，番禺邮电

番禺邮电局程控电话总机室

业务收入首次突破 1000 万元，比上一年同期增长 1.8 倍，其中长途电话业务收入占总收入的 35.8%。

1988 年 8 月，番禺开通无线传呼（BP 机）通讯业务，当年末有用户 757 户，至 1991 年末升至 5779 户。1991 年 2 月，番禺开通移动电话（大哥大）通讯业务，当年末用户为 688 户。

六、卓有成效的统战侨务工作，为工业发展赢来众多同胞的热心支持和积极参与

番禺旅外乡亲众多，分布几遍全球，其中不乏各地工商界翘楚，是番禺改革开放，发展经济，特别是加快工业发展可借助的有利条件。

“文化大革命”结束前，华侨房屋被占住，财物被查抄，亲属受冲击。改革开放后，番禺落实统战、侨务政策从退还侨房、财物开始。据 1991 年统计，全县清退港、澳、台胞房屋 3045 户、面积 383220 平方米；退还被查抄物品 21 宗，对遗失或损坏物品折价赔偿。联络去台人员亲属 280 户、1600 多人，台属 308 户、1800 多人。台属赴港会亲 47 人次，去台人员回乡探亲访友 300 多人次。县委、县政府热诚邀请华侨和港澳台同胞回乡参加各项剪彩活动和端午龙舟竞赛活动，参加经济研讨会、招商会。

番禺县政府邀请旅外乡亲在观龙楼观赛龙舟

同时，县政府还十分注重加强与港商的联系交流。1982 年初，县长黄伟宁率领县财委、外经委、外贸局等职能部门，在番禺宾馆举行大型专题春茗座谈会，邀请香港远邦贸易、昌利公司、利生公司、金华表带、雅明行、嘉年合丰企业、志诚企业等港资企业近百位港商出席。座谈会上，县长盛赞了港商的爱乡热忱，表达了番禺人民的由衷谢意。通报了“近年来先后与香港 100 多家企业建立了贸易关系，签订了加工、装配协议 70 项，补偿贸易 4 项，合作生产 3 项，贸易额达 9000 万美元”等工作成绩。同时，恳请港澳同胞为番禺经济发展进言献策。

通过迅速落实政策、加强联络沟通和注重“感情投资”，使广大海外乡亲加深了对家乡的了解，增进了对家乡的感情，增强了经济合作的信心。在资助家乡建设、兴办公益事业的同时，自己或发动亲朋好友引进资金技术回乡投资设厂，对番禺的工业发展作出了不可低估的贡献。

1979—1998 年部分外商和港澳台商在番禺投资设厂情况表

表 6-1

年份	姓名	祖籍	项目	投资额	地点
1979	吕潮	番禺	化龙手袋厂 滴励服装厂 瑞华服装厂	总计 800 万港元	化龙
1980	孙逢亮 孙逢吉	福建永春	旧水坑特旺（番禺）玩具厂		石碁
1983	吴有沅	番禺	潭州针织厂		潭州
1984 起	彭磷基	钟村	电子元件厂 隆辉工业村		钟村
1984	陈绍良	番禺南村	番禺通用文具制品厂	南村 1000 万美元	
1986	韩培坤	番禺	番禺健步（香港、沙湾）鞋厂		沙湾
1988	甄兆威	开平	番禺冷暖设备公司 番禺捷能恒温恒湿设备有限公司	1.5 亿元	番禺
1989	谢宝泉	广州	美景钟表厂		石楼
1990	吴振昌	台湾彰化	丰群鞋业有限公司 创信鞋业有限公司	总计 4 亿多元	榄核
1990	冯国经	鹤山	利丰（番禺）工业城	1080 万美元	石楼
1990	郭奕富	潮阳	番禺百佳制衣有限公司 番禺稳利有限公司	总计 1220 万美元	石楼
1991	吕润财	鹤山	友联纸品厂		东涌
1991	林仕明	潮阳	宝马制衣厂	3800 万元人民币	石碁
1991	岑元骥	安徽怀远	元艺珠宝有限公司		番禺
1991	梁耀华	香港	广州天创工业园区天创鞋业有限公司	2.2 亿元	
1992	陈添喜	番禺榄核	塑胶原料制品厂	1000 万港元	榄核
1992 1992	黄旭桐 黄炯坚	潮阳	振裕纺织印染有限公司	1384 万美元	潭州
1992	崔礼淳	韩国	手袋厂		化龙
1992	朴殷宽	韩国	世门手袋厂		化龙
1992	周文杰	开平	乐信染织有限公司 启新针织有限公司 大利制衣有限公司	总计 8815 万元	东涌
1992	梁东海	新会	番禺励业漂染有限公司	8078 万元	东涌
1993	吕志华		联合企业文具制品厂	1088 万美元	番禺
1993	黄华	海丰	联盛塑料五金模具有限公司	1.1 亿元	榄核
1993	马奕群	台山	联盛塑料五金模具有限公司	1.1 亿元	榄核
1993	庄声元	惠来	北方实业（番禺）有限公司 同兴制品（番禺）有限公司	总计 1.59 亿元	番禺
1993	戴锦文 戴锦春	福建南安	番禺锦兴纺织漂染有限公司	1.1 亿元	东涌
1994	键本孝三	日本	广东日立工机有限公司	1.2 亿元	化龙
1994	黄国强	番禺	洛德加印刷有限公司	1203 万美元	榄核
1994	陈达	美国	通用电器塑料中国有限公司	2000 万美元	南沙
1994	罗富昌	汕头	番禺美特包装有限公司	2064 万美元	化龙
1994	吕俊宏	东莞	胜得电路板有限公司 胜嘉电路板有限公司	1 亿多元	南沙
1994	吕博硕	鹤山	番禺联合企业文具制品厂	1.4 亿元	东涌
1994	孙向荣	福建永春	特旺玩具有限公司 特旺（番禺）玩具有限公司	1.01 亿元	番禺

续上表

1995	陈国源	开平	番禺合兴油脂有限公司 番禺广兴容器有限公司	总计 1398 万美元	横沥
1995	陆洪邦	新会	镇泰（中国）工业有限公司	1119 万美元	榄核
1995	苏纪英	福建永定	镇泰（中国）工业有限公司	1119 万美元	榄核
1995	周俊毅	台湾高雄	广东汽巴高分子化工有限公司	1903 万美元	石楼
1995	彼得黄	英国	奥伯尼国际（中国）有限公司	1339 万美元	化龙
1995	陈景裕	番禺	敏腾（广州）实业有限公司	3000 万美元	榄核
1996	庞廷	吴川	番禺东亚钢铁有限公司	8815 万元	番禺
1997	张广军	香港	建滔（番禺）化工有限公司	1.06 亿元	南沙
1997	蔡建中	东莞	互太（番禺）纺织印染有限公司	1311 万美元	万顷沙
1997	黄英敏	台山	利民（南沙）电器发展有限公司	1000 万美元	南沙
1998	唐台英	台湾	番禺海鸥卫浴用品有限公司	注册 1000 万	市桥
1998	名屋佑一郎	日本	名幸电子（广州南沙）有限公司	2.3 亿元	南沙

第三节　抓整顿抓管理上正轨，成为工业加快发展的起跑点

一、整顿内部管理，调整生产布局

1978 年 4 月 20 日，中央作出《关于加快工业发展若干问题的决定（草案）》（简称《工业三十条》），成为工业战线拨乱反正的重要文件，番禺工业在“文化大革命”后的内部管理整顿亦由此开端。其时计划经济惯性尚存，市场调节观念淡薄。整顿工作主要围绕广州市提出的“提高质量、降低消耗、增加积累”三个方面展开。工作上主抓“三基”（基层建设、基础工作、基本功）“六管理”（标准化、计量、定额、信息、规章制度、基础教育）“七制度”（计划生产调度、技术、质量、设备、人事劳资、成本、物资）“八指标”（总产值、产量、质量、物耗、成本、利润、劳动生产率、百元产值资金占用率）等方面，同时兼顾厂容厂貌美化、生活环境改善等工作。1979 年 4 月，中央提出“调整、改革、整顿、提高”八字方针，提出用三年时间对国民经济进行调整、改革、整顿，全面提高国民经济水平。1980 年，番禺工业部门认真贯彻上级的调整方针，努力适应从统购统销到自产自销的市场变化，大力发展缝纫加工、轻纺、装车、化肥等拳头产品；积极开发电动切管套丝机、新型吊扇、尼龙风雪褛、轻便晴雨鞋、铁门、钢窗等 30 多个新产品；努力开拓外贸生产加工业务，全县有外贸生产厂企 90 多家，生产品种 120 多个。当年，全县工业总产值 3.12 亿元，完成计划的 110.7%。其中，国营工业增长 7.5%，二轻工业增长 25.7%，社办工业增长 31.1%。50 个产品中有 30 多个产品的产量比上年大幅增长。碳氨、磷肥、水泥、机制纸、胶鞋、电筒、印染布、泡沫凉鞋、服装、车厢装配、出口钢家具等产品产量，都超过历史最高水平。工业利润分别为：国营企业 421 万元，完成计划的 131.7%，比 1979 年增长 1.46 倍；二轻工业 207 万元，完成计划的 103.5%，比 1979 年增长 8%；社办工业 1032 万元，比 1979 年增长 11.3%。1981 年第

一季度，以扬长避短、发挥优势、广开生产门路为指导思想的工业调整再创纪录：首季总产值 1.02 亿元，比上年同期增长 32.9%。其中，全民所有制企业 5161 万元，比上年同期增长 23.1%；集体所有制企业 5049 万元，比上年同期增长 44.6%。磷肥、食糖、胶鞋、饮料酒、电筒、饼干、硫酸、井岗霉素、泡沫凉鞋、珠绣品、百叶窗、服装等主要产品产量比上年同期增长 56% 到 2.5 倍。首季工业利润实现 695 万元，比上年同期增长 60.3%。其中，国营企业 690 万元，比上年同期增长 1.27 倍；二轻工业 56 万元，比上年同期增长 26.4%；社办工业 274 万元，比上年同期增长 20%。

80 年代始，番禺把服装制造作为外贸重要项目大力发展。图为市桥工艺时装厂的生产车间。

在生产布局的调整中，番禺服装行业成果显著。该行业发挥依托广州、邻近港澳和劳力资源丰富的有利条件，内销、出口双管齐下。较大规模的服装厂设立服装设计室，研究、设计适销对路的新颖款式。1980 年，番禺工艺总厂设计新款服装 120 多种，其中批量投产 55 种。1981 年，在广州春季出口商品交易会展销33款，成交 19 款，成交率达 57.5%，名列全省第三。社办服装厂亦举足轻重，厂场遍布各镇，利润总额占镇办工业 20% 以上，其中南村镇超过 50%。服装出口还为国家创造大量外汇收入，仅 1981 年 1—9 月，就创汇 760 多万美元。

1981 年年末，经整顿内部管理、调整生产布局后的番禺直属工业企业，有 23 家提前或超额完成全年任务，占直属工业企业总数的 54.8%。其中，番禺氮肥厂、建材厂、食品厂、粉厂、印刷厂、莲花山纸厂、铁器农具厂、红桥装车厂、工艺总厂、服装二厂、工具二厂、金属四厂等提前一个月完成任务。超额完成全年任务的有工业局、农机局、二轻局、社企局等 4 个系统，合计超额产值 2438 万元，超额 8.63%，比上年增长 27.9%。全县工业总产值超额 5% 完成任务，比上年增长 23.2%。

番禺制粉厂整顿管理、调整布局成果显著。该厂始创于“文化大革命”期间，曾因排粉质量低劣而被迫停产。1978 年重新起步，从改善生产设备和狠抓制作技术入手，继而强化企业的各个管理环节，以优质赢得信誉。全厂上下坚守“宁可在经济上损失一万，不可在信誉上丢失一分”的信念，硬是把排粉质量全部提高到出口的标准。质量上来后，该厂及时调整内、外营销布局，扩大排粉出口，增加经济效益。产品出口率 1978 年为 31%，翌年增加到 53%，1980 年增加到 56%，1982 年增加到 70% 以上。1982 年，产量亦增加到 2000 多吨。一年之内，“双燕牌”番禺排米粉连拿 6 个奖项，分别是：县卫生先进奖、县质量管理先进奖、广州市先进集体奖、省先进企业奖、国家粮油进出口公司米制品评比优质奖、省优质产品奖。“番禺排粉”从原“广东排粉”改名过来后，成为港澳市场的一个知名品牌，产品还远销美国、加拿大、澳大利亚、日本等对食品质量要求严格苛刻的国家。

80 年代，番禺制粉厂生产的“番禺排粉”为广东排米粉四大王牌之一，1985 年成为全国名优产品。

1982 年 2 月，国务院下发《关于国营工业企业进行全面整顿的决定》，要求解决好下列问题：一是按“革命化、年轻化、知识化、专业化”要求整顿建设企业领导班子；二是整顿劳动纪律，按定员定额组织生产；三是解决全民所有制企业职工和集体所有制企业职工混岗生产问题。虽然上述整顿仍未触及市场营销领域，但在贯彻落实上级指示的过程中，番禺工业企业内部管理得到初步健全，混乱状况开始改善，传统观念和习惯势力受到动摇。

1983 年 6 月，县粮油系统对所属企业分期分批开展整顿，加强管理。首批有石楼、大岗、灵山、黄阁和市桥直属厂企共 12 间。要求相关单位查问题、找原因、出措施。在健全领导班子、抓好职工队伍建设的同时，明确生产经营方向，落实承包经营责任制；检查财经纪律，整顿财务管理。1984 年 1 月，经市、县验收，11 个单位取得了合格证，连同已整顿的两个试点单位，占粮食系统应整顿企业 30%。经整顿内部管理，收到良好效果。其中，增盈企业 6 个，扭亏为盈企业 3 个，减亏企业 1 个。之后，番禺工业系统继续贯彻“调整”方针，打破部分产品与市场需求脱节的局面，扬长避短、取长补短，重点发展轻纺、糖纸、机电、化工、医药、橡胶、玩具、塑料、缝纫、五金制品、竹木藤制品、家电、电子仪表、建材、建筑装潢、拆船轧钢、汽车装配、皮革、铝材、农副产品加工等适销对路产品。对工业布局、产品结构实行调整，扭转了被动局面，扩大了经济效益。番禺农药厂过去成本核算简单粗放，整顿内部管理后，单位原材料耗用量大减。1983 年上半年，在农药总产量达 352.5 吨、完成年任务 70% 的情况下，黄磷耗用量反而比上一年下降 13.5%，甲醇回收重用 200 吨，价值 16 万元。番禺磷肥厂狠抓原材料定额管理，使每吨磷肥耗用磷矿量降为 660 公斤，每吨硫酸耗用硫矿量降为 900 公斤，分别比原计划指标减少 20 公斤和 120 公斤。

二、实行税利包干，以税还贷，扩大企业自主权

改革开放之初，财政部门对国企普遍实行“税利包干，逐年递增，超额留作企业发展”的管理办法（详见本章第二节之二）。1980年，财政部作出“准许用税款归还企业使用各种专项生产措施贷款”的规定。番禺据以优先支持县内的制糖、造纸等重点工业的技术改造。

市头糖厂1980年借贷232万元，1981年借贷916万元。1981年应纳税款1267.9万元，以税还贷390.3万元，入库税款877.6万元，比上年增长11.4%。技改后的日榨蔗量从2300吨上升到2600吨。

紫坭糖厂1980年借贷236万元，1981年借贷930万元。1981年应纳税款1443.9万元，以税还贷450.4万元，入库税款993.5万元，比上年增长11.4%。技改后的日榨蔗量从2500吨上升到2800吨。

除上述两厂外，鱼窝头、沙湾、渡头、珠江等糖厂都在技改中更新了设备。据统计，全县糖厂日榨蔗总量从1980年的7000吨上升到1983年的12500吨。

莲花山纸厂1982年借贷1958.2万元，至1988年，用增加的收入还贷1134.6万元，1988年应纳税款236.5万元，比1980年60.3万元增长292%。

二轻工业、商办工业在以税还贷的技术改造中也取得了很大的成效。

社队工业在税收政策优惠扶持下得到快速发展。涉及的行业主要有水泥、电缆、服装、不锈钢餐具、硫酸铝、胶鞋、手电筒、自行车零配件等。1981～1988年，全县社队企业借贷6487.4万元，至1988年，用增加的收入还贷3985.8万元，其中以税还贷1059.9万元，1988年缴纳税款1383.6万元，比1980年的324万元增长327%。

镇办企业多实行对镇政府利润包干，对税务部门所得税定额上缴。

粮食加工系统自取消统收统支、上缴下拨后，普遍出现政策性亏损。番禺粮食加工业适应新形势，以税利包干为契机，对企业领导人实行承包经营责任制，扩大企业自主权，当年（1985年）扭亏为盈，全系统创利56万元。

紫坭糖厂制糖车间

1988年与1980年相比，县内68家以税还贷政策支持的企业中，固定资产共2.0361亿元，增长率277.04%；利润增长2683万元，增长率120.44%；共归还银行贷款1.67亿元，还贷率69.19%，

其中有 6719 万元还贷资金来源于产品税和增值税的“以税还贷”扶持政策；产品税、增值税增长 4573 万元，增长率 139.93%。

以上措施的推行，对扩大企业自主权，促进企业增收节支，推动企业技术进步，从而加快工业发展，起到非常积极的作用。

三、推行厂长负责制，提高企业管理实效

1984 年，国务院下发《关于认真搞好国营工业企业领导体制改革试点工作的通知》，广州市开始推行厂长负责制试点工作，番禺工业系统亦作出相应准备。1986 年，国务院先后颁发了《全民所有制工业企业厂长工作条例》《全民所有制工业企业基层组织工作条例》《全民所有制工业企业职工代表大会条例》。上述条例的颁布，推动了全县工企业厂长负责制的全面实施，加大了厂长的责任，扩大了厂长在产、供、销方面的自主权，打破了计划经济的束缚，焕发了企业的生机。

在此之前的 1982 年，番禺的社队企业已普遍实行内部岗位责任制。制度要求厂长不仅要关心生产，更要关心效益；工人不仅要关心生产数量，更要关心产品质量和生产成本。制度推行后收到良好效果，还为后来的“两制”（经营目标责任制和经济承包责任制）建设作出可贵的探索。县渡头糖厂是番禺推行厂长负责制的试点厂。1985 年 8 月，县经委、县糖纸食品工业公司指导、帮助该厂建立厂长负责制，制订了责、权、利的相应规则，收到增产节约的良好效果。实施后的第一个榨季，在没有增加人力、设备的前提下，日榨量上升到 827 吨，比上一年增长 56 吨，并创万吨蔗糖产品利润的历史最好水平。糖分回收率实现 88.46%，比上一年增长 1.59%；万吨甘蔗煤耗 5.53 吨，比上一年下降 20%，共节标煤 989.6 吨；万吨甘蔗电耗 2866 千瓦时，比上一年下降 3.4%，共节电 72660 千瓦时。

1988—1990 年，番禺乡镇企业实行一定三年的“经营目标责任制”和“经济承包责任制”，县乡镇企业局分别到大岗、南村、化龙、石楼、沙湾等镇调研后，写出《番禺县乡镇企业承包责任制的情况和意见》，总结经验，存利去弊。

莲花山镇对 10 个镇办企业实行“一包三改”责任制。由厂长负责组建承包小组，确定工资、联利计酬、超额分成；改干部终身制为选聘制，任期两年；改工人“铁饭碗”为合同制，合同期 1 ～ 2 年；改固定工资为浮动工资，论能力、表现、贡献计酬。历半年实践检验，责任制在提高企业管理实效上，的确收到良好效果。1985 年上半年，全镇工业总产值 377 万元；利润 81.2 万元，比上年同期增长 9.5 倍。

大岗镇实行党支部领导下的厂长负责制，采取工厂向镇政府承包、厂内层层分包的方式提高企业管理实效，结合扩大厂房、更新设备、外引内联等措施，消灭了亏损企业，促进了工业发展。1984 年，全镇工业总产值比上一年增长 25.6%。1985 年 1 ～ 5 月，与上一年同期对比，全镇工业总产值增长 42.3%、销售增长 21.8%、利润增长 20.8%。

市桥镇工业总公司改革管理体制，实行“五定一奖”，扩大企业自主权，工业生产取得可喜成绩。1985年10月，工业产值比全年计划超额48%，利润比上一年同期增长一倍。

番禺橡胶厂于1985年8月实行厂长负责制。厂长由主管部门聘任，经营班子由厂长组阁。规定四年任期内的经济指标为：产值每年递增20%、产量每年递增10%、利润每年递增25%；兴建2000平方米厂房和2500平方米职工住房，并须逐年提高职工收入。实施厂长负责制后，因责任明确、决策果断，迅速扭转了多年亏损的被动局面。胶鞋日产量从原来的8000双增加到1万双，9个月就完成了全年产值、产量、利润任务。工人年收入达2000元，比1984年增长了两倍多。

番禺海鸥集团公司，前身是市桥电筒厂。过去生产的海鸥牌袖珍笔型电筒，曾畅销世界54个国家和地区，产品按计划统销，出口量居全国之首。随着国际消费市场的变化和国内出口的收缩，造成产品大量积压，企业严重亏损。推行厂长负责制后，厂长及时调整产品结构，大幅压缩电筒生产，投资800多万元开发卫生洁具、电暖器、边炉气瓶、电镀五金制品、电路板等新产品，并迅速打开产品销路，取得良好的经济效益。总产值从1978年的320.29万元增加至1991年的3129万元，增幅接近10倍。

县工艺服装总厂推行厂长责任制后取得显著成效。该厂一向生产任务饱满，年产值平均增长27%，但经济效益却远低于县内同行水平。1982年，县经委和县二轻局派员驻厂蹲点，整顿领导班子，推行责、权、利相结合的厂长负责制。责任制贯彻执行后，加强财务管理和原材料管理，堵塞浪费漏洞；健全质量管理机构，减少翻工现象。在没有增加设备的情况下，4—8月与之前的第一季度相比，月平均产量仅增加了12.97%，利润却增长了112.67%，利润增长率大大超过了产量增长率。

县农副厂、维生食品厂是县糖纸食品工业公司第一批实行厂长承包责任制的试点企业。承包期为1985年1月1日至1987年年末。承包内容除利润上缴额、分成比例、奖罚办法外，还规定留用职工根据需要重新安排工作。两个厂的试点工作，为后来糖纸食品工业公司全面铺开厂长承包责任制开展了前期的探索，提供了有益的经验。

沙湾服装厂实行厂长负责制后，把责任层层分解到各个岗位，形成新的岗位责任制系列，改变了过去单纯按件计酬的分配制度，实行超额奖励，不完成任务扣罚，同时把原来耗电多、周转慢、流程不畅、起货较慢的车间大流水作业制改为以小组为单位的小流水作业制，使生产效率提高了30%，月产量从5600打提高到7500打。1983年，该厂生产的纯涤纶时装、套裙、纯涤纶连衣裙获国家外经贸部“信誉奖”。1984年2月，国家外经贸部为以上三个产品颁发了荣誉证书，沙湾服装厂被评为全国生产此类产品的专业基地。

番禺工业厂企实行厂长负责制的形式多样，而扩权和分配是改革的共同重点。即在服从宏观管理的前提下，进一步扩大企业经营自主权；在按劳取酬原则下，实行工资收入与经济效益挂钩，真正调动起工人的生产积极性。

四、打破“大锅饭”，丢弃“铁饭碗”

所谓“大锅饭”是指工资分配上的平均主义，“铁饭碗”是指就业上的终身制。工资制度改革之前，工厂实行职务工资制和技术等级工资制。职务工资制是从厂长到办事员共分 13 类职务，每类职务又分若干个等级；技术等级工资制是按工人的知识和技能评定为 8 个等级。工资若干年调整一次，基本调上不调下。因调薪名额所限，每每争抢激烈。此类工资制度只说明了职务或技术的级别，与工厂经济效益无关。1978 年，国务院下发《关于实行奖励和计件工资制度的通知》，为打破“大锅饭”式的平均主义分配模式提供了法规依据。1986 年 4 月，根据国务院工资改革精神，番禺工业系统进行内部工资改革，改为实行基本工资和浮动工资两种计薪办法。基本工资为按月计发固定薪酬；浮动工资是根据企业经济效益好坏，实行上下浮动分配工资。不同厂企、车间、班组、个人收入差距拉大。计件工资是按每月的合格产品产量计算浮动工资的计薪形式，分个人计件、小组计件、车间计件等。产量能计算到个人的，尽可能计到个人，以防从“大锅饭”演变为“小锅饭”，尽最大限度地体现多劳多得的分配原则。随着厂长负责制的深入贯彻执行，责、权、利也得到落实。若任期内企业不能完成规定目标，不但厂长要承担相应责任，层层细化分解下去的责任部门（包括车间、班组）和个人也同时承担各自责任。工人“入行定终生”的“铁饭碗”制、干部“能上不能下”的“终身制”的观念日渐淡化。此后，联营企业、私营企业、“三资企业”“三来一补”企业涌现，这些企业在选人用人上的灵活机制以及“泥饭碗”观念，亦对国营、集体企业产生了一定影响，在一定程度上加快了职工“铁饭碗”、干部“终身制”的结束。

番禺农机二厂一直是捧着“铁饭碗”吃“皇粮”的单位，分配上是绝对的“大锅饭”制，生产任务是“皇帝女不愁嫁”。随着农村生产责任制的变革，送修的大中型农业机具日渐见少，国家任务锐减至全年开工不足 30 天。面对丧失“铁饭碗”的困境，工厂从分配变革入手，改全厂“大锅饭”为车间独立核算、自负盈亏的“六定一奖”经济责任制，迫使各车间、班组从被动的“等米下锅”转为主动的“找米下锅”。改变分配制度后，该厂先后有 200 多人次到全县各镇村和东莞、深圳等地作市场调查，设计、

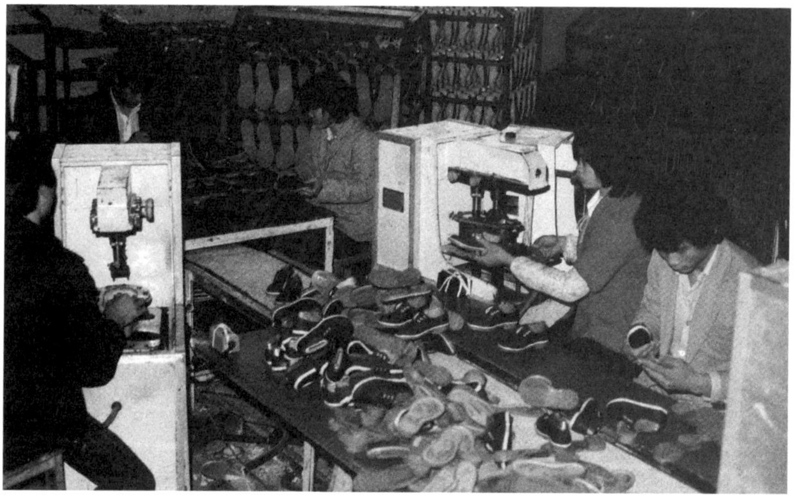

县大岗鞋厂主要生产出口布面胶鞋和旅游鞋，年产 800 万双。图为该厂生产车间。

生产出农村急需的405型单人脚踏打禾机、10号风谷机、小斗车、钢门窗、配电屏，还承接了桥梁工程、载货电梯、农机维修等多种多样的业务。1982年首季，国家任务只有7万元，实际完成产值56.7万元，该厂创造了历史上首季产值最高纪录。1983年，该厂研制的低压开关填补了县内空白，年创产值51万元。同年底，移植广州化工研究所技术，生产畅销的GH-201胶粘剂。1984年初，引进哈尔滨工业大学新型胶粘剂成果，生产内胎防漏自补胶，并在深圳、珠海等地开设12个代销点推广新产品，且通过上门培训、解答咨询等方法扩大销路。1983年，该厂产值为259.9万元、利润39.32万元，摘掉了“大锅饭”时期连续3年亏损的帽子。

县金属一厂因生产任务不足，已处于半停产状态。1982年，该厂尝试在第三、第四两个车间打破“大锅饭”，实行车间承包经营责任制。内容包括：包上缴厂部定额利润、包定员、包共同费用和职工福利、包产值产量和质量、包消耗和供货合同、包定员基本工资和各种津贴以及人身和设备安全等责任；负责完成厂部下达的指令性生产和工作任务以及协作任务。打破“大锅饭”后，三车间产品成本比包干前下降8%，利润增加11%；四车间原月月欠产，包干仅一个半月后就上缴厂部1.4万元，车间分得超额收入6500元。当年，全厂实现利润20多万元，比上一年增长33.5%。1984年，没有“大锅饭”的金属一厂获广州乐器研究所技术支持，研制成功“工艺造纹”薄铁板家具，并通过了科研机构的技术鉴定。产品销路不但为之大开，售价还比原来的单色家具提高了11%。在订货会上，几天即成交100多万元，产品远销全国各地。后与鞍山市木家具厂、武汉市二轻科研所共同承担国家科委下达的“有机涂层钢板家具”研制攻关项目，获得成功。该厂亦因上述两种产品而饮誉业界。

市桥轧钢公司打破分配上的“大锅饭”和就业上的“铁饭碗”观念，积极推行合同制。合同工与固定职工同样享有“五定一奖”的经济待遇和参党、参团、参工会，以及选举和被选举等政治待遇。据1986年11月统计，该公司聘用合同工人数为：针织分厂220人，轧钢分厂99人，钢窗分厂16人，商行7人。合同工占全公司总人数50%以上。据考核，合同工普遍表现良好，出勤率达到100%，部分思想品德、技术管理俱佳者被选上车间、班组领导岗位，成为企业另一种新生力量。

乡镇企业职工中亦有一些人丢弃“铁饭碗”而组成新型经济联合体，或成为专业户、个体户。在番禺县1985年10月中召开的“发展农村经济经验交流会”上，有60个乡镇企业、新经济联合体、专业户介绍了经验。会议前夕，县委全体委员除参观了部分乡镇企业外，还专程访问了大石镇的诜村、猛冲村的塑料加工个体户。访问得知，在诜村的26间塑料厂中，个体就占了23间。1985年1～8月，该村塑料加工产值达82万元，纯收入22.1万元。仅此一项，全村人平均增收401元。县委书记黄伟宁对他们自筹资金、自找门路办工业的做法表示了赞扬，并勉励他们要继续努力，把企业做大做强。

第四节　新建扩建和技改项目大批上马，推动工业再创新高

20上世纪80年代初期至90年代初，番禺工业搭上了中央鼓励广东先行先试并给予特殊政策、灵活措施的发展快车，在经委、计委、银行、税务等部门的支持下，通过大额银行贷款投入、高比例使用新增税利还贷的形式，陆续新建、扩建一批工业项目。建成以国营企业为主、集体企业为辅的公有制工业企业体系，形成门类渐广、规模翻番、增长加速的工业发展良好局面。全县社会（生产性）固定资产投资额，1977年完成642万元，1991年上升至3.95亿元。

1989年，市头甘蔗化工厂从德国引进设备建成三兴中密度纤维板厂。年产量高达5万立方米以上。

1982年，番禺县政府投资3000万元，在黄阁公社筹建梅山糖厂，为当时县内最大的投资建设项目，在全省20多家大型糖厂中，建设规模排名第6位。1983年12月16日“梅糖”投产，设计能力为日榨蔗量2000吨，1986年扩大至6000吨，并增建了冰醋酸、酒精、水泥和发电车间等项目，投资额增至1.98亿元。至1995年扩建5万千瓦发电项目后，梅山糖厂累计投资额达2.8亿元。1991年，县境内共有省市属糖厂3家，分别是：市头甘化厂、紫坭糖厂、珠江糖厂；县属糖厂4家，分别是：梅山糖厂、鱼窝头糖厂、沙湾糖厂、渡头糖厂。7家糖厂总生产力为日榨蔗量20600吨，年产糖21万吨，其中省市属糖厂11.6万吨，县属糖厂9.4万吨；总产值4.2亿元，其中省市属糖厂2.2亿元，县属糖厂2亿元。番禺糖税占当年工商税13.5%，占地方财政收入11.8%。各糖厂除制糖外，还开展多种经营，生产其他产品。如梅山糖厂办有酒精、干酵母、煤渣砖、发电、水泥等分厂或车间，鱼窝头糖厂生产淀粉、化肥，沙湾糖厂与外商合营生产香口胶、泡泡糖，渡头糖厂生产白酒、酒精、饮料，市头甘化厂开设酒精、糖机、发电、纤维板、塑料制品、服装加工等生产部门，紫坭糖厂兼营造纸、水泥、汽水、发电。

工业项目的新建、扩建推动了番禺工业的增长势头。1982年，在经济形势较为困难的情况下，番禺工业总产值实现4亿多元，仍比上一年增长5.6%；利润增长率高于产值增长率，其中国有工业实现利润692万元，二轻工业实现利润330万元，分别比上年增长12.1%和27.9%。1982年，全县新办社队企业330间（其中队办企业264间），为未来的持续发展储备了一定的后劲。

1983 年，经扩充后的番禺工业，已初步形成了一个具有轻纺、化工、食品、建材、机电、电子、五金、造船、轧钢等门类众多的工业体系。工业产品和花色品种达 300 多个，出口总值 9700 多万元；工业生产总值 4.47 亿元，比 1978 年的 2.39 亿元增长 87%；仅地方国营工业和二轻工业就向国家提供税利 1970 万元，比 1978 年增长 61.2%。

莲花山纸厂过去只生产瓦楞纸和凸版印刷纸，经济效益不高。1983 年后加大投入，对工厂设备施行“大手术”，按先进性、客户要求、经济实用、降低成本等原则，安装了设计日产 25 吨、实际日产 32 吨的大抄宽多圆网新 6 号纸机，取得了同行难以相比的硬件优势。1984 年试制成功纺丝用纱管纸。1985 年，仅一台 6 号纸机的产值就占全厂总产值的 47%，创造利润 100 多万元，缴纳税金 66 万元。同时，投资 500 多万元对一、二号纸机更新改造，日产量从 13 吨提高到 30 吨。1986 年，该厂已拥有固定资产 5000 多万元，年产纸 5 万吨，成为广东五大纸厂之一，工业总产值超亿元，其中出口产值 4050 万元。境内的省市属糖厂造纸分厂亦通过改善设备技术提高产量。同年，省属珠江农场糖厂造纸分厂生产机制纸板 900 多吨，市属紫坭糖厂造纸分厂年产纸品 8000 多吨。

番禺水泥厂在 20 世纪 70 年代末年产量升至 5 万吨。1981 年，县政府以无息贷款支持该厂扩建，生产能力提高一倍，成为全省水泥行业机械设备最好的四大厂家之一。至 1984 年，该厂历时两年对生料、立窑、成品三大车间继续扩建，年产量提高至 14 万吨。1991 年，产量提升至 18 万吨，是年产值 2349 万元、利润 135 万元。

在番禺水泥厂扩建的同时，县工业局为适应市场需求，由县磷肥厂自筹资金 250 万元，新办一家年产量为 3.2 万吨的凤山水泥厂，并于 1983 年 11 月建成投产。1985 年 1—8 月，该厂已实现产值 292 万元、利润 30 多万元，摘掉了“亏损大户”的帽子。1991 年，水泥产量上升至 5 万吨。社办企业横沥水泥厂和东涌水泥厂于 1982 年先后投产，各年产水泥 1 万多吨。1990 年，梅山糖厂开办水泥厂，年产量 2 万多吨。至 1991 年，县内 5 家水泥厂合计年产水泥量达 28 万多吨。

番禺凤山水泥厂生产的 325 号火山灰水泥和 425 号普通硅酸盐水泥符合国家质量标准，畅销各地。

番禺染整、制衣业也是在技改中大手笔投入的行业。1986 年，番禺染整厂和县纺织品进出口公司、香港伟业实业公司合资创办番达染整厂，总投资 1000 万港元，进口先进的专业设备 20 多台（套）。1991 年，染整各式布料 1000 万米，年产值 9800 万元，税利 500 多万元。

制衣业升级改造扩展几乎是众行业中最彻底、最脱胎换骨的。该行业多是以当地农

番禺绣品服装厂车间正繁忙生产。该厂创于1980年，其中高档时装质量好，享誉同行业。该厂还被命名为全国乡镇先进企业及星级企业。

车社为班底，70年代末开始与港商合作，由当地企业提供土地、厂房、劳力，港商提供订单、设备，以补偿贸易形式偿还投资份额，后发展到“三资”“三来”和县、镇、村、个体多种所有制共同参与。归纳起来，有四大变化：一是设备专业先进，自改革开放后的十年左右，全县进口各类车缝专业设备数万台（套）；二是款式设计新颖，产品多为国内外流行款式；三是工艺管理完善，按流水作业线细分生产工序，大幅提高产量；四是品质上乘。1991年，全县有制衣厂150多家、从业人员3万多人，年产服装4000多万套，总产值近6亿元。番禺绣品服装厂创办于1980年，初办时租用南郊大队500平方米会堂作厂房，设车位100个，除20台电动平缝车外，其余均为工人自带脚踏衣车，以生产中低档童装为主。1981年年中，转产中高档薄料时装。1982年建成四层大楼厂房。1984年，为港商加工高档丝绸服装。1989年，新建5000平方米厂房，新添置设备200多台（套），年产量从9万打提高到18万打。1991年，再建空调厂房13000平方米，新置先进设备1500多台（套）。历时十年，该厂从1980年的120人、17.6万元年产值、8.8万元固定资产，扩展到1991年的1400人、2781.7万元年产值、1125.8万元固定资产。各项经济指标均达国家二级企业标准，被评为全国乡镇企业系统先进单位。

莲花山纸厂通过热利用测试，选择最佳方案降低蒸汽耗用量，一年节能4万元。番禺农药厂改建农药生产新系统，生产能力比原来增加70%。县复合肥厂根据珠江三角洲土壤特点，生产氮、磷、钾三元复合肥，月产肥料800多吨。番禺电力电容器厂生产的BW04-12-3型低压并联电容器，填补了广东省电力电容器同类产品的空白。

市桥轧钢厂对连续加温炉进行改造后，产量提高70%，成本下降10%，产值比改造前增加近八成。1985年，该厂与南沙农工商联合总公司、广州市冶金局联合新办珠江拆船轧钢实业公司，厂区在南沙鹿颈村建成，占地1万多平方米，总投资1200万元，年产钢材8000吨，是继莲花山拆船轧钢公司后的第二家拆船轧钢企业。

市属企业紫坭糖厂在技改挖潜、节约能源方面成绩显著。过去，由于电力不足，每榨季缺电700多万千瓦时，严重影响正常生产。后进行技术改造，装置了中压锅炉和6000千瓦发电机组，采用一汽四用热力系统，全厂热利用率从过去的60%提高到技改后的80%，全年节煤4500多吨，综合经济效益增加96万元。另外还改革造纸蒸煮曲线，使蔗渣蒸煮保温时间从过去的一小时缩短为半小时，每年节约蒸汽1400多吨。90年代初，该厂新建项目生产人造板和饮料软包装两个产品，亦取得良好的经济效益。其中人造板厂投资 828 万元，年产人造板 1 万立方米。

鱼窝头糖厂通过技术改革，使蔗渣分离器的效能得到更充分发挥，大大提高了蔗渣的燃烧热点，一个榨季节煤 1700 多吨；应用蔗渣流态干燥新工艺后，每天节煤 6 吨；安装 6 台可控硅电动机，一个榨季减少无功电耗 45 万千瓦时。1983 年首季，在产值比上年同期 1800 多万元减少了 84 万元的情况下，因节能降耗得力，利润反而增长了 3%。其中，开榨的头两个月利润达 71.9 万元，比上年同期增长 28.5%。

渡头氮肥厂向上海化工研究院寻求技术援助，对低变系统的工艺流程进行改造，推广应用耐硫低变触煤新工艺，提高了生产能力；对煤气炉篦进行改造，提高半水煤气的质量，减少能耗；合成系统采用双塔并联流程，降低系统压力，减少放空，增开机台。经一系列改造，取得增产节约的效果。日产合成氨从 26 吨增加到 37 吨，吨氨煤耗下降 27.8%。1983 年 9 月，合成氨产量达 1060 吨，创该厂历史最好水平。

海鸥电筒工业公司技改成绩显著，其中电脑程控镀铬技术尤为突出。1982 年，该公司就把原来手工操作的镀铬生产线改为 5 条 KM-104 微型电脑控制生产线，后再引进国外新技术，把酸洗、铝氧化、合金等生产线的操作改为电脑控制，既节省了人力，又保证了质量，提高了档次。

县拆船轧钢公司利用从船上拆卸下来的旧设备开展技改，改造并投入使用桅杆吊、克灵吊、桥吊、龙门吊和柴油发电机组多台，设计制造了大型跨坞龙门吊、轧钢机组、龙门剪床，修建了万吨级拆解船坞和 2000 吨、200 吨装卸码头各一个。还新购了履带吊机。通过技改、扩建的办法，提高了生产能力和企业竞争力。1986 年 5 月，该公司的月拆船产量从投产时的 600 轻吨增加到 3000 轻吨，轧钢产量从 300 吨增加到 1500 吨。产量、产值、利润、税金各项指标居全省同行业之冠。是年，获全省拆船行业整顿验收最高分，成为中国拆船总公司和广东拆船加工公司的定点厂。

番禺县食品公司与省食品公司联营肉制品加工厂，为省内第一家综合性大型肉类加工厂。该厂采用国内外先进工艺设备和优质原料精制各款中西式肉制品，质量符合国家卫生标准。图为该厂生产的优质出口腊肠。

粮食系统属最正统的“四统”部门（收购、销售、调拨、贮存均由国家统管）。1985 年，中央改粮食统购为合同订购，“四统”优势迅速消失。番禺县粮食系统解放思想，利用自身优势建立了28个饼食、糕点加工场以及生产“多维”（多种维生素）系列产品的基地，扭转了连续减产亏损的被动局面。1984年，总收入1627万元，上缴国家抵亏利润73万元，比三年前增长53%。粮食局属下的珠江面粉厂，原属市桥粮食加工厂的一个面粉车间。1988年生产面粉2000吨，加工大米59407吨，当年产值2632万元。1989年在沙湾镇蚬涌村易地再建，1990年7月投产，所产的“莲花牌”系列面粉在珠江三角洲一带颇具知名度。1995年，该厂成为番禺粮食系统首家亿元产值企业。珠江饼干厂前身是沙湾镇渡头村的一间小型碾米厂。1983年转产饼干，生产工人只有27名，饼干品种只有1个。1987年，在市桥南郊建成2000多平方米的厂房，拥有工人300多名，成为全国粮食部门最早建成的饼干专业生产厂。产品品种已发展到威化、曲奇、夹心、薄脆、益寿、克力架、鸡汁香葱、鸡仔饼等13个。发酵技术、包装装潢均列同行业先进水平。“珠江桥牌”饼干系列产品在国内各大中城市均有销售，并远销俄罗斯、越南边贸市场。1991年生产饼干4300吨，产值2052万元，创利110万元。所产超薄饼干被评为省优产品。1994年，被评为中国500家最大食品制造企业之一。

番禺食品公司属下的第一肉制品厂于1984年末建成投产。该厂利用食品工业被列为国家优先发展行业的大好形势，与省食品公司联营兴建全省最大型的肉类制品加工厂，厂房面积达5600平方米，装备了年分割肉鸡150万只和年生产广式腊味80吨、西式灌肠600吨、方便食品150吨的生产流水线各一条。产品不但销往全国各地，更畅销港澳市场。1985年，该厂分割肉鸡540吨，加工腊味101吨，总产值316万元；出口鸡胸肉和鸡腿肉共68吨，为国家创汇78万港元，成为番禺食品工业新崛起的“龙头老大”。

1985年，全县工业系统引进项目35个、专用设备3600多台（套），引进外资1000万美元以上；技改总投入1100万元，用于技改的外资180万美元。新办的“三资企业”有涤纶丝织厂、高级油漆厂、尼龙拉链厂；联办的“内联企业”有保丽板厂、番禺鞋厂、电力电器厂。全县工业总产值6.84亿元，比上年增长34.65%。其中，国营工业产值2.81亿元，比上年增长52%；集体所有制工业产值3.83亿元，比上年增长24%。

第五节　乡镇、二轻集体工业乘势而上

一、乡镇企业迅速扩张

（一）地位得到肯定，社队企业较快发展

1976年5月，番禺县社队企业管理局成立。起步之初，社会上对社队企业有“三争”“二挤”的非议（与大工业争原材料、争能源、争市场，以小挤大、以落后挤先进）。1979年，

国务院下发《关于发展社队企业若干问题的规定》，中共番禺县委随后发出《关于加快我县社队企业发展的意见》，番禺的社队企业得以较快发展。1980 年，产值达 1.9 亿元。此后，乡镇企业开始扩张。市桥工艺服装总厂利用设备先进、任务充足等优势，打破厂房面积少的局限，积极开拓社队发外加工点，把部分产品扩散到农村加工，派出技术人员指导加工点的生产管理和技术问题。1980 年末，该厂已开拓钟村、南村、沙头等社队加工点近 80 个，既扩大了本厂的生产能力、满足了产量的需求，又帮助解决了农村多余劳动力的出路，带动了农村的工业致富。1981 年 5 月，国务院发出《关于社队企业贯彻国民经济调整方针的若干规定》。文件指出："社队企业已成为农村经济的重要组成部分，符合农村综合发展的方向。"乡镇企业的地位由此得以肯定。经历了"山重水复"的困境后，终于迎来"百舸争流"的新局面，走出一条适应新形势，主打衣（服装）、食（农副产品加工）、住（红砖、碎石），既为生产、生活服务，又搞内销、外贸的新路子。由于多开渠道，广辟财源，使 1981 年的镇村两级企业总收入升至 2.7 亿元，比上年增长 37%，比 1978 年增长 118%；纯收入 4500 万元，比 1978 年增长 183%。镇办企业利润南村居冠，化龙次之，分别为近 300 万元和超 100 万元。队办企业总收入 8800 万元，比 1978 年增长 112%。横江、东联、大山、东乡、何村、南村、旧水坑、新桥、明经、大稳、甘岗、大井等队办企业名列前茅。1984 年 3 月 1 日，中央在转发农牧渔业部《关于开创社队企业新局面的报告》中，把社队企业改称乡镇企业，其范围从过去镇、村两个层次扩大至镇、村、联合体、个体四个层次。1985—1986 两年，番禺乡镇企业与科研单位、大专院校协作、联营项目有 30 多个。如沙头江南电子厂与广州市电子工业局联营组装收录机，大岗工业公司与省乡镇企业局及香港协力贸易公司联营开办华协尼龙搭扣厂，化龙橡胶厂与华南工学院合作生产橡胶护舷，石碁珠江机床厂与广州机床厂联合生产数控机床，南沙与省冶金局和市乡镇企业局以及市桥轧钢厂等单位联合开办拆船轧钢公司，万顷沙与广州市饲料协会联营开办万丰饲料厂，东涌与广州二轻局五金工具公司联营生产胶钳和割具，石楼岳溪乡与广州红旗印刷厂联营开办印刷厂等。1986 年，仅联营扩张项目产值就超过 5000 万元。1987 年 4 月，番禺县委颁发《关于加快村镇企业发展的优惠措施》，提出九大优惠政策。1990 年 6 月，国务院颁发《乡村集体所有制企业条例》，广东省委、广州市委相继下发文件，提出鼓励、扶持、保护、引导乡镇企业发展的一系列政策措施。番禺县委、县政府进一步加强对乡镇企业的领导，采取得力措施促其发展。1991 年，全县乡镇企业发展到 18462 家，从业人员 173347 人，固定资产原值 13.77 亿元，完成总产值 35.73 亿元，上缴税金 1.16 亿元。

化龙镇办企业的扩张首先得益于"三来一补"之助，其次是发展内销之功。1978 年，化龙公社与外商签订"来料加工"合同，把一个小型服装厂发展成为大型服装加工厂和皮手袋加工厂。1980 年，公社投资 300 多万元，新建 15800 平方米厂房，承接外商业务的工厂从 1 家增加到 9 家，手袋加工厂从 1 家增加到 2 家。初办时期的几十台脚踏平缝衣车，已被进口的专业设备所代替。1984 年中，该厂拥有高速平缝车 1364 台，各种凤

装上化龙橡胶厂生产的D型护舷胶的码头

眼机、钑骨机、双针车、裁剪机170多台。手袋厂的年产量从开办时的2.4万打增加到12万打，成为全省规模最大的手袋生产厂之一。除“三来一补”外，化龙镇还面向国内市场生产适销对路产品。1980年，公社投资110万元兴办家用电器厂，生产“凯歌牌”电饭煲。两年后又相继推出电须刨、电热毯等家电产品。橡胶厂生产的橡胶护舷系列产品，畅销广州、湛江、海口、三亚各大码头。1983年，化龙镇已有镇办企业18家，固定资产1600多万元，工业总产值1558万元，利润连续三年超百万元。

钟村镇办企业有25家，1985年销售收入1440万元，比上一年增长66%。在几年的扩张中，逐步摆脱了过去只代外地加工零部件的生产模式，不断开发适销对路的产品。例如家电厂从为顺德裕华风扇厂冲压鸿运扇零件开始，到自产风扇电机9个品种，后研发生产“金钟牌”排气扇，首创国产“厨洁牌”抽油烟机；嘉华风扇厂生产电子钟、鸿运扇；钟厂生产利达牌电子石英挂钟等。

鱼窝头镇地处“沙田区”，产业以农为主。除县属的鱼窝头糖厂坐落该镇外，工业基础相对薄弱。1985年中，该镇与香港信和录影带制作公司共同投资160万港元，联营开办信兴磁带电子公司，日产录像带4000盒、录音带2万盒，日产值12万港元，产品大部分出口外销，小部分内销国内音像市场。外向型工业企业的创办，促进了这个农业大镇的工业发展。

大岗镇工业基础相对扎实。1985年，实现工业产值7200万元，比1980年的1709万元增长1.56倍，提前5年多完成翻一番的任务。该镇在夯实原有基础的同时，积极扩张外向型经济，新、扩建厂房4400多平方米，开发了软糖机、丝绸服、绒类服装、柔姿布胶鞋、瓷柄餐具、四柱衡压机、电子计时器等多个产品。与省乡镇企业发展公司、香港协力贸易公司合资兴建“华协尼龙搭扣厂”，年产尼龙搭扣600万对米。成为工业发展内外兼重的工业重镇。

大岗服装一厂借任务饱满之势，1985年增设华业时装厂。新厂从诞生之初即装备齐全，年产牛仔裤12万打，年洗石磨蓝2.42万打，还有大批加工雪风衣、夹克衫、衬衣的专用设备，以积极的扩张适应形势的发展，取得了预期的效益。

大岗镇鸭利村于1982年末从红旗大队分出时，分得财产的总值不到1万元，分给债务为14000元，负资产超过4000元。1983年，该村兴办服装加工厂，为镇服装厂当配角，后与港商开展补偿贸易来料加工牛仔类服装。配角、主角一齐当，集体经济得到迅速积累，1985 年，该村已积累了 88 万元固定资产和部分流动资金，扣除贷款外，净资产超过 100 万元。

番禺绣品服装厂是县乡镇企业局的直属企业，1980 年创业之初，只是一间“小打小闹”的服装加工厂，3 年后，紧随国际市场需求迅速扩张，增建厂房设备，转产高档的薄料、丝绸服装。1985 年，该厂出口产值 530 万元，居全县同类厂企之冠。

前述的横向联合，是乡镇企业当省市科研单位、大型厂企的配角。另一种横向联合是，生产任务充足的乡镇企业培植发外加工点，利用社会力量提高企业生产能力。大岗橡胶厂月产胶鞋 50 万双，鞋面生产能力严重不足。1984 年，该厂在邻近镇、乡扶持兴建了 5 个发外加工点，有 300 多人，加工鞋面品种 20 多个，月产量最高达 30 多万双。这种借力扩张、互利双赢的做法，在当时十分普遍，业界戏称为开拓“殖民地”。

1984 年，番禺乡镇企业产值、利润创历史最高水平。总产值完成 3.15 亿元，其中工业产值 2.6 亿元；利润 2770 万元，比上一年增长 107.78%；全县 22 个镇，增产的有 20 个。在镇办企业迅速扩张的同时，村办企业亦同步发展。据不完全统计，1985 年，全县 299 个村，工副业收入超 100 万元以上的有 74 个，前 10 名分别是：石碁的旧水坑（602 万元）、南村的坑头（302 万元）、南村的罗边（236 万元）、南沙的广隆（228 万元）、南村的市头（225 万元）、东涌的大稔（210 万元）、南村的南村（195 万元）、东涌的石基（155 万元）、沙头的沙墟一（141 万元）、大岗的鸭利（141 万元）。

（二）“双轨制”给乡镇企业发展提供了更大的空间

改革开放之初，计划经济与市场经济并存，简称“双轨制”。乡镇企业从诞生之初就没有享受计划经济的实惠，这种先天不足反而让它更快适应市场经济的激烈竞争。人多田少的民田区向来有工副业生产的传统，其利用靠近城市、人才众多的优势，积极发展建筑、运输以及为城市大厂加工零部件等业务，走出一条农、工、副综合发展的路子。沙田区工业基础原较薄弱，亦能立足本地资源，兴办石场和轮窑砖厂，同样在市场经济中获得一席之地。乡镇企业因其覆盖面广，又较早奉行“捉到老鼠就是好猫”的经营观，因而在市场经济大潮中能迅速崛起，成为番禺工业发展中一股不

广州石油机械厂工人在调试油井液压防喷器控制系统

可忽视的力量。

沙湾镇办企业是“老先进”，其首要的成功之道是具浓厚的市场意识，密切掌握市场动态，争取产销主动权；其次是加强供销队伍建设，挑选出75名精明强干的供销员，在省内外建立了37个信息联络网点，帮助企业把产品打入13个省市市场。1985年上半年，该镇企业利润81万元，比上年同期增长279.7%。

广州石油机械厂前身是沙湾社办一间接近“死火”的支农小厂——沙湾机械厂。从铸犁打耙、维修农机发展到生产C618、C620车床和B350、B650刨床，实现了无定向生产到生产固定产品的转变。后因旧式机械产品市场饱和，沙湾机械厂再次面临“死火”局面。为了突围解困，在20世纪70年代末，该厂瞄准国内石油防喷设备依赖进口的空隙，通过努力取得了北京市科协、石油勘探科学研究院、四川石油管理局、泸州气矿、华南工学院、省市科委等单位科研人员的支持，从1980年进口美国石油防喷样机着手研究算起，仅用半年时间，就研发出中国第一台P801（FKQ480-5）型液压防喷控制装置样机，并在次年通过技术鉴定后交付四川石油管理局川南区油井使用。其时石油井喷真实发生，当其他各式设备无法制止井喷之际，该厂的P801新产品只耗时5秒就成功控制了井喷，产品性能完全达到设计标准和使用要求，为新产品赢得了良好的口碑。1981年8月，该产品通过了由广州市科委、广州市工业产品检验所、番禺县经委以及北京、四川、上海、重庆等石油专家和科研人员的严格检验，被鉴定为“技术先进，设计合理，整台机经调试达到设计要求，可拿到工业现场使用”。1982年6月，该厂研制出新一代的FKQ480-5型液压控制系统，获国家农牧渔业部、广东省和广州市颁发的1985年优秀新产品证书，以及广东省技术开发二等奖。1984年，该厂研制成功QST-140气动试压台，获广东省优秀新产品三等奖。该厂还与四川石油管理局钻探工艺研究所、广州重型机器厂合作，先后成功研发了F28-35液压防喷器、FZ35-21单闸防喷器等石油设备。这系列产品以质优价廉的优势，在没有国家计划安排的前提下，填补了国内空白，打进了大庆、四川、新疆、中原等十多个油田，成为国内三家石油井控设备的专业生产厂家之一，被国家天然气总公司定为生产定点厂。1984年，该厂产值达240万元，是1978年产值的16倍。

沙湾镇工商业历史悠久，“双轨制”期间发展尤快。镇办就有石油设备、液压机械、建筑材料、轧钢、五金等30多家企业，连续7年出现“三增一降”（产值、利润、税收增，成本率降）的良好局面。1985年，镇办工业总产值1780万元，比上一年增长52.3%；利润203.18万元，比上一年增长55.6%；成本率比上一年下降3.12%。

乡镇企业利用“船小好调头”的优势，在市场经济中往往进退自如。1980年前后，汽水渐成高档饮料，市场供不应求。南村公社利用七星岗质优量大的矿泉水，投资汽水生产流水作业线，与县糖烟酒公司联营开办番禺汽水厂，生产七星泉牌汽水。1981年投产，日产汽水12000瓶。1982年改进设备，日产增至4万瓶。产品除地销外还销往广州市。同年11月，大石公社在会江大队白土泉的泉眼旁开办碧泉汽水厂，日产汽水15000瓶。

翌年5月，增加碧泉牌啤酒，日产啤酒11000瓶。产品除在本地销售外，还大量销往广州、深圳两地。数年后，国外新奇口感的可乐饮料大量涌入、广州汽水厂改造扩建完成，国内外大型饮料厂家以先进的设备、适销的产品和庞大的产量，迅速占领了广东省的市场。南村汽水厂随即停产汽水转产米粉，利用优质的泉水资源生产出口排米粉，打入香港、澳门等地的食品市场。大石碧泉汽水厂在市场饱和前的1985年，采取"以退为进"策略，把设备、技术转让给南昌、西安两市的同类企业，赚了"第一桶金"，亦规避了产品滞销的风险。1982年初，黄阁公社投资20万元，利用大山之腰"半天云"矿泉的优质水源开办汽水厂，日产汽水5000瓶，主销本县沙田地区。

乡镇企业在市场上拾遗补缺，既满足了商品需求，又分得市场"一杯羹"。较典型者如社队办红砖厂。过去红砖供应要凭计划指标，市桥红砖厂供不应求。20世纪60年代初兴建的社队砖厂，"文化大革命"中被当"资本主义尾巴"割掉。80年代初，番禺社队砖厂蜂起，利用自身的高地山坡资源和劳动力优势，大力发展红砖生产。形式上有社办、队办、社队联办、大小队联办、小队办、小队联办等。1981年，全县共有大小砖厂近千家，单是1—9月就新办砖厂26家。沙头公社横江大队12个生产队就办了11家砖厂，仅此一项就占队办企业收入的64.5%。东涌公社大稔大队开办两条大轮窑，解决了本队97%社员茅房变砖屋的建材之需。榄核公社甘岗大队开办两家大型砖厂，取泥烧砖，降低周边高围田高度后，水稻产量创出亩产1622斤的新纪录。沙湾砖厂在1984年广州市红砖质量评比中名列前茅，一级、二级红砖标号均超部颁标准，被列为广州市红砖生产重点企业。1985年上半年，红砖产量达1500万块，其中一级砖占78%、二级砖占20%，从产量到质量均处同行前列。

万顷沙保温材料厂直接诞生于市场经济的怀抱。该厂与北方有关厂矿联营生产膨胀珍珠岩保温隔热材料，除向建筑、冶金、石油、化工、冷藏、剧院、放射性室馆等需求单位供应各种规格、类型的成品外，还成立专业保温工程施工队，上门为客户现场定制、安装各款型材，业务扩展到县内外。

沙头镇根据海绵沙发、床垫成为时下家居时尚的信息，兴建沙头海绵厂，生产PU-聚氨酯泡沫海绵。几经技术攻关，产品的韧性、弹性、重量均达优质产品标准。该厂产品交广州各大商场经销，并及时收集用户信息，不断增加花色品种，成为市场热销的抢手货。1985年，该厂总人数只有53人，生产海绵1000多吨，总产值实现700多万元，利润170万元，人均创利3万多元，成为全县人均创利最高的企业。其后，该厂又推出了PS泡沫塑料。在海绵制品竞争进入白热化前夕，其泡沫塑料产品已悄然占领了冷藏库、隔音板、保温管套、包装材料、游泳圈、救生衣等产品市场，体现了该厂已具市场经济必备的前瞻性。

莲花山机械厂根据渔民需要，研制成功4～5马力艇尾机、吸蚬机、船用水泵等产品，并开展送货上船、代客安装、指导操作、巡回复查等贴心服务，产品不但深受珠三角水乡渔民欢迎，并畅销至潮汕、惠州、雷州、海南等南方沿海地区，且出口到越南等国家。同时，在华南工学院教师的指导下，研制手扶拖拉机自卸装置并成功推向市场。1985年上半年，该厂创产值160万元，达到历史最高水平。莲花山渔具厂根据渔业市场调查，在县渔科站的指导下，改良缯网结构、类型、目数，产品畅销番禺、南海、东莞、黄埔、新洲等渔业区。1985年上半年，创产值26万元。上述两厂能适应市场规律，填补市场空缺，扭转了支渔企业长期亏损的被动局面。

由五金白铁社发展而成的同心机器厂，于1983年起专业生产工业洗衣机，成为沙湾镇工业洗衣设备行业的始创企业。

沙湾同心机器厂根据近年宾馆、旅店、酒楼发展迅速，家用小型洗衣机不适应企业的布草洗涤要求的市场信息，积极收集意大利、日本、上海、天津、四川等地生产中型洗衣机的技术资料，成功仿制XY50公斤、卧式80公斤、立式XY80公斤、石磨水洗等不同型号的专用洗衣机，以及CY50公斤烘干机，产品一经推出即畅销洗涤行业，凸显出该厂对市场需求的敏锐嗅觉。此后，一厂变多厂，生产洗涤、烘干、包装机械设备的工厂陆续开设，成为沙湾镇的支柱产业之一。

沙湾轧延厂前身为电镀厂，因产品不对路而亏损32万元。1984年5月，转产市场紧缺的建筑钢材，集中资金、人力生产直径为6、8、12、16毫米圆钢和25、30毫米角钢。翌年5月已达日产钢型材20多吨的规模，半年利润达15.3万元，显示了乡镇企业“船小调头快”的灵活性。

乡镇企业的厂长、经理没有根深蒂固的计划经济观念，在市场经济大潮中渐渐锻炼出一批出色的企业家。番禺县乡镇企业的厂长、经理在企业家评选活动中屡获殊荣，1987—1988两年，获广州市乡镇企业家称号的有24人；1991年，获全国乡镇企业家、“七五”全国星火企业家称号各1人。1991年，番禺县乡镇企业总产值35.73亿元，占农村社会总产值的83.3%，占全县工业总产值的56%；上缴税金1.16亿元，占全县工业企业上缴税金总额的44.4%；安排剩余劳动力就业17.33万名，占全县农村劳动力49.32%。

（三）加大技改投入、争创优质产品，推动乡镇企业进一步发展壮大

在与国营、二轻、粮加、外贸等“老大哥”同台竞技中，乡镇企业逐渐认识到“规模经济”和“产品档次”的重要。80年代的10年间，乡镇（社、队）企业经历了规模由小变大、人员由少变多、设备由旧变新、档次由低变高、效益由差变好的转变。

南沙、黄阁两地石矿资源丰富，社办企业从设备的更新改造入手，以提高石场的机械化程度来提高生产力。1982 年上半年，南沙公社投资 60 万元装配了成套大型碎石机械，带动了社办石矿场全线收入、利润的增长，收入比上年同期增长 76.9%，利润增长 49%。黄阁公社石场开展技改后，社办企业利润增长 47.8%。南村素享“男耕女织”盛誉，服装行业为该公社经济支柱。设备更新换代后，1982 年上半年收入同比增长 37.5%，利润增长 43.8%。沙湾、榄核、钟村等社办企业技改效果显著，上半年利润同比增长分别为 40%、37.7% 和 29.8%。1982 年上半年，全县社办企业总收入 1.04 亿元，利润 925 万元，分别比上年同期增长 29.7% 和 25.1%；队办企业实现收入 4000 万元，比上年同期增长 27%。

沙头建材厂积极推进设备改造，增置了单轴搅拌机、自动输送机、卷扬机、打煤机、吊机等设备，提高了生产效率和产品质量。该厂的中央格红砖，1981 年，获广东省红砖质量评比第 4 名；1984 年，获广州市乡镇企业红砖质量评比第 1 名。

始于 70 年代末开展的产品创优活动，虽是对工业产品质量的优秀定级，但对工艺流程和技术设备也提出了更高的要求。为能生产出省、部优产品，企业纷纷“鸟枪换炮”，扩建厂房，添置设备，改进技术。在这过程中，不但诞生了一大批部、省、市优产品，改变了乡镇企业产品“有数量没质量、价廉物不美的”窘况，同时也推动了乡镇企业发展壮大。

1991 年，番禺县乡镇企业中产值超 1000 万元的有 51 家，超 5000 万元的有 7 家，超亿元的有 2 家。规模扩大、技改效益显著的镇办企业有：市桥镇的海鸥电筒工业公司、工艺时装厂，大岗镇的万新时装厂、大兴制鞋实业有限公司、橡胶厂、五金制品工贸联营公司，石楼镇的恒联食品机械厂，石碁镇的珠江机床厂、盛华鞋厂，化龙镇的服装集团公司、手袋厂、配件（冰箱）厂、洋伞厂，沙湾镇的沙湾服装厂、健步鞋厂，钟村镇的宏达家用电器厂等。村办企业佼佼者是石碁镇的旧水坑五金综合总厂。该厂自有厂房 6 万平方米，固定资产 3500 万元，职工 4000 多人。1991 年，工业产值 5000 多万元，利税 550 万元。

大岗镇大兴制鞋实业有限公司生产车间

1987—1990 年间，市桥自行车零

1979—1991 年番禺县乡镇企业优质产品名录表

表 6-2

表一："部优产品"（16 项）

序号	所属镇	生产厂家	产品名称
1	市桥	市桥海鸥电筒工业公司	海鸥牌手电筒
2	市桥	自行车零件厂	五羊牌 B 型自行车中轴
3	莲花山	莲山电子厂	宝星牌扣式锌锰电池
4	沙湾	沙湾广州石油机械厂	环球牌液压防喷器控制系统
5	化龙	化龙橡胶厂	莲花山牌 D 型橡胶护舷
6	大岗	大岗餐具一厂	荷花牌不锈钢餐具
7	市桥	市桥海鸥电筒工业公司	旭虹牌 FS008 笔型电筒
8	化龙	化龙家用电器厂	仙鹤牌双重绝缘电热毯
9	南村	南村番禺电缆厂	乐光牌 B 系列铜芯电缆
10	市桥	市桥环城表带厂	金环牌不锈钢手表带
11	南村	南村南兴服装厂	兴驼牌女衬衫
12	市桥	市桥轧钢厂	禺山牌 32 型热轧窗框钢
13	番禺	番禺绣品厂	彩鸟牌女装连衣裙
14	钟村	钟村宏达家用电器厂	宏达牌 YP5~2 型吸排油烟机
15	钟村	钟村宏达家用电器厂	宏达牌 YP5~592 型豪华双头吸排油烟机
16	市桥	市桥海鸥电筒工业公司	旭虹牌 FS005 笔型电筒

表二："省优产品"（34 项）

序号	所属镇	生产厂家	产品名称
1	市桥	市桥海鸥电筒工业公司	海鸥牌手电筒
2	市桥	市桥自行车零件厂	五羊牌 B 型自行车中轴
3	市桥	市桥电器器材厂	三角牌荧光灯起辉器
4	莲花山	莲花山莲山电子厂	宝星牌扣式锌锰电池
5	沙湾	沙湾广州石油机械厂	环球牌 FK 液压防喷器控制系统
6	大岗	大岗橡胶厂	D 字牌模压网球鞋
7	大岗	大岗餐具一厂	荷花牌不锈钢餐具
8	南村	番禺南村电缆厂	乐光牌 B 系列铜芯电缆
9	化龙	化龙家用电器厂	仙鹤牌双重绝缘电热毯
10	新造	新造珠绣工艺厂	明珠牌珠绣手袋
11	化龙	化龙服装集团公司	蓝鹰牌梭织高尔夫球运动套装
12	大岗	大岗万新时装厂	大白鲨牌连衣裙
13	番禺	番禺绣品服装厂	彩鸟牌女睡衣套装
14	番禺	番禺绣品服装厂	彩鸟牌男睡衣套装
15	化龙	化龙家用电器厂	仙鹤牌电冰箱加热器
16	石楼	石楼机械厂配件厂	恒联牌 MJ10、MJ12 型磨浆机
17	南村	南村番禺电缆厂	乐光牌 NLYV、NLVV 农用低压地埋线
18	番禺	番禺电缆厂	乐光牌 VV、VV22 聚氯乙烯绝缘及护套电力电缆
19	番禺	番禺绣品服装厂	彩鸟牌女装连衣裙
20	南村	南村万荣时装厂	仙虹牌女装长袖时恤
21	南村	南村南兴服装厂	兴驼牌真丝化纤恤衫
22	南村	南村环宇制衣厂	衣导牌（EDIO）女衬衫
23	市桥	市桥轧钢厂	禺山牌 32 型热轧窗框钢

续上表

24	鱼窝头	鱼窝头服装厂	穗鱼牌男童夏季套装
25	化龙	化龙服装集团公司	蓝鹰牌羽绒中褛
26	新造	新造粤新木制品厂	得宝牌红木茶几
27	石楼	石楼家宝木制品集团公司	宝鹰牌红木家具
28	市桥	市桥工艺时装实业公司	彩仙牌真丝珠绣时装
29	化龙	化龙冰箱配件厂	鲸宝牌电冰箱用铜铝管接头
30	化龙	化龙手袋集团公司	鲸鱼牌真皮革公文袋
31	钟村	钟村宏达家用电器厂	宏达牌 YY53~4 转页扇电动机
32	市桥	市桥番禺海鸥集团公司	旭虹牌袖珍电筒
33	石楼	石楼恒联食品机械厂	恒联牌 MT12，5、25、30 型压面面条机
34	沙头	沙头江南化工仪表厂	江仪牌 DT830 型数字万用表

表三：“市优产品（30 项）

序号	所属镇	生产厂家	产品名称
1	市桥	市桥海鸥电筒工业公司	海鸥牌手电筒
2	沙湾	沙湾广州石油机械厂	环球牌 FK 液压防喷器控制系统
3	大岗	大岗橡胶厂	D 字牌女便鞋
4	化龙	化龙橡胶厂	莲花山牌橡胶护舷
5	沙头	沙头江南电子厂	富力牌双盒式分体收录机
6	大岗	大岗橡胶厂	D 字牌改性 PVC 旅游鞋
7	大岗	大岗餐具一厂	荷花牌不锈钢餐具
8	南村	番禺南村电缆厂	乐光牌 B 系列铜芯电缆
9	石楼	石楼家宝木制品集团公司	宝鹰牌红木套装家具
10	市桥	市桥环城表带厂	金环牌不锈钢手表带
11	石碁	石碁珠江机床厂	菱珠牌 C6232A 车床
12	石碁	石碁玻璃管厂	宝马牌 2~24mm 玻璃管
13	南村	南村南兴服装厂	兴驼牌真丝化纤连衣裙
14	大岗	大岗广东省华协尼龙搭扣厂厂	华协牌尼龙搭扣 16-50mm
15	南村	南村坏宇制衣厂	衣导牌女睡衣套装
16	化龙	化龙手袋集团公司	企鹅牌 435*282 人造革公文袋
17	番禺	番禺绣品服装厂	彩鸟牌软料连衣裙
18	石楼	石楼恒联机械配件厂	恒联牌 MJ 型磨浆机
19	大岗	大岗化工厂	岗牌硫酸铝
20	化龙	化龙服装集团公司	蓝鹰牌绉面夹里机恤
21	石楼	石楼机械配件厂	恒联牌 ST 手提式界片机
22	市桥	市桥镇服装厂	威胜牌男女装石磨水洗牛仔裤
23	钟村	钟村宏达家用电器厂	宏达牌石英管自动电烤箱
24	钟村	钟村宏达家用电器厂	宏达牌 YP5~592 型抽烟机
25	石楼	石楼恒联食品机械厂	恒联牌 MT12，5、25、30 型压面面条机
26	石楼	石楼恒联食品机械厂	恒联牌 VFM 系列多用立式食品搅拌机
27	石楼	石楼恒联食品机械厂	恒联牌 HWH25 型和面机
28	鱼窝头	鱼窝头服装厂	穗鱼牌男童夏季套装
29	鱼窝头	鱼窝头服装厂	穗鱼牌女童夏季套装
30	市桥	市桥钢窗厂	福临牌 32 型实腹钢窗

件厂、市桥番禺海鸥集团公司、番禺绣品服装厂、沙湾广州石油机械厂、南村南兴服装厂、南村番禺电缆厂、化龙服装厂、化龙手袋厂、大岗万新时装厂、南村环宇制衣厂、南村万荣时装厂、沙湾健步（香港）鞋厂、鱼窝头服装厂、沙湾健丰机制鞋厂等企业先后获省级先进企业称号。1990 年，番禺绣品服装厂、南村南兴服装厂获全国乡镇企业系统先进企业称号。南兴服装厂生产的高档化纤、真丝连衣长裙、女时装裙、时装衬衫等十多个品种畅销欧美，被省丝绸进出口公司定为出口产品重点生产厂之一。

从 1979 年至 1991 年的 13 年间，番禺乡镇企业的产品共有 80 项分别获得部优、省优、市优产品称号，反映出番禺乡镇企业的技术水平和产品质量有了很大的提高。

二、二轻工业华丽转身

20 世纪 70 年代末开始，番禺二轻工业通过“外引内联”，引进“三来一补”企业。几年来，引进服装和玩具生产设备 3000 多台（套），引进年产西装 10 万套的生产线、年产钢家具 5 万件的静电喷涂生产线、年产保丽板和柚木切片板 1 万立方米的生产线各一套。上述设备的引入投产，提高了企业的生产能力，帮助企业产品打入国际市场。1984 年，二轻工业产值首次突破亿元大关。在 22 个企业中，承担出口任务和“三来一补”的企业占 10 个，出口产值为 5500 万元，比上年增长 25%；加工费收入为 2400 万港元，比上年增长 80%。较大宗的出口产品如塑料玩具、人造花，占出口总值和加工费收入的 90%，产品均由香港转销欧美市场。1985 年，二轻工业产值 1.38 亿元，比上一年增长 36.8%；1 ～ 11 月利润统计为 615 万元，比上年同期增长 68.9%。属下 23 个厂企无一亏损。全员劳动生产率上升到 15000 元，比上一年增长 35.6%；人均创利润 700 多元，比上一年增长 62%。1991 年，二轻工业（含主管的“三资”企业）共 29 家，职工 1 万多人，固定资产 2 亿多元，年产值 6.49 亿元，年创税利 3000 多万元，年创外汇 7732 万美元。大型企业的崛起，产品的适销对路，企业家在市场经济大潮中争相脱颖，使番禺二轻系统实现了从作坊式的手工生产模式向现代大生产模式的华丽转身。

番禺友利玩具厂生产车间

番禺人造花厂于1983年始为香港精艺、瀚华公司加工生产人造花，品种有百多款，远销美加等国家和地区。图为该厂生产车间。

番禺友利玩具服装厂转身较早。该厂原是生产起重工具的亏损企业，1979年转型，承接港商来料加工玩具和玩具服装业务。1981年后的几年间，先后引进700多万港元的注塑和车缝等设备600多台（套）、喷塑工具500多台（套）、装配生产线10多条，形成注塑、搪塑、吹塑、彩印、喷涂、车发、服装、装配、包装等配套成龙的生产系列。1986年，投资400多万元增建一幢11层、11000平方米的厂房，使厂房面积比1979年扩大了16倍，年产值达2000多万元；来样加工成品100多种，自产自销玩具产品30多种，其中有两个产品获省“四新产品奖”和全国“金鹿奖”。该厂被纳入国家“星火计划”企业。该厂还在沙湾、沙头、黄阁等地建立发外加工点十多个，加工点年收入400多万元。工人从原来“打打停停”的几十人增加到数千人，县内10多个发外加工点人数亦有3000多人。

番禺人造花厂被誉为番禺二轻工业一朵创业之花。该厂于1983年9月与香港精艺、翰华两家公司合作生产人造花。一年后，月产量从8000打迅速增长到7万打，品种从几个增长到250多个，产品畅销美国、加拿大、欧洲。1984年美国洛杉矶奥运会期间，该厂生产的人造花在当地市场销售，每每抢购一空，成为深受美国市民欢迎的工艺品。

番禺西南铝制品公司是二轻“内联”的成功案例。1981年，番禺二轻系统的机锻工具厂生产不足，试制了磁力耐腐蚀过滤器、无油空气压缩机等新产品后，销路又每况愈下。时铝制品门窗始冒端倪。番禺二轻局抓住商机，于同年10月，与冶金部属下的西南（重庆）铝加工厂联合开办“番禺西南铝制品联合公司”，专营生产铝大门、铝门窗、铝装饰柜三大类产品。由重庆方提供铝定型材料，番禺方提供厂房、设备、劳动力以及负责加工销售，利润三、七分成，番禺占七成。投产当月产值就有十多万元，产品打入广州南方大厦地下商场，以及县内外各医院、高端住宅。同时，和县内外的建筑工地订立了大批铝型材工程合同。后该厂扩建增产，月产值随即翻番。其产业规模、专业水平，均在省内铝型材二次加工行业中占据重要席位。新公司取代老厂，实现了华丽转身，成为番禺二轻工业系统的先进典型。

吉星拉闸厂原是一个生产五金产品的老企业，后转产豪华拉闸和高级电子产品以及精密电子五金冲压件。该厂制定了“巩固豪华安全门闸，发展系列金属装饰型材，探索和开发高科技电子产品，立足香港市场，瞄准日本市场，走系列化、多元化发展的路子”

的发展目标。曾几何时，“安装吉星闸，时迁无办法”的广告语在广州及珠江三角洲地区几乎家喻户晓。后该厂不断调整产品结构，开展多种经营，最终走进亿元产值的骨干企业行列。

珠江木制品加工公司创建于1986年。主要生产保丽板、贴面水曲柳夹板和加工各式家具，在东北、四川、云南等地建有原材料加工和产品销售基地。该厂自开业起就通过提高产品质量、成品率、设备利用率来降低成本和提高市场竞争力，一直保持长盛势头，发展数年后，成为亿元产值企业。

第六节　外向型工业应运而生

顺应改革开放的天时、依靠珠三角的地利、借助海外侨胞的人和，番禺各级地方政府和工业部门千方百计做好招商引资工作。经数载努力，番禺“三来一补”企业如雨后春笋般发展，“三资企业”纷至沓来，外向型企业呈异军突起之势。番禺外贸出口工业在国际市场动荡的困难局面下，通过抓好拳头产品生产和发展新产品，亦能保持增长势头。1983年，外贸出口拳头产品海鸥牌手电筒，出口量达120万打，破历史最高纪录；新发展的机绣品产量大增，服装出口量比上一年增长19.5%，达607万元。

一、“三来一补”加工业，开创工业外向型发展的新局面

“三来一补”是来料加工、来样生产、来件装配、补偿贸易的简称。外商在内地办厂经营“三来一补”，因费用不高，劳动力充裕低廉，而致获利甚丰；承接“三来一补”的县内企业不必为资金、技术、设备、原材料、产品销路等问题发愁，数年间还可获得生产设备和学到外方的管理经验，因此亦乐于此道；工人在此类企业按件计工、按劳取酬，也较为满意。而且，按政策规定，“三来”的国营企业所得的纯收入，三年内免缴利润和免征工商税；集体企业免征工商税和所得税。此外地方和企业可按一定比例获得外汇留成。这种“多赢”模式，甚受各方欢迎。

番禺早于1978年就开展了“三来一补”业务。当年全县共签订加工装配合同18个，生产厂家7家，应收工缴费1.53万美元。至1987年，番禺县共签订“三来一补”合同5300多宗，业务遍布全县各镇。单是1981年上半年，番禺县就签订“三来一补”项目173项，成交金额4600万美元。其中，来料加工合同68宗，成交加工费1200万元；引进轻纺设备1300多台（套），价值130多万美元。“三来一补”产品较集中在服装、玩具、家电、表带、表芯、电脑部件、电子元件、人造革制品、精炼砂糖、五金制品等劳动密集型行业。据统计，1981年，番禺乡镇企业“三来一补”收入占总收入四成以上。1978—1991年，全县累计工缴费为1.8亿美元，银行结汇收入14644万美元。80年代初，

番禺县承接加工装配业务规模较大的企业有：石碁旧水坑胜美达电子厂、市桥友利玩具服装厂、钟村隆辉电子厂等企业。外向型经济支撑起乡镇企业的“半壁江山”。

化龙手袋厂外景

化龙手袋厂承接香港利生公司来料加工手袋业务。初期由公社腾出在用的约800平方米办公楼作厂房。1981年上半年，扩建厂房3600平方米，引进电动平缝车及各种专机200多台（套），手袋款式从初办时的20款增加到80多款，月加工费收入从7万港元增加到12.4万港元。1985年，厂房面积增加近一倍，固定资产积累到290万元，年产各类手袋15万打，总产值923万元，利润85万元，创汇539万元。加工的手袋两次获美国销售商颁发的金质奖章。

市桥镇积极发展外贸产品生产，大力开展“三来一补”业务。用以内带外、以外促内的办法发展生产，带动了工业的全面增长。1980年1—5月，总产值完成1624万元，比上年同期增长45.8%，提前22天完成上半年产值任务。

市桥服装厂与香港宝法德公司合作，来料加工玩具娃娃服。由于产品质量好、交货时间准，该厂加工业务迅速增长。引进设备从1979年初办时的35台增加到1981年的420多台；娃娃服品种从1个增加到50多个；工人从40名增加到400多名，另有5个发外加工点的300多名；年产量从不足300万件增加到1200多万件。香港宝法德公司带来的不单是设备和业务，同时还带来了文明生产的先进管理模式。市桥服装厂成为外商参观的首选企业，广东电视台为此拍摄了专题电视新闻。

其时赴港考察名额控制甚严，“三来一补”企业因生产、技术、设备、市场等问题的需要，赴港常获优先。市桥电器厂、石碁皮革厂属较早赴港考察的企业。1981年7月，市桥表带厂一行四人赴港考察参观东源表件、金华表带、中南钟表等公司，开阔了视野，获取了真经，在业内一时传为美谈，《番禺报》曾在头版专题报道此事。

番禺外向型经济的篇章自“三来一补”翻开，一批乡镇企业由此获得资金积累、技术进步、设备更新、管理升级后，逐步发展为自创品牌、自产自销的较大规模的企业，使番禺工业形成国营、二轻、乡镇企业并驾齐驱的局面。

二、“三资”企业异军突起

“三资”企业是中外合资经营、中外合作经营、外商独资经营企业的简称。随着政策的放宽，交通、口岸等基础设施的完善，投资环境的优化，招商引资力度的加大，番禺越来越成为外商乐于投资发展之地。1991 年年底，全县“三资”企业项目合计 300 个，其中中外合资经营项目 117 个，中外合作经营项目 119 个，外商独资经营项目 64 个；总投资额 5.2 亿美元，合同利用外资 3 亿美元，实际利用外资 1.7 亿美元。全县“三资”企业占地面积共 196 万平方米，建筑面积共 128 万平方米，从业人员共 6 万多人。涉及行业主要有：纺织、服装、五金机械、电子、化工、塑料、钟表、玩具、珠宝首饰、家具、食品，以及港口码头、能源、房地产、旅游、饮食、客货运输、仓储等。在“三资”企业中，生产性企业户数约占 84%，1991 年，全县“三资”企业总产值 17 亿元，出口产值 2.2 亿美元，总利润 1.4 亿元，盈亏相抵后盈利 1.1 亿多元。“三资”企业发展大体经历了三个阶段：

第一阶段为 1979—1984 年的摸索期。这时期的“三资”企业项目有 6 个，合同利用外资 170 万美元，实际利用外资 100 万美元。这阶段虽对利用外资缺乏经验，但“三资”企业的进入打破了原来经济封闭状态，改变了经济结构，开阔了视野，对促进番禺工业发展起到开导性作用。

第二阶段为 1985—1988 年的发展期。这时期番禺制定了以外向型经济为导向的发展方针，投入巨资改善交通、能源、电讯、供水等基础设施，特别是 1988 年洛溪大桥建成通车和莲花山客货运口岸投入使用，使番禺处于穗港澳大三角中心的优势得以发挥，反过来又促进了外向型经济的发展。这时期“三资”企业共 86 家，合同利用外资 1.5 亿美元，实际利用外资 7600 万美元。这阶段企业以提高经济效益为中心，抓管理、抓出资、抓履约出口、抓会计统计，以及解决中方配套资金不足等问题。这时期的“三资”企业以劳动密集型、简单加工项目为主。这对解决农村剩余劳动出路、实现生产经营从简单到复杂的过渡极有裨益，但企业经济效益普遍不高。

第三阶段为 1989—1991 年的成熟期。这时期根据国家治理整顿、深化发展的方针，进一步改善投资环境，重点抓好莲花山保税加工区建设、南沙经济技术开发区前期工程。这一阶段，“三资”企业开办了 208 家，合同利用外资 2.1 亿美元，实际利用外资 1.4 亿美元。从而对加快番禺工业发展起到重要的促进作用。

莲花山保税加工区是利用外资较集中的工业生产基地，区内“三资”企业可享受国家给予的外商投资优惠待遇。1988 年 3 月，加工区经批准开办，规划开发面积 3 平方公里。1991 年，已建成标准厂房和钢结构厂房 15 万平方米、住宅和配套设施 5 万平方米；已批准外商办厂 38 家，合同投资总额 7256 万美元。当

坐落在莲花山旁的莲花山对外加工区

图为梅山糖厂与澳大利亚宾纳斯·菲浦有限公司马利食品分公司合资兴办梅山马利酵母有限公司签约现场

年，外资企业出口额3925万美元，工业总产值2.51亿元。

沙湾糖厂与西班牙亚古利民集团属下的巴拿马通用糖果有限公司合作兴办番禺糖果有限公司，总投资236万美元，1986年年末破土动工，1988年竣工投产，年产香口胶、“大大”泡泡糖合计2662吨，填补了广东糖果品种空白。

梅山糖厂属下的酵母公司是中澳合作企业。1985年8月，梅山糖厂与澳大利亚的宾纳斯·菲蒲有限公司签订合作协议，省市有关领导和澳方有关要员出席了签字仪式，成为当年“三资”企业”的一件盛事。

禺丰纺织厂是县机电轻纺公司和县纺织品进出口公司与何厚铧先生的澳门国丰贸易有限公司、巴拿马温彻斯特企业合资经营的企业。该厂引进先进的工艺、设备，利用国产真丝、棉、麻纱等材料与化纤混纺交织，生产欧美市场需要的高、中档布料。年产西装布料264万米、高级衣料100多万米、尼龙布料234万米。总投资260万美元，是当年投资规模较大的“三资”企业。

1986年5月，番禺氮肥厂与泰国曼谷大联贸易公司合资开办番泰涤纶拉链厂。规划年产涤纶拉链600万码，投产首月即产40万码。产品各项技术指标均达部颁标准，符合万次开合完好的质量要求。其中，三号拉链的“平拉强力”超过国际的60千克水平，达到65千克。产品大部分出口，主要用于风衣、运动服、羽绒被服、睡袋、沙发套、皮包手袋、旅行袋、波鞋等。

番禺“三资”企业的发展也促进了外贸结构的改变。第一阶段非生产性项目较多，第二阶段投资经营的生产性项目已占三分之二。1985年，全县与外商签订合同29项，总投资1.3亿美元，外商遍及西班牙、美国、英国、泰国、新加坡、澳大利亚等国家和地区。项目除大宗的服装、玩具、电子等外，还有禺丰纺织、番达印染、冷粘胶鞋，以及粮油、石矿、工艺品、钢板家具等。

番禺氮肥厂与外商合资兴办番泰拉链厂。图为该厂的拉链织带生产线。

第七章　深化改革中工业高速发展

1992年春，邓小平发表视察南方讲话，充分肯定了广东改革开放的成果和经济发展的方向，并针对当时纠缠于“姓社姓资”等问题，提出了“三个是否有利于”的著名论断（即是否有利于发展社会主义社会的生产力、是否有利于增强社会主义国家的综合国力、是否有利于提高人民的生活水平），成为评判是非对错的重要标准，进一步加快了改革开放的步伐。1992年5月20日，番禺撤县设市。番禺工业以此为契机，乘全国改革开放、搞活经济的热潮，抓住新一轮的发展机遇，把工业发展推上高速前进的快车道。

1993年5月，番禺市委下发了《关于加快工业发展的决定》，进一步推动工业的发展。国有、集体企业通过体制改革焕发了生机。个体私营、“三资”工业企业不断发展壮大，成为进一步加快番禺工业发展的新生力量。番禺市委、市政府积极倡导运用高新技术改造传统产业，大力发展光、机、电一体化的高、精、尖数控加工机床，以及电子、电器通信器材、输配电设备、精细化工等产业。工业生产实现了有质量、讲效益的快速增长。

第一节　胆子更大、步子更快，公有制工业加速发展

1992年，番禺市委在市经济工作会议提出了“扩大开放、简政放权、加快番禺经济发展步伐”的要求。其时坐落番禺的工业企业总数达3457家，其中属于番禺管辖的有3454家：国有68家，二轻28家，其余为乡镇、“三资”、个体、联营等类别的工业企业。行业涉及机械制造、轻纺服装、粮油食品、橡胶塑料、水泥、化工建材、制糖造纸、电子、发电等。梅山糖厂、莲花山纸厂、友利玩具厂为国家认定的大型工业企业；珠江机床厂、番禺电缆厂等16家企业为省政府认定的中型工业企业。省、市驻番禺的企业有3家，分别是：广东国营紫坭糖厂、广州市永大集团公司（原市头甘

1997年12月，坐落于南沙经济技术开发区的广州珠江电厂全面投入运行，年上网电量可超70亿千瓦时，成为广州地区最大的电力生产企业。

化厂）、广州珠江电厂。1992 年，番禺市工业产值 90 亿元，比上年增长 76.4%；职工人均收入 4700 元，比上年增长 18.1%。是年，番禺在全国农村经济“百强县”中排名第 30 位，广东省内 13 个财政超亿元县中排名第 4 位。有 12 个镇工业产值超亿元，有 2 个镇工业产值超 10 亿元；各镇工业利润增幅均在 1 倍以上，其中有 6 个镇增幅在 3 倍以上。乡镇企业中，亿元产值企业有 6 家，超千万元产值企业有 85 家。在国营、集体并存的公有制工业体系中，番禺市属工业发展更快。1992 年当年投资总额超过过去 10 年的总和，利用外资达到过去 10 年的 2.7 倍。1990—1992 年，番禺全民、集体的公有制工业单位完成固定资产投资合计 40 亿元，年均比 1989 年增长 133%。

一、采取有效措施，推动重点行业加速发展

1995 年 4 月 1 日，西班牙国王胡安•卡洛斯及王后索菲娅参观番禺糖果公司。

按照广州市经济工作会议精神，番禺市政府协调有关部门，从金融、财税、环保、供电等方面采取措施，对重点行业和企业给予倾斜和扶持；市经委、各主管局都派出分管领导，联系相关行业和企业，给予支持和帮助，做到层层落实，责任到人。促进了汽车装配、电力和通讯电缆、制冷设备、燃气炉具、纺织印染等五大行业上水平上规模，并带动了其他行业的发展。创建了一批上规模、上档次，年产值超亿元的大型骨干企业；开发出一批拳头产品。据 1995 年统计，亿元以上产值的企业有：广州番禺糖果有限公司 4.54 亿元、莲花山纸厂 1.5 亿元、瑞丰机电厂 1 亿元、卓越织造有限公司 1.01 亿元、番禺电机总厂 1.7 亿元、番禺印染总厂 1.69 亿元、国际化工有限公司 1.32 亿元、宗兴鞋业有限公司 1.61 亿元、番禺氮肥厂 1.31 亿元、友利玩具厂 3 亿元、红桥客车厂 1.17 亿元、珠江木制品加工公司 1.5 亿元、耀华家电公司 1.5 亿元、中德电控公司 2.98 亿元、番禺速能制冷设备公司 1.06 亿元、梅山糖厂 2.23 亿元、广州进道集装箱有限公司 4 亿元、广州珠江面粉厂 1.03 亿元、莲花山电厂 4.23 亿元、丰群鞋业有限公司 3.18 亿元、环宇制衣厂 1.48 亿元、旧水坑五金综合总厂 1.3 亿元、珠江实业集团有限公司 1.54 亿元、广州星辉电子有限公司 5 亿元、南山工业集团公司 6.13 亿元、香港通用文具制品厂有限公司 1.7 亿元、大兴制鞋实业有限公司公司 5.6 亿元、恒联食品机械厂 1.3 亿元、潭洲振裕纺

织染印有限公司2.53亿元、华凌空调设备有限公司4.35亿元、金旺鞋业有限公司1亿元、华兴文具企业有限公司1.2亿元、世门手袋有限公司3亿元、超时代钟表有限公司4.84亿元、广州惠儿兰有限公司1.21亿元、利多鞋业投资有限公司2.6亿元、市桥轧钢联合总公司1.6亿元、市桥工艺时装集团公司1.6亿元、番禺捷进（沙头）制衣厂1.32亿元。在上述的亿元企业中，大部分为公有制企业或公有制企业、单位参股的“三资”企业。

红桥装车在沙头兴建的新址

番禺二轻集团在国家“七五计划”期间（1986—1990年），已有红桥汽车工业总公司、友利玩具服装厂、耀华家用电器工业公司、珠江木制品公司4家亿元企业，“八五计划”期间（1991—1995年）又增加3家。在几大支柱行业中，汽车装配排行首位。除红桥客车一、二厂外，瑞丰机电总厂与南京辰光机械厂合作开发生产的小型汽车，年产量达3000台；汽车修配厂与哈尔滨发动机厂合作投资7亿元，年产发动机10万台。与外商合作，投资4800万元的汽车钢轮厂，年产汽车钢轮50万套。

耀华家用电器工业公司是生产空调和石油气炉具的专业厂家，年产空调机3万套。后与港商合作，投资1400万美元，生产中央空调机的板式热交换器。1993年，投入240万美元引进美国OAK全自动成套设备，使空调及配件生产技术达到国际先进水平；仿松下902、908、973、1273、2803、253等空调及配件，换热效率达到原厂空调水平。是年，该公司总产值1.13亿元，销售额1.03亿元，税利4000多万元，成为番禺二轻总公司属下产销两旺的骨干企业。

得宝冷冻设备公司始创于1991年年初。该公司引进丹麦、意大利、瑞典、德国等国先进设备，生产冷藏柜系列产品。1992年，产值达2400万元，是大石镇较具规模的镇办企业。

番禺电机厂与外商合作，开发燃气空调机新产品。

豪华汽车空调公司扩大生产，把小汽车空调从年产4万台提高到10万台。

东方石油气炉具厂和大岗橡胶机械厂均生产石油气炉具，年产炉量均超百万台。

市桥华乐电器厂与外商合作开发卡式炉具，年产值近亿元。

番禺染整厂于1991年易地扩建，投资7000多万元，在石岗村新建了11万平方米的生产基地，投资500多万元建立了完整的污水处理和烟气除尘设施，从根本上解决了长期制约老厂生存和发展的排污严重超标的老大难问题。购进了定型机、防缩机、磨毛机、氧化机、烘干机等具有国际先进水平的专业设备。还与外商合资、合作开办4间印染、织造、染整的工厂；与石岗东村建立了 2 个内联企业。产品由原来单一的工业用染色布发展到多样的服装用染色布，品种由原来只有纯棉梭织布增加到服装面料、丝绸、针织和高级缝纫线等多个高档品种。1993 年，产值 1.12 亿元，利润 200 万元，成为番禺印染行业的“龙头老大”。

南村镇领导和干部分工联系镇办重点厂企，着力推动重点企业发展，效果显著。1992 年，仅分别以番禺电缆厂和南兴服装总厂为龙头的华南有色金属制品集团公司和南兴集团公司，总产值就达 6.2 亿元，占全镇工业总产值的 62%。

番禺电缆厂的生产车间

番禺电缆厂在 1979—1986 年，只生产普通电线，后增加了档次较高的电缆产品，电线降为次要品种。1988 年后，开展对电力电缆等产品生产设备的技术改造。1989 年，根据市场需要，大力开发光纤电缆、电解铜、无氧铜杆、纸包绕组线等系列产品以及大型成套电工设备的制造。其中，自行设计的大长度光亮无氧铜杆生产线，荣获广州市优秀产品银质奖；光纤电缆生产线被列为广州市“八五”计划重点建设项目；对称式工频感应组合炉获国家专利。1992 年，该厂投放 4000 多万元开发工业用地，投放 6000 多万元开发电解铜、金属复合材料等五大新项目，企业更名为“南山工业集团公司”。1995 年，综合产值 10 亿元，成为广东省四大电缆生产厂之一。

石碁镇工业行业较多，企业总数达 1200 家，其中镇办 40 家、村办 460 家。1992 年，工农业总产值 10.3 亿元。其中，工业总产值 4.9 亿元，销售额 3.9 亿元，出口创汇 2500 万美元。成为广州市辖下 80 个镇中 6 个超亿元镇之一、全国百强乡镇之一。该镇采取改革企业内部运行机制，增加资金投入，开发新产品等一系列措施，确保珠江机床厂、玻璃管厂、彩釉砖厂、联丰旅行用品厂、华粤电子厂等骨干企业加快发展。

珠江机床厂是由一家为广州机床厂生产木包装箱的小型木器社发展而成的大型镇办企业。1985 年转产机床。先后购进了 CW6163、C6140、C6132 等车床和 MG1432 精密外圆磨床、内圆磨床、花键磨床、导轨磨床、铣床、5 米龙门刨床、滚齿机等高精度且配套成龙的加工母机。当年 9 月，该厂首台 C6132 车床试制成功，10 月送北京全国乡镇企业产品展销会参展并出售，以其质优获国家农牧渔业部嘉奖。1986 年，投入批量生产，产品畅销全国各地。是年，还承造广州电梯公司的专用组合机床，并为该公司加工日立电梯曳引机箱体。此外，还为广州机床厂、华南缝纫机厂等单位加工机械零件和生产专用机床。1987—1991 年间，珠江机床厂从全国各地调入 8 名高级工程师、招聘 30 多名

珠江机床厂是广州机床厂协作单位，以生产 C6132A 型普通车床为主，产品性能好，精度高，噪音低，外型美观。图为该厂的生产车间。

大学生充实技术力量。产品从单一的 C6132 车床发展到生产专用机床、钻床，继而生产数控机床等 5 大系列、10 多个规格、30 多个品种的机床产品。1991 年 8 月，又研制出国内首创反应式步进电机、最高分辨率达 1 微米的 CJK6136 型经济简易数控车床，成为全国首家具备制造生产此类车床能力的乡镇企业。中国电机报、广州日报、粤港信息报、信息时报等各大报刊均对此作了专题报道，在业界产生重大影响。

该厂产品 80% 销往世界各地。1990 年，该厂被国务院机电办命名为扩大出口基地，成为中国机床出口协会成员及中国机床总公司成员单位。其后，获国家级“明星企业”“名牌产品”称号，成为全国百强乡镇企业和全国科技进步先进单位、广州市优秀先进企业；荣获“西班牙第 19 届最佳企业形象与质量国际金星奖”“墨西哥实用技术与产品贸易博览会金星奖”。

1994 年 3 月 29 日，珠江机床厂与香港正盛国际有限公司共同投资成立珠江钢管有限公司，生产高频直缝焊接石油管、结构管、异形管、冷弯型管等产品。首期投资近 2 亿元，厂房占地面积 45 万平方米。企业获美国石油协会 API5L 产品质量认证和 APIQ1 质量体系认证。产品出口美国、加拿大、泰国、埃及、马来西亚等国家。后该企业更名为珠江实业集团有限公司，属下拥有 10 多个独立核算的经济实体，固定资产 5 亿多元，厂区占地 60 多万平方米。1995 年，总产值 1.54 亿元，税利 1400 万元。

国际化工有限公司原是生产农药、乳胶漆的国营小厂。贯彻上级部门“胆子更大、步子更快”的要求，转换内部经营机制，顶着压力大胆压缩供过于求的“支农”农药生产。根据市场需要与科研部门合作研发新产品，先后把聚酯家具漆、丙烯酸树脂、粉末涂料、丙烯酸油漆、玛瑙树脂、3388 打磨树脂、水胺硫磷、不饱和树脂、丙烯酸烘漆、玛瑙洁具树脂等新产品投入市场。1992 年，这间原来只有 320 多人的亏损企业，工业产值高达 9000 多万元，全员劳动生产率达 30.12 万元，利润完成 1305 万元。随后，3 个分厂落成投产，全厂工业产值超过 1 亿元。

坐落沙湾镇的省属企业——广东国营紫坭糖厂始建于 1953 年 12 月，其主要产品“含笑牌”一级白砂糖，在 1984—1997 年的全国行业质量评比中 10 次荣获第一名。历数十年发展，该厂成为国内制糖行业的龙头企业。后因农业种植结构调整、糖价放开、蔗量减少、甘蔗糖分下降、成本上升以及市场竞争激烈等原因，制糖业整体经济效益下滑。

该厂迎难逆势而上，制定了“调整产品结构、综合开发、多种经营”对策，反而取得更为迅猛的发展势头。1985 年，该厂加大技改投入，将造纸分厂的年产能提高到 9000 吨；新建年产 6 万吨水泥和 3300 吨酒精的水泥分厂和酒精分厂。1992 年后，水泥年产量提高到 10 万吨。期间，还先后建成投产共 20 多个项目，其中有：年产 600 万支饮料的食品分厂，将自用发电厂改造为年供电 2.3 亿千瓦时的发电厂向大电网并网供电，年产 5600 吨软包装生产线，年产 15 万立方米的坚美人造板厂和年产 7000 立方米的无胶中密度纤维板厂，自来水厂、制氧厂等。另一方面，该厂大胆引进市场机制，对各分厂实行工资总额和产供销利相挂钩的经济承包责任制，让分厂成为独立自主、自负盈亏、自我发展、自我约束的独立法人企业。1992 年，该厂实现工业产值 1.77 亿元，销售收入 2.13 亿元，多年来为国家积累资金 6 亿多元。实现了由季节性生产向全年综合性生产的转变、由计划经济向市场经济的转变、由内向型经济向外向型经济的转变，并成为全国食品行业中规模较大、效益较好的国有企业。

坐落南村镇的另一个大型市属企业——广州市永大集团公司，前身是省属大型制糖企业——广东省市头甘化厂。1993 年，全面实施转型，组建集团公司，共有全资、控股企业 59 家。工业产品主要有五羊牌摩托车和发动机、齿轮、主车架、后摇箱、油箱、减震器、液压盘式制动器等摩托车零部件，以及商品电、机制糖、食用酒精、糖业机械、塑料机械、木质中密度纤维板、针织布、服装、塑料编织袋、保健食品、食用二氧化碳、复合肥等。该集团转型后迅猛发展，1994 年，排名中国最大工业企业第 526 位、中国食品加工企业排名第 5 位、广东最大工业企业第 64 位。1997 年，集团工业总产值 3.16 亿元，销售 2.38 亿元，利润 245.2 万元。

二、进一步加大对新建、扩建、技改项目的投入

1992—1994 年，番禺进一步用足用活财税优惠政策，推动工业加快发展。共投入 17 亿元对国有企业为主的公有制企业进行了技术改造和新建扩建，使公有制工业的生产规模和设备水平再创新高。

莲花山纸厂从 1982 年开始的近 10 年内，先后三次进行大规模技改。第一次投资 250 万元，第二次投资 500 万元，第三次投资 1000 多万元，通过改造生产设备和配套发电机组，形成了前所未有的生产能力。1991 年，年产值超亿元，税利 1038 万元，出口创汇 758 万美元。

番禺绣品服装厂在稳定原有客户的同时，把握机遇，与香港佳匙公司合资成立染整有限公司，新增厂房 1 万多平方米，新增设备 400 多台（套）。扩产后的 1992 年，全厂总产值超亿元，实现税利 359 万元，创汇 860 万美元。被国务院发展研究中心评为全国 500 强企业之一，并获评全国缝纫业最佳经济效益 50 强企业。

石楼镇通过新建、扩建项目，促进科技项目上马。1992 年，全镇纳入国家星火计划

项目 2 个、广州市级星火计划项目 2 个；获国家专利项目 6 个。

糖纸食品、机电轻纺、化工建材等番禺三大国有工业集团以及二轻系统的下属企业，相继开展易地改造，形成了机电山庄、石岗东、易兴等多个配套完善、规模较大的工业村。如机电轻纺集团针对属下企业旧厂挤迫、难上规模的弱点，在已征地的机电山庄和石岗东两个工业区进行统一规划，解决了番禺染整厂、锻压机械厂、番禺电机厂、农机三厂、番禺印刷厂等企业技改用地约 40 万平方米。

1993 年上半年，一批技改和新建项目相继完成并投入生产，如国营、二轻系统的番禺印染厂、五金塑料厂、番禺水泥厂、红桥客车厂、糖果公司、国际化工公司等企业先后完成技改任务，生产能力比技改前大为提高。

第二节　外向型工业强劲发展

1992 年，番禺有“三资”企业 570 家。是年 5 月，番禺撤县设市，进入了新的发展时期。外商投资工业项目加快升级转型，由原来的服装、制鞋、纺织、玩具等劳动密集型企业向生物化学、电信设备、新材料制造、珠宝首饰等高新技术产业发展。全球 500 强企业在番禺投资的有：番禺耀佳电子有限公司（日本奥林巴斯公司设立），松下万宝（广州）压缩机有限公司、松下万宝（广州）空调器有限公司、松下万宝（广州）电器有限公司（日本松下电器株式会社设立），中德电控有限公司（德国西门子公司设立），通用电器塑料中国有限公司（美国通用电器公司设立），广东日立工机有限公司（日本日立公司设立），埃克森化工（番禺）有限公司、番禺港建液化气有限公司（美国埃克森·美孚公司设立），广东宝钢井昌钢材配送有限公司（日本三井物流公司设立），巴斯夫展余聚氨酯（中国）有限公司（德国巴斯夫公司设立）。另有 5 家经中国人民银行批准的金银首饰持牌加工企业。

一、政策更优惠，配套更完善

1991 年，广州市政府制定了加快番禺经济发展的“十八条”和加快南沙开发区发展的“十五条”优惠政策措施。1992 年初，国务院批准南沙港为番禺第二个对外通商口岸。同年 10 月，省政府赋予番禺地级市经济管理权。1993 年 5 月，国务院批准设立南沙经济技术开发区，享受国家级开发区的各项优惠政策，如批准客运港对外开放、外经公司拥有自营进出口经营权、同意设置保税仓、批准开设证券交易所分支机构、明确城建和国土管理权限等等。番禺除用足用活国家、省、广州市给予的政策资源外，还努力改善投资“软环境”，各部门按照“环节少、手续简、效率高”的原则，为外商提供良好服务。南沙经济技术开发区自 1990 年 6 月开始建设以来，一直以交通运输、港口贸易、工业加工、

1992年9月16日，占地15公顷的东涌镇昌利工业城奠基。建有制衣、电子、玩具等厂区。图为建成后的工业城面貌。

旅游服务为招商引资的重点。1993年7月8日，南沙经济技术开发区举行挂牌仪式，中央、省、市领导以及港澳、海外乡亲共630多位嘉宾出席了庆典活动。此后，认真贯彻落实广州市政府颁发的《加快开发南沙经济区的15项优惠政策》《关于对南沙经济区简政放权的若干规定》，确保“三资”企业从立项到合同审批等系列工作在7个工作日内给予答复，大大提高了工作效率。1992年，审批工业项目4个，总投资9150万元。1993年1～10月，批准“三资”企业项目32个，合同利用外资2.15亿港元；立项43个，合同利用外资6.4亿美元。南沙优惠的政策和完善的配套，吸引了美、日、韩、法、德、新西兰、奥地利、马来西亚、港澳等多个国家和地区的外商前来投资设厂。其中，较具代表性的有美国通用电器（塑料）有限公司。该公司投资额为1.2亿美元，1996年3月建成投产，主要生产工程塑料。1997年产值7亿元，1998年上升到8.7亿元，缴纳税款3200万元。同年，获国家经贸部颁发的“全国外商投资出口先进企业”以及广州市外商投资协会授予的“全市外商投资出口双优企业”称号。

东涌镇除注重基础设施的“硬配套”外，优化服务等“软配套”也逐步完善。在该镇投资设厂的外商项目，由镇外经办统一代办项目批复、征地、报建、环保、安全、水电、领牌等相关手续。为外商排忧解难，帮助项目尽快建成投产。

随着番禺境内公路、桥梁建设进一步扩展，招商成效日益显现，投入交通、通信、水电、联检等各方面的建设资金进一步加大，投资环境更加完善。改革开放以来，番禺投资路桥建设9亿多元，通往广州的洛溪大桥、通往中山的下横沥大桥、通往顺德的碧江大桥和三善大桥先后通车，番禺境内实现镇镇通公路，大大改善了交通运输环境。10万门程控电话的开通使用，大大地加快了信息传递的速度。4个自来水厂的日供水量达24万立方米，加上一些镇自建的自来水厂，保障了民用和工业用水的需求。年发电量10亿千瓦时以及新建的发电机组，确保了番禺作为珠三角重要能源基地的地位。金融机构配置齐全，各大银行存贷两旺，外币存储数量充足，为企业的资金周转提供了财务保障。工业用地量大价廉，出让、转让、租赁等形式多样，为投资设厂提供了广阔的空间。口岸、海关、边检、商检、动植物检、港监等机构配套俱全，为原材料及产品进出口打开了快速通道。城镇建设的进一步发展，商业、文化、教育、医疗、体育等设施日臻完善，为外商在番禺落户生活提供了后勤保障。

优惠的招商引资政策和完善的软硬投资环境，促使番禺市和各镇村纷纷“筑巢引凤”，划地兴建工业区吸引外商办厂。1992 年，番禺市创办莲花山对外加工区。至 1995 年末，该加工区已有外商投资企业 82 家。加工区的投入使用，对吸引外商前来番禺投资设厂，起到了良好的示范作用。1996 年，南沙经济技术开发区累计引进“三资”企业 162 家。化龙镇工业开发区吸引香港中侨实业公司与该镇工业总公司合资经营“番禺金丽丝合成纤维有限公司”。该项目占地 3.3 万平方米、建筑面积 3 万平方米，总投资 1800 万美元，其中引进设备投入 1080 万美元。项目投产后，生产涤纶细旦丝及其制成品，产品七成出口。石楼镇的梅花岗工业区被誉为“钟表城”。20 世纪 80 年代末，香港一钟表厂商在该工业区开办石楼美景钟表厂，两年内带动了 7 家钟表制造商前来投资办厂，引进设备 6000 多万港元，每年工缴费达 5200 多万港元。石碁镇汉基工业区位于市莲路旁，因交通便利、配套完善，颇受外商青睐。香港星冈电子集团公司与石碁镇合资经营的星辉电子厂，1991 年产值就达 1.5 亿港元；香港特时泰公司独资经营的慕登时装公司、石碁镇与南韩合作的青山诚信皮具公司，年产值均在亿元以上。其后，石碁镇内陆续兴建的官南永工业区、金桥文工业区、长雁工业区均有不俗的业绩。1992 年 9 月 16 日，东涌镇昌利工业城开工奠基，翌年 4 月落成招商。该城由东涌镇房地产公司、农业银行番禺支行、番禺外贸局、香港识时风有限公司联合投资开发，总投资超亿元。兴建花园式厂房和生活配套设施数十座，主要招引制衣、电子、玩具等港台厂商。落成之初，招商引资金额就达 3000 万美元。除此之外，东涌镇还有东导工业区等工业园区。内资企业与韩国东成化工工业株式会社合资经营的番禺东成化工有限公司，就落户东导工业区内。该公司占地 2 万平方米，生产高级化学工业胶合剂，年产值 600 万美元，是该镇当时较大规模的合资企业。黄阁镇利用依山临水地理优势开办长铭工业开发区，开办之初就有裕洲橡塑化工公司、红洲木器制品有限公司等 20 多个项目进驻。二轻集团兴建易兴工业村，厂房除自用外，其余用于招商引资。1998 年，工业村内产值超亿元企业就达 4 家，是该系统举足轻重的发展项目。粮食系统在结束“统购统销”后，置地兴业，开办小罗塘工业区，珠江果品厂、珠江油脂厂、亮光鞋厂、雅达电磁炉厂、味龙副食品厂、珠江美乐多饮料厂等厂企在该区落户。1992 年，又引进外资 1 亿多元，成为内外兼备的工业园区。化龙镇开发白沙湖荒地兴建 4 个工业区，其中 1 个轻工业区、1 个自办工业区、2 个高

1994年10月，位于桥兴路的二轻系统易兴工业村首期工程落成，内分工业区和生活区。

科技工业区，较好地解决了工业发展的用地问题。同时，引导企业实现从小到大、从劳动密集型到技术密集型的转变。榄核镇从兴建民生工业区伊始，就有钧赞陶瓷有限公司、多宝塑料厂、创兴塑料制品厂、禺升电缆厂、新利珠宝首饰厂等外资企业进驻，为该镇日后发展外资企业探索、积累了经验。其后，该镇还开发了民生、民利、良地埠、太平、宇宙电子工业城等5个工业区，吸引了美国等国家和中国香港、台湾地区的商人接踵而来。1993年一年内，就签订合资合作项目30多个，直接利用外资2.3亿港元。市桥镇开发东升、西丽、小平三个工业区，总面积达100万平方米。其中，东升工业区主要开发电子、精密仪器、生物工程等高科技产业；西丽工业区主要吸纳纺织、印染及轻工行业；小平工业区主要发展轻工加工装配行业。大石镇与港商合作投资2500万港元兴建平安电子工业村，还独立投资兴建鸿图工业园、华贵服装城。新造镇与中国出口商品交易会联合开发悦新工业城，成为该镇的重要工业基地。

二、拓宽渠道加大力度招商引资

番禺市政府、外经贸及各镇有关部门，利用各种渠道、各种形式举办经贸研讨会、洽谈会、招商会，开展多层次的外联活动，为招商引资搭建平台。

1991年春，番禺有关领导在香港工商联谊会会议大厅，与旅港番禺县、镇、村17个社团负责人举行迎春茶话会，共商家乡经济发展大计。1992年2月底，番禺举办对外经济迎春洽谈会。广州市市长黎子流、副市长雷宇、港澳知名人士霍英东，番禺五套班子领导以及来自中国港、澳、台地区、美国、加拿大、日本、新加坡、泰国、西班牙、澳大利亚等国家的嘉宾共800多人出席了会议。会上签订利用外资项目59个，总投资额2亿多美元，合同直接利用外资9675万美元。其中，投资额超100万美元的项目有28个，超过500万美元的项目有10个，超过1000万美元的项目有3个。新签项目涉及机械、电子、化工建材、制衣、制鞋、食品、电力、珠宝首饰、玩具、文体用品、房地产开发等11个生产性开发项目。在招商引资实践中，番禺侨务办公室写出了《港澳侨属个体户接受海外赠送进口生产资料情况调查》《钟村镇做好“三胞”工作，发展家乡经济的经验》等报告，对各级党委、政府支持“三胞”回乡办厂起到指导作用。

1992年2月，县政府首次举办对外经济合作项目迎春洽谈会。会上签订利用外资项目59项，合同直接利用外资9675万美元。

1992年，番禺市加大招商引资力度，新办

“三资”企业 270 家，总投资 14 亿美元，合同利用外资 5.5 亿美元。一年内的投资总额和合同利用外资额是 1991 年以前总和的 2.7 倍和 1.8 倍；超千万美元以上投资的企业有 41 家，项目有 270 个，平均每个项目投资额为 520 万美元，其中有 33 个名、优、新产品项目。是年，“三资”企业出口产值 3.5 亿美元。

大岗镇通过改造城镇面貌来完善投资环境，招商引资成绩显著。1992 年，有“三资”企业 20 多家、“三来一补”企业 50 多家，产品主要有制鞋、制衣、不锈钢餐具、钟表、尼龙搭扣、灯饰、首饰等。其中大兴制鞋实业有限公司，年产值 2.5 亿元，出口创汇 3000 多万美元；广州超时代钟表有限公司，总投资 5000 万美元，年产值 1 亿多元。

榄核镇过去是交通落后闭塞、工业基础薄弱的革命老区。后通过改善交通、水电等投资环境，为外商提供立项的可行性研究、投产前基础设施建设以及投产后高效简化的行政管理等系列服务，增强招商引资的吸引力。已落户的台资企业盈豪金属制品有限公司、中外合作企业宏利五金制品有限公司等外商，对榄核的外经工作评价颇高，该镇招商引资工作赢得了良好的口碑。该镇先后与外商签订的 10 多个“三资企业”项目，均发展良好。1993 年，又与外商签订了精密机械、电子制品、彩色印刷等 14 个项目。据 1993 年统计，该镇有工业企业 132 家，其中 42 家为招商引资进来的外企，利用外资总额为 6.5 亿港元。其中的华达铝材有限公司、石桥塑料制品有限公司、多源塑料制品有限公司、钧赞（番禺）陶瓷有限公司、博士（番禺）陶瓷有限公司、盈豪（番禺）金属制品有限公司、丰亿（番禺市）电子有限公司、宏利五金制品有限公司等，属较具规模的“三资企业”。1990 年，榄核镇工农业总产值 6489 万元，其中工业产值只占 1368 万元。1994 年，工农业总产值上升到 2.48 亿元，比 1990 年增长近 4 倍，其中工业产值 1.77 亿元，比 1990 年的工业产值增长超过 13 倍，工业产值在该镇主要经济指标中已占“大半壁江山”。1998 年，工农业总产值上升到 16.64 亿元，比 1990 年增长 26 倍，其中工业产值占 15.7 亿元，比 1990 年的工业产值增长超过 114 倍。

番禺拆船公司除抓好拆船、轧钢、船舶修造、机械设备制造安装、有色金属制品等生产业务外，还与韩国进道株式会社等外商共同投资 2200 万美元，开办中外合资企业——广州进道集装箱有限公司，年产集装箱 13200 个，产品全部出口。由于各方重视，一路绿灯，该厂从厂房奠基建设到产品出厂仅历时 205 天。其效率

外商在榄核镇投资创办的钧赞陶瓷公司

之高，为番禺招商史上之罕见。1992 年 2 月 28 日正式投产，至 6 月份就生产了集装箱 5281 个，完成产值 9511 万元，实现销售 6416 万元，创汇 1110 万美元。1995 年产值达 4 亿多元，利润 2828 万元。在全国 500 家最大外商投资企业中排名 123 位。

1994 年 10 月，番禺市政府举办首届旅外乡亲恳亲大会，进一步推动了统战侨务、招商引资等相关工作的开展。

三、外商投资企业进一步增资扩产

1992—1999 年，华南轮胎厂、广州华凌空调设备有限公司、美特容器、汽巴化工、美通涂料、巴斯夫化工等一批大型外商陆续进驻番禺，出现了新一轮外商企业投资热潮；原来的多家大型“三资”企业进一步增资扩产。1993 年上半年，新批“三资”企业 198 个，总投资金额 12.58 亿美元，平均每个新批利用外资项目为 635 万美元，比上一年同期增长近两倍。

耗资 7000 万美元建成的钟村隆辉工业村建成于 1988 年 4 月，工厂占地 24 万平方米，是电脑软硬磁头、薄片磁头的专业生产厂。1991 年，出口量 22.36 万打，工缴费收入 310 万元。为适应出口市场需求，外方增资建设第二期工程，发展更高档次的电脑驱动器加工项目。此外，还拨款辟地与广东工学院合办“隆辉分院”，开设机械、电子等专业课程。此举开番禺外企办学之先河，既为本厂培养后备力量，也为国家输送专业人才。

日商在石碁镇投资的胜美达中周线圈厂，增资扩产后成为全世界第二大同类电子元器件厂。投资 2200 万美元的广东华南电子有限公司在石碁进一步增资扩产。

1992 年 4 月 8 日，华南橡胶轮胎公司子午线轮胎厂在市桥投产。该厂为外引内联合资企业，是国内最大、技术领先的子午线轮胎专业厂。图为当日的验收签字仪式。

沙湾糖厂与西班牙企业合资创办的广州番禺糖果有限公司，从德国、法国、荷兰、日本等地引进自动化生产设备，采用西班牙先进技术和独特配方，参照世界卫生标准和管理模式，生产的“大大泡泡糖”及香口胶，畅销国内外市场，产品供不应求。1991 年，总产值近 1.6 亿元，人均创产值 72 万元。1992 年，公司增资 350 万美元，向市场推出新产品—卷状泡泡糖，并增产各种糖果产品 19 亿粒，成为中国最大的胶姆糖专业生产厂家。是年，全厂共 100 名工人就实现年税利 5000 万元，人均创利之高，当属业界之翘楚。1990 ～ 1992 年，连续 3 年获评中国食品企业经济效益第一名。1998 年，实现工业总产值 4 亿元，出口创汇 408 万美元，税利 8900 万元。企业先后获“全国外商投资先进企业”“广东省先进集体”“广州市质量效益先进企业”“番禺市文明单位标兵”等称号。

梅山糖厂与澳大利亚客商合营的“梅山——马利酵母有限公司”，生产工人仅50余人，年产即发干酵母2000吨，1991年实现税利1000多万元。1995年扩产后，产量增加至3700吨，经济效益进一步提高，销售额达7796万元、利润2439.6万元、缴纳税金668.9万元。1985—1995年投产10年来，累计出口创汇496万美元。该公司在珠江三角洲“三资”企业中名列前茅，被评为“明星企业”，干酵母被评为“中国名牌产品”。1995年，该产品又被墨西哥国际市场研究协会评为“最佳商誉国际奖”“最佳商品名誉奖”。

广州番禺糖果公司生产车间

莲花山对外加工区以优越的投资环境吸引外商不断增资扩产。1992年，加工区内外资企业累计达55家，当年投资总额为6629万美元，比上年增长3.3倍；合同利用外资2600万美元，比上一年增长86%。有10家外资企业增资扩产，增资额达4539万美元。加工区全年工业产值6.24亿元，比上一年增长1.49倍；出口创汇1.09亿美元，比上一年增长1.59倍；1993年1—10月，新引进“三资”企业就达到65家，总投资2.61亿美元，合同利用外资1.11亿美元；工业总产值7.8亿元，比上年同期增长57.5%。

据统计，1991—2000年10年间，番禺“三资”企业从73家增加到479家，增长了5.6倍；工业产值从12亿元增加到282亿元，增长22.5倍。1991年，在全国500强外商投资工业企业名录中，番禺占了7家，分别是：广州番禺糖果有限公司公司、番禺利多鞋业有限公司、番禺兴泰鞋业有限公司、广州宗兴鞋业有限公司、广州番禺大兴制鞋实业有限公司、广州番禺金马国际制衣中心、月亮贺卡（番禺）有限公司。

第三节　个体私营工业迎来发展新机

一、政策导向逐步调整，私营经济地位凸显

深化改革的关键，是对邓小平关于中国特色社会主义理论的学习贯彻不断深化。对个体私营经济在社会主义初级阶段所扮演何种角色的认识，也由此从负面向正面转变，由以前的排斥、限制到深化改革阶段的肯定、鼓励和扶持。因而使个体私营经济在经济

社会中的地位日显重要。

1994 年 7 月 8 日，番禺市政府下发《关于加快个体和私营经济发展的若干决定》，在“放宽个体工商户和私营企业的经营范围和经营方式、鼓励个体工商户和私营企业开展横向经济联合、妥善解决个体工商户和私营企业的生产经营场地及给予报装等费用的优惠、对个体和私营企业放宽财税政策和信贷政策、提高个体工商户和私营企业的设备折旧、支持个体工商户和私营企业从事对外经济活动、解决个体工商户和私营企业技术人员的实际问题、保护个体工商户和私营企业及其职工的合法权益等九个方面作出明确规定。其后又相继出台了《关于进一步促进个体、私营经济发展的补充规定》《关于进一步加快个体和私营经济发展的补充规定》《关于加强个体、私营经济工作的若干意见》《关于进一步促进民营科技型企业发展的若干规定》等政策性文件。这些来自政府层面的政策引导，大力促进了全市私营个体工业的快速发展。

番禺市有关领导出席市桥镇民营工业试验区庆典活动

1994 年 7 月 14 日，番禺市委、市政府召开个体经济表彰会，表彰了番禺市汇丰电业有限公司郭浩成等 60 名个体、私营企业先进个人。会议肯定了个体、私营企业对促进番禺经济发展的重要作用，要求各级领导对个体、私营经济要管理上加强服务、政治上给予关心、政策上给予支持、技术上给予指导、合法的给予保护、高新技术产品给予优惠，进一步引导和促进个体、私营经济健康发展。

1996 年 6 月 28 日，《广州市私营企业权益保护条例》公布，私营企业的合法权益有了法规“保护伞”，“三乱现象”（乱摊派、乱收费、乱罚款）得到有效遏止。工商部门对符合条件者，办理营业执照时简化程序，10 个工作日内办妥证照；税收上实行“商定税金、调后不补前”的优惠；银信部门实行资金扶持，优先为个体、私营经济提供贷款服务。1997 年 8 月 9 日，番禺成立民营工业协会。番禺市领导及市属有关办、局、镇负责人到场道贺。同日，位于市桥镇小平村的“市桥镇民营工业试验区”挂牌并兴建。该区是经政府批准实行优惠待遇的民营工业基地，总面积为 25 万平方米。至挂牌时已引进民营工业项目 32 个，占地面积达 13 万平方米，投资总额达 9130 万元。其中，已建成投产的有创业制件场、建业制件场、创歆饰物公司等 13 个项目，正在兴建的有星辰五金厂、华润电子厂、瑞宝邮电器材厂等 12 个项目，待建的有汀沙木器厂等 7 个项目。上述项目的建成投产，预计每年为市桥镇增加 1.4 亿元工业产值。

1997 年 6 月 21 日，番禺举行私营企业先进表彰大会，市领导、职能部门领导及 100 多名番禺私营企业代表出席了会议。会议表彰了番禺市南粤建设集团有限公司等 36 家先进私营企业，肯定了私营企业对番禺经济发展的贡献，通报了私营企业的发展形势：1992 年，全市只有私营企业 140 家，1996 年增至 1143 家，注册资金共 10.2 亿元，共缴纳税金 2920 万元。4 年来，缴纳税金平均每年以 75% 的增长率递增。

1998 年 5 月 17 日，以广东省副省长匡吉为首，有省政府发展研究中心、省委政研室、省体改委、省社科联、省科委，以及番禺市市长和副市长，共 200 多人出席的“广东省非公有制经济发展对策研讨会”在番禺召开。会议对私营企业如何创名牌、上档次、争效益，如何向集团化、集约化方向发展等问题进行了研讨，同时肯定了番禺私营经济的发展成绩：1997 年已登记注册的个体工商户有 2.6 万户，私营企业有 1200 多家，个体、私营企业缴税共 2 亿多元，解决了 10 多万人的就业，为社会稳定和地方经济发展作出了重要贡献。

1999 年 1 月 6 日，番禺市召开个体、私营经济表彰大会。会议对 44 家先进私营企业和 49 个先进个体工商户进行了表彰，并通报了番禺个体、私营经济发展的几个特点：一是企业规模日益扩大。1980 年个体工商户户均注册资金只有 139 元，1998 年已达 20250 元；私营企业户均注册资金高达 84 万元，其中注册资金在 500 万以上的有 47 户。二是行业结构不断优化。从初期的小五金、小饮食扩展到后来一、二、三产业的各领域。三是组织形式更趋多元化。从家族小作坊发展到合资合作和有限公司、股份有限公司，其中有限公司占私营企业总数 86.5%。四是人员素质不断提高。五是占番禺经济总量的份额越来越大。1998 年，个体、私营企业总产值为 134.3 亿元，交纳税金 2.5 亿元，分别占全番禺的 20% 和 15%。

位于沙湾镇的番禺强业洗涤染整机械有限公司主要生产染色机、绞纱机、洗衣机、脱水机、烘干机和揉纹机等工业染整机械设备，是一家有十多年生产经验的企业，产品除供应国内，还远销多个国家和地区。

二、私营工业开拓新天地

番禺的个体私营经济，有着较深厚的发展基础和较雄厚的资本积累。1979 年，个体工商户已有 600 多户，1992 年 7 月，增加到 1.6 万户，从业人员 3 万多人，自有资金 1.11 亿元。1992 年，个体工商户上缴税款共 4492 万元，占全县税收的 25%。

当年番禺有名的易发商圈，使一批个体户淘到第一桶金，而建筑、饮食服务等行业也培育出一批先富起来的个体私营大户。这些原始积累的资本，后来有相当部分转移到工业领域，创办工业企业。一些公有制企业的技术业务骨干自立门户，创办起一批工厂。受政策和环境吸引，一些外地个体私企投资者，相继到番禺创业和发展。从国有、集体转制而来的厂企，亦成为私营工业中的另一批大户。

番禺珠江钢管有限公司为国内最大的直缝埋弧焊管生产和出口基地

（一）一批源于本地先富起来的个体私营大户，投资到工业领域上来，发展成为大型的私营企业。

番禺荣达电业公司，初时从音像生意做起，发展到 1998 年 3 月收购广东四大电缆厂之一的番禺电缆厂及其配套的三家工厂。以此为基础，企业加速技术升级改造，提高产品档次和质量，加强市场推广营销，在产品价格比收购前较大下跌的情况下，仍实现销售、利润大幅增长。规模和效益跻身全省行业前列。

裕丰钢铁有限公司，从初涉轧钢时年产只有万吨的小企业，经数年的发展，在鱼窝头太石村形成一个以钢铁为主业，集钢材加工配送物流业、建筑工程机械制造业，占地 8 万平方米，有员工 500 多人的企业集团，成为广东最大的民营钢铁企业，旗下还衍生出众多的或全资或控股的子公司、孙公司。1997 年，该公司斥资亿元，投资一条年产钢材 40 万吨的半连轧一火成材棒材、线材生产线。1998 年销售额达到 1.4 亿元，缴纳税款 310 万元。“裕丰”牌螺纹钢成为广东省的名牌产品、上海期货交易所钢材交割商品、“国家免检”产品，是广东高速公路、华南铁路网、房地产建设的主供品牌，产品还出口到东南亚、欧洲、非洲。

广州锐丰音响科技股份有限公司，前身是 1993 年开设的锐丰电器店。后经发展，产品广泛使用于体育赛事、文化娱乐、会议系统、公共广播等业务领域，曾为国家体育场“鸟巢”、国家大剧院、人民大会堂、国务院办公厅、北京故宫博物院、中央电视台春晚演播厅、国庆 60 周年大阅兵、上海世博会部分展馆、连续三届全运会、北京奥运会提供扩声系统服务，还为广州亚运会、深圳世界大学生运动会、亚洲沙滩运动会、天津东亚运动会提供产品和服务。

（二）一些公有制企业的技术业务骨干自立门户，创办起个体私营厂企。由于具有业务技术上的优势，企业发展迅速。

1998年7月5日，番禺私营企业裕丰钢铁有限公司获广东省民营企业质量管理优秀企业称号。该公司创办于1993年，是全省第三大钢材生产基地和最大私营钢铁企业，年产能力100万吨。

沙湾同心机器厂（沙湾镇办企业），是番禺乃至全国率先研制牛仔布洗染机械的厂家。得益于20世纪80年代初，珠三角地区牛仔服装行业的兴盛，该厂研制的洗染机械供不应求。看中了该类产品市场广阔、技术和资金门槛较低，该厂几位业务技术骨干相继离职，自立门户陆续创办了天龙机械厂、骏业机械厂等多家私营洗染机械厂家，生产销售洗染机械产品。通过多年发展，沙湾镇成为国内牛仔布料洗染机械主要产地，同类产品产销一度占据国内市场七分天下。

凯斯五金实业有限公司的创始人，于1987年在原单位停薪留职，开办一间注塑五金的小作坊，为饮料厂生产酸奶小胶瓶，同时小打小闹地生产一些五金小件。1993年，投资500多万元成立凯斯五金实业有限公司，专业生产家具五金配件。产品销往美国最大的家具制造企业——奥斯高有限公司，以及世界最大的家具五金生产厂企——德国海蒂斯公司，同时还远销日本、欧洲等地。

（三）受优惠政策和良好投资环境吸引，一些有战略眼光的外地个体私企投资者，相继前来番禺创业和发展，取得显著的业绩。

广州希望实业有限公司，是由农业产业化国家级重点龙头企业——新希望集团，于1997年在番禺市灵山镇上坭村建成开办。该企业占地80亩，专业生产家禽、猪、鱼等动物系列配合饲料，年产各种饲料30多万吨。1999年，获番禺市政府授予“光彩企业之星”和“优秀企业”称号。

（四）一批从国有、集体转制而来的私营工业企业，利用原有的设备、技术、信息等资源，发挥体制的优势，推动企业实现跨越式发展。

珠江钢管有限公司是由原经营者购买镇办集体企业转制而成的大型私企。转制后，企业的产权、经营权等责权利关系得到理顺，促进企业的投入更大，设备更强，产品更加适销，市场更加广阔，生产力进一步解放。企业发展为国内最大的钢管生产私营企业。

番禺明珠电器有限公司，前身是成立于1958年的番禺县电机厂，是一家以生产输变电设备为主要产品的国营企业。转制前的最困难时期，连银行利息也无法支付。转制后努力开发新产品，并在冷轧硅钢片、高低压线圈的真空浇注工艺及线圈内部无气泡无气隙等科研项目上取得突破，气体变压器还填补国内空白。1998年12月4日成功收购了四会电磁线厂，组建了明珠电磁线厂。后又与番禺德力威电源设备厂合作，成立番禺明珠德力威电源设备实业公司。1999年，该公司生产的电力变压器被中国国际贸易促进委员会列为欧盟市场推荐的中国高质量科技产品；企业被信息产业部及中国名牌商品协会授予“中国电力变压器行业十佳”称号。

番禺明珠电器公司，前身是番禺电机厂。

其他较具代表性的企业还有：新视宝电脑监控器材有限公司、番禺明珠星钟厂、福田化工有限公司、广州文华羽绒制品有限公司、番禺市大发铜铝型材厂、珠江灯光音响实业有限公司、广东三雄极光照明股份有限公司、番禺市海大饲料有限公司等。

不断发展的个体私营企业，因其在机制、信息、效率等方面的优势，日益展现其后发潜力，成为番禺工业体系中不可小觑的重要组成部分。

在1991年到2000年的10年间，番禺的个体私营工业从1444家增至4044家，增长1.7倍；产值由1.9亿元增至150亿元，增长78倍。年产值超亿元的大型私营企业达10多家，其规模和效益名列广州市各区和县级市之首。

第四节　体制改革为工业发展增效提速

一、企业转制的历史背景和现实意义

番禺工业得改革开放风气之先，走上了高速发展的快车道。但随着市场环境的变化，由体制所致的存在问题亦逐步浮现出来。几轮的经营承包责任制虽解决了部分责、权、利问题，但企业的重大经营决策和人事权力还在上级部门。不少公有制企业效益下降，甚至出现严重亏损。出路何在？成为摆在人们面前亟待解决的难题。

1992年，党的十四大把建立社会主义市场经济体制确定为国家经济体制改革的目标，为番禺工业体制改革指出了方向和提供了政策依据。1992年5月，番禺市委、市政府作出《关于进一步深化改革，扩大开放的若干决定》，进一步把生产计划、物资采购、产品定价、流动资金支配、劳动用工、人事管理、工资奖金分配等自主权落实到工厂，同时提出糖纸、化建、机电轻纺三大国营工业公司改制为集团公司和试行股份制的任务。1993年3月，中共番禺市第八次代表大会召开，提出要围绕发展社会主义市场经济的目标，进一步加快改革步伐，抓好以下改革：一是抓好国有企业经营机制的转换；二是加快市场体系的培育和建设，逐步建立完备的市场体系；三是积极推进股份制；四是转变政府职能，推进行政管理体制和机构改革。1993 年 5 月 19 日，番禺市委、市政府作出《关于加快工业发展的决定》，对国有、集体企业的经营管理制定了如下的改革措施：1. 对国有工业企业实行税利承包责任制，以 1992 年的实际核定基数，逐年递增，一定三年，超收返还；2. 加快企业经营机制的转换，通过清产核资，以 1992 年为界，对全部资产进行评估，界定产权，经主管部门和财政部门联合核准，实行企业内部股份合作制，加快组建企业集团，允许企业跨地区、跨行业经营；3. 下放企业干部管理权，在企业推行干部聘任制，聘任期与承包期衔接；4. 企业审计与厂长经理任期目标责任制挂钩。1993 年 11 月，中共十四届三中全会通过了《关于建立社会主义市场经济体制若干问题的决定》，明确提出了建立现代企业制度是建立社会主义市场经济的基础，并勾画了社会主义市场经济的总框架。番禺工业开始了新一轮的改革，促进了发展的提速增效。

二、转制工作的探索和试点

在国家、省、市一系列关于转制的政策法规指引下，番禺工业改革由“放权让利”的承包经营向“转换企业经营机制”“建立现代企业制度”转变。开始试行国有工业企业股份合作制、公有民营、股份制、转让企业部分产权给外商、引入外资等改革。至于规模小、效益差和长期亏损、前途不大的企业，则采取公开拍卖方式转让产权。

（一）企业转制的指导思想

1994 年初，中共番禺市委八届二次会议提出，要按照“积极稳妥、因地制宜、试点先行、稳步前进、先易后难、分批实施、兼顾各方重点单位、实现平稳过渡”的指导思想和“产权清晰、责权明确、政企分开、管理科学”的原则，积极发展以股份制为主要形式的多种经济成分并存的混合型经济，尽快建立现代企业制度。同年 5 月 1 日，番禺市政府制定了《关于转换企业经营机制，建立现代企业制度的规范意见》，提出国有、集体企业改革的方向是理顺产权关系，通过试点，稳步推进企业产权制度改革，实现企业自主经营、自负盈亏、照章纳税，使其成为对出资者承担资产保值增值责任的独立法人实体和市场竞争主体。1996 年，番禺市委、市政府对糖纸、化建、机电轻纺三大国有公司提出“稳定两头、三权下放、行出一步”的转制思路，确保转制工作做到稳中有放、放中有稳。

（二）多种形式的探索

产权转让：大岗酱油厂属小型国企。自 1990 年起连年亏损，至 1993 年共亏损 359 万元，职工年人均收入仅得 4729 元。1994 年 4 月 11 日，经清产核资，以 960 万元转让。转让所得除偿还该厂债务、安置员工及办理转让所需的资金外，余额由番禺市国资办负责处理。70 多名职工全部实行补偿性遣散。该厂为番禺首家以产权转让方式转制的企业。

在产权转让过程中，对企业专营权、环保、呆坏帐等多方面的问题，都进行过具体研究，尽量做到既合法合理又不失灵活地解决实际问题（如职工安置费、拖欠职工的医药费等）。以此为蓝本，食品企业集团、番禺复合肥厂等单位随之顺利实现转制。

通过产权转让，1998年，珠江冷暖气工程公司、交通工业物资公司、电机总厂、口岸实业公司属下全资企业等单位改组为有限公司。1999年，绣品服装厂、友利玩具厂、瑞丰机电总厂、农药厂等单位改组为有限责任公司。

授权经营：机电轻纺、糖纸食品、化工建材三大国有工业公司原属行政管理公司，属下企业包括：机电轻纺工业公司有农机一厂、农机二厂、农机三厂、五金塑料超声仪器厂、电机厂、印刷厂、染整厂；糖纸食品工业公司有鱼窝头糖厂、沙湾糖厂、渡头糖酒厂、番禺食品厂、保健食品厂、制粉厂、大岗酱油厂、莲花山纸厂、中荣实业总公司，还有中外合资企业番禺糖果有限公司、莲花山包装实业公司、番禺莲发纸品厂、莲花山镖靶厂、番禺联合印刷公司，以及集体企业番禺包装装潢实业公司；化工建材工业公司有番禺氮肥厂、渡头氮肥厂、番禺磷肥厂、番禺农药厂、番禺水泥厂、番禺建筑材料厂、虎门石矿场、番禺橡胶厂、凤山实业总公司、国际化工有限公司、华联实业总公司。1996年9月，三大公司分别改组为经济实体的工业集团公司。集团公司作为国有资产管理部门授权机构，以产权为纽带，对所属企业进行投资、控股、参股，经营国有资产，对国有资产负有保值增值责任，具有独立法人地位；实行独立核算，自主经营，自负盈亏。1997年，番禺市委、市政府批准三大国有工业公司授权经营方案，把三大国有公司改组为经济实体。在改组前的1996年11月13日，番禺市经济委员会根据番发〔1996〕20号文件精神，更名为番禺市工业局，行使对国有企业的管理职能。

股份合作制改造：以二轻集体企业为试点后在全市推行。1994—1996年，二轻系统先后有22家企业实施股份制改组。企业内部普遍设立董事会、厂长（经理）、监事会和职工代表大会。在清产核资和资产评估基础上，对二轻企业原则上按4∶3∶3比例进行股份界定（二轻联社占40%、企业集体占30%、职工占30%）。经营机制的不断完善，推动了二轻工业的向前发展。1995年，二轻系统总产值近20亿元，比上一年增长14.8%。30多个企业运作良好，基本扭转了重大亏损局面。1998年，二轻系统将联社股转让给原企业职工，集体股转为职工福利基金。如恒安实业公司将占总股本38%的联社股全部转让给企业职工，28.5%的企业集体股全部转为职工福利基金。1999年，二轻系统部分企业因产品不能适应市场竞争而实施关停和职工安置，部分资产质量较好的企业则转为有限责任公司。到2000年初，番禺二轻集团公司（联合社）已完成转制的企业达到14家（恒安水电安装公司、服装厂、富华制衣厂、防火塑料制品厂、时兴服装公司、电器配件厂、工具厂、铝材厂、广铝实业公司、珠江木制品公司、金属一厂、友利玩具厂、金属制品厂、机锻厂），占全系统自营企业的70%。另外计划转为有限责任公司的昌成玩具厂和拉闸厂也已完成审计评估工作。

多形式的镇属集体企业转制：镇属集体企业转制工作开展较早。至1996年底，灵山、东涌、榄核等镇大部分镇办企业转为民营企业。鱼窝头镇对镇属企业实行全面清产核资，理顺责、权、利三者关系。潭洲镇把镇办企业划分为有发展前途、待处理、进一步完善经营3种类型，有针对性地实行不同形式的改革。钟村、石碁两镇进一步完善企业的抵押风险承包责任制。灵山镇以产权转让为核心，对16家镇办企业进行多种形式的改革。石楼镇对全部工业企业实施股份合作制改造。1994年，石楼经济发展总公司由行政管理机构转为经济实体，与镇政府正式脱钩。转制后的总公司组建广东万鼎企业集团公司，成为广州市乡镇企业中第一个股份制企业集团。1998年8月，该集团联合青海重型机械厂作发起人，创办青海华鼎实业股份有限公司，并于2000年11月在上海证券交易所发行股票上市，成为当时青海和番禺唯一的上市公司。万鼎企业集团公司属下的12家企业实施股份合作制改造。其中，石楼恒联食品机械厂经改组成立广州市恒联实业股份有限公司。石楼镇政府对原石楼经济发展总公司持40%股份。转制后，镇政府持8%股份，其余转为信托基金留企业运作。企业在净资产中划出30%股份作为集体股，30%股份作为职工分配股。另外，企业进行资产重组，配售职工个人股和转让法人股，主要经营者在企业所占的股份占总股本10%。

番禺乡镇企业局直属企业绣品服装厂把安美莉时装公司作为职工内部股份制改革试点，转制为股份公司。在总投资480万元中，设内部发行股4.8万股，每股100元。其中，51%属乡镇企业联合公司所有，为法人股，法人股分得红利部分返还企业作积累，具体数额视企业经济效益而定；49%为内部职工股，不设骨干股。内部职工股的分配由企业自定，报主管局备案。股份公司实行独立核算，独立设帐，自负盈亏。

私营企业和外商参与国有、集体企业转制：番禺市委、市政府鼓励私营企业和“三资企业”参与转制工作。大石镇大石家豪工艺木制品厂出资210万元收购原国有企业番禺机电设备厂厂房、土地5400平方米，并接收安置原企业大部分职工。大岗镇真兴皮具厂出资1700万元，收购原镇办大岗化工厂。广东华达集团公司出资1600多万元，收购原镇办大岗万新时装厂，转产摩托车。鱼窝头糖厂以1723万元转让给当地私营企业。番禺氮肥厂将所持番氮化工有限公司的49%股份转让给私营企业。沙湾大来木业公司出资900多万元收购原镇办沙湾砖厂5万多平方米土地、厂房，扩大木业生产。广州番禺糖果有限公司的中方股份（占总股本49%）以2.2亿元转让给西班牙的亚古利民公司。原国有企业东方石油气具厂把部分土地使用权转让给外商。大岗餐具厂通过招标，以2738万元将固定资产拍卖给外商，高于同时参加竞拍的企业原经营班子出价688万元。

三、转制工作全面铺开

（一）建立工作机构和各项制度

1994年，番禺设立经济体制改革领导组办公室（简称市体改办，为临时机构），

1997 年 5 月改为常设机构，番禺市委、市政府领导先后任领导组组长。

番禺市委、市政府根据企业转制的有关情况，建立了 5 项工作制度：一是企业改革终审制度，政府常务会议对企业转制进行最终决策；二是五套班子领导分工联系企业转制工作制度；三是主管部门分管企改领导不定期碰头会议制度；四是金融机构企业转制联系人制度；五是与私营企业组织的联系人制度。

（二）制定政策和程序，推广经验

1998 年初，番禺市委、市政府制定了《关于加快企业转制工作的暂行规定》，随后又审定批转了体改办草拟的《关于企业净资产的处置意见》《关于解决企业转制中干部人事问题的意见》《番禺市国有职工保障基金管理和使用的暂行办法》《关于企业转制中国有房地产问题的处置意见》《番禺市职工解困和再就业资金的使用和管理办法》等 5 份企业转制文件，还制定了企业转制为股份制企业的 15 项程序、租赁经营的 7 项程序。

（三）实行“一企一策”的多种转制形式

根据番禺市委、市政府对企业转制不搞“一刀切”的工作思路，以股份有限公司、有限公司、股份合作制、租赁、托管、转让、兼并、破产等形式，对不同企业实行不同形式的转制。

1. 实施产权转让，组建有限责任公司

对于有净资产和有生产前景企业的转制，大多实施此类形式。1998 年，珠江冷暖气工程公司、电机总厂、交通工业物资公司、口岸实业公司属下全资企业等改组为有限责任公司。1999 年，绣品服装厂、友利玩具厂、瑞丰机电总厂、农药厂等转为有限责任公司。莲花山纸厂于 2000 年实施产权转让。

2. 先租赁后转让、先安置职工后清产关停

对资产质量不高、负资产较多的公有制困难企业，采取先租赁后转让、先安置职工后处置资产等做法开展转制工作。1999 年，番禺市设立国有企业转制专项资金，出资为特困企业解决职工安置和土地办证费用，使一批资不抵债企业取得转制突破。例如：从该项资金中拨、借款解决机电轻纺集团属下企业的职工安置费用 500 多万元，借款 383 万元给番禺氮肥厂用于土地办证和退休人员托管。番禺印刷厂、印染总厂实行租赁经营；虎门石矿场、番禺橡胶厂、珠江饼干厂关闭停产；渡头糖酒厂、珠江铝材厂、塑料五金厂、机电设备厂等分流安置职工；关闭番禺氮肥厂合成氨系统；转让东方石油气具厂、食品厂。此外，积极进行番禺市棉纺织厂、乐其食品厂等企业清产还债的探索。

3. 加强监控，规范运作，放开搞活

对资源性企业，在加强内部监管和规范运作的基础上，逐步放开搞活。1999 年，番禺市直属企业实行年薪制和聘任制；二级企业实施以产权制度为重点的转制，逐步建立现代企业制度。

（四）确保资产保值增值，妥善安置员工

为帮助下岗职工和失业人员再就业，番禺市政府和各有关职能部门相互配合展开工作。劳动部门免费提供一次就业指导、三次职业介绍、一次转岗培训的“一三一”服务；预提失业保险金、发放补充安置费；给予低息贷款或贴息贷款扶持失业人员自主创业。对下岗后再创业者，工商管理部门给予优先办证并减免收费，供电、供水、供气、卫生防疫等部门给予各种收费减免。

对转制过程中的资产处置，番禺市政府提出 3 个原则：一是资产评估原则，即企业的资产评估要求做到客观、真实、公正，不隐报瞒报资产，对弄虚作假者追究责任；二是资产带负债原则，即企业转制要落实好原有的债务，并与债权人签订好债务处置的相关协议；三是人员安置原则，即在转制方案中明确提出职工安置的具体措施，落实有关工作，实现平稳过渡，保持社会稳定。

至 2000 年年底，番禺全区共安置原企业职工 1.3 万人，统筹安置费用 2.67 亿元。番禺全区共落实国有、市属集体企业债务 32 亿元；清理国有、市属集体企业的集资款 4.7 亿元。

四、转制促进企业轻装上阵

通过转制改革，促进番禺工业实现“活力增强，机制灵活，负担减少，经济发展”。

国有企业番禺电机总厂于 1998 年 8 月转制为番禺明珠电器有限责任公司后，改革内部管理体制，调整发展战略，把握发展机遇，工业总产值和销售收入大增，1998 年盈利 1.03 万元，1999 年盈利 160 万元。转制后的 1999 年 3 月，明珠电器有限责任公司与沈阳变压器研究所以股份方式进行合作，组建了“广州市番禺世纪变压器有限公司”。借助沈阳变压器研究所的技术优势，公司加快了技术改造和技术创新步伐，以很快的速度发展，成为以开发设计、生产电力变压器为主的科技型企业。随后，设立了博士后工作站，壮大了研发力量，产品研制开发也大量采用计算机，助推了企业科技水平的不断提升，其变压器生产技术跃升至行业领先地位，明珠电器有限责任公司也成为中国优秀民营企业。

2000 年 8 月，番禺世纪变压器有限公司成功开发出的新产品——高可靠变压器通过国家级鉴定（新产品名为 SFZ9-40000/110, 即为高可靠有载电力变压器），该产品达到了国际先进水平，填补了国内空白。番禺电机总厂转制后，生产管理得到加强，与科研院所紧密合作，很快显示出生机与活力，并在三年内偿清了挂账的 7300 多万元债务，“明珠”牌产品亦成为广东省名牌产品，“明珠”商标也成为了广东省著名商标。

1998 年 3 月，南村镇办的南山集团属下的电缆厂、华南无氧铜杆厂、华南电解铜厂、罗兴铜业制品公司 4 间企业，以 1 亿元的价格转让给番禺荣达电业有限公司和鸿燊电业有限公司等两家私营企业。转让完成后，收购方迅速健全内部管理制度，充分调动员工积极性，投入 300 多万元维修厂房、美化绿化厂区、改善生产环境，使整个企业面貌一新。

1998 年 3 月 5 日，民营企业家王锦荣、冯洪波斥资 1 亿元收购南村镇属企业番禺电缆厂、番禺华南电解铜厂、番禺罗兴铜业制品公司、番禺华南无氧铜杆厂。图为转让签约仪式。

其时，正逢中国农村电网改造大规模上马，电缆市场前景大好。企业据此及时进行产品结构调整，投入巨资引进高压交联电缆生产线，从项目确定到设备安装、调试，仅用半年时间就投入了生产，电缆厂的产品市场占有率迅速增长，企业竞争能力大幅提升，企业规模跃升至广东省内同行第二位，在电缆行业站稳了脚根。转制后的第二年——1999 年，企业产值 1.54 亿元，销售额 2.07 亿元，比 1998 年增长 137%；利润 76 万元，比 1998 年增长 73%。转制后，企业决心走高科技发展的新路子，与番禺市科技局合作，成立了番禺电缆集团有限公司自己的电缆研究所。

机电轻纺集团转制后，上缴税金由 1999 年的 1363 万元增至 2000 年的 2100 万元，增长 54%。二轻企业集团上缴税金 6062 万元，比 1999 年增长 63%。莲花山镇办企业转制 19 家，一年减亏 1200 万元。

1996 年，番禺市工业企业共有 4895 家。其中，国有企业 57 家，番禺市属集体企业 288 家，镇办企业 1315 家，村办企业 1006 家。当年，实行产权转让的国有企业 1 家，改组为股份有限公司的集体企业 1 家，改组为股份合作制的企业 33 家（其中二轻 21 家、镇办 12 家），还有一批镇办企业由各镇实施转制。1997 年，番禺应转制工业企业 756 家，至年底，以股份合作、租赁、兼并、嫁接、转让产权等形式转制的企业有 236 家，转制率为 31%。其中，国有转制率为 3%，番禺市属企业转制率为 17%，镇办企业转制率为 48%。

据《番禺年鉴》载：1999 年，番禺转制的国有、集体企业共 387 家，转制率为 51%。其中，国有企业转制 20 家，市属集体企业转制 61 家，转制率分别为 13% 和 31%。镇属企业转制率为 75%，共有 306 家企业实施转制，其中 108 家企业已于 1998 年完成转制。企业转制率在 75% 以上的有 15 个镇，其中有 13 个镇基本完成转制任务。

2000 年，是番禺市提出的基本完成企业转制任务的最后一年，继续推进企业转制工作成为各级政府的重点工作之一。

2000年3月31日，番禺市召开加快企业改革动员大会，要求继续加快全市企业转制进度。会议决定实行番禺市“五套班子”领导联系镇街联系企业制度，深入基层对企业转制工作作具体指导，全面落实番禺市委、市政府提出的今年基本完成企改任务的要求。这次会议思路清晰，要求明确：全市各级要认真总结过去两年的企业改革工作的经验，切实加强领导，灵活掌握政策，按照“一企一策”的原则，决不能搞“一刀切”和“一卖了之”。会议强调，要力争在2000年底使全市有85%以上的企业完成转制工作。会议要求各级积极探索公有资产（包括国有、市属集体资产）管理的有效形式；继续抓好镇办企业改革和挂靠企业脱钩工作，重点抓好国有、市属集体企业的转制工作，实施“一企一策”的以产权制度改革为重点的多形式转制。加大改革成本投入，成为本次会议提出的一个重点，就是要解决好企业转制职工的安置费用问题，实施好《番禺市企业转制职工安置暂行办法》，切实做好社会保障工作。而利用民间资本，把企业转制推向社会，鼓励个体、私营企业和外商参与企业转制则是一个经验总结，也是解放思想的重要举措，受到番禺各级领导的重视。

随后召开的企业转制工作会议明确提出了2000年番禺企业转制工作的八个重点：

一要贯彻积极稳妥的方针，突出国有、市属集体企业这个重点，采取“一企一策”的办法实施以产权制度改革为重点的多形式转制，确保全市国有、集体企业转制任务的基本完成。二要进一步健全制度，做好社会保险工作，妥善安置好企业职工，确保社会稳定。三要加大企业转制资金的投人，对实施停产关闭的困难企业，其分流安置职工所需费用要有充分准备。四要鼓励、继续支持私营企业和外商参与国有及集体企业的改革、改组和改造，采取过去两年的一些有效办法，促进公有与非公有经济之间的资产重组，改善国有经济投资主体结构，实现多种所有制经济的共同发展。五要抓好市直属企业与资源性企业的转制，对市、镇所属的资源性企业，主要是加强管理，提高效益，逐步建立现代企业制度。六要做好个体、私营企业挂靠集体的脱钩工作。七要做好企业转制的配合工作，为企业转制创造良好的外部环境。八要做好对已转制企业的跟进工作，促进改制企业加快发展。

转制工作的强力推进，取得了较好效果。至2000年6月底，番禺已转制企业559家，转制率77.9%。其中，国有企业105家，转制率68.6%；区属集体企业转制332家，转制率88%。40户国有工业企业的改革脱困工作完成了23家，转制率为57.5%。

2000年，番禺在抓好企业改制工作的同时，被列入广州市改革脱困计划的40家国有工业企业的改革脱困工作也成为一个重点。至年底，番禺区纳入广州计划内的40家国有工业企业改革脱困4项指标全部完成，实现3年基本完成转制任务的目标：

一是三分之一的大中型企业要实现扭亏或大幅度减亏。2000年，番禺原有亏损的10家大中型企业中，梅山糖业总公司、鱼窝头糖厂、番禺印染总厂等3家已实现扭亏；渡头糖酒厂、番禺氮肥厂、番禺锻压轻工机械厂、广州珠江饼干厂、珠江精米制造厂、珠江面粉厂等6家企业已实施关停；番禺食品厂已转让给私营企业。亏损的大中型企业已全部脱困。

二是70%的大中型企业要初步建立现代企业制度。番禺9户大中型企业在此范围内。在改革实践中，部分企业由于负债过于沉重，不具备公司改造的条件，只能根据市场规律作关闭停产处理。梅山糖业总公司属下的制糖生产部分实施关停并申报破产，通过了转让资产给私营企业或内部职工的方案。资不抵债的番禺印染总厂和受制糖行业结构调整面临破产的鱼窝头糖厂先行停产，再转让给原企业职工或社会，成立责任公司。瑞峰机电总厂、莲花山纸厂、番禺食品厂等3家企业转为有限责任公司。这样，全市建立公司的大中型国有工业企业达到了5家，大中型企业已全部转制。

三是将国有工业企业的亏损面降至20%以下。梅山糖业总公司、番禺印刷厂等企业扭亏为盈，其余的已转制，达到了将亏损企业数控制在8家以内的要求。

四是中小型企业的转制率达到85%。番禺的37家中小型企业转制31家。至2000年底，全区中小型企业已全部转制（有4户未转制的也作了关停统计），转制率达100%。2001年4月召开的广州市企改工作会议通报：到2000年底，番禺应转制的国有、集体企业共726家，已转制624家，转制率达86%。其中，国有企业已转制127家，转制率89%；区属集体企业已转制157家，转制率78%；镇办集体企业已转制340家，转制率89%；原挂靠镇、村集体的个体私营企业1167家，已脱钩1033家，脱钩率89%。

前述企业转制后，番禺区尚有国有工业企业4家，比1997年减少了54家；集体工业企业134家，比1997年减少了48家；登记在册的私营、“三资”企业等其他工业企业827家，比1997年增加了411家。转制过程中，工业生产保持总体平稳发展。企业转制基本完成后，番禺工业进入了新的发展阶段，产值、效益均有显著提升。2000年，番禺市工业总产值554.33亿元，比1997年的405.48亿元增加了36.71%

在此后的一年多时间里，转制工作继续推进，目标仍是使番禺区的企业在产权制度改革后能够焕发出新的生机与活力，为番禺经济社会的发展做出新的贡献。

第八章　据实而谋　构建自身工业体系

中华人民共和国成立后，番禺的工业虽然得到了较快发展，但其工业生产仍是围绕支农稳农来布局发展的，比如化肥生产、制糖及农机具修造等等，因为，番禺是一个传统农业大县，在改革开放前仍是一个现实的存在，农业在全县国民经济中的比例仍然很高，而地方工业中，农副产品加工业，食品制造，饮料制造，木材加工及木、竹、藤、棕、草制品业，家具制造业，一直都是挑大梁唱主角的产业。

番禺工业的大发展，主要是在改革开放之后，从镇村企业起步，到大量“三来一补”和外商投资企业的进入，番禺工业逐步展现出新的面貌，有了现代工业的“架势”，并为番禺地方经济和社会发展做出了突出的贡献。2000年，20世纪的最后一年。这年，在全国各大城市率先完成的《广州城市建设总体战略概念规划纲要》出台。此“规划纲要”提出了将广州建设成为国际性区域中心城市、适宜创业发展又适宜居住生活的山水型生态城市的目标。2001年，中共广州市委研究决定，将广州未来城市发展战略调整为“东进、西联、北优、南拓”。

2000年7月10日，番禺举行撤市设区挂牌仪式。由此，番禺成为广州“南拓”战略的重要承接区域。

撤市设区的第一年，番禺的工业生产在改革调整中保持较快增长。当年，全区的5936家工业企业共完成工业产值553.9亿元，比上年增长11.7%；工业增加值120.7亿元（不含省、广州市属），增长11.8%。全区“三资”企业工业总产值294.5亿元，比上年增长15.6%。全区工业产销率为96.59%，与上年基本持平。全区工业出口产品交货值达198.9亿元，比上年增长23.6%。工业产值超亿元的村达到了91个。其中，超3亿元的村有16个。工业总产值超25亿元的镇有7个。其中，超40亿元的镇有3个，超50亿元的镇有1个。

第一节　“九五”期间工业获得新发展

到国民经济和社会发展第九个五年计划（1996—2000年）末期，番禺工业就已初步形成了一个以轻型加工业为主体，较具规模、多元化的外向型工业生产体系。2000年，番禺的工业增加值达到141.6亿元(现行价)，占国内生产总值的48.17%。工业总产值553.9亿元(现行价)，“九五”时期年均增幅17.2%。“九五”末，番禺全区纳入统计的工业企业达到 5936 家。其中，“三资”企业 1754 家，个体私营企业 4044 家，国有企业 4 家，集体企业 134 家；产值超亿元的企业 79 家，超 5 亿元以上的 10 家，超 10 亿元以上的 3 家。

“九五”时期，番禺工业在广东省和广州市工业经济中的地位明显提高。2000 年番禺工业总产值 (现行价) 为 553.9 亿元，在广州市和广东省占有的份额由 1990 年的 8.69% 和 2.02%，提高到了 17.93% 和 4.52%。

从 1990 年到 2000 年的工业总产值增长率和增加值环比看（见下表），工业仍是番禺重要的经济增长点，在国民经济中的主导地位不可替代。2000 年，全区工业增加值占 GDP 的比重为 48．16%；2000 年与 1995 年相比，番禺的 GDP 增长了 96．26%，其中工业对 GDP 增长的贡献率为 48%，工业发展也为社会提供了大量的就业机会。2000 年，番禺区实际利用外资 3.1 亿美元，外贸出口总值达到了 33 亿美元，地方财政收入 15.8 亿

表 8-1　1990—2000 年番禺工业总产值增长率和增加值统计表

年份	1990	1991	1992	1993	1994	1995	1996	1997	1998	1999	2000
工业总产值环比增长率（%）	9.1	33.1	71.0	49.7	44.7	27.5	24.8	20.5	16.9	10.1	11.7
平均增长率（%）	44.4					17.2					
工业增加值环比增长率（%）		17.2	61.1	31.6	37.8	22.0	49.4	9.8	17.6	9.7	11.5
平均增长率（%）	33.1					18.7					

元，工业在全区经济社会发展中的拉动作用极为明显。

“九五”时期，番禺工业的人均产出率快速上升，在”珠三角”名列前茅。“九五”时期番禺工业全员劳动生产率 (按可比价格的工业增加值计算) 由 1995 年的 17330 元 / 人，上升到 2000 年的 27156 元 / 人，年均增长率为 9.4%。珠江三角洲十二个市按人口计算的人均工业增加值排序，番禺 1997 至 1999 年连续三年名列第一，分别为 1.22 万元

表 8-2　1997—1999 年珠江三角洲十二市人均工业增加值排序表

	广州	深圳	珠海	佛山	惠州	肇庆	江门	东莞	中山	顺德	南海	番禺
1997 年人均工业增加值 (万元 / 人)	1.01	1.21	0.92	1.17	0.62	0.31	0.58	0.99	0.83	1.17	1.10	1.22
排序	6	1	8	4	10	12	11	7	9	3	5	1
1998 年人均工业增加值 (万元 / 人)	1.07	1.33	0.97	1.20	0.71	0.35	0.58	1.21	0.95	1.35	1.22	1.36
排序	7	3	8	6	10	12	11	5	9	2	4	1
1999 年人均工业增加值 (万元 / 人)	1.18	1.45	1.04	1.25	0.77	0.38	0.62	1.39	1.02	1.42	1.28	1.47
排序	7	2	8	6	10	12	11	4	9	3	5	1

/人、1.36 万元/人和 1.47 万元/人，工业人均产出水平超越深圳和顺德(见下表)。

番禺区统计局的权威分析认为，“九五”时期，番禺传统行业在工业经济中的主体地位没有发生大的变化。1999 年全区传统行业工业产值占工业总产值的比重为 89.8%，而高新技术产品产值的比重仅为 10.2%，2000 年仅有 7 家企业被认定为高新技术企业，与“珠三角”其它发达地区相比，番禺区的传统行业在工业经济中的比重较大。另一方面，行业集中度有所提高，以轻型、加工型为主的工业逐步升级换代。全区工业活动虽然涉及面较为广泛，在全国工业分类 41 项中涉足 33 项，但其中相对集中的行业主要是服装、食品、电器器材、电子及通信产品、化工产品等。“九五”时期，这 5 个行业产值占全区工业产值的比重有所上升，1995 年为 58%，1999 年上升至 68%。

先进的纺织技术在番禺纺织企业中得到广泛运用

“九五”时期，番禺轻工业占全部工业的比重每年都在 70% 以上，个别年份(1996 年)更达到 81.78%。从 20 世纪 90 年代初至 1999 年的数据来看，上述 5 个行业走势呈现出以下特征：食品行业份额迅速下滑，由 1990 年的 18.1% 下降到 1999 年的 8.7%，服装行业比重略有提高，依然独占鳌头，由 1990 年的 26.2% 提高到 1999 年的 28.7%，电器器材、电子及通信、化工行业份额都有不同程度的提高，分别由 1990 年的 7.0%、1.3% 和 3.8% 提高到 1999 年的 12.8%、5.6% 和 7.0%，整体来说，行业结构逐步升级。

分析指出，“九五”时期，番禺的特色行业、特色工业蓬勃发展，主要集中在金银首饰加工业；而另一充分依托番禺优越的地理位置和岸线资源而发展起来的特色工业——临岸工业已出现良好发展趋势。与此同时，个体私营工业企业迅速发展壮大，逐步成为番禺工业发展的生力军。“九五”时期的公有制工业企业改制后，到 2000 年，国有、集体工业产值比重下降到 8.27%；个体私营工业占全区工业的份额飚升，占到了全区工业总产值的 38.56%。而“三资”工业企业比重增大，外向型工业结构的特点明显起来。“九五”时期，番禺的“三资”工业企业产值所占比重由 1995 年的 39.1% 上升到 2000 年的 53.17%。全区工业出口产品产值 198.9 亿元，占销售产值的比重为 37.49%。

总之，“九五”时期，番禺的工业企业规模有所扩大，骨干企业贡献突出。2000 年，企业平均产值 933 万元，比 1995 年的 617 万元提升 51.21%。2000 年超亿元产值的企业数为 79 家，占全区工业企业数的比重为 1.33%，比 1995 年的 0.89% 略有提高；超亿元企业产值为 217.8 亿元，占全区工业的比重为 39.29%，比 1995 年的 31.81% 上升 7.48 个百分点。另外，2000 年销售收入在 500 万元以上的企业，虽然仅占企业总数的 16.26%，但却拥有全区工业总产值 82% 以上的份额，成为番禺工业发展的中坚力量。

以上番禺统计部门权威人士的分析，数据翔实，由“九五”时期番禺工业发展的现实可以看出，番禺工业发展的新业绩成为番禺工业新的定位的现实基础。

在“九五”时期的中段，在番禺经济发展转型升级的关键时期，番禺市提出，从 1998 年起，用 3 年时间基本完成以产权制度改革为核心内容的“企业转制”目标。

到 2002 年，番禺国有企业转制工作任务顺利完成。工交线 29 家国有工业企业已全部转制。其中，实施有限责任公司形式转制的 9 家，出售转让的 4 家，租赁经营的 6 家，关闭停产的 9 家，其他形式的 1 家。机电轻纺集团所属的 9 家国有工业企业全部转制。区属和镇办集体企业也基本完成体制改革。

企业改制，经营管理得以改善，技改和科研投入力度加大，番禺的乡镇企业由此逐渐走出困境。改制使企业的产权得到进一步明确，企业所有者、管理者大都能够放心、放胆、放手经营，一方面不断强化企业内部管理，一方面加大企业技改力度，不断推出技术含量较高附加值也相对较高的优质产品，赢得了市场。为提高产品科技含量，番禺的不少转制企业不断组织外出考察，还聘请大专院校和科研院所的专家教授到企业做技术指导，为企业“把脉治病”，解决企业生产中遇到的技术上、经营管理上的疑难问题。有的企业不惜重金引入高素质的技术和管理人才，促进企业技术改造和生产发展。企业改制取得了立竿见影的效果。

2000 年第一季度，番禺全市乡镇企业实现总产值 97 亿多元，比上年同期增长 13.3%；营业收入 111.5247 亿元、利润总额达 4.8485 亿元、实际上缴税金 1.7141 亿元，分别比上年同期增长 23.2%、9.2%、23%。

第二节 构建自身工业体系目标的提出

2000 年番禺撤市设区后，番禺区委、区政府提出了“优二进三，内优外联，突出重点，建设先进工业强区”的都市型工业发展定位，目标就是继续优化工业内部结构，加强区域合作，做强做大特色工业和优势工业，重点发展高科技产业，并引导其集聚发展。至此，番禺的产业发展方向更加明确，那就是要重点扶持发展先进制造业，培养壮大战略性的新兴产业。

2001 年，是“十五”计划实施的开局之年，开好局，起好步，对推动刚刚撤市设区的番禺经济社会的发展意义重大。在撤市设区半年后的 2000 年 12 月 29 日，中共番禺区委提出了《关于制定全区国民经济和社会发展第十个五年计划的建议》（以下简称“建议”）。“建议”指出：“十五”时期，是番禺率先基本实现社会主义现代化的关键时期，因而，需要科学地制定新一轮的发展思路，充分发挥优势，抓住机遇，加快两个根本性转变，大力推动国民经济持续快速健康发展。

番禺区委认为，积极推进经济结构优化调整，是“十五”时期经济发展的主线。因而，“建议”提出，要“加快经济结构的优化调整”。主要就是“要坚持以市场为导向，以科技推动和外向带动，在发展中调整，以调整促发展，切实加强第一产业，优化提高第二产业，加快发展第三产业，大力发展个体私营和‘三资’企业，促进三大产业优化升级和多种所有制经济的共同发展。”

对于番禺的工业发展，“建议”提出：要调整优化工业结构，推进工业现代化进程。坚持发展高新技术产业与改造传统产业并举。发展壮大金银首饰加工等特色工业，改造提升食品、服装、电子、通讯设备、电器机械和器材制造、化工原料及化工制造业等优势工业，重点培育发展以软件开发为主体的电子信息以及环保、节能等三大高新技术产业，以形成产业优势，提高工业整体素质，加快工业化进程。同时，要坚持工业化与信息化结合，以信息化带动工业现代化，走新型工业化[①]的道路，促进工业大发展。

2001 年 8 月，《番禺区“十五”时期工业发展规划》编制完成。有关专家对《番禺区“十五”时期工业发展规划》（以下简称“规划”）的编制给予了全面的肯定：这个“规划”突出了战略性、客观性、政策性，围绕要解决的主要问题和重点发展领域，提出了相应的对策措施，摆正了政府、企业、市场三者之间的位置，强调要充分发挥市场机制的作用，政府宏观调控要更多地运用经济杠杆、经济政策和法律手段。

“规划”提出，“十五”期间，番禺要充分发挥环境加区位的优势，利用现有工业资源基础，从两个方面构建自身的工业体系：一是配合广州市工业在“十五”期间对发展高新技术产业群的要求，将软件开发、环保、节能等高新技术产业作为番禺区新的工业发展增长点加以重点培育；二是发展五大优势行业以及具有特色的金银珠宝首饰加工业，要顺应珠江三角洲地区以轻型化为主的工业体系，顺应世界市场发展新趋势，自觉顺应高新技术进行产业升级的潮流，推动轻型工业由以高度劳动密集型为主向较高技术含量的技术、知识密集型转变。其目标就是，在“十五”末期，初步建成以软件业、环保工业和节能工业为主的高新技术产业与较高技术含量、高附加值的传统优势行业齐头并进的外向型出口加工基地及广州市工业现代化的重要基地。

与“九五”相比较，番禺“十五”时期（至 2005 年末）工业发展主要的规划指标是：

按年 15% 的增速，工业总产值（按 1990 年不变价计算）达到 1067 亿元（“九五”末为 530.60 亿元）；按现行价计算，2005 年的工业增加值 290 亿元；科技进步对工业

①中国共产党第十六次全国代表大会（2002 年 11 月 8 日至 14 日召开）上，提出了走“新型工业化道路”的战略目标。所谓新型工业化，就是坚持以信息化带动工业化，以工业化促进信息化，就是科技含量高、经济效益好、资源消耗低、环境污染少、人力资源优势得到充分发挥的工业化。

摩托车生产曾在番禺的工业发展中占有重要地位

的贡献率由“九五”末的49.5%提高到58%，而高新技术产品产值比重要达到20%。

为达到上述目标，“规划”提出了“十五”时期番禺工业要实施的十大重点工程：培育10个销售额10亿～30亿元的企业集团、200家产值超亿元的企业，形成10个市场占有率全国排名前列的有竞争力拳头产品和名牌产品，实施10个重点技改工程和产学研工程，发展10个产值30亿～100亿元的工业园区，引进10家世界排名500强的企业落户番禺，建立5个高新技术产业基地和8个专业园区；推动3～5家企业上市，建立5个企业技术创新中心，实施企业信息化示范工程，构建并完善促进中小企业发展的服务体系。

有关专家结合番禺工业发展的实际，对番禺工业的新定位进行了解读，并对番禺工业发展提出了有针对性的建议。

专家对番禺“优二进三”工业发展战略的解读是：独特的区位使得番禺第三产业的发展将持续高速发展，第三产业在整个经济中的地位将稳步提高，但工业始终是番禺经济的中坚，必须优化工业结构，提升制造业等级，使番禺成为广州的先进工业强区。内优外联：“内优”强调以工业发展的“新四化”（市场化、轻型高级化、总部化、集群化）替代“旧四化”（轻型化、非国有化、外向化、小型化）。“新四化”强调：市场化，即建立服务型、法治化政府，以制度优势吸引新资本、新技术和新人才；轻型高级化，即充分利用广州大学城优势和克服资源日趋紧张与短缺的劣势，提升制造水平，向产业链的中高端转移；总部化，即充分利用和发展都市中心区优势，成为总部经济集聚区，避免传统工业外迁后可能出现的产业空心化；集群化，即整合区镇村资源，改变散乱差现状，用现代化的园区推进区内工业集群化发展。“外联”强调与周边及外围区域的互动和协作，突破行政藩篱，打破人为壁垒，使番禺产业发展的市场化、高新化、总部化和集群化，具有开放力和扩张力，从而为番禺产业发展创造无限的发展空间。

突出重点：都市型工业为主（以此推动镇村工业的调整，对污染严重、耗用土地等资源较大的项目坚决迁出区外，并以此主导番禺今后工业的发展）；特色工业（珠宝）和优势工业（机械装备工业和化学工业）继续做大做优做强；重点引进和发展汽车零配件产业、高科技产业，并促使其聚集发展。

由以上解读，可以这样定位番禺工业发展的核心战略：充分利用和捕捉世界经济全球化、国际产业转移的重大机遇，依托广州南拓的各种积极因素，大力改善本地生产要素的质量和配置效率，实施结构优化与升级的新型工业发展战略。

此战略实施的要点为以下几个方面：一是优化提升工业结构（提升制造技术层次，向先进制造业过渡；提升产业协作配套能力，完善产业组织结构；乡镇工业向都市型工业过渡）。二是推进工业集群化发展。三是以工业增长质量带动工业数量的扩张（创造条件，促使企业炼好内功，提升存量，提升产业进入的技术门槛，严控增量）。四是促进外源型与内源型工业有机结合。五是引进与培养结合，全面提升劳动力素质。

专家建议，番禺要出台产业分类指导目录，明确鼓励发展类产业，改造提高类产业，限制、淘汰、禁止类产业。专家提出了番禺可以大力扶持的主导产业：一是汽车零配件制造业，二是高新科技产业，三是机械制造业，四是金银珠宝加工业。

第三节　传统制造业在新世纪继续发展

人们把从古代至近代再延续发展过来，现仍存在于身边的制造业，称为传统制造业。这些制造业与农业生产及人们的生活紧密相关。发展到现代，这些传统的制造业逐步从手工制作演进到大量使用各种加工机械，故而，与现代工业便有了千丝万缕的联系。

纺织业、食品加工业、家具制造业等，即可称为传统制造业。经过改革开放后近30年的发展，番禺的工业发展水平有了较大层次的提高，迅速发展的现代制造业逐步取代了传统的制造业，而注入了现代元素的传统制造业根据市场的需求，也在此过程中不断得到发展。

据较为完整的统计，至2009年，番禺的农副产品加工、食品制造和饮料制造企业共有279家，其中规模以上企业20家；纺织业企业有429家，其中规模以上的79家；服装鞋帽制造企业有773家（很多都是改革开放后建立起来的“三来一补”企业），其中规模以上企业有140家；皮革、毛皮、羽毛（绒）及其制品业362家，其中规模以上的有102家；木材加工及木、竹、藤、棕、草制品业167家，其中规模以上企业34家。

2009年，番禺的工艺品及其他制造业企业总数达到596家，规模以上的48家。在这些企业中，有诸如刺绣工艺品、广彩等，其中占据最大份额的是，分布在沙湾、沙头、市桥、东涌、榄核等镇街的珠宝首饰加工企业。因这些企业多集中在工业区（工业集聚点）里，逐步形成了一个大的产业群，多方助力下，这一产业逐步发展成为番禺的一个特色产业。

从相关统计中可以看出，到2009年，番禺的农副产品加工、食品制造及饮料制造企业中，很多的企业产品都比较单一，一些企业的主营项目就是大米加工，规模也都不大，其中规模以上企业不过20家。这20家企业里，名气大且产品产销两旺的企业也不少。例如，建于沙湾镇的太平洋食品有限公司，建于石碁镇茶东村的番禺日美食品有限公司以及广州和珍味业食品有限公司，建于东涌镇的番禺东海调味食品有限公司及番禺东涌宏基调味食品厂，建于化龙镇的卡力思食品有限公司和粤皇食品科技有限公司。另外，广州市冠华食品有限公司、广州市广味源食品有限公司、广州市潘高寿天然保健品有限公司以及广州市嘉威食品有限公司等，在市场上都有较高的知名度，产品产销率颇高，市场占有率不断提高。

到2009年年底，番禺区仍有773家服装鞋帽制造企业，其中规模以上的就达到了140家。这一传统优势产业虽在全球金融危机爆发后，特别是在欧盟国家频频设限后逐年萎缩，但在此行业仍有不少企业努力创设自己的品牌，寻求创新与突破，最终获得了较好的发展。除品牌服装企业如“文华羽绒”“自由鸟”“比音勒芬”“缔造亿百”“天创鞋业”和“创信鞋业”外，在番禺地域范围内仍有若干有一定规模的服装鞋帽制造企业名气颇大，产销两旺。自然，也有一些企业因各种各样的原因而关门歇业。

在番禺服装鞋帽制造业中，很多规模以上企业的产品多数出口，订单在外，所以，区内很少有人知晓企业名称及其产品。这些企业在市场低迷的情况下，仍顽强拼争，奋力发展，也获得了生存空间，并在不断克服成本升高等多方面困难，继续谋求发展。例如番禺润兴纺织有限公司生产的印染布、冠溢制衣有限公司生产的泳衣、易诚制衣有限公司生产的针织时装，以及许多各种服装辅料生产厂家生产的产品，都有相对应的市场需求，这就是企业生存发展的较为牢固的市场基础。

而番禺的皮革、毛皮、羽毛（绒）及其制品业，在2009年年底统计时达到了362家，其中规模以上的有102家。“文华羽绒”是这个行业的代表企业，其他较为知名的规模以上的企业就有建于石楼镇的兴唐皮革有限公司、嘉盛皮革有限公司和顺兴制革有限公司，建于化龙镇的广州世铭皮革制品有限公司、广州市世俊皮具有限公司，建于石碁镇的广州市金喜利皮具有限公司，等等。当年统计时，建于榄核镇的创信鞋业有限公司亦在其中，成为此类别中最为耀眼的一个企业，其生产的主要是皮鞋，而其规模称得上是“世界最大的制鞋企业之一”。

在这个行业中，曾明勇领办的广州美商波派皮具有限公司业绩较为突出。这家公司于1994年创立，设厂于化龙镇山门村，专门生产旅游鞋、家居鞋、老人皮鞋和矫正康复鞋。这个公司雇用了大量外来务工人员和企业附近的农村劳动力，年产各类皮鞋250万双。公司生产的产品不仅在国外畅销，在国内各大商场都可以见到他们的产品。公司旗下的四个品牌propet（波派）、Kroten（瑞蛙）、Amy&Ann（姊妹花）和PedRxbypropet，各自都有其独特的消费群体和较高的市场知名度。2009年起，这家公司看准时机开始进军电商，到2012年，企业从事电商业务的人员已发展到94人，新的营商模式使企业的销售路子更宽更广，不仅扩大了销售，也带动了企业新产品的开发和生产。2013年，这家在番禺发展了30年的企业，主营收入已经达到了15000万元，出口额11340万元，2013年在区内纳税149.4万元。

拥有167家企业的木材加工及木、竹、藤、棕、草制品业，其规模以上企业达到了34家。

虽都是传统产业，“体量”也显得不大，但此类企业能根据市场需求，注入了诸多现代元素，采用的也多是现代的工艺，生产的产品很多也融入了当代科技研究的成果。例如，建于大石镇的广州新绿环阻燃装饰材料有限公司，他们生产的波美植纤防火板，在各类装修工程中被广泛使用，其产品极利于使用单位更彻底地达到消防要求而通过工程验收。立足于大石镇（后洛浦街）经营的广州明理画框有限公司，也是此行业里的一家规模以上企业，其产品顺应了人们生活水平提高后对装修装饰更多文化艺术味的追求，虽无太多科技含量，但仍有做强做大的广阔空间。

番禺的家具制造业，从原来采用传统工艺手工制作木制家具发展而来，到后来有了铁制家具、铝制家具、塑料家具等其他材料的新式家具。随着人民生活水平的提高，适应广东气候特点的红木家具又开始走俏。于是，家具制造业不断得到发展。至2009年，全区共有263家家具生产企业，其中规模以上的有42家。这些家具生产企业，已不全是传统的木制家具生产厂家了，其中不少是钢制办公家具、轻质材料办公家具、活动房屋、车箱板等的生产企业，还有数十家是红木家具生产企业。

到2013年，在市莲路上，从石碁牌坊到官涌村的4公里道路的两旁，已有47家红木家具店在此集聚，每家红木家具店的背后，就是一家生产企业。这些企业门店本是自发集聚，但石碁镇政府在此过程中也不断“给力”，红木家具行业协会也在积极筹建当中，“石碁红木”商标也加紧注册。这里，不仅形成了红木家具市场的一道风景，更是一个产业发展的窗口，一个产业发展的基地。自发在此集聚的47家红木家具店，相当一部分就是番禺本土知名红木家具企业，如“家宝”“永华”“华兴”等开设的，有的则是来自顺德、中山等地的红木家具生产厂家开设的。

番禺的红木家具生产具有较深的历史渊源，在红木生产企业中，“永华家具”“家宝红木”最为著名。

广州家宝红木家具有限公司（以下简称“家宝红木”）始创于1957年，是番禺第一家专业红木家具制造企业，曾协同参与制定广东红木家具行业标准。市莲路上多家红木

番禺的家具制造业在20世纪80年代有了新的发展。图为东涌镇南方藤厂生产的编织藤椅。

店的老板，都曾在“家宝红木”任职。2011 年前，“家宝红木”就在市莲路的南浦村开设了“家宝红木文化艺术馆”，展销各类红木家具，其中很多都是价值不菲的工艺精品。

永华家具展示厅展示的古典红木家具

广州市番禺永华家具有限公司（简称“永华家具”）与“家宝红木”展销门店仅一路之隔，由石碁商会会长陈达强领办。“永华家具”是番禺红木家具行业的后起之秀。2010 年获评“中国红木家具十大品牌”和广州市著名商标，2011 年荣获广东省著名商标，2012 年荣获中国驰名商标。2013 年，“永华家具”成为“最受消费者喜爱广州品牌 100 强”。是年，这家有 200 多名员工的企业主营业务收入达到 7747 万元，纳税 539 万元。

2010 年，番禺区经济贸易促进局积极指导，番禺区厂商会编印了《番禺区工商企业名录（工业篇）》。该“名录”按行业分列、按镇（街）归类，系统收录了 8000 多家番禺工业企业，较为全面地反映了番禺工业企业的基本情况。除去本书最后一章重点介绍的番禺五大支柱产业及其相关重点行业企业外，其他行业可以从下面的统计数据看出一个概貌。

《番禺区工商企业名录（工业篇）》统计的工业行业，除前面提及的产业外，还有其他 18 个行业，这些行业的企业数和规模以上企业数如下：

1. 造纸及纸制品业企业 247 家，规模以上企业 71 家；
2. 印刷业和记录媒介的复制企业 194 家，规模以上企业 47 家；
3. 文教体育用品制造业企业 140 家，规模以上企业 46 家；
4. 石油加工、炼焦及核燃料加工业企业 8 家，规模以上企业 4 家；
5. 化学原料及化学制品制造业企业 330 家，规模以上企业 97 家；
6. 医药制造业企业 21 家，规模以上企业 10 家；
7. 橡胶制品业企业 69 家，规模以上企业 17 家；
8. 化学纤维制造业企业 4 家，规模以上企业 1 家；
9. 塑料制品业企业 532 家，规模以上企业 102 家；
10. 非金属矿物制品业企业 238 家，规模以上企业 34 家；
11. 有色金属冶炼及压延加工业企业 36 家，规模以上企业 10 家；
12. 黑色金属冶炼及压延加工业企业 18 家，规模以上企业 8 家；

13. 专用设备制造业企业 551 家，规模以上企业 95 家；

14. 仪器仪表及文化、办公用机械制造业企业 83 家，规模以上企业 19 家；

15. 废弃资源和废旧材料回收加工业企业 6 家，规模以上企业 1 家；

16. 电力、热力的生产和供应业企业 5 家，规模以上企业 2 家；

17. 燃气生产和供应业企业 6 家，规模以上企业 6 家；

18. 水的生产和供应业企业 23 家，规模以上企业 14 家。

从以上列出的数据可以看出，番禺的造纸及纸制品业、印刷业和记录媒介的复制、文教体育用品制造业、化学原料及化学制品制造业、塑料制品业、非金属矿物制品业和专用设备制造业等行业，企业数量多为 3 位数，而最具规模的是塑料制品业，企业数达到了 532 家，规模以上的也有 102 家。它们在番禺的工业中也占有重要的地位，和其他行业一起构成了番禺门类较为齐全的工业体系。在这些行业中都有较为知名的企业。

造纸及纸制品业有：广州番禺信合纸品有限公司、广州市番禺区莲花山纸箱厂有限公司、广州市番禺莲花山造纸有限公司、广州市裕丰纸品有限公司等。

印刷业和记录媒介的复制有：广州市港艺彩色印刷有限公司、广州市艺彩印刷联合有限公司、广州市番禺锦云印刷有限公司等。

文教体育用品制造业有：广州杰新宠物用品有限公司、广州市凯昌电子有限公司、广州市番禺区友利玩具有限公司、镇泰（中国）工业有限公司等。

化学原料及化学制品制造业有：广州番禺正大科技有限公司、广州市番禺立邦精细化工厂、广州秀珀化工股份有限公司、广州丹芭碧化妆品有限公司及“建滔化工”等。

塑料制品业有：永隆（广州番禺）塑料五金电器有限公司、广州市番禺区好友实业有限公司、广州卡安塑华有限公司等。

非金属矿物制品业有：广州市番禺大龙玻璃厂、广州市番禺汉和玻璃工艺有限公司、广州番禺雅乐钢化玻璃制品厂等。

第九章　转型升级　工业全面发展

番禺撤市设区，是番禺城市化进程提速的一个重要转折点，也是番禺工业提速、转型、优质发展的一个重要转折点。

从2000年到2013年的14年间，番禺工业中的低端工业加快“退市”，2005年南沙区分设，以及2012年东涌、大岗、榄核三镇划归南沙区管辖，使得番禺的地域面积大为减少，一些大型工业企业不再在番禺的统计范围内，工业经济的总量数据统计先后两次调整……即便如此，在宏观环境变化倒逼转型的机遇面前，番禺区着力实施双核（智核、商核）驱动战略，继续落实一系列帮扶企业的措施，在企业发展遭遇“寒流”的困难当口，区领导及相关职能部门负责人不断深入企业开展“暖企行动”，全区工业经济呈现出持续稳定的发展趋势，番禺工业也在转型升级中提质增效，对全区经济增长做出突出贡献。

第一节　实施“腾笼换鸟”战略，推进“五个一批”工作

改革开放初期，村镇企业和个体、私营企业遍地开花，蓬勃发展，给番禺带来了现实的利益，在完成资本的初步积累后，却使得环境受到严重污染。随着劳动密集型企业效益的滑坡，以及环境保护意识的不断增强，番禺工业的发展也逐步从“招商引资”向“招商选资”过渡。在工业企业的转型升级和“腾笼换鸟”的过程中，番禺的工业发展也逐步从劳动密集型逐步向科技创新型、资金密集型转变。

美国次贷危机引发的全球金融危机，使全球众多经济实体受到冲击，制造业也不可避免地受到严重影响，一些劳动密集型企业更因抗击风险的能力较弱，在这场金融风暴面前显得举步维艰，难以为继。在区域发展竞争日益激烈，各地纷纷采取措施优化经济结构，推动经济转型升级的关键时期，为抢占未来发展制高点，以赢得后国际金融危机时期竞争的主动权，提升区域竞争力，番禺工业转型升级的步伐在2008年开始加快。

2008年，《番禺区关于推进“腾笼换鸟”工作的意见》（以下简称“意见”）出台。“意见”的重点内容就是：在2009—2011年3年间，由区财政每年安排3000万元用于扶持“腾笼换鸟”项目。据统计，仅2013年，番禺全区就投入战略性新兴重点产业补助资金21702万元，其中投入重点装备制造业7237万元，投放芯片制造业1500万元。

从2008年开始连续两年间，番禺辖内的数百家劳动密集型企业先后外迁。这些企业多处于产业链低端，属于“资源依赖型”、环境容量需求大的企业，主要为冶金铸造、玻璃、印染、服装、制鞋、化工、电镀等传统产业。外迁企业中，原来在番禺化工行业颇具影响力的“福田化工”也赫然在列。

番禺区将从外迁企业收回的土地、厂房等，用来发展有特色、有品牌、有核心竞争力的企业，以加快全区产业升级的步伐，推动番禺经济逐步从粗放型发展方式中解放出来，为整体提升经济竞争力打下坚实基础。2009年，番禺全区共批准实施5批、39个“腾笼换鸟”项目，涉及用地面积约2467亩，新增投资约70亿元。其中，有中颐创意产业园、五湖四海国际水产交易中心、祺瑞家居博览中心等。撤市设区后，在项目引进方面，在总结以往招商引资经验的基础上，番禺区委、区政府着力支持科技含量高、附加值高、成长潜力大的项目和企业，促进产业高端发展、创新发展、低碳发展，推动产业结构调整和现代产业体系建设。番禺以“选好、选高、选强”为目标，精心打造招商“选”资平台，在吸引优质外资企业的同时，积极争取拥有国家级关键技术和优势资源的大型央企、省企和市企落户番禺。

位于大石街的“华凌空调”技术先进，产销两旺。

2009年，为帮助番禺企业渡过难关，番禺区委、区政府出台了《关于缓解中小企业融资难问题的若干措施》，明确提出，一要积极推动中小企业信用评级体系建设，建立和完善全区中小企业信贷信用信息服务平台；二要进一步完善中小企业担保体系建设，提高中小企业信贷担保资金额度；三要加大对中小企业出口业务的信贷支持力度；四要对扶持困难企业的贷款给予补偿奖励；五要积极推进村镇银行试点工作；六要筹建番禺区创业风险投资有限公司。番禺区人民政府办公室还发出了《关于为企业减负　保障经济增长的通知》，要求明确减负对象，规定了具体的减负期限、减负项目及内容、减负的操作办法。

经过深入调研和科学分析，番禺区推出了“五个一批”[①]的工作举措，以保增长、促发展。“五个一批”工作举措的推出，为番禺成功应对金融危机的冲击，保持经济的增长发挥了重要作用，工业经济没有出现滑坡反而有了新的增长。

2011年，番禺区则按照“比速度、比效益、比后劲、比项目、比政策、比落实”的要求，继续以“五个一批”为抓手，力求在增强经济发展后劲、建立现代产业体系、全面提升创新能力、优化企业发展环境、激发企业做大做强等5大方面取得突破，着力提高经济发展质

① “五个一批”：选择引进一批高新精尖重大项目和龙头企业，加快建设一批骨干企业和高科技园区，重点发展一批龙头型、成长型、骨干型企业，积极扶持一批暂时遇到困难的优质企业，大力宣传一批先进典型企业。

量和速度，加快发展方式转变和经济结构调整，努力建设经济强区和幸福番禺。年中，区政府领导班子成员围绕如何更进一步落实“五个一批”的相关政策措施、如何帮助企业实现快速发展壮大、政府部门如何改进执法和服务等多个方面的问题，深入到19个镇街，进入220多家有代表性的企业进行调研，真实全面地了解企业调整产品结构、着力自主创新、开拓新兴市场等方面的情况，及时帮助解决一些制约企业发展的迫切问题，也为区政府出台进一步扶持企业发展的政策措施提供了决策依据。

为保证全区经济社会平稳较快发展，实现GDP总量突破千亿元大关的总体目标，经过深入调研，2010年7月15日，由区政府办公室发布了一份“五个一批”的企业名单。在这份详细列出的企业名单中，有传统的生产企业，有新兴的科技型企业，也有商贸企业，而最多的是工业企业，有相当部分是以出口为主的外向型工业企业。

其时，全区19个镇街中，有“选择引进一批企业”的为15个镇街，拟引进企业总数有58家。例如：石碁镇的项目有华创动漫产业园。石楼镇的项目有广州新展有机硅有限公司。化龙镇引进的项目中，与汽车相关的项目最具吸引力，主要的项目是广州江森汽车内饰系统有限公司、广州广汽荻原模具冲压有限公司等，而广州市松毅音响设备有限公司和番禺电缆化龙项目也是化龙工业发展中新的亮点项目。小谷围街引进的多为高科技公司，在列项目又多为生物技术方面的企业，例如，广州大学城健康产业科技园投资管理有限公司、北京六合华大基因科技股份有限公司广州分公司、广州新百泰生物科技有限公司、广州澳积朗生物技术有限公司、广州瑞年生物科技有限公司，广州赛洛思生物技术有限公司、颐泽谷生物技术有限公司和广州兹尼生物科技有限公司。诸多科技型企业的引入，不仅可以为番禺的经济产生强大的拉动作用，还将会在番禺产业发展的方向上给予投资者新的指引。

“加快建设一批企业”的名单涉及15个镇街的36家企业。这些企业已经在番禺落户，有的是已经投入生产的企业的增资扩产项目，有的是广州市的重点项目，大多是正在抓紧建设的项目。提出“加快建设”，就是希望这些企业能尽快建成投产，能更早地为番禺地方经济的发展做出贡献。

这些项目中，业内人士最为关注的有以下一些项目：位于大岗镇的广州中船船用柴油机有限公司项目，位于南村镇的番禺区珠江灯光音响实业有限公司项目，位于东环街的星力动漫游戏产业园项目，以及位于大龙街的广州市仙施生物科技有限公司项目。而位于石壁街的广州南车城市轨道装备有限公司项目，也极具发展潜力。预计产值超亿元的项目就有沙湾镇的福嘉林业公司、逸高工贸有限公司，位于大岗镇的广州双桥股份有限公司的淀粉及淀粉糖生产项目；建于东涌镇的8个项目，预计年产值均是数亿元甚至是数十亿元，发展前景令人期待。

番禺区列出的“重点支持一批企业”的名单共有108家，涉及的企业类型和镇街也较为全面。“名气”较响的就有位于石碁镇的广州富菱达电梯有限公司，位于新造镇的广州立白（番禺）有限公司，位于沙湾镇的鹏辉电池有限公司，位于东涌镇的裕丰控股有限公司，位于石楼镇的亨斯迈先进化工（广东）有限公司，位于化龙镇的柏盛包装有限公司，位于大岗镇的德善数控科技有限公司，位于南村镇的广州市番禺区珠江灯光音响实业有限公司，位于榄核镇的创信创意工业园，位于沙头街的广州海鸥卫浴用品有限公司，位于东环街的明珠电器有限责任公司，位于钟村街的广州市涌鑫电器制造有限公司，位于大石街的广州番禺巨大电业有限公司，位于石壁街的广州东松三雄电器有限公司以及位于小谷围街的广州大学城健康产业科技园投资管理有限公司等。

2010年被列入“积极扶持”的一批企业共有123家之多，这些企业在生产经营的过程遇到了各种各样的困难，帮助这些企业克服困难渡过难关，成为番禺区政府及有关职能部门的一个工作重点。这些企业遇到的困难，一些是共同的，比如，大多数企业都遇到了招工难、融资难等问题。一些企业遇到的问题各自不同，如有的因社保额逐年增加，使用工成本不断升高而难以承受；有的则遇到了用电紧张的问题，亚运在即，用电更加紧张，生产经营难以正常进行……于是，番禺区政府根据企业遇到的困难，积极想办法帮助企业解决实际问题，恢复正常生产。

2010年，番禺有58家企业被列为“大力宣传一批”的企业。这些企业在抗击“金融海啸”的过程中，积极加强管理，千方百计降成本、增效益，努力开拓国际、国内市场，着力提高产品科技含量，增强企业的竞争能力，取得了成功的经验。区内媒体重点宣传了部分企业的经验。这对于全区不同类型的企业，特别是那些以出口为主的外向型工业企业，可以提供很多积极的可以借鉴的经验和资料。

2011年，有121家企业被列为“五个一批企业”；2012年，又有122家企业或行政村被列入。一些行政村之所以被列入“五个一批”，目的就在于帮扶这些村里的中小企业克服困难，得到新的发展。

到2013年，“五个一批”工作举措取得了良好效果，一批企业得益于这一举措，终于克服困难，在竞争中站稳了脚根，得到了新的发展。是年，帮扶企业的“五个一批”工作继续实施，番禺全区16个镇街共有110家企业（或行政村）被列入名单加以扶持。这批企业中，比较知名的有：广州骏发电力设备有限公司、广州高比有限公司、广州九恒条码有限公司、广州市锦兴纺织漂染有限公司、广州市浩洋电子有限公司、广州市鹏辉电池有限公司、广州东塑石油钻采专业设备有限公司、广州番禺电缆集团有限公司、广州市珠江灯光科技有限公司、广东比音勒芬有限公司、广州立白（番禺）有限公司、广州米泽电线有限公司、广州维力医疗器械股份有限公司、广东科美实业有限公司、华立动漫有限公司、、绿由环保科技股份有限公司、广州正力通用电气有限公司、广州市番禺奥迪威电子有限公司、广州番禺高勋染整设备制造有限公司、松下万宝（广州）压缩机有限公司、骏升科技（中国）有限公司、皇冠玛莉奥仪器有限公司、广州市艾特印刷有限公司、广州番禺绣品服装有限公司、华美林业有限公司、番禺成业化妆品厂、广东法拉达汽车散热器有限公司、广东海鸥卫浴用品股份有限公司、广州柯维新数码科技有限公司、广州市蓝钜电子科技有限公司等。

第二节　产业优化升级，先进制造业加快发展支柱地位更明显

在改革开放后的20世纪80年代后期至90年代初期，德国的西门子，瑞士的汽巴，日本的日立株式会社、松下株式会社、卡西欧计算机株式会社、奥林巴斯株式会社，美国的霸狮腾纺业集团、奥伯尼国际有限公司，泰国的正大康地集团等技术含量较高的跨国公司就陆续进驻番禺，国内知名的广州药业所属的“潘高寿”等项目，随后也相继落户番禺。

表9-1　　80年代至90年代初进驻番禺的跨国公司及主要产品情况表

跨国公司名称	国家	番禺工业企业名称	主要产品
美国通用电气有限公司	美国	美国通用电气塑料中国有限公司	工程热塑料
埃克森化工国际有限公司		埃克森化工(番禺)有限公司	增塑剂
美孚石油有限公司		番禺港建液化气有限公司	液化石油气
阿姆斯壮有限公司		阿姆斯壮隔热材料(番禺)有限公司	保温隔热材料
西门子电器有限公司	德国	番禺中德电控有限公司	镇流控制器
巴斯夫公司		巴斯夫展宇聚胺脂(中国)公司	聚胺脂、聚胺脂聚脂
瑞士汽巴公司	瑞士	广东汽巴高分子有限公司	环氧树脂
亚古利民集团	西班牙	番禺糖果有限公司	泡泡糖、口香糖
日立株式会社	日本	广东日立工机有限公司	电动工具、电梯
卡西欧公司		番禺卡西欧电子厂	电子计算器
松下株式会社		松下电工·万宝电器(广州)公司	电熨斗

进驻番禺的各类企业，其生产管理方式及高技术、高效率的生产，使番禺的政府官员及民营企业家们看到了差距，也更加坚定了走新型工业化道路、发展高新技术产业的决心。这些工业“巨头”的进入，也带动了番禺先进制造业的发展。

“十五”时期工业发展规划的逐步实施，使得番禺的产业结构不断得到优化，先进制造业在此阶段迅速发展壮大起来，到“十一五”规划实施的几年里，番禺的先进制造业不断加快发展，在番禺工业发展中的支柱地位更加明显，对经济社会发展的贡献率越来越高。

在这一时期发展起来的汽车及汽车零配件生产、南车轨道车辆维修组装基地、现代产业基地等，就彰显出了番禺产业发展的新方向。逐渐发展壮大的番禺现代制造业，在提供大量就业机会的同时，也取得良好经济效益，大量的税收使地方经济实力逐年提高，现代制造业不断发展进而成为番禺的经济支柱。产业的优化升级，使番禺的工业呈现出跨越式发展趋势。

理论研究认为，先进制造业不完全是高新技术产业，传统产业通过运用高新技术或先进适用技术进行改造，即可成为先进制造业。据番禺区统计局初步识别，2008年，番禺区规模以上工业企业中，属先进制造业的有654家，占规模以上工业企业数的37.9%，资产总计361.9亿元，占规模以上工业企业资产总计的42.3%。

番禺先进制造业企业在2008年的规模与分布情况如何？番禺区统计局分析认为，番禺区先进制造业主要集中在电气机械制造、通用设备制造、通信设备制造、运输设备制造、专用设备制造、工艺品制造等12个行业。其中，电气机械及器材制造业，通信设备、计算机及其它电子设备制造业，通用设备制造业3个行业，规模以上企业达到396家，占全区规模以上企业数的60.6%。2008年，规模以上先进制造业企业资产超过5亿元的有9家，规模最大的企业资产达到45亿元，资产小于1000万元的企业有286家。全部先进制造业企业户均资产达到5534万元。

区统计局还详细分析了番禺区先进制造业对番禺工业的带动作用。专家分析认为，自20世纪80年代以来，番禺区工业经济体系从原来以服装制造、纺织印染等为代表逐渐转变为以电气机械、通用设备、通讯设备、化工等为代表，确立了行业门类齐全、产品多元化的发展模式，先进制造业从弱到强、从单一到多元化，逐步发展成为番禺工业经济的重要力量，有效带动了番禺工业的整体发展。

2007年，番禺先进制造业完成工业总产值537.4亿元，比2006年增长18.6%，比全区工业总产值增速高4.3个百分点。2008年，规模以上先进制造业产值达639.8亿元，比2007年增长16%，比全区工业总产值增速高0.9个百分点。从统计数据分析中看出，2008年，全区规模以上先进制造业企业654家，占全区规模以上工业企业数的37.8%，对工业经济的贡献率从2006年的50.1%提高到了54.5%。2008年，先进制造业中的机械装备制造业产值由2005年的325.17亿元增长到541.14亿元，增长66.4%，比规模以上工业产值增速高16.3个百分点，年均增速18.5%，比规模以上工业产值年均增速高4个百分点。2008年，番禺大中型先进制造业企业有86家，如松下空调、松下压缩机、日立电梯、巨大汽车音响、三雄电器、中德电控、番禺电缆、惠普电子、港巨电子、珠江机床等。这些企业的发达兴旺，也带动了一大批如塑料、化工、金属、电子元件、绝缘材料、木材、钢材生产企业的发展，并逐渐形成了有一定规模的产业链。番禺先进制造业大都集中在工业园区，吸纳了相对较多的外来人才，也引来了大批外来务工人员，对周边的房地产、商务、租赁、劳力中介、办公服务、酒店、餐饮、交通等有较强的需求，自然带旺了工业园区周边的第三产业，对于解决当地的就业问题产生积极作用。

番禺区统计局还分析了番禺先进制造业发展中存在的一些问题，诸如大型企业数量小，缺乏完整的产业链；内源型企业研发投入不足，产出相对较小；自主品牌开发明显偏少等。他们对此提出如下建议：一是要加快推进产业集聚，二是要加大对资金扶持力度，三是要着力培育各类科技人才，四是要加强知识产权的保护[①]。这些分析和建议，为此后番禺工业发展提供了很好的决策参考。

进入新世纪后的10多年间，番禺新兴重点产业发展中，最为“亮眼”的就是汽车制造业。2010年9月，落户番禺化龙镇的广汽乘用车工厂竣工。同时，广汽自主品牌首款车“传

①引自番禺区统计局《加快发展先进制造业　提升工业整体竞争力——番禺先进制造业现状分析》一文

祺”正式下线。2012年4月23日，广汽乘用车传祺GS5上市。2013年，广汽乘用车第二个年产10万辆产能的扩建项目顺利推进。2013年，汽车制造业单独列出，成为番禺区五大支柱产业之一并排名第三位。

广州菲亚特汽车有限公司于2010年3月成立。广汽菲亚特项目随后落户番禺化龙镇。广汽菲亚特汽车有限公司广州工厂按照世界级制造理念进行建设，总投资42.3亿元，产能达16万台，计划于2016年6月建成投产。该工厂和广汽自主品牌广汽乘用车番禺基地共享设施、物流、零部件配套及研发资源，提高资源利用率，降低成本和风险，扩大生产规模。同时，该工厂引进Jeep品牌汽车并实施国产化，实现菲亚特与克莱斯勒双品牌运作。Jeep品牌拥有70多年的历史，已经成为驱动性能、技术创新和超越精神的代名词，在中国消费者心目中具有深厚情结和巨大影响力。Jeep品牌国产化，为消费者提供高品质的产品和服务。

2013年底，又一个与汽车相关的项目签约落户化龙镇，该项目就是鞍钢汽车钢项目。项目分两期进行，第一期建设年生产能力为45万吨的高强度镀锌汽车用板生产线。第一期工程计划于2014年开工，2016年竣工，投产后产品直接供应华南地区的汽车、家电企业。2013年，番禺境内的规模以上汽车制造业完成产值100.87亿元，跃居全区规模以上工业行业的第三位，拉动全区规模以上工业总产值增长4.3个百分点。

2011年7月6日，首列在广东组装的地铁列车在位于番禺石壁街的广州南车城市轨道车辆公司下线，标志着珠三角最大城轨装备制造基地正式建成。同年，建于石楼镇的广日电梯总部基地——广日工业园成为国内规模最大的电梯、电梯零部件生产及关联产业生产基地。

撤市设区后的10多年间，在先进制造业快速发展的同时，番禺的传统产业、特色产业企业在转型中发展，一些在短时间内跻身先进制造业的行列。番禺区委、区政府在引导传统产业加强技术改造方面作出了积极努力，使番禺的珠宝首饰、输配变电、黑色金属冶炼与压延加工、舞台灯光音响等产业的技术不断得到优化提升，产业发展进入良性发展轨道。珠江钢管、裕丰钢铁、番禺电缆、明珠电气、锐丰音响、珠江灯光、浩洋电子、明珠星等一批上规模、上档次的企业，已经成为闻名全国乃至享誉世界的企业。

舞台灯光和音响业在10多年的发展中不断壮大，该行业的企业家们立足做实业、做品牌，成为番禺工业发展的一个崭新亮点。行业中具有代表性的企业主要有：广州市锐丰音响科技股份有限公司、广州浩洋电子有限公司、广州惠威电器有限公司、番禺腾高电子电器厂、广州市飞腾音响有限公司等。其中，广州市锐丰音响科技股份有限公司为番禺此行业的名声大振做出了突出贡献，浩洋电子也“家大业大”，在行业中影响日深。

番禺区在优化提升传统产业的同时，加快产业结构调整步伐，产业集聚形成，大中型企业做强做大，逐步形成了通用设备制造业、电气机械及器材制造业、汽车制造业、通信设备、计算机及其他电子设备制造业、金属制品业、黑色金属冶炼和压延加工业等主要工业行业。工业生产水平进一步提高，对地方经济社会的发展贡献越来越大。

第三节 百亿经济项目庆典，提振信心促转型

全球金融危机爆发后，番禺的众多企业与全国其他企业一样，遇到了前所未有的发展困难，而在此后的几年间，如何摆脱金融危机带来的对企业发展的负面影响，跃过金融危机带来的发展阻碍，成为番禺区委、区政府和相关职能部门思考并着手解决的重点问题。为克服国内外不利发展因素的影响，番禺区委、区政府紧紧围绕“率先转型升级，建设幸福番禺”的核心任务，按照广州市委、市政府提出的“三个重大突破”（即在重大战略性基础设施、重大战略性基础产业、重大战略性基础平台三个方面有重大突破）的部署，大力推进产业转型升级。

在2010年第十六届亚运会举办前后，番禺区一共举办了四次“百亿经济项目庆典活动”（含作为分会场的广州市重大项目开工、竣工仪式），一是希望藉此提振经济发展信心，二是向社会施放转型升级招商选资的发展经济的强烈信号，让投资方不仅树立起在番禺投资兴业的信心，同时也让他们看到番禺发展经济的新方向和较高的起点。

“特色经济·创新番禺”百亿投资项目系列庆典活动

“特色经济•创新番禺”百亿投资项目系列庆典活动于2007年11月16日举行，涉及4大基地、6大项目的启动和18个经济项目的签约，首期总投资额超过138亿元。据区政府有关部门测算，预计所有项目全部投产后，每年的总产值（销售额）将达到2000亿元，预计未来3年，番禺经济总量可实现翻一番。

在这18个签约、奠基和启动的项目中，除长隆酒店二期、星河湾酒店等服务行业的重大项目外，涉及番禺工业发展和新兴行业发展的项目也特别引人注目，如钻汇珠宝采购中心外铺营业项目，就是从单纯的生产制造业转向对第三产业有带动效应的综合性服务产业项目。

在18个项目中，代表新兴产业发展的项目是广州大学城数字家庭与数字电视产学研孵化基地和广州星力动漫游戏产业园。广州大学城数字家庭与数字电视产学研孵化基地是番禺区发展以“新媒体、新服务、新产业”为标志的数字家庭文化产业所迈出的重要一步，该孵化基地由番禺区人民政府联合中山大学、广东省数字家庭公共服务技术

2007年11月16日，在百亿经济项目庆典中，各级领导为基石培土。

支持中心共同建设和运营。孵化基地启动区于2007年7月正式运作,并已获上级批准成为“中山大学国家大学科技园大学城园区”“广东省数字家庭产学研战略联盟”。

位于番禺东环街迎新路的广州星力动漫游戏产业园,项目用地19万平方米,总建筑规模为38万平方米。另外还有规划配套的约25万平方米创意生态体验园,以及约4万平方米的仓储物流区,总投资约5亿元。首期投入约1.5亿元。位于番禺区化龙镇的广汽集团汽车研发生产基地,也于当日奠基。

位于番禺区石楼镇的清华科技园广州创新基地、德国耶拿科技创新中心等项目的奠基（启动）,对于弥补番禺工业发展中工业设计方面的不足,具有积极的意义。

“树立信心、科学发展”百亿经济项目庆典活动

以“树立信心、科学发展”为主题的番禺区百亿经济项目庆典活动于2009年1月11日隆重举行。在活动中“亮相”的57个项目（包括30个经济项目动工、竣工，25个经济项目举行签约仪式），投资总额198亿元，投资密度为260万元/亩，总建筑面积347万平方米。全部项目投产后，预计年产值325亿元。

参加活动的57个项目，涵盖了创意、商务、制造等多个领域，充分体现了土地集约化、项目发展规模化、投资主体多元化、发展机制灵活化的创新发展理念。目标在于促进全区“保增长、扩内需、调结构”，以及进一步提升全区经济运行效益。

其间，在9个分会场分别举行了一些项目的奠基或竣工仪式。在万博中心举行了番禺现代信息服务业总部基地动工仪式，同时还有落户番禺的6家现代信息服务业企业举行了开业揭牌仪式。以万博为中心的信息服务总部基地占地面积56亩，建筑面积近20万平方米，总投资超过10亿元。

在大石街奠基的广州巨大设计创意产业基地由广州巨大集团与广州明珠星集团共同投资建设，以工业设计及建筑为产业链龙头，集办公、商务、展示、旅游、休闲娱乐、居住功能于一体。

中颐创意产业园动工

在石楼镇举行了清华科技园广州创新基地一期建筑封顶仪式。该基地规划总建筑面积95万平方米，一期面积2.6万平方米。

位于东环街的广州星力动漫游戏产业园一期工程举行了竣工仪式。一期项目的

招商情况是：有40多家来自日本、韩国以及台湾和香港的具有影响力的企业，以及番禺本土的自主开发型企业，当年3月企业进驻开业。

番山创业中心的ABP[①]总部大楼举行了竣工仪式。这个地处番禺迎宾路(后改名“番禺大道”)的番山创业中心是一个以节能、环保、生态为主题的科技园区，占地58.1亩，项目总建筑面积约12万平方米，分为ABP总部基地、科技创展大厦、番山商务公寓。园区享受国家、省、市和区给予的高新技术企业的各项优惠政策。

当天，番禺区还举行了“广东省RFID产业园区”和“广州市信息产业国家高技术产业基地番禺园区”授牌仪式。发布了《番禺区招商白皮书》，开通了招商网站(www.investpanyu.com“投资番禺”)，并公布了番禺区抗击金融海啸、促进经济发展的若干措施，使番禺的招商方向更加明确，招商方式更加创新，同时也期待招商质量得到明显提高。

“腾飞2010——创经济强区、迎亚运盛会”百亿经济项目庆典

2010年，是“广州亚运年”。第十六届亚运会定于2010年11月在广州举行。而番禺，则是这届亚运会的重要承办地。

1月12日，番禺隆重举办了“腾飞2010——创经济强区、迎亚运盛会”百亿经济项目庆典活动。此次庆典活动共涉及40个项目，包括20个签约项目、10个奠基项目和10个落成项目。项目占地总面积达5414亩，投资总额218亿元，预计项目建成后总产值可以达到693亿元。

“亚运年”举办的百亿经济项目庆典活动中，把主会场设在了一个新的产业园——华创动漫产业园的奠基现场。共有20个项目在现场举行了签约仪式。这些签约项目涉及先进制造业、电力、商业、服务、信息、商业地产等。其间，还举行了中颐创意产业园落成剪彩仪式，以及广州质量技术中心、奥园广场和金山谷创意产业基地奠基仪式。

2010年百亿经济项目庆典现场

华创动漫产业园有限公司总规划面积约1000亩，首期开发408亩，规划建筑面积为40万平方米，主要为动漫生产区和动漫展示销售区，计划于2011年年底前建成。项目建成后，

①ABP即总部基地，英文Advanced Business Park的缩写。

可直接创造8000个以上就业机会。

广州质量技术中心位于石楼镇潮田工业区，毗邻广州亚运城，首期建筑面积13.4万平方米，投资额达到5.6亿元。投入使用后，广州市质量监督检测研究院、广州市纤维产品检测院、广州市计量检测研究院和广州市能源监测研究院等单位将入驻此中心。原有的食品、化妆品、包装材料、纺织服装4个国家级中心和建材、机电等9个省级质检站将得到较高的提升；将新建机动车、生物制品、数字信息、光电子产品、高分子材料等一批国家级检测中心和技术研发试验工程中心，建设能源数据中心、食品安全风险动态检测预警研究中心和一批院士、博士工作站，以及硕士研究生培养基地，形成涉及19个重点技术领域的286个检验/检测/研发实验室的规模。

广州市重大项目开工、竣工仪式

2012年9月26日，广州市重大项目开工(奠基、竣工)仪式番禺区分会场活动在万博商务核心区举行。仪式上，番禺区共有自主创新、信息技术、创意产业等17个项目集中举行开工或竣工仪式。代表番禺第三产业快速发展的重大项目——万博商务核心区项目、投资密度最高的番禺节能科技园之天安总部中心组团第七期第八期项目、中科海通通信级塑料光纤生产和研发基地、广东省广州市莲花山中心渔港、金山谷意库（金山谷创意产业基地）、奥园都会广场、和业大厦、华美广场、广州市南部陆路口岸及综合物流园、广州岭南电缆股份有限公司榄核基地建设项目、广东三雄极光照明股份有限公司照明灯具生产厂房基建项目开工。竣工项目则有：广州汽车集团股份有限公司汽车工程研究院基地建设与研发项目（一期）、国家数字家庭应用示范产业基地研发园一期创业大厦、华创动漫产业园（一期）、广州江森汽车内饰系统有限公司、广州广汽优利得汽车内饰系统研发有限公司、广州巨大设计创意产业基地（一期创意设计中心）。

2012年，番禺区按照广州市委、市政府“三个重大突破”的部署，攻坚克难，奋勇争先，全面推进事关全局的47个战略性基础设施建设项目、46个战略性主导产业项目和15个战略性发展平台的建设。1—8月，“三个重大突破”项目就已经完成投资63.2亿元，到位建设资金92亿元，一批具有深远战略影响的重大项目取得突破。其中，广州超级计算中心正式揭牌并开通先导系统；以

广州市重大项目开工（奠基、竣工）仪式

“六纵六横”为主体的全区骨干路网日益完善；以长隆汉溪万博时尚商圈为代表的现代服务业正在形成；以广汽、中船和南车为代表的先进制造业加快发展；广州国际创新城、广州南站商务区、番禺大道美食休闲带等战略性发展平台逐步成为拉动经济增长的引擎，促进了番禺全区经济社会又好又快发展。

2012年第一季度，番禺全区规模以上工业高新技术产品产值同比增长14.2%，占工业总产值比重比上年提高了3.9%。与此同时，第三产业对经济增长的贡献率持续增高，达到了55.8%。虽然成绩喜人，但番禺区仍然面临着经济发展速度放缓的压力，工业增速下降明显。困难局面下，在转型升级、产业结构调整的关键时期，从2012年4月起，番禺区开展了一场深入的“暖企行动”，区领导分片负责，各级各部门按照要求制定工作方案，深入到企业了解企业的实际困难，帮助企业渡过难关。另一方面，各职能部门按照区委、区政府的要求，制定和落实有针对性的政策措施，从科技创新、市场开拓、融资和用工等多个方面扶持企业发展，取得明显成效。

第四节 实施标准化战略、名牌战略和专利战略

《番禺区“十五”时期工业发展规划纲要》中，明确了工业在番禺经济发展中的主体地位，提出了以市场为导向，以改革和技术创新为动力，以优化工业结构和产业升级为主线，以调整企业组织结构和工业区布局为重点的番禺工业发展的指导思想。《番禺区“十五”时期工业发展规划纲要》的编制和实施，对于推进番禺区的工业发展发挥了积极的指导作用。按照这一规划纲要的要求，番禺区相关部门从2006年开始，就在促进企业提高管理水平、推动企业技术进步方面做了大量工作。一是指导企业开展技术中心建设、产学研联合开发等。二是引导企业推进“贯标”工作，推动质量管理体系认证工作，取得很好成绩。全区获得ISO9000/ISO14000质量体系认证的企业达133家，认证企业数量居广州地区之冠。

标准化战略、名牌战略和专利战略的实施，使番禺企业的产品质量和知名度不断提升，科技含量不断增加，企业增强了竞争力，取得了好效益。

一、标准化战略

2011年7月14日，番禺区建设广东省实施技术标准战略示范区试点正式启动。其目标是：到2013年底实现“五个一批”。在启动仪式后，由番禺区政府、广州市质监局主办，区质监局承办的“创建AAAA级标准化良好行为企业经验交流会”接着举行。番禺实施标准化战略工作的经验与做法，受到与会的各区（市）质监局长和广州市创建“标准化良好行为”企业代表的高度关注。

番禺实施标准化战略工作取得好成绩。至2011年上半年，全区有77家企业主导或参与了97项国家标准、58项行业标准、43项地方标准和3项联盟标准的制定和修订；18家企

业取得了AAAA级“标准化良好行为”证书，占广州市的60%。广州大学城国家数字家庭应用示范产业基地成为全市首批国家级服务业标准化试点和广东省现代服务业标准化试点。技术标准化工作促进了产品质量的提高。至2011年上半年，番禺区已拥有中国名牌产品4个、广东省名牌产品44个，名牌总数超过全广州市的20%，形成了一个“名牌企业群”。

番禺区获批广东省首批实施技术标准战略示范区试点，是推进标准化工作实现历史性跨越的难得机遇。番禺区为此提出了明确目标，那就是经过2~3年的努力，力争实现动漫游艺、演艺设备省专业标准化技术委员会落户番禺，力争在培养标准人才、采用国际标准、创建标准体系、打造精品示范、研制技术标准等方面实现“五个一批”：一是培养一批标准化专业技术人才。每年免费培训企业标准实施监督员不少于100名。至2013年底，企事业单位在国内外各专业标准化技术委员会任职的专家累计不少于50名。二是采用一批国际或国外先进标准。每年至少组织1次出口产品WTO/TBT①说明会；全区企业每年获得采标②证书产品不少于40个，采标数量年递增10%以上。至2013年年底，实现主要工业企业产品标准覆盖率100%，重点产品和名牌产品采标率达到90%以上。三是创建一批持续改进的标准体系。至2013年年底，累计40家企事业单位通过AAAA级“标准化良好行为”确认。四是建设一批标准化精品示范项目。至2013年年底，累计完成1个国家级服务业标准化试点、1个省级现代服务业标准化试点和15个国家（省、市）农业标准化示范区建设。先在东涌镇、南村镇试点推进标准化战略。五是制定一批特色产业的先进标准，推行“标准”与“专利”双联盟。到2013年年底，企事业单位累计主导或参与制定（修订）国际标准、国家标准、行业标准和地方标准200项以上。

番禺的标准化工作起步较早，2000年，该项旨在提高企业产品质量的工作就显示出重要的作用。据统计，至2000年底，全区所有生产企业共执行了各类标准2048个，基本上覆盖了全区的主要工业行业和主要产品。番禺区质量技术监督管理局在这一年积极向企业推荐GB/T19000—ISO9000《质量管理和质量保证》系列标准，促进企业申报质量体系认证。是年，领取ISO9000质量体系证书的企业就达100多家。为企业制定和修正企业标准也是质量监督管理部门的一项重工作。一年中，他们共为320家企业制定和修正了530个企业标准。

为企业提供标准化咨询服务，是帮助企业提高产品质量的重要工作。2001年，番禺全区共有404家企业在质量技术监管部门的指导下制定和修正了535个企业标准。2002年开始，番禺在产品标准化方面，逐步采用国际标准，区内46家具备条件的企业积极开展了

①WTO/TBT协议是《世界贸易组织贸易技术壁垒协议》（Agreement on Technical Barriers to Trade of The World Trade Organization）的简称，1994年在“乌拉圭回合”中签署。它的前身是《关税和贸易总协定贸易技术壁垒协议》（Agreementon Technical Barriers to Trade of the General Agreementon Tariffsand Trade，GATT/TBT）。在“乌拉圭回合”谈判中，WTO/TBT协议已经成为WTO的各项协议中最重要的协议之一。

②采标是采用国际标准和国外先进标准的简称，是指将国际标准或国外先进标准的内容，经过分析研究，不同程度地转化为我国标准并贯彻实施。

严格的质量管理在提升工业生产水平中发挥了重要作用

此项工作。此项工作开展的第一年，珠江钢管厂、恒达蓄电池厂、东兴水泥厂等8家企业共20个产品，取得广东省质量技术监督管理局颁发的证书，产品远销欧美，取得良好经济效益。是年，区质监部门共为224家企业共344个《企业产品标准》办理审核备案，为82家企业共172个《企业产品标准》办理修改复审；为全区企业共办理《广东省企业产品执行标准登记证》1390个（其中新办证707个，换证683个），审核登记标识2919个（其中食品标识1700个，化工标识628个，农产品标识591个），办理了《广东省产品标识登记备案证书》97个。至2003年，又有37家企业52个产品通过“采标”认可；19家重点企业中，有15家企业的产品已按相关的国际标准或国外先进标准生产，有9家领取了“采标”标志认可证书，重点企业“采标”率达到70%。

此后几年间，全区每年都有多家企业的产品通过采用国际标准或国外先进标准标志认可。2009年，印发了《番禺区标准化战略实施方案（2009 — 2012年）的通知》，该文件成为广州市首个以区人民政府名义发布的全面推行实施标准化战略的文件。

2012年，番禺区的标准化工作有了新进展，全区企事业单位主导或参与国家、行业、地方和联盟标准制修订增至262项。华南轮胎和珠江钢管公司主导制定的两项国家标准分获广州市“标准创新贡献奖”一等奖和三等奖。省商用动漫游戏机标准化技术委员会、省音频设备与系统标准化技术委员会、省演艺灯光标准化技术委员会、省轮胎轮辋标准化技术委员会获批落户番禺。区质监分局共建立了311家企业标准化档案，办理企业标准登记1276个、标准备案397份、采标47份；有省级技术标准评审专家16名；指导10家企业通过标准化良好行为企业确认。辖区内AAAA级标准化良好行为企业增至36家；新增国家级TC(标准制定工作组)2个、省级TC4个；新申报市级地方技术规范1项、省级地方标准8项、联盟标准1项，新增企业参与制订和修订国家标准11项。番禺区基本完成广东省实施技术标准战略示范区建设任务。

2013年，番禺区的标准化工作继续推进。上半年，番禺区标准化战略研究已取得了12项基础研究成果，有效支撑了番禺标准化战略继续实施。已取得的12项理论研究成果范围涵盖了工业、农业和服务业，主要有《番禺区标准化战略绩效评估报告》《关于加快我区标准化战略实施的调研报告》《欧美轮胎产品市场准入报告》《工业企业标准化良好行为绩效评估方法研究》等成果，较为全面评估了番禺区标准化实践的工作绩效，为番禺未来标准化工作的深入发展和跨越提升提供了理论支撑。

标准化，就是质量技术监督管理部门面对众多企事业单位，在不断制定和修改行业企业的标准，促进国际生产标准的采用。一串串数字背后，体现了标准化在经济社会活动中的实施和应用得到强化，民众，特别是企业管理者的标准化意识得到了增强，产品质量的提升为企业赢得了声誉，也赢得了良好的经济收益。标准化的意义，也就自然显现出来了。

二、名牌战略

引导企业争创名牌，对于企业发展意义重大，也体现了政府及相关部门的战略远见，顺应了企业发展的强烈内部愿望。

2003年9月，番禺区出台了《关于加快工业集聚促进支柱产业发展的若干意见》（以下简称“意见”），从中可以看出，政府资源已开始更多地向争创名牌的企业倾斜。“意见”提出，区人民政府将对辖内获得广东省名牌产品称号、广东省著名商标称号、中国名牌产品称号和国家质量免检产品的企业，分别给予10万～50万元奖励。其目的就是鼓励企业强化“以质取胜”的观念，努力争创名牌。“意见”出台后的第二年，即2004年，番禺区有82家企业申报名牌。其中，19家企业申报中国名牌，16家企业申报国家免检产品，47家企业申报广东省名牌产品。是年，全区有2个产品获得中国名牌称号，4个产品（其中两个为工业产品）获得广东省名牌产品称号。广州立白企业集团有限公司生产的立白牌液体洗涤剂、广州市华南橡胶轮胎有限公司生产的万力牌全钢子午线轮胎被认定为中国名牌产品；获广东省名牌产品称号是番禺电缆厂有限公司生产的乐光牌电缆、珠江钢管有限公司生产的PCK直线埋弧焊管。此外，番禺文华羽绒制品厂被国家农业部授予全国乡镇企业创名牌重点企业；明珠星钟厂生产的明珠星牌石英钟荣获商务部中国名牌出口商品称号。裕丰钢铁有限公司生产的“裕丰（禺丰）”牌钢筋混凝土用热轧带肋钢筋，继2001年度获得“国家免检产品”称号后，2004年度再获此殊荣（免检产品有效期为3年）。

番禺区名牌战略的实施，有关部门除开通“绿色通道”帮助企业解决申报中遇到的各种问题外，还用“三个来去”（即电话打来打去、传真传来传去、短信发来发去）的办法帮扶企业做好名牌申报工作，同时，建立“百家名牌培育企业数据库”，企业争创名牌的自信心也不断增强，基本构建起了“政府推动、政策带动、商会助动、部门联动、企业主动、诚信拉动”的名牌培育工作长效机制，名牌申报企业逐年递增。通过引导企业导入先进质量管理模式，加快建设自主创新队伍的步伐，培育出一批质量奖获奖企业，品牌保护体系也逐渐完善，名牌数量逐年递增，品牌梯队不断壮大，番禺也逐步成为一个有较强影响力的工业“品牌集聚区”。

2006年，“广州市质量技术监督局番禺分局”变更为“广州市番禺区质量技术监督局”（区质监局），成为法人单位。这一年，番禺区高新技术产业发展步伐加快，全区规模以上工业高新技术产品的产值达到159.3亿元，同比增长7%，占规模以上工业产值的17.5%。随着产品结构的逐步优化，形成一批有竞争力的名牌产品。是年，番禺区有3个产品被评为中国名牌、8个产品被评为“国家免检”、13个产品被评为省名牌，入选产品数量创历史纪录，居广州市各区（市）之首。至此，番禺区中国名牌产品累计达7个，国家免检产品累计有14个，广东省名牌产品累计达21个。

2007年，番禺区立足自主创新，全力实施品牌战略。为鼓励企业提高产品质量，番禺区委、区政府下发《关于开展质量兴业强区推进名牌战略工作的意见》，并发放350万元奖励2006年获名牌、免检产品的企业。是年，番禺区纳入生产许可证管理的企业有168家（全部获证或通过审查），纳入3C认证管理企业有222家，认定19类重点产品生产企业294家，初步确定101家企业为区内“十一五”期间名牌、免检产品重点培育企业。是年，区内企业申报省、市技术创新计划项目24项；新认定17家企业研发工程中心、12家广州市高新技术企业和7家广州市民营科技企业，区高新技术企业、民营科技企业、“双密”（知识、技术密集型）企业、软件企业4类科技型企业达到126家；新增“中国名牌”3个、国家免检产品2个、“广东省名牌产品”6个、“广东省著名商标”3个，“广州市著名商标”8个；被评为广州市高新技术企业或区民营科技企业的单位以及获市级以上科技进步奖的单位有8家。重点耗能企业节能降耗取得明显成效，列入广州市监管的22家重点耗能企业所编写的能源审计和节能规划均通过市节能审核专家组审核；年消耗标准煤5000吨以上的重点耗能企业，在能源计量、企业节能降耗工作方面取得显著成效的单位有2家。

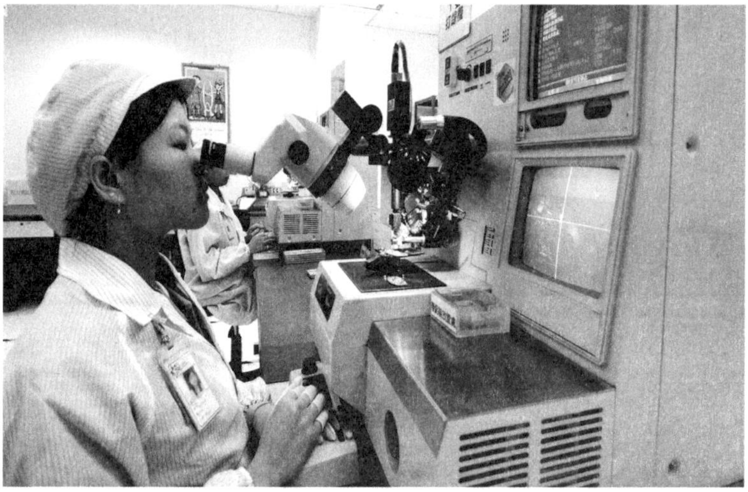

各种科技手段在工业生产中得到广泛运用，助力企业争创名牌。

至2011年年底，番禺区新增工业类广东省名牌产品13个，使全区广东省名牌产品总数增加到53个（其中工业类37个，农业类16个）。番禺区政府对76家获得驰（著）名商标、名牌产品和标准化、节能减排审核通过的企业资助或奖励共1264.4万元。番禺珠江钢管有限公司、日立电梯（中国）有限公司荣获广东省政府质量奖，占全市获奖企业数的50%。2012年，番禺区有2家企业荣获“市长质量奖”，1家企业荣获市长质量奖提名奖；19家企业的22个产品荣获广东省名牌，占广州市总数25%。

广东卓越质量品牌研究院发布的《2013年广东省名牌产品（工业类）名单公告》中，

表9-2　　2012—2013年番禺区名牌产品统计表

序号	企业名称	镇街	商标	产品名称	有效期
1	广州一江化工有限公司	化龙	图形	白乳胶	2012.12-2015.12
2	广州秀珀化工股份有限公司	石壁	秀珀SUPE及图形	地坪漆	2012.12-2015.12
3	广州秀珀化工股份有限公司	石壁	秀珀SUPE及图形	聚脲涂料	2012.12-2015.12
4	广州番禺电缆集团有限公司	南村	乐光牌	额定电压450/750V及以下聚氯乙烯绝缘电线	2012.12-2015.12
5	广州广日电气设备有限公司	石楼	EFG	额定电压450/750V及以下聚氯乙烯绝缘电线	2012.12-2015.12
6	广州番禺五羊电缆制造有限公司	石壁	图形	额定电压450/750V及以下聚氯乙烯绝缘电线	2012.12-2015.12
7	广州科盛隆纸箱包装机械有限公司	石壁	科盛隆+图形	高速水性印刷开槽模切糊箱联动线	2012.12-2015.12
8	广州鹏辉能源科技股份有限公司	沙湾	鹏辉	锂离子电池	2012.12-2015.12
9	广东法拉达汽车散热器有限公司	沙头	BAIJIXIONG+图形	汽车散热器	2012.12-2015.12
10	广州市缔造亿百儿童用品有限公司	大龙	t100	童装	2012.12-2015.12
11	广州岭南电缆股份有限公司	南村	岭南	110-220kV交联聚乙烯绝缘电力电缆	2013.12-2016.12
12	广州广日电气设备有限公司	石楼	EFG	电梯用高挠性特种电缆	2013.12-2016.12
13	广州番禺电缆集团有限公司	南村	乐光牌	额定电压0.6/1kV聚氯乙烯绝缘电力电缆	2013.12-2016.12
14	广州番禺五羊电缆制造有限公司	石壁	广洋	额定电压0.6/1kV聚氯乙烯绝缘电力电缆	2013.12-2016.12
15	广州骏发电气有限公司	桥南	骏佳JUNJIA	树脂绝缘干式电力变压器	2013.12-2016.12
16	明珠电气有限公司	东环	图形	树脂绝缘干式电力变压器	2013.12-2016.12
17	广东恒联食品机械有限公司	石楼	恒联	电动食品加工机(搅拌机)	2013.12-2016.12
18	广州广日电气设备有限公司	石楼	EFG	LED投光灯	2013.12-2016.12
19	广州市中海达测绘仪器有限公司	东环	HI-TARGET	导航定位系统	2013.12-2016.12
20	番禺珠江钢管有限公司	石碁	PCK	高频直缝焊管	2013.12-2016.12
21	番禺珠江钢管有限公司	石碁	PCK	直缝埋弧焊管	2013.12-2016.12
22	广州广日电梯工业有限公司	石楼	广日牌	电梯	2013.12-2016.12
23	广州海鸥卫浴用品股份有限公司	沙头	爱迪生EDISON	阀门	2013.12-2016.12
24	广州东塑石油钻采专用设备有限公司	沙湾	东塑	防喷器控制装置	2013.12-2016.12
25	广东巨风机械制造有限公司	桥南	JF	空气压缩机	2013.12-2016.12
26	广东中钰科技有限公司	石壁	图形	自动跟踪补偿消弧线圈成套装置	2013.12-2016.12
27	广州市华南橡胶轮胎有限公司	东环	万力	子午线轮胎	2013.12-2016.12
28	广东明朗生活用品制造厂有限公司	南村	图形	多功能尘拖	2013.12-2016.12
29	广州美视晶莹银幕有限公司	沙头	grandview	投影银幕	2013.12-2016.12
30	广东好太太科技发展有限公司	化龙	好太太+图形	多功能衣架	2013.12-2016.12
31	广州市番禺区好友实业有限公司	钟村	hoyo	多功能衣架	2013.12-2016.12
32	广东好太太科技发展有限公司	化龙	好太太+图形	整体晾衣架	2013.12-2016.12

番禺区共有19家企业的22个产品（其中复评10个，新增12个）获得2013年广东省名牌产品（工业类）称号，占广州市获名牌总数的25%。截至2013年年底，番禺区在有效期内（3年复评1次）的广东省名牌（工业类）产品数达到41个，有效期内的名牌总数和年度获名牌产品数，已连续5年居于广州市各区（市）首位。

三、专利战略

番禺区推动自主创新、工业强区的另一个重要战略就是专利战略。

多年来，由于有政府的推动、政策的扶持、相关部门的协调帮助，番禺区辖内企业申请专利持续升温：2002年，全区的发明申请38件、实用新型专利申请245件、外观设计专利申请505件（合计共788件），最终获得授权的专利分别是1件、157件、322件（合计480件）。南沙区分设后的2006年，番禺区的专利申请量仍有较大的增长，发明申请136件、实用新型专利申请539件、外观设计专利申请748件（合计共1423件），最终获得授权的专利分别是152件、248件、230件（合计630件）。2013年，专利申请量更是大增，发明申请1329件、实用新型专利申请1848件、外观设计专利申请1808件（合计4985件），最终获得授权的专利分别是344件、1618件、1781件，总数达3743件。无论是申请量还是授权量，均在广州各区（县级市）名列前茅，各项专利的转化利用也取较好成绩。

2013年，番禺区出台《广州市番禺区专利发展资金管理办法实施细则》。该细则参照《广东省专利条例》制定，明确了番禺区专利申请、授权的奖励政策。凡获申请或授权的专利，都会获得500~3000元不等的奖励。虽然奖金并不“丰厚”，但又一次传达出政府引导自主创新、鼓励发明创造的政策导向。

表9-3　2002—2013年番禺区专利申请量和授权量统计表

年份	申请量					授权量			
	发明	实用新型	外观设计	合计		发明	实用新型	外观设计	合计
2002	38	245	505	788		1	157	322	480
2003	70	446	734	1250		9	197	597	803
2004	109	454	708	1271		7	257	585	849
2005	94	403	758	1255		17	266	626	909
2006	136	539	748	1423		152	248	230	630
2007	283	586	724	1593		28	505	601	1134
2008	337	645	723	1705		45	596	472	1113
2009	488	862	759	2109		118	598	809	1525
2010	969	1108	1056	3133		161	908	999	2068
2011	935	1729	1520	4184		290	1331	1125	2746
2012	1103	1918	1897	4918		371	1665	1413	3449
2013	1329	1848	1808	4985		344	1618	1781	3743

第五节　工业大发展中的环境保护

制造业，特别是低端制造业的发展必然会对环境造成程度不同的损害。番禺在发展工业过程中，也无法回避这个“必然”。进入21世纪后，番禺区委、区政府高度重视环境保护工作，在产业结构调整升级以及招商引资中，不单纯顾及项目的经济效益而把眼光投向了环保，投入了绿色低碳的产业发展上。经过10多年在环境保护方面的不懈努力，番禺“天更蓝、山更绿、水更清”的目标开始逐步实现，且向着环境友好型的经济发展城市迈进。

经监测，2000年，番禺区的环境空气质量保持良好状况。几年间，对中心城区大气环境中的二氧化硫（ SO_2 ）、二氧化氮（ NO_2 ）、可吸入颗粒物（ PM10 ）等进行了监测，数据显示，在番禺中心城区，以上监测项目的年平均值均优于国家环境空气质量二级标准。2010年，广州亚运会成功举办。而番禺地区的空气质量状况仍然是过得了“关”的，以下具体数据可以说明：2010年番禺中心城区空气环境中二氧化硫、二氧化氮、可吸入颗粒物年平均值分别为0.038毫克/立方米、0.044毫克/立方米和0.065毫克/立方米，污染物浓度比2009年分别下降11.6%、持平和上升16.1%，全部项目优于国家环境空气质量二级标准。全年空气质量达到优、良的共有351天，占全年总天数的97.0%，比2009年提高1.1个百分点。亚运会比赛期间（ 11月12日—27日 ）、亚残运会比赛期间（ 12月12日—19日 ），番禺区内所有国控空气质量监测点二氧化硫、二氧化氮、可吸入颗粒物三项指标的日均浓度优于国家二级标准，优良空气质量天数达100%；水环境质量保障达到预期目标，大学城中心湖区达到铁人三项比赛用水功能要求，大夫山中心湖、亚运村周边河涌达到景观水体功能要求，沙湾水道饮用水源保护区稳定达到III类水质标准；区内企业无环境突发事件发生。

另据监测，全年酸雨出现频率亦有下降。但市桥水道水质年平均污染指数（ WQI ）为1.06，属重度污染；沙湾水道水质年平均污染指数（ WQI ）为0.34，属轻度污染。受污染原因，除生活污水污染外，工业污染也是一个重要原因。

2013年的环境质量数据显示，番禺区全年的环境空气质量仍然保持良好状况。能够连续10余年保持“良好”，与持续多年的对环境监督管理密不可分，亦与创建全国环境保护模范城市以及烟尘达标区、噪声达标区等活动密不可分。

据《番禺市环境保护志》（ 1973年—2000年 ）记载，番禺的环境保护工作起步较早，且取得了较好成绩。1973年，是番禺环保工作的“开创年”。

这一年，番禺按照上级要求编制了环境保护规划，开始把环境保护纳入国民经济和社会发展计划。在加快城市基础设施建设，抓好城市环境综合整治的同时，对工业污染，防治和监督管理双管齐下，从源头保护环境。从20世纪70年代开始到80年代初，结合工业调整和企业改造，按照国家机械委的要求，在铸造、锻造、金属热处理、电镀4个行业的专业调整中，对于污染严重又难以就地治理的厂企，采取了关、停、并、转、迁等措施。到

1982年，番禺的铸造企业由原来的20家减少到了6家，热处理企业从7家减至3家，电镀企业从20多家减至15家。从1999年开始，番禺全面开展了工业污染源污染物达标排放工作，并确定了818家企业为限期整改单位。同时，成立了工业污染源达标排放工作领导小组及其办公室，加强了对工业污染源达标排放这一重要环保工作的领导和监督。通过加大治理资金投入，提高治理技术水平，加强对污染治理设施维护与管理，推行清洁生产；利用关停并转等手段，淘汰落后的生产工艺设备，依法关停污染严重和治理无望的企业，工业污染源治理取得重大进展。

到1999年年底，被要求限期整改的818家企业完成了污染治理整改，通过了环保部门的验收。其中，治理达标企业381家，整改达标235家，发出停产通知后自动停产的176家，淘汰污染工序9家，停产治理9家，勒令关闭8家。新建废水治理设施11套，废气治理设施68套，共投入资金10207万元。

创建烟尘达标区和噪声达标区的工作与工业生产亦有较大关联。区环保局将市桥街道行政区面积42.28平方公里作为创建烟尘控制区的对象，全面检查创建区域范围内的锅炉、炉窑、炉灶等，对23台锅炉、8台炉窑以及172台炉灶进行监测，通过了广州市环保局验收。2000年12月，番禺区人民政府命名市桥中心城区为烟尘控制区，覆盖率达100%。

1999年，番禺已创建了3个一类噪声达标区和1个二类噪声达标区（面积共9.1平方公里，环境噪声达标覆盖率为70%）。2000年开始，决定扩大原有的二类噪声达标区，范围包括：东环路以西，由迎宾路入口立交向北2公里以西，折向银平路连至大夫山森林公园以东，再接禺山西路以北，外接西堤路沿东堤路以北的范围，二类噪声达标区总面积达14.7平方公里。2000年12月，经广州市环保局验收，番禺区人民政府命名市桥中心城区为噪声达标区，总面积17.8平方公里，覆盖率为94.7%。

此后几年，番禺创建烟尘达标区和噪声达标区的工作一直没有停止，且创建范围不断扩大，不仅给市桥中心城区居民的生活创造了良好环境，也让民众的环境保护意识不断增强，为全区的环境监督管理工作积累了经验。

撤市设区后，番禺工业的发展进入了另一个高峰期，工业污染的防治和环境的治理，任务日益繁重。2000年后，伴随着工业的快速发展，番禺区的环境监督管理持续加强。首先，区环保部门严格把好项目的环保审批关，不让重污染项目得以开工。2000年，番禺区环保局审批了投资总额为150.3亿元的1184个建设项目，当年验收223个。其次，区环保部门对重大建设项目坚持集中评审制度，且推行批准建设的重大项目的环境影响评价和治理工程专家审核制度。2000年，共召开13次评审会议，集中审议65个项目，否决23个项目的选址和建设；专家审核环境影响评价19项，审核治理工程8项。在大石镇、沙湾镇试行的补办报建手续、排污申报工作取得明显成效，大石镇有50家企业补办了手续，沙湾镇也有17家。第三，持续强化环境执法，严厉查处污染环境的违法行为。区环保局法制监督科进行执法检查98次，立案查处28件，作出行政处罚13件，8件交区政府作出停产（业）处罚。召开听证会3次。处以罚款13件，罚金共16.6万元。对多次催促仍拒缴排污费的31家企业进行执法，通过行政处罚、法院强制执行等手段，结案30件，追回排污费4.5万元。第四，认真落实排放申报制度。2000年，环境监理所办理排污申报登记注册证45个、更新注册证500多个，完成61家企业的排污口规范化整治。同时，还加强了治理设施的在线监控管理工作。

2005年5月17日，番禺区召开环保工作会暨“创模”动员会，自此，番禺区配合广州市创建全国文明城市的“创模”工作拉开了序幕。“创模”，即创建国家环境保护模范城市，是缔造中国生态发达、生活富裕、生态良好的城市新文明的开创性实践活动，目标是为社会、经济和环境的协调发展奠定坚实基础。2005年，区环保局在环境保护方面具有开创性意义的工作主要有：协助灵山、东涌两镇开展固体废物规范化管理工作，使两镇产生危险废物的企业都能执行废物分类、安全贮存和危险废物转移报告单制度。着力落实“蓝天工程”，重点对二氧化硫总量控制，向二氧化硫排放大户下达限期脱硫任务，使市属8家重点脱硫企业安装了脱硫设施并投入使用，16个区属第一批重点二氧化硫污染源的脱硫工程在限期内完成。全面推行环境信访案件“领导包案责任制”，全年受理环境信访案件1045宗、反映各种环境污染问题2528项，案件受理率、处理率均为100%，结案率达91.5%。

番禺还加强了固体废物①的管理。通过各种渠道宣传《中华人民共和国固体废物污染环境防治法》和《广州市固体废物污染环境防治规定》。同时，制定了《关于加强番禺区固体废物处置管理工作的通知》，加强对危险废物的管理。还专门成立了固体废物管理办公室，全面调查排放固体废物的单位，开展固体废物排放申报登记。开展了重点危险废物产生单位固体废物“一源一档”专项工作，建立“一源一档”管理的企业有351家，协助158家企业办理了危险废物转移报批手续。

2008年1月17日，全国第一次污染源普查工作全面开展。番禺区内纳入普查的各类污染源共有10114家，其中重点工业源1225家，一般工业源5138家，生活源3751家。是年6月，番禺区作为广东省污染源普查工作重点考核地区之一接受国家的检查，得到检查组的肯定。

番禺区把河涌整治列为惠民“一号工程”，专门成立了“惠民一号”办公室，具体负责此项工作的落实。2008年，区环保局制定了《2008年市桥河沿岸企业第二批整治方案》，依法对市桥河沿岸存在环境违法行为的42家企业进行处理；与区“惠民一号”办公室联合向社会公开征集莲湖涌水环境整治试点新技术方案，并最终形成专家论证会评审意见和评选结果，综合上报区“惠民一号”办公室。2008年年底，番禺区环保局出台《河涌整治重点区域企业执法方案》，全面推开工业废水的污染整治工作。纳入2008年水污染物总量控制的101家企业中，有6家关停，有7家通过调整产业结构不产生生产废水；纳入废气二

---

①指在生产、生活和其他活动过程中产生的丧失原有的利用价值或者虽未丧失利用价值但被抛弃或者放弃的固体、半固体和置于容器中的气态物品、物质以及法律、行政法规规定纳入废物管理的物品、物质。不能排入水体的液态废物和不能排入大气的置于容器中的气态物质，由于多具有较大的危害性，一般归入固体废物管理体系。

氧化硫总量控制的59家企业中有8家关停。2008年，全区COD[①]削减量为77.859吨，二氧化硫削减量为287.338吨。

2009年，番禺区开展了大规模的河涌综合整治行动，加大了对废水排放企业的监察力度，目的就是要努力实现河涌整治的阶段性目标。其总体计划是，在2014年前实现全区企业工业废水排放达标率达到100%。

番禺工业生产大发展中的环境保护，使市民生活环境没有严重恶化，山更青、水更绿、天更蓝的目标正一步步实现。

2009年10月10日，番禺区环境监控指挥中心经过试运行后正式投入使用，实现了对番禺区内332家重点排污单位进行日常的在线监控。“迎亚运环境整治”行动全面展开，初步筛选出一批重点污染企业，《番禺区亚运期间工业企业和机动车大气污染控制方案》初步完成。当年，番禺全区关停污染严重的企业17家，其中纳入水污染物总量控制的101家企业中有7家关停，纳入废气二氧化硫总量控制的59家企业中有3家关停。全区COD削减量为1308吨，二氧化硫削减量为207.4吨。

从工业生产管理的角度看，节能减排与节能降耗都是工业生产中不可忽视的两个重要工作环节，节能减排关乎生产要付出多少环境代价，节能降耗关系到企业的生产成本及利益的最大化，进而影响到企业的生存与发展。2008年，全区纳入重点监管的17家重点耗能企业中，除5家为当年新增的企业外，其他12家全部完成年度节能任务，顺利通过节能目标考核，年节能量3.74万吨标准煤，年度目标完成率超过150%。2009年，番禺全区万元GDP能耗为0.764吨标准煤，下降5.3%（年度节能目标为下降4%）。“十一五”的前3年，番禺区重点耗能企业节能目标完成率超过120%，实现节能量8.73万吨标准煤。与此同时，“清洁生产”也强力推进。2009年，通过审核验收的自愿清洁生产企业有14家，在广州市12个区（市）中排第一；通过省、市认定的资源综合利用企业有15家，大学城能源发展有限公司和招商地产两个省、市循环经济试点单位顺利通过中期验收。

《番禺区落实千家企业清洁生产行动实施方案》的深入实施，使番禺加入自愿清洁生产的企业越来越多。至2011年年底，全区已有246家企业签订了自愿开展清洁生产工作承诺书，184家企业完成网上注册并填报登记表，105家企业正在开展清洁生产审核，46家

①即化学需氧量，COD（Chemical Oxygen Demand）是以化学方法测量水样中需要被氧化的还原性物质的量。废水、废水处理厂出水和受污染的水中，能被强氧化剂氧化的物质（一般为有机物）的氧当量。在河流污染和工业废水性质的研究以及废水处理厂的运行管理中，它是一个重要的而且能较快测定的有机物污染参数，常以符号COD表示。

企业通过清洁生产审核验收；被认定为省循环经济试点企业2家、市循环经济示范工业园区1个，拥有资源综合利用产品企业18家。2012年年底，全区签订自愿开展清洁生产工作承诺书的企业超过250家，正在开展清洁生产审核的企业超过140家，通过清洁生产审核验收的企业有92家。全区被认定为广东省循环经济试点企业2家、广州市循环经济示范工业园区1个，拥有资源综合利用产品的企业18家。区政府把推进清洁生产工作任务纳入镇街年度绩效奖考核范围，并作为企业申报广州市有序用电优先保障、政策扶持的参考条件。到2013年底，番禺全区在广州市清洁生产网进行网上注册的企业有305家，填报登记表的企业有208家。其中，年底通过清洁生产审核验收的企业137家，已与清洁生产服务机构签订服务合同、全面铺开清洁生产审核的企业达222家；被认定为省循环经济试点企业2家、市循环经济示范工业园区1个、拥有资源综合利用产品企业18家。“清洁生产”，也成为番禺企业参与环境保护工作的一个大大的亮点。

2012年，番禺区在环境保护方面拿出了新的措施，提高环保准入门槛，以污染减排倒逼经济转型，严格控制“两高一资”①、低水平重复建设和产能过剩建设项目进入番禺。制定《番禺区“十二五”主要污染物总量控制规划》《番禺区“十二五”主要污染物总量减排工作方案》，将减排目标、任务和措施落实到各职能部门和重点企业，把污染减排与改善环境质量紧密结合，全区逐步建立“减排目标服务环境质量、减排任务立足环境质量、减排考核依据环境质量”的责任体系和工作机制。

进入2013年，番禺区环境执法监管仍然保持高压态势。番禺区环保局先后组织参与全省环境风险源专项排查、射线装置以及工业园区等多场专项行动，围绕空气、水质、土壤及重金属、挥发性有机物开展调研。划定“禁燃区”，推进清洁能源使用，推进挥发性有机物排放污染控制，推进高污染燃料锅炉淘汰改造，推进重金属污染防治落实。区政府发布了《广州市番禺区人民政府关于番禺区划定高污染燃料禁燃区的通告》，将番禺区建成区划定为高污染燃料“禁燃区”。区环保局编制了锅炉管理明细表，分类分批推进93台燃煤锅炉和52台燃重油锅炉的淘汰、改造工作。

2013年，番禺区被列为广州市10个PM2.5②监测国控点区域之一。此时，全区已建成7个环境空气自动监测站，以市桥子站为国控点，另有两个为市控点。从2012年3月8日起，这3个监测子站每天的PM2.5监测数据由广州市统一对外发布。由此，老百姓明确感受到，

①2005年，《中华人民共和国国民经济和社会发展第十一个五年规划纲要》明确提出：“控制高耗能、高污染和资源性产品出口……促进国内产业升级。”在产业经济、商品贸易等领域，开始将“高耗能、高污染和资源性”称为“两高一资”，将具有这3种特点的行业称为“两高一资”行业，生产过程中具有这3种特点的产品称为“两高一资”产品。

②细颗粒物又称细粒、细颗粒、PM2.5。细颗粒物指环境空气中空气动力学当量直径小于等于2.5微米的颗粒物。它能较长时间悬浮于空气中，其在空气中含量浓度越高，就代表空气污染越严重。虽然PM2.5只是地球大气成分中含量很少的组分，但它对空气质量和能见度等有重要的影响。与较粗的大气颗粒物相比，PM2.5粒径小、面积大、活性强，易附带有毒、有害物质（例如，重金属、微生物等），且在大气中停留时间长、输送距离远，因而对人体健康和大气环境质量的影响更大。2013年2月，全国科学技术名词审定委员会将PM2.5的中文名称命名为细颗粒物。细颗粒物的化学成分主要包括有机碳（OC）、元素碳（EC）、硝酸盐、硫酸盐、铵盐、钠盐（Na+）等。

大气质量的监测、企业污染物的减排、打击企业偷排行为等一系列举措，并不仅仅与工业生产有关，也与普通百姓的生活紧密相连。

多年来，番禺区环保部门还加强了环境监测的科研工作，并且取得较好成果，对于完成环境监测任务、提高监测水平产生推动作用。2000年，番禺“环境科学会”成员结合工作撰写的科研论文，有8篇获得广州市、番禺区的奖励，有2篇分别在国家、省级学术刊物发表。《番禺区二氧化硫污染综合防治规划研究》在番禺区环境科学学会组织的科研论文评选中获一等奖。

此后，番禺的环保工作者每年都以高质量完成大量的环评报告、调研报告，科研论文屡有佳作，且为领导决策提供了良好的参考。《广州市番禺区生活垃圾处理场污染调查及生态修复研究》获得区科技局的立项，相关研究成果为番禺区生活垃圾处理场污染整治提供科学依据。番禺区环保局孙艳军和胡应成撰写的《广州市番禺区生活垃圾处理场污染调查报告》，获2007年度广东省环境保护优秀调研报告一等奖。

2008年，番禺区环保局下属单位——番禺区环境技术中心在市桥街禺山大道263号挂牌成立。年内，区环保局申报的《广州市番禺区河涌水环境污染与治理的社会学研究》获区科技局立项；《番禺区电镀行业产业优化调整调研报告》《番禺区重点区域水污染企业整治方案》《广州市番禺区农村生活垃圾污染调查与管理处置对策研究》《广州市番禺区生态环境评价体系研究》等科研项目顺利完成；番禺区环境技术中心完成的《生态优先、环境优化、和谐发展——对番禺区腾笼换鸟战略的思考》获得番禺区领导的高度重视，并在区委宣传部和番禺日报社联合主办的“我为番禺科学发展建言献策”活动中获得一等奖。

2011年，区环保局完成科研课题2项，编制完成《番禺区“十二五”时期环境保护规划》，完成“农村垃圾太阳能生物稳定处理与资源化利用研究”课题。2012年，区环保局开展科研课题共7项，“数字环保”① 三期已完成行政处罚等8个模块的开发试用，并上线投入使用。

2012年6月，国家环境保护部“创模”② 复核检查组对番禺区的工业企业、火烧岗垃圾填埋场、河涌水质、城市污水处理厂、沙湾水道饮用水源保护区、清洁生产、机动车检测、核发环保标志等情况进行了现场核查，并开展公众民意调查。广州市接受检查的企业约1200家，番禺区接受检查的308家企业（超过全市迎检企业的25%），顺利完成抽查，“创模”复核公众环保满意率调查也随之完成。至此，番禺区顺利通过国家“创模”复核检查。

2013年，番禺区着重抓好日常监管、考核督办、量化考核3个环节，推进火电、橡胶、

① 数字地球是当前信息科技发展的热点之一。数字地球是计算机技术、互联网技术和虚拟现实技术等联合框架上以地球为参照系的多学科融汇。数字环保是数字地球在环保信息化和环境管理决策领域的应用。在国家数字地球战略的基础上实施数字环保，是保护人类生存环境的必然选择。数字环保可望成为更好地保护我们家园的利器，呼吁科学、教育、技术、工业以及各级环保部门共同推动“数字环保”的发展，并在建立“数字环保”过程中，优先考虑环境监控、预测预报、环境管理等系统的建设。

② “创模”即创建国家环境保护模范城市，是缔造中国生产发达、生活富裕、生态良好的城市新文明的开创性实践活动，目的是为社会、经济和环境协调、持续发展奠定基础。

畜禽养殖等重点行业污染减排工作，落实减排主体责任，全面摸查重点污染大户减排潜力，开展污染减排专项行动和联合执法行动，促进污染减排管理精细化。2013年，番禺区新增的“削减化学需氧量1451吨、氨氮242吨、二氧化硫37吨、氮氧化物49吨”4项减排指标，均超额完成广州市下达的年度任务，总量减排工作连续两年位居广州市（各区、县级市）首位。番禺环保局目标任务考核也连续4年保持“优秀”等级。

第六节　工业高速发展中的安全生产监管和创新

在制造业发展过程中，安全生产一直是不可回避的一个重要环节。有工业生产，就会有安全事故的发生，就会有伤亡，就会有生产与财产的损失。番禺区在多年来的工业发展中，每年都会有或大或小的安全生产事故发生。因为重大安全事故的发生，区政府领导曾在广州市政府的相关会议上作检讨。

搞好安全生产的监管，严格排查和消除安全隐患，搞好安全生产教育以提高生产一线员工的安全生产意识，学习工业发达地区安全生产的监管经验并结合自身实际创新安全生产管理方法，使安全生产形势一年比一年好转，安全的生产使得员工的生命财产得到保护，生产的安全，使企业的利润增长更有质量。

从2003年开始的统计数据显示，番禺企业职工死亡人数起起伏伏，虽然统计口径常有变化，但通过系列的监管，不断强化的安全生产教育，番禺工业生产中的安全形势一步步趋向好转，最终收到令人满意的效果。

2003年，工作总结中的一个结论是：番禺区安全生产大部分指标相对稳定。公布的数据显示，企业职工因工死亡事故21宗、死亡22人，直接经济损失301万元，分别比上年同期下降23%、34%、20%，3项指标均呈下降趋势。当年，这句“呈下降趋势”，说得有点欠缺科学性。其实，这只是纳入统计的指标与上年对比的一种下降。

2005年，番禺区企业职工死亡事故共发生18宗，事故宗数较上年下降但死亡人数上升，有31人，原因是当年发生两起重大安全生产事故：4月9日，灵山镇番禺东邦怡丰发泡胶有限公司的一处在建厂房发生墙体整体倒塌事故，就造成了5人死亡；5月26日，位于石楼镇的广州市胜海船舶修造有限公司发生爆炸，又造成5人死亡。

沉痛的教训令全区上下警醒。此后，番禺区更加认真地开展“安全责任重于泰山”为主题的每年一次的安全生产月活动，以及常年不断的安全生产教育活动，持续进行强力的安全生产监督监察，强化《安全生产法》贯彻实施，增强了各级领导干部的安全生产法律意识，使企业主管人员落实安全生产管理措施，工人掌握安全生产技能，避免安全生产事故的发生。各项强有力措施的落实，使得全区安全生产形势很快得到好转。

2007年，番禺全区共发生工矿企业（含建筑企业）职工死亡事故9起，造成11人死亡，直接经济损失297万元，与上年对比分别下降50%、56%和54.3%。工矿商贸从业人员十万人死亡率为1.21，亿元GDP死亡率[1]为0.018，分别下降56%、60.4%。这些数据显示，番禺工业安全事故的各项统计指标有了明显的下降。2008年是“隐患治理年”，其目标就是杜绝重特大事故的发生。经过努力，全年顺利完成了广州市下达的安全生产控制指标：工矿商贸企业从业人员十万人生产安全事故死亡率下降为1.15。广州亚运举办前的2009年，番禺区完成了上级下达的安全生产控制指标，安全生产责任制综合考评获得了一个光彩的全市第一。这一年，番禺工矿商贸企业从业人员十万人生产安全事故死亡率下降为0.69。而在广州亚运会举办的2010年，番禺区开展的“安全生产年”活动取得明显成效，全区工矿商贸企业从业人员十万人生产安全事故死亡率更是下降为0.64。

2013年，番禺区全年共发生各类安全事故482起、死亡95人、受伤414人，直接经济损失1734.51万元。其中，工矿商贸企业（含建筑）生产安全事故2宗，死亡3人、受伤1人，直接经济损失362.58万元。亿元GDP各类安全事故死亡率为0.064，同比下降28.5%。工矿商贸企业从业人员十万人生产安全事故死亡率为0.31，同比下降40%；道路交通万车死亡率为2.34，同比下降22.9%，均低于广州市下达的控制指标。至此，番禺区真正实现了全区安全生产形势的持续稳定好转。

目标得以实现，得益于番禺全区上下对安全生产重要性的清醒认识，也得益于政府相关部门下大力气抓安全生产责任制的落实和安全生产监督管理力度的不断加大。早在2001年，番禺区就进一步完善了防火安全生产管理架构。番禺区工业局于2000年在全系统建立安全生产责任机构的基础上，及时对部分因工作关系变动的安全管理责任人员进行调整充实，重新明确全系统安全生产责任人，保证安全生产责任制的落实。督促属下各工业系统重新健全消防安全生产管理机构，从局（公司）到企业，企业到车间，车间到职工，一级抓一级，一级管一级，签订责任书，实行层级管理，明确职责，齐抓共管。对于重点行业，则开展安全生产的专项治理工作，2001年成立了以工业局主要领导为组长，由糖纸公司等8个工业集团公司领导组成的领导小组，开展专项治理工作。根据省经贸委关于做好成品油仓储设施、加油站和燃料油加工厂专项安全检查的通知，工业局成立由区整顿办、气象局、安委会等10个单位组成的检查组，对全区范围内每一个加油站进行全面的安全检查，同时也加强了对全区采石场安全生产的监管与检查，对发现的安全生产方面的突出问题，要求限期进行整改，及时消除安全隐患。每有重大安全生产事故发生，就及时组织召开现场会，进一步强化安全生产目标管理责任制的落实，更进一步落实安全生产的主体责任，严格进行目标管理考核，使目标明确，责任落实。

在防范重特大安全事故方面，番禺区每季度都召开防范特大事故工作会议，并作为一项制度加以坚持。同时，健全每季各级安全办例会制度，传达文件精神，沟通信息，及时处理存在问题。加强督促成为一个重要环节，惯用的语句就是，“使安全生产责任制横向

[1] 十万人死亡率：表示某时期（年、季、月）内，工矿商贸从业人员十万人生产安全事故死亡人数的比例；亿元GDP死亡率：表示某时期（年、季、月）内，平均创造1亿元GDP因工伤事故造成的死亡人数。

到边、纵向到底，形成一级抓一级、一级对一级负责的局面”。番禺区安全生产工作台账的完善，对于规范安全生产管理发挥了重要作用。每年，区与部门、区与镇、部门与企业和镇与企业之间签订的安全生产责任状，并不只是写在纸上，而是通过这一形式，使番禺全区形成了“一级抓一级，一级带一级，一级对一级负责”的安全生产责任体系和安全生产指标控制体系。2007年，根据广州市全面推进落实企业安全生产主体责任工作“一年打基础，二年拓发展，三年见成效”的指导思想，番禺区安全生产委员会将危险化学品企业、船舶修造企业、建筑施工企业、交通运输企业和规模以上企业作为重点，落实企业安全生产主体责任工作要在市要求完成50%的基础上，扩大推进范围，达到100%。原计划3年开展5493家，2007年已完成2894家，占应开展企业的52.6%。至2009年，全区安全生产责任制考核覆盖面进一步扩大，签约单位（区相关部门和各镇街）增加至36个，各镇（街）、各部门又向下层层签订责任书。2010年是“广州亚运年”，安全生产抓得更加严厉。“质量和安全年”活动的开展，使安全生产责任制落实得更加彻底与完善。至2013年，番禺“一岗双责”与“四个突出”全面落实，对安全生产事故各项指标的下降产生积极作用。所谓“一岗双责”制度，就是要求形成党政主要领导在负责本职工作的同时，对本辖区、本部门安全生产工作负总责，班子成员各司其职、各负其责、通力配合的工作格局。而“四个突出”，就是按照《2013年度番禺区党政领导班子和领导干部安全生产责任制考评实施方案》的要求，在党政领导班子和领导干部安全生产责任制考评中做到突出差别化考核、突出日常性考核、突出动真碰硬式考核、突出安全生产重大举措。

番禺区多年来根据安全生产形势开展了系列的安全生产专项整治行动，对于安全生产形势的持续稳定好转发挥了重要作用。安全生产专项整治行动中，严格按照“四不放过”的原则，认真调查分析事故原因，查清事故责任，对事故责任人依法严肃查处，决不姑息迁就，并通过对事故的查处，认真吸取教训，举一反三，落实防范同类事故发生的措施。例如，2006年，全区就巡查企业25000多家，现场纠正“三违”[①]行为1750起，发出隐患限期整改通知书、复查意见书5664份。其中，分3批次对50个“钉子户”企业的179个重大安全隐患进行查处，对6家不具备安全生产条件的企业实施关停整顿。

在2009年开展的安全生产执法检查中，就开展执法行动18056次，检查各类生产经营单位及工地53612家（个），发出执法文书49875份。其中，查处无证或证照不全从事建设、生产经营的企业和门店13490家，不按规定进行安全培训或无证上岗的65起，拒不执行安全监管监察指令、抗拒安全执法的8起，其他非法违法建设和生产经营的4493起。区、镇（街）、村三级安全监管队伍检查生产经营单位40672家，实际监督监察生产经营单位52199家次，发出现场检查记录40469份。立案查处安全生产违法案件74宗，完成处罚金额合计99万元。其中，对非法生产经营危险化学品行为立案处理18宗，罚款合计32.5万元。处理安全生产隐患投诉67宗，投诉处理率100%。全区排查一般事故隐患43110项，全部

①2004年，国务院发出《关于进一步加强安全生产工作的决定》，对安全生产工作提出了一系列政策措施。文件中所指“三违”，即违章指挥、违规作业、违反劳动纪律。

严格的安全生产监督管理，为企业发展提供了强有力的保障。

完成整改。

2013年，番禺区开展“创文”[①]迎国检安全生产年大检查大整治行动。区安监系统共组织出动执法人员8000人次，检查各类生产经营单位5700家次，查处事故隐患18000多处，隐患整改率达到100%。开展危险化学品企业安全生产大检查、大整治。在消防安全大检查大整治的“清剿火患”行动中，共出动警力8792人次，检查各类场所5289个，发现隐患7189处，督促整改隐患7144处，下发责令改正通知书2108份，下发处罚决定书60份，行政处罚11家、临时查封153家、责令“三停”[②]54家，共罚款35.5万元、行政拘留1人。

特种设备管理职能顺利划转区质监分局后，番禺质监分局成立了特种设备科，对全区特种设备进行了普查登记，对一些单位特种设备的管理和使用带有倾向性问题的及时进行整顿和治理。2010年，番禺辖区内有特种设备29359台（其中锅炉1241台、压力容器10042台、电梯10549台、起重机械6669台、游乐设施82台、压力管道776套），使用单位4251家，气瓶充装单位18家，气瓶190多万个。2012年，番禺区内特种设备增加到了34648台，使用单位5202家，分别比上年增长12.6%、13.1%；气瓶155万个；受理使用登记、安装告知等业务的特种设备8131台（套），办理特种作业人员证件1105个。番禺区质监局加大监督监察力度，全年共出动1860多人次，组织开展大型游乐设施、电梯维保单位、小锅炉等专项整治15项，检查设备4132台，发出安全监察指令书350份。同时，发挥镇街安全监管网络作用，及时巡查督促企业报检设备3000多台。并且开展“打非治违”“安全生产百日行动”“迎接十八大”及节前安全检查等系列特种设备安全隐患大排查行动，排查治理安全隐患665项，全部跟踪整改到位。

番禺区在安全生产管理方面创新所取得的成功经验，在全区安全生产管理中发挥出巨大效用，成为番禺安全生产形势持续稳定好转的一个重要保障。桥南街草河村安全生产管理办公室的成立，就是一个全新的尝试，取得经验后，这种在最基层、最前沿建立安全生产管理机构的安全生产管理模式，迅速在全区推开。

2007年5月，桥南街草河村安全生产管理办公室正式挂牌成立，这也成为广州市首个

① “创文”，即创建全国文明城市。
② “三停”即停产、停建、停输。此为从源头控制安全生产重大隐患的重要手段。

村一级规范建立的安全生产监督管理机构。由此，番禺区安全监管"三级机构、四级网络"体制建设落到了实处并逐步得到完善。到年底，石碁镇石碁村、洛浦街沙溪村和南村镇罗边村的村级安全生产管理办公室相继挂牌成立。2007年7月，石楼镇成立了安全主任协会，这是继大岗镇安全生产管理协会成立后的又一自治性安全生产管理机构。安全主任协会的成立，为安全监管部门、各生产经营单位搭建一个相互沟通与联系的平台，起到及时交流安全生产信息和管理经验，规范安全生产行为，动员全社会共同做好安全生产的各项工作的作用。

2003年，番禺区先后出台了《重特大事故应急处理预案》和《重大化学事故应急救援预案》等，逐步形成了全区重特大事故的紧急救援体系。至2007年，番禺区的安全生产救援体系建设基本完成。区财政拨款购置了一台生产安全事故处理指挥车；先后编制了10个省级重大危险源的《厂外监控区域应急救援预案》，组建了6个专家组、10个专业抢险队，配备了价值100多万元的抢险设备。全区各重点危险源企业普遍建立了义务、兼职应急救援队伍。番禺区的安全生产信息网络改造也基本完成。2007年年内，番禺区安全生产监督管理系统开始进行升级改造，目标就是要建立一个延伸到企业的安全生产监管信息系统，以对企业的安全生产隐患进行监控，进而实现对全区企业的安全生产进行全面的动态监管。到2008年，17个镇（街）的安全办、安全巡查中队，建立安全管理办公室的142个村和115家重点监管企业，实现同网办公。区安全信息网向上对接区政府信息网，向下延伸到村和企业，实现信息资源共享。

安全生产标准化创建也是番禺区坚持开展多年的一项重点工作。番禺区以中小机械制造、家具制造、商贸行业为安全生产标准化的推进重点，将规模以上工业企业作为此项工作推进的主要对象。在安全生产标准化推进过程中，将安全生产标准化创建与深入开展执法监察行动、深化重点行业和领域安全专项治理、促进安全生产保障能力建设、加强职业健康监管等4个方面的工作结合起来，促使企业不断开展事故隐患排查治理，实现持续改进，消除危险因素，遏制事故发生。

在安全监管队伍建设方面，番禺区也取得较好成绩，坚持每年对镇（街）和村（居）安全监管人员开展为期不少于7天的封闭式业务学习，不断提高基层安全监管队伍的整体素质和业务工作能力。基层安全生产管理制度的制度化建设也取得新进展。石楼镇高度重视安全生产工作，舍得投入，且机构健全，装备精良，队伍力量大，工作方法新，安全生产标准化工作到位，得到国家安监总局领导的充分肯定。石楼镇的安全生产工作被誉为"全国的一面旗帜"。

第十章　科技进步　工业发展新支点

2000 年，番禺撤市设区，开启了城市化发展的新征程。番禺在经济发展速度加快、国内生产总值不断增加、财政收入也持续增长的前提下、加大了对科技的扶持力度，着力帮助企业设立技术中心、研发中心，以此提高企业的自主创新能力。撤市设区后至 2013 年年底，番禺区狠狠抓住科学技术这“第一生产力”的“牛鼻子”，持续加力，许多传统产业运用新技术进行了升级改造，科技进步也使输配变电、灯光音响、机械制造、珠宝首饰加工等传统产业提升了产品的技术含量，增加了产品的附加值，取得了明显的效益，事实证明，科技进步在番禺撤市设区后成为工业经济持续增长的重要支点。

2012 年，在科技三项费用[①]和事业费用连年增加的情况下，番禺区政府制定了《广州市番禺区企业研究开发经费补贴实施办法（试行）》，目的就在于充分发挥区财政科技经费的引领带动作用，促进社会资源更多地投入到科技创新之中，增强企业加大自有资金投入研发创新的积极性，提高 R&D（研究与开发）在 GDP 中的比重，提高企业科学技术研究水平和技术创新能力，促进科技成果产业化。至此，番禺科技三项经费和科技事业费用的划拨和使用走上了新的轨道，在番禺工业经济的发展中发挥出巨大的助力作用。

第一节　出台系列政策，“第一生产力”受到高度重视

改革开放后，番禺的工业经济倚仗着临近港澳的区位优势以及交通条件不断改善之利，得到了较快的发展。然而，“村村点火、处处冒烟”的低层次发展，虽然获得了大量的发展资金，也使得许多与之相关的村镇及民众得到了现实的经济利益，甚至使少数人率先富裕起来，但也使得企业周边环境甚至整个区域的环境都受到或轻或重的污染和损害。至此，转型升级，提高企业经营水平，更重要的是提高企业的科技应用水平和产品科技含量，以减少污染和资源消耗，成为企业发展和提高经济增长质量的必然要求。一些有战略眼光的企业经营者，根据市场需求和行业的实际情况，主动积极地开发或引进高新技术项目，取得良好的效果：

托普电子元件厂（后易名为广州市番禺托普精密电子元件有限公司），主要开发、设计和生产半导体分立器件、集成电路塑封引线框和精密冲压模等产品，是国家集成电

①科技三项费用是指国家为支持科技事业发展而设立的新产品试制费、中间试验费和重大科研项目补助费。

路与分立器件塑封引线框开发、设计与制造的主要生产基地之一。2000 年，年产值就达 1283 万元，被广州市科委认定为高新技术企业。

创立于 1998 年的广州高奇环保技术有限公司，是一家研制生产精密电子仪器清洁剂、特种油漆涂料、医药中间体、特种添加剂、生物工程制品等 9 大类产品的公司。公司创办两年就开发出 130 多个品种的系列高科技产品，是一家被广州市科委认定的高新技术企业，产品适销对路，年销售额稳定在 5000 万元左右。

广州大石大通通讯配件有限公司，生产锂离子电池、镍氢环保电池、微电脑充电器等 10 大系列 600 多个品种的产品。企业组织生产的锂离子电池，先后通过了 ISO9002 质量体系认证[①]、美国 UL[②] 及欧洲 CE 认证[③]，并荣获“中国专利十年成就展金奖”“中国国际电池博览会金奖”“第十届中国发明展览会新技术产品金奖”和“广州名牌产品”称号。这家企业当年生产的“小灵通”充电器，荣获 2000 香港世界发明博览会“创意大奖”和“发明人金奖”两项世界大奖，同时被评为“香港十大名牌”产品。

改制后焕发出勃勃生机的番禺明珠电器有限公司，引进了“高可靠 110kV 级电力变压器”等高科技项目，采用世界上先进的变压器制造技术，应用最新的变压器设计理论和计算机技术进行设计，研制出达到国际先进水平的高可靠性电力变压器系列产品，提高电网运行的可靠性，填补了国内这一产品的空白。

落户沙湾镇沙坑工业区的鹏辉电池有限公司，研制的高新技术产品 PH—AA1850 金属氢化物镍手机电池，具有容量高、功率大、使用方便等特点，其技术水平已跨入国际先进行列，产品远销欧美。

早在番禺撤市设区前的 1999 年 1 月 1 日，番禺市委、市人民政府就出台了《关于推进科技进步，扶持高新技术产业发展的若干规定》。该文件是按照《中共广东省委、广东省人民政府关于依靠科技进步推动产业结构优化升级的决定》精神制定的，其目的就

①ISO9002 是 ISO9000 族的质量体系——生产、安装和服务的质量保证模式。常用的是 ISO9001 质量管理体系。ISO9002 是《质量体系生产安装和服务的质量保证模式》。ISO9002 ：1994 标准的条件是：设计复杂性较低，设计成熟程度较高，产品结构不太复杂，制造复杂性较高，产品具有安全性和经济性要求。选用该标准时，供方应向购方提供生产、安装和服务过程的质量保证。

②UL 是美国保险商试验所（Underwriter Laboratories Inc.）的简写。UL 安全试验所是美国最有权威的，也是世界上从事安全试验和鉴定的较大的民间机构。它是一个独立的、营利的、为公共安全做试验的专业机构。它采用科学的测试方法来研究确定各种材料、装置、产品、设备、建筑等对生命、财产有无危害和危害的程度；确定、编写、发行相应的标准和有助于减少及防止造成生命财产受到损失的资料，同时开展实情调研业务。总之，它主要从事产品的安全认证和经营安全证明业务，其最终目的是为市场得到具有相当安全水准的商品，为人身健康和财产安全得到保证作出贡献。就产品安全认证作为消除国际贸易技术壁垒的有效手段而言，UL 为促进国际贸易的发展也发挥着积极的作用。

③CE 认证，即只限于产品不危及人类、动物和货品的安全方面的基本安全要求，而不是一般质量要求，协调指令只规定主要要求，一般指令要求是标准的任务。因此准确的含义是：CE 标志是安全合格标志而非质量合格标志。是构成欧洲指令核心的“主要要求”。“CE”标志是一种安全认证标志，被视为制造商打开并进入欧洲市场的护照。CE 代表欧洲统一（CONFORMITE EUROPEENNE）。在欧盟市场“CE”标志属强制性认证标志，不论是欧盟内部企业生产的产品，还是其他国家生产的产品，要想在欧盟市场上自由流通，就必须加贴“CE”标志，以表明产品符合欧盟《技术协调与标准化新方法》指令的基本要求。这是欧盟法律对产品提出的一种强制性要求。

在于进一步依靠科技进步的力量，推动番禺的产业结构优化升级，促进经济增长方式的根本转变。文件首先明确提出要切实加强对科技工作的领导和管理。按照文件要求，番禺市调整和充实了市科技工作领导小组，以加强对番禺科技工作的领导和协调。并按要求成立了“科技顾问委员会”，聘请番禺内外的有关专家学者，为番禺的科技工作重大决策提供咨询、论证、评议和建议。还要求番禺的科技部门要加强对全市科技工作的指导和服务。

文件特别提出一个多年来形成的重要观点：科技进步的关键在于人才。因此，文件要求番禺全市各级、各部门党政领导要牢固树立人才资源是第一资源的观念，把加强人才队伍建设摆上重要议事日程。党政一把手要亲自抓人才工作，形成培养、提拔、使用、爱护人才的机制。重点建设好高层次或有实用专长的科技专家、高素质科技型企业经营者、适应知识经济要求的党政领导干部这三支队伍。文件要求人事部门研究和不断完善《番禺市“九五”及2010年人才规划纲要》，建立起专业技术人员数据库，为制定规划和政策提供科学依据，并特别强调要加强和改善科技主管部门和企业领导班子建设，选拔具有较高专业知识水平的人才进入部门领导层和主管技术、生产的企业中层领导班子，推动全市科技进步。同时，文件就加强人才培养，企业博士后工作站建设，国内外优秀科技人才的引进，人才资源开发的资金投入以及科技人才的奖励等提出具体的要求，作出了明确的规定。

加大对科技进步和高新技术产业的资金支持是该文件的亮点。虽不是番禺的首创，但体现出政府发展高新技术的政策导向。文件要求建立和完善多渠道、多层次的科技投入体系，引导、鼓励企业逐步成为科技投入的主体。争取到2000年，研究开发经费占国内生产总值的比例达到1.5%。同时，坚决执行国家、省、广州市为加速科技进步、扶持高新技术产业所制定的各项税收减免和财政返还政策，市财政、税务、科技等部门应研究制定实施的操作办法。文件规定，凡番禺市企业生产的高新技术产品，经单独核算后，其缴纳的企业所得税地方留成部分，从获利年度起，一定三年全额返还给企业，用于支持企业开发高新技术产品。

关于科技三项费用，这份文件作出承诺将逐年增加，将原属科技三项费用使用性质的支出纳入科技三项费用科目预算，争取到2000年，科技三项费用占当年本级财政预算支出的比例达到2%。市财政继续每年拨出专项资金，用于不断增加市科技进步基金。市工业发展专项资金和“三高”农业风险专项资金，应重点用于扶持高新技术产业的发展。文件还提出，金融部门每年对科技型企业贷款的回收再贷指标，应继续用于支持科技型企业，并争取总量不断扩大。要求金融部门按照省的规定，为高新技术产品出口企业提供优惠的卖方信贷。

做好科技型企业和产品的认定工作，是该文件的一个重要内容。经认定的技术创新优势企业、高新技术企业、民营科技企业、外商投资先进技术企业四类科技型企业，以及经认定的高新技术产品、重点试制鉴定新产品、重点试产新产品、专利产品、外商投资先进技术产品等 5 种高科技产品，将实行动态管理。

同时，加强科技开发和高新技术产业的基地与机构建设在文件中也明确提了出来，直接的目标就是南沙高新技术开发区和全国高技术产业化的中试配套，以及科技工业园区的规划建设。文件还要求大力支持企业建立工程技术研究开发中心、技术中心等各种形式的技术开发机构。建立番禺“生产力促进中心”，并由这个中心负责联系国内外科研机构和高等院校，为区域内的中小型企业发展提供技术和信息服务。文件规定，国内外的科研机构和高等院校在番禺设点进行的科技开发、成果转化及生产，都将参照高新技术企业的政策给予优惠。

为从政府层面落实该文件提出的任务和要求，番禺市委还转发了番禺市委组织部、科技局制定的《镇党政领导干部科技进步任期目标责任制考核办法》，明确把推动科技进步纳入各镇党政干部实绩考核，与奖惩挂钩。

由于政策的指引，在一年半的时间内，番禺高新技术项目增长很快，2000 年番禺撤市设区前，番禺就引进和开发了高新技术项目或成果 137 项，高新技术产品产值已经占到全市工业总产值的 15%。

2000 年番禺撤市设区前夕，番禺市委、市人民政府出台了《关于进一步促进民营科技型企业发展的若干规定》（番发［2000］14 号），对进一步促进民营科技型企业的发展，推动科技进步，加快番禺现代化建设步伐作出了若干规定。一是明确了要加强对民营科技型企业的职能服务；二是要求落实税费优惠政策，保障民营科技型业的合法权益；三是要广开融资渠道，增加民营科技型企业的科技投入；四是要营造吸纳人才的良好社会环境；五是要扶优扶强，支持重点民营科技型企业。此后，又按照当时财政部、国家计委、国家经贸委、国家科委的有关文件精神，制定下发了《番禺区科技三项费用的使用原则和管理办法》（番府［2000］58 号）。

2006 年，又根据《番禺区科技三项费用使用原则和管理办法》，制定了《广州市番禺区科技计划配套专项资金管理暂行办法》。其主要目的在于，提高番禺区企事业单位的科学技术研究水平和技术创新能力，促进科技成果产业化，培育科技产业群体，规范专门设立的科技项目配套专项资金的管理和提高此资金的使用效率。

这个从 2006 年 7 月 1 日起开始实施的“暂行办法”规定，番禺区科技计划专项配套专项资金来源于财政预算中科技三项费用，用于资助纳入国家、省和市科技计划项目中的高新技术领域的技术研究开发、新产品试制、中间试验、重大技术创新、科技创新外部环境建设、科技基础条件平台建设和各级科技型中小企业技术创新基金等科技计划项目。同时，明确了资助的方式、额度和原则。获国家级批准立项的科技计划项目，将按 80% 的比例配套资金（总额不超过 60 万元）；对省、市各级批准的计划项目资金配套，也作出了明确的规定。

财政预算中专项资金配套各级科技计划项目，对于激励企业加大科技投入，研究开发高科技产品，产生了积极的引导作用，也表明了政府的产业发展导向——政府将从政策、资金等各个方面鼓励企业，特别是民营科技型企业，更多关注企业科技创新能力的提高，立足生产科技含量高、附加值高的产品，为全区调整产业结构和转换经济增长方式做出自己的努力。

2007年年末，番禺区委、区人民政府制定了《关于优化产业结构加快经济发展的若干措施》（番发［2007］14号）。提出了大力实施“稳一产、优二产、促三产”的发展战略。“稳一产”，就是要积极发展现代农业。“优二产”，就是要加快发展九大战略行业①，推动工业结构调整优化。其主要内容是：用信息技术改造和提升传统工业，推进先进制造业、高新技术产业与现代服务业的融合发展。根据现阶段区内外产业发展态势，在装备工业方面重点发展汽车及零配件、数控机床和输配变电产业，电子信息业方面重点发展数字家庭和动漫游戏产业，继续做大做强珠宝首饰和灯光音响等特色产业，培育发展生物医药、精细化工等高新技术产业。制定工业产品分类指导目录，将工业产品细分为鼓励发展、改造提高和限制淘汰禁止三大类，每两年调整一次。另外，“促三产”就是要加强对第三产业的规划和发展协调。

文件特别提出，要着力提升企业的自主创新能力。也就是要落实《关于进一步促进民营科技型企业发展的若干规定》《番禺区科技三项费用的使用原则和管理办法》《广州市番禺区科技计划项目配套专项资金管理暂行办法》等文件，积极实施自主创新战略，鼓励发展孵化器式的创业园。这一条措施，有明确的产业发展方向的指引作用。文件中说，要“加强规划引导，明确功能定位，加快清华创新、数字家庭、节能、动漫游戏、生物医药、机床、汽车及零配件等科技园区和公共技术创新平台建设，并鼓励其向国家、省、市级申报认定。对经区级以上认定的科技创新园区、孵化基地和创业园视其规模与科技贡献大小，参照《关于进一步加快番禺节能科技园招商引资的若干措施》（番府〔2005〕30号）的办法对其开发建设主体给予扶持。”

文件提出加快发展循环经济，建设节能降耗平台；做好龙头企业引进和培育工作；着力发展总部经济；进一步实施“名牌带动”战略；大力实施标准化战略，大力促进企业上市等多个方面的发展经济措施。而全球金融危机后，这些措施对于抗击危机、发展企业确实有了明确的指导作用，加上各项对企业帮扶措施的落实，使番禺区众多企业得以化危为机，渡过难关，重新焕发生机。

文件还提出了加快园区经济发展，推进存量经济调整；引导企业加强内部管理，推进企业信息化建设，制定优惠措施，培育和引进各类企业急需人才；进一步发挥各类商会（协会）对企业集团发展的作用；鼓励企业大力开拓国际市场，组织和鼓励企业参加国内外重要展会或论坛，以及继续完善审批服务工作，成立促进企业上市、实施质量兴业强区及标准化战略等专责工作小组等方面提出了明确要求。

系列政策措施的出台，为科技进步提供了良好的政策环境，将抓“第一生产力”纳

① “九大战略行业”指：汽车及零配件、数控机床、输配变电、数字家庭、动漫游戏产业、珠宝首饰、灯光音响、生物医药、精细化工等。

入各级领导的政绩考核，也使得各级领导的抓科技促企业发展的意识不断增强。而更为重要的是，区一级的官员、乡镇一级的领导，企业主以及企业的管理者甚至是“打工仔”，都普遍现实地感受到了科技进步的力量，尝到了科技进步带来的甜头，因而，要求进行技术改造、发展高科技产业的观念更加强烈，并很快成为一种发展企业的现实需求，更转化为一种自觉的行动。而番禺区在科技方面的投入年年都有增加，产生的示范引领作用也越来越大。

2000 年，是番禺科技事业发展的一个重要“转折年”。是年 5 月 23 日，番禺召开科技工作会议，“第一把手要亲自抓第一生产力”在会议上被明确提了出来。

这一年，番禺科技顾问委员会成立，区内区外及港澳地区的 16 名委员，担负起为番禺区科技工作领导小组提供高层次决策咨询服务的重任。

这一年，番禺开始有了博士后工作站。6 月 8 日，南沙博士后工作站正式挂牌成立，成为番禺科技事业一个新的里程碑，这预示着，中科院的科技优势将与当地企业的实际需要有机地结合在一起，为南沙经济技术开发区引进和培养高精尖的科技人才，营造良好的技术成果转化基地发挥积极作用。

这一年，番禺隆重举行了一场高新技术项目洽谈会。在盛况空前的洽谈会上，共有 66 个项目签约，总投资达 1.4 亿多美元。这 66 个项目涉及生物技术、电子科技、化工、轻工、摩托车、信息网络等多个方面。其中外资项目就有 54 个，占签约项目总数的 82%。成立不久的番禺节能科技园发展有限公司在洽谈会上表现不俗，与投资 5000 万元的清华同方股份有限公司及来自佛山、四川、北京、上海、深圳的 6 家企业分别签订了涉及环保、电子集成电路板、汽车润滑油、节能工程材料、空调器具、汽车尾汽净化设备行业的 6 个项目，总投资额达 1.62 亿元。

洽谈会的成功，不在于有多少项目签约，利用外资多少，更为重要的是，这次洽谈会显示出番禺已经开始注重招商引资项目的质量，也就是说，在招商引资的过程中，已经开始注意区域内产业结构的调整以及经济增长方式的转变。

这一年，番禺被评为全国科技先进市。

第二节　增加科技经费，为科技进步提供保障

番禺的工业在进入新世纪前后，逐步由劳动密集型向技术、资金密集型转变。这个转变，正是番禺工业发展到一定阶段的必然。因而，必会影响到番禺整个区域经济的增长方式的转变，政府的产业政策导向，以及环境保护方面更加严格的要求。生产成本的不断提高，也使企业必然更加注重其产值增长的质量。一些劳动密集型的企业，也正是在内部及外部各种新生力量的冲击下逐步进行调整，一些企业在新的形势下已不能继续生存，最终只有退出番禺工业发展的大舞台。

有了明确的发展思路，有了“科学技术是第一生产力”的理论指导，尝到科技发展甜头的番禺，对科技事业的投入才会逐年增加，科技进步和自主创新才会在工业的发展过程中不断上台阶，唱主角，对工业经济的发展发挥出越来越重要的促进作用。相关统计显示，1999 年，科技进步对番禺工业经济的贡献率超过了 40%，比 1995 年增长了 15 个百分点，而劳动力和资金的贡献率分别从 1995 年的 34.66%、32.79% 下降到了 22.28%、30.84%。

1999 年，作为县级市的番禺，科技三项费用和科学事业费支出比上年增长 1.14 倍，占市本级财政支出的 2.28%。当年，一共重点扶持了 35 个科技项目。至 2000 年初，番禺全市累计实施财政资助的各类科技计划项目共 240 多项，总计划投资额为 9600 多万元。这些项目完成后，预计形成的产值可达到 6.8 亿元，创税利 2 亿多元。

以下几年的统计数据[①]，显示了番禺科学事业费和科技三项费用投入的变化情况，从中也可见番禺区进入新世纪后的 10 多年来，对于科技事业的态度和努力的方向。

撤市设区后的 2000 年 8 月，番禺区政府作出决定，将当年的科技三项费用和科学事业费提高到 7588 万元，达到了 1999 年的 1.58 倍，占区本级财政预算支出的 5.8%，其中科技三项费用安排为 2759 万元，占区本级财政预算支出的 2.1%[②]。

翌年发布的《2000 年番禺区国民经济和社会发展公报》显示：番禺区 2000 年的科技经费支出达到了 4003 万元，占区本级财政支出的 2.3%。全年共重点扶持了 51 个科技项目。全区专利代理申请 216 项，有 13 家企业被认定为民营科技企业，其中有 5 家被广州市科委审定为高新技术企业，占广州市新增民营科技企业的 27%。全国高新技术产业化中试配套（南沙）基地形成了以市场为导向的、科学合理的操作体系。

区财政拨款 300 万元高标准改造区信息中心网络，全区有 95% 的政府部门建立网站，上网用户 5 万户。全年共获得科技成果 14 项，其中 2 项获广州市级进步奖。

年末，全区具初级技术职称的人数达 23900 人，具有中级以上职称者有 5900 人。全年新纳入“星火计划”的项目共 10 项，总投入 2.2 亿元，增长 6.2 倍。全区批准、受理专利申请 523 项，累计受理 1965 项。

2001 年，全区科技系统经费支出达 4979 万元，其中研究与发展（R&D）经费支出达 4847 万元，增长 75.6%。工业科技进步对经济增长的贡献率达 8.1%。比上年高 3.6 个百分点。全年开发重大科技项目 3 项，其中已投产应用 2 项。新认定民营科技型企业 5 家，共鉴定科技成果 57 项，推广及应用科技成果 73 项。科技队伍不断壮大。年末全区初级专业技术人员 26000 人，比上年末增长 9.0%；中高级专业技术人员 7400 人，比上年末增长 18.5%；全区专利申请 210 个，实施专利 210 个，批准专利授权 160 个，产业基地服务支撑体系 3 家。

①科学事业费及科技三项费用的统计数字，均来自番禺区统计信息网发布的番禺区国民经济和社会发展统计公报。

②转引自 2000 年 8 月 31 日《番禺日报》。

是年，区财政还投入 3000 万元，用于全区的信息化建设。

从以下几年番禺区科技事业费、科技三项费用的支出数字中可以看出，番禺区对科技的投入资金不断增加：

2002 年，全区科技三项费用和科学事业费共支出 9321 万元，比上年增长了 30.7%。2005 年，全区科技三项费用和科学事业费支出突破亿元，达到 10199 万元，比上年增长 30.8%。2010 年，全区科技三项费用 1.77 亿元，比上年增长 30.8%。2011 年，全区科学技术方面的总支出达到了创纪录的 3.13 亿元，比上年增长 52.0%。

2004 年，番禺区在科技计划项目实施和科技三项费安排上都有了新的尝试，新的突破。安排了 135 万元，重点支持光机电一体化的数控加工机床行业的创新技术研究项目。其中，有广州市敏嘉制造技术有限公司的 CMK100 车磨中心项目，广州番禺鑫泰科技有限公司的 4 轴联动高速高精度数控雕铣加工中心机床关键技术研制与开发项目，广州市珠江机床厂有限公司 XK715 高速高精度数控铣床项目。安排 340 万元，重点支持番禺区发展较快的电子新技术和产品研究，包括安捷利（番禺）电子实业有限公司的高密度柔性印制电路感光覆盖层材料的研究项目，广州市永大光通信技术发展有限公司的全光网关键产品及技术研制开发项目，广州市番禺区新视宝电脑监控器材有限公司的数字网络硬盘录像机等。安排了 245 万元，继续支持番禺区重点发展的输配变电行业，包括广州市番禺明珠电器有限责任公司的 10kV、35kV 新型空心线圈电流互感器试制项目，广州番禺五羊电缆制造有限公司的新型功能化生物安全无卤低烟阻燃防鼠防蚁耐高温电缆研究开发项目。安排 210 万元，支持有发展优势的精细化工行业，包括番禺福田化工有限公司的预促进、触变型造船用不饱和聚酯树脂研制开发项目，广州秀珀化工有限公司的无烟超薄型钢结构防火涂料，广州市慧源绿色化工有限公司的绿色多级向心配位体三碘氧消毒剂开发等。安排 190 万元，支持应用信息技术和高新技术改造传统产业的项目，如广州威乐珠宝产业园有限公司的威乐珠宝产业园智能化信息服务平台建设项目，广州市红桥客车制造有限公司的电动环保城市客车开发项目等。

以上项目的实施，对推动全区高新技术产业发展和应用高新技术改造传统产业起到积极的示范作用。经过预测，各个项目完成并正常投产后，每年可新增产值 7.68 亿元。

2005 年，南沙区从番禺析出后，番禺区地域面积由 1313.7 平方公里变为了 812.42 平方公里，但番禺区科技三项费用的投入并未减少，2006 年全年科技三项费用 10115 万元，与上年基本持平（2005 年南沙区地域内的经济数据仍统一由番禺统计）。

2012 年，原属番禺的东涌、大岗、榄核 3 个镇并入广州市南沙区，番禺区地域面积再度减少，仅余 529.94 平方公里。这一年，番禺共开发重点科技项目 20 项，新认定高新技术企业 27 家，新认定民营科技企业 42 家；全年共鉴定科技成果 8 项，推广及应用科技成果 21 项；全区受理专利申请 4918 个，批准专利授权 3449 个。年末，已取得专业技术职称人数 52500 人，其中：高级职称 2800 人，中级职称 15500 人，初级职称 34200 人。

2013 年，番禺的科技创新能力已大幅增强，全年共开发重点科技项目 18 项，新认定民营科技企业 9 家；共鉴定科技成果 9 项，推广及应用科技成果 23 项。全区市级以上科技型企业达到 363 家，增长 7.4%。全区受理专利申请 4985 个，批准专利授权 3743 个，分别增长 1.4%、8.5%。

从 2000 年到 2013 年的 14 年间，番禺区的专业技术人才队伍不断壮大。2000 年，全区具初级以上技术职称的人员共有 23900 人，具有中级以上技术职称者共有 5900 人。到了 2013 年年末，全区已取得专业技术职称的人员共 55800 人，其中高级职称 3000 人，中级职称 16200 人。强大的科技人才队伍，为番禺的科技进步和企业的自主创新提供了强有力的人才保证。

番禺区 14 年来不断增加的科学事业费和科技三项费用的投入，推动了番禺科技事业的发展，全区科技创新的步伐不断加快，科技服务支撑体系也在探索中不断完善，科技园区的建设也取得了令人瞩目的成就。在这十几年间，科学技术这个“主角”，成为番禺经济和社会发展这台大戏的“台柱子”，科技进步也一跃成为番禺工业经济不断增长的新支点。

第三节 科技进步，为工业发展注入新活力

以下的统计数据，可以从一个侧面反映出番禺在几个关键“节点”上工业经济发展的总体情况。

2000 年，番禺工业生产的大背景是改革调整，在这样的大背景下，番禺工业仍保持了较快的速度增长。当年，全区工业总产值达到 553.9 亿元，比 1999 年增长 11.7%。工业增加值 120.7 亿元（不含省、广州市属企业），增长 11.8%。工业总产值中，国有企业工业总产值 5.7 亿元，下降 78.6%；集体工业总产值 40.1 亿元，下降 26.6%；“三资”企业工业总产值 294.5 亿元，增长 15.6%。全区工业产销率为 96.59%。工业产值超亿元的村有 91 个，其中超 3 亿元的村有 16 个。工业总产值超 25 亿元的镇有 7 个，其中超 40 亿元的镇有 3 个，超 50 亿元的镇有 1 个。工业出口生产有新发展，全区工业出口产品交货值达 198.9 亿元，增长 23.6%，占全区工业总产值的比重为 36%①。

民营科技型企业在番禺的市场经济大舞台上大显身手。到 2000 年 8 月，番禺区被批准为广州市民营科技型企业的有 16 家，占广州市新增民营科技企业的 25%。据番禺区科技部门估算，2000 年，全区民营企业生产的高新技术产品销售产值约 30 亿元，占全广州市该项产值的 40%。政府的引导，企业自身发展的需求，激发企业自主创新能力的不断加强。例如，珠江钢管有限公司投资 2 亿元，引进了世界领先水平的 UOE 焊管机组，投产后年产钢管 25 万吨，年产值约 15 亿元；裕丰钢铁有限公司自行设计建造了半连轧

①摘自《2000 年广州市番禺区国民经济和社会发展统计公报》。

一火成材棒、线生产线，该生产线具有国内先进水平；联声电子科技有限公司则通过美国、日本公司的技术使用授权，研制出高水准的影音器材产品，获得了国际技术质量认证。

高新技术产业的发展和民营科技型企业的壮大，迅速提高了番禺全区工业企业总体的科技含量，提高了经济效益，从内部加力促进了全区产业结构的优化升级。

2005 年，南沙区从番禺分设出去后，番禺的地域面积大为减少。之后，番禺的工业生产仍然获得了平稳较快的增长，2008 年，全区工业总产值达到了 1047.48 亿元，增长了 13.4%。工业产品销售率达到了 98.8%。规模以上工业总产值 907.71 亿元，增长 13.7%。其中，“三资”企业工业总产值 653.12 亿元，增长 12.0%；国有及国有控股企业工业总产值 36.70 亿元，增长 10.9%。在规模以上工业总产值中，轻工业总产值 497.22 亿元，增长 10.7%；重工业总产值 410.49 亿元，增长 17.6%。全区全年工业总产值超 80 亿元的镇（街）有 5 个，超 100 亿元的镇有 3 个。

番禺科技型企业数量众多，从以下两个简单的例子，即可从一个侧面看到番禺科技型企业发展轨迹。

广东精创机械制造有限公司（以下简称“广东精创”）的前身是建于 20 世纪 50 年代末期的石楼机械厂，位于石楼镇砺江路，企业总资产 9393 万元，拥有员工 550 人，占地面积 50 亩。这家规模不算大的企业，运用先进技术手段进行生产，企业在激烈竞争中站稳了脚跟，并获得了较快发展。

企业拥有加工中心 6 台、数控（显）机床 20 多台，其他各类加工机床 240 多台，年产各种机械产品 20000 多台，年产值 1.67 亿元。这家企业主要生产各种型号的自动冲剪弯曲机床、各种型号的钻床和液压弯管机、自动仿形气割机、保险攻丝器等产品，同时还生产电梯零部件，成为广日电梯零部件的主要供应商。其产品中 ZA71-250 型自动冲剪弯曲机床，是企业的国家专利产品，曾获中国专利技术博览会金奖，以及中国国际专利与名牌博览会金奖、特别金奖。

公司董事长、总经理曹敬坤担任了广东省企业联合会、企业家协会常务理事，广东省机械行业协会理事，还担任了番禺区国际商会副会长、番禺区工商联副主席等多个社会职务。他所领办的企业，1998 年即已通过 ISO9002 质量体系认证，2001 年通过 ISO9001 ：2000 质量体系认证。多年来，该公司取得多项荣誉，曾先后获评广东省制造业百强企业、广东省企业 500 强、广东省高新技术

“广东精创”成为广日电梯零部件的主要供应商

企业等。2013 年，这家企业在区内的主营收入为 30567 万元，缴税 1748 万元。

2002 年创立的广州九恒条码有限公司（以下简称“九恒条码”）是一家集可变条码印刷、彩色印刷、表格印刷、防伪印刷、不干胶印刷、条码耗材与设备销售为一体的高科技印刷企业。

2002 年，9 位志同道合的“兄弟”相约，在石楼镇灵兴工业园内成立了这家注册资本 500 万元的公司，因是 9 人“合伙”，公司便名“九恒条码”。

“九恒条码”以快递、物流、电商、制药、海关、金融、电信、邮政等行业为主要服务领域。2003 年，公司仅仅成立一年后，就相继成为了海关、银行、邮政、快递等行业的合格供应商。2004 年，公司通过了 ISO9001:2000 质量管理体系认证，并成为中国防伪行业协会、中国自动识别技术协会团体会员。2006 年，为扩大销售网点，加大市场开拓力度，分别在北京、上海、深圳设立办事处。2008 年，公司销售收入突破 1 亿元大关，成为条码印刷行业的龙头企业。2010 年 10 月，公司在上海成立了九恒数码科技有限公司。到 2013 年，公司主营业务收入超过过了 4 亿元，上缴税款 2300 多万元。

广州九恒条码公司着力使自身在高科技领域有所作为

“九恒条码”现在已经成为美国 Fedex 中国独家供应商，TNT 欧洲区、印度 UBX 最大供应商，尼日利亚政府选票最大供应商，也是中国银行、建设银行、工商银行、广东省政府采购中心、广东省公安厅、广东省国有资产管理局、国家海关总署、香港邮政署，以及中国平安、格力、美的、香雪、扬子江、京东、苏宁易购、顺风快递等多家公司的合作企业，业务范围遍及国内和美洲、欧洲、西亚、东南亚等世界各地。

2009 年，番禺年度统计公报用了这样一句话来“描述”番禺的工业生产：这一年，番禺的工业生产仍然取得了“平稳较快增长”。这是一个铁的事实，2009 年，番禺全区工业总产值达到了 1487.81 亿元，增长 10.1%。工业产品销售率 97.5%。规模以上工业总产值 1295.71 亿元，增长 10.5%。“三资”企业工业总产值 892.45 亿元，增长 5.4%；股份企业工业总产值 349.99 亿元，增长 20.4%。在规模以上工业总产值中，轻工业总产值 671.69 亿元，增长 5.0%；重工业总产值 624.02 亿元，增长 17.1%。工业总产值超 80 亿元的镇（街）有 7 个；工业总产值超 100 亿元的镇（街）有 6 个，比 2006 年翻了一番。

2012 年 9 月 30 日，原属番禺的东涌、大岗、榄核 3 个镇划归南沙区。这 3 个镇有许多大企业驻扎，如创信鞋业、天创鞋业、镇泰公司、剑豪摩托等，自2013年开始，上述3个镇的工业产值等数据，就不再在番禺区的统计中出现了。

2013年，番禺区[①]实现地区生产总值1353.23亿元，同比增长12.8%。三次产业分别完成增加值25.31亿元、475.09亿元和852.83亿元，同比分别增长1.0%、9.0%和15.8%。在第二产业中，工业增加值403.92亿元，同比增长10.2%。三次产业结构由2012年的2.1:36.6:61.3调整为1.9:35.1:63.0。按常住人口计算，2013年人均地区生产总值93776元，折合15142美元。各种非公有制经济继续发展。至年底，全区工商注册登记个体、私营企业共13.67万户，从业人员35.35万人，注册资金352.35亿元。

番禺区2013年的统计公报显示：全区当年工业总产值1737.33亿元，增长17.2%。番禺工业的产销衔接良好，工业产品销售率97.5%。规模以上工业总产值1532.28亿元，增长18.8%。其中“三资”企业工业总产值893.96亿元，增长10.0%；股份企业工业总产值571.15亿元，增长36.0%。全年规模以上工业总产值超130亿元的镇（街）有6个。

上述几组统计数据说明，几个“关键年份”里，番禺国民经济和工业经济表现良好。

为何能取得如此骄人的成绩？主因是政策引导方向，加大了投入，搭建了平台。有了资金的支持，人才队伍得以壮大，为科技事业提供了人力保障，才有了科技水平的快速提高。科技进步使番禺工业的发展有了重要的支撑，科技进步使番禺工业经济的增长质量日益提高。番禺工业经济的增长，科技真正是一个“大主角”。

第四节　产学研结合，助推高新企业新发展

产学研结合，是番禺高新技术企业发展的一个重要推手。从新世纪开始，源于博士后工作站的设立及系列研发、创新及技改活动的开展，番禺在高新技术发展方面不断加力，不断创新，取得良好效果。

2000年1月24日，获人事部批准的南沙企业博士后工作站正式设立。该博士后工作站也成为省内首家企业博士后工作站。它的设立，对于番禺区以南沙高新技术开发区重点示范基地辐射周边地区有重要的作用，也传达出番禺高新技术产业发展的重要信号。

南沙博士后工作站设立后，有3位博士后进站，并迅速在南沙高新技术开发总公司和广东华夏环保生态科技有限公司两个高新技术企业开展博士后工作，在对城市废物堆放场环境污染控制研究、养殖鱼虾类重大流行病机理防治技术研究方面取得了重大突破。南沙开发区管委会以博士后工作站的建立为契机，将高新技术产业作为未来的发展方向，并针对珠江三角洲地区在经济高速增长过程中迫切需要解决的产业结构调整和环境污染治理问题，将环保产业、生物技术产业和可持续发展的相关产业作为未来发展的重点。

① 指现在所辖16个镇街的区划范围，总面积为529.94平方公里。2013年开始为新番禺统计口径（已不含原东涌、大岗和榄核3镇），两年数据对比按同口径调整。

在2002年，番禺区就成立了博士后工作站管理办公室。这个挂靠在区科技局的办公室，负责着全区博士后管理工作。

到2003年年底，番禺区已先后有广州高新技术开发总公司、安捷利（番禺）电子实业有限公司等5家公司开展了博士后工作。先后有9名博士后研究人员进企业开展研究，有2名博士后研究人员完成了研究任务。两年多来，博士后研究人员共发表论文18篇，申请发明专利2项、新型专利1项，有一项科研成果获中国科学院科技进步一等奖。在已设立博士后工作站的6家企业中，有4家企业2003年的利润增长幅度在10%～50%之间。现实再一次告诉番禺的企业家们，科技含量越高的企业，其利润的增长幅度会越来越大。

2004年，早前成立的区博士后工作站积极协助企业做好博士后研究人员的招收工作。同时，按《番禺区企业博士后研究人员专项经费使用及管理实施细则》的规定，全年下拨博士后生活补贴12万元，并按有关规定解决了他们的家属户口及其子女的入学问题等。

2005年，番禺区博士后工作站有在站博士后7人。区政府按政策给工作站发放科研经费和生活补贴31万元，并协助设站企业申请广州市资助经费共22万元。番禺节能科技园企业博士后科研工作站在2005年的全国博士后工作站评估中，被人事部评为“全国优秀博士后工作站”，在广东省排名第一。

2006年，建于番禺区钟村街谢石路秀珀工业园的广州秀珀化工有限公司，经人事部批准设立企业博士后科研工作站。到年底，番禺全区已有独立的博士后工作站2个，区域工作站1个，区域工作站下设分站3个，在站的博士后研究人员有6人。有3人完成了博士后科研项目顺利出站。留学日本的陈忠平博士创办的广州博粤科技发展有限公司，自主开发的气泡混合轻质土技术在北京奥运主会场（即鸟巢）的地下连续通道工程中得到应用。

2008年，有4位博士进入区内各博士后工作站，其中海大集团与中国科学院南海海洋研究所合作招收2名博士研究人员；建于榄核镇的华南摩托企业集团有限公司与广东工业大学合作招收1名博士后研究人员；2006年3月搬迁到石楼镇赤岗村自建新厂房的广州番禺联合科技发展有限公司与广州工业大学合作，招收1名博士后研究人员。区内7家设站企业科研人才大幅增加，硕士以上科研人才近100人，其中博士21名，仅海大集团分站就有11名。全年在站博士申报专利10项，发表学术论文7篇。有博士后参与的项目，申报国家级的有1项，省级的有6项，市级的有7项，区级的有3项。秀珀化工工作站申请省重大科技攻关项目1项。到2009年，全区7家设站企业的硕士以上科研人才达到102人，其中博士24名；在站博士申报专利4项，发表学术论文8篇，参与申报科技项目6项。

企业博士后工作站的设立，为番禺区引进和培养相关领域内的高层次人才，促进科技成果的转化，推动经济建设的快速高效发展发挥了重要作用。企业博士后工作的建立，促进了企业与高校、科研院所的合作与联系。几年间，与番禺区设站企业建立联合招收博士后研究人员的有天津大学、广东工业大学、中科院地化所等一批大学和科研机构。企业借助这些机构的科研开发力量和人才优势，既提高自身的科研开发与创新能力，又为企业短期内引进急需的高级人才找到新途径，更为重要的是，促进了全区高科技产业的快速发展。

从2000年番禺区建立第一个企业博士后工作站开始，番禺的企业与高校、科研院所等科研机构的合作与联系便已经开始，且越来越紧密。与番禺区设站企业建立联合招收博士后研究人员的有天津大学、中科院地化所、广东工业大学等。番禺区的企业正是借助这些机构的科研开发力量和人才优势，提高了自身的科研开发与创新能力，同时，也使得企业短期内能够引进急需的高级人才。也正是通过这些科研院所，番禺才找到了发展高新技术企业，推动工业持续向好的新途径。

经过几年努力，番禺区科技局（后名“科技与信息化局”）与高等院校和科研院所的合作范围不断扩大，建立了有1500位专家、涵盖10多个领域的专家信息网络；设立了专家考核管理、技术领域分类管理、专家网上（远程）项目评估和项目论证结果管理等方面信息模块，为全区技术咨询、科技攻关和科技项目评审等方面提供了人力资源。

2008年6月，番禺区政府与中山大学、华南理工大学等10所高校签订产学研合作的框架协议，形成“政府+企业+院校”的产学研共建模式，为推进产学研合作奠定良好的基础。

番禺区采取以高校设备、技术投入为基础，政府投入资金为引导，企业投资为重点的原则，共同建立集科研、教学、产业发展和社会服务于一体的产学研科技创新实体。广东药学院、广州大学的“大学城生物医药产学研孵化器”和“华南（广东）声像灯光设计研究院”项目计划已获区政府同意并实施。

广州大学城数字家庭与数字电视产学研孵化基地通过招商引资，已有广东省数字家庭公共服务技术支持中心、国家AVS工程中心、深圳清华大学研究院数字电视中心三大技术支持中心，以及TCL、华为、韩国SK、广州中大凯旋电子科技有限公司等国内外10多家知名企业和技术机构进驻。

2010年，番禺区依托广州大学城的科研和智力优势，与省、市联动，全面推进产学研工作的开展。是年6月，省科技厅正式批复同意将番禺区纳入2010年广东省产学研结合示范区（县）建设计划。番禺区按照2009年出台并实施的《广州市番禺区产学研合作项目管理办法》和《番禺区产学研合作发展规划（2009—2011）》，加快构建产学研相结合的新型科技体系。番禺区政府还在广州大学城管委会设立产学研办公室，配备专门人员，加强区产学研工作的协调管理。从2011年起，由区财政每年安排1000万元专项资金，支持产学研工作的开展。8月份，区十五届人大常委会第三十六次会议专题审议《关于促进（番禺区）产学研工作情况报告》，并对区产学研工作开展提出具体指导意见。番禺区科技管理部门采用举办产学研论坛、开展产学研调研等方式，促进高等院校、科研院所技术成果与企业的合作对接，鼓励高校资源向区内企业开放。9月，由广州大学城管理委员会、清华大学信息技术研究院主办的“2010年番禺区产学研合作系列项目签约仪式暨省部产学研结合成果发布会”活动，在清华科技园广州创新基地隆重举行，与中山大学、华南理工大学、广东工业大学、暨南大学等高校合作的一批重大产学研项目正式签约落户番禺。以企业为主体的产学研合作实体，有与中山大学共建的“物联网技术研发中心与产业孵化基地”、与暨南大学共建的“全国转化医学亚热带疾病与生物防治技术中心”、与广东工业大学共建的“广东国际工业设计中心”、与中国科学院广州能源研究所、南方香江集团有限公司共建的“广州华南建筑节能研究院”等。2010年一年内，番禺区就批准了产学研合作科技项目45个。

2010年，番禺区以实施“广东省产学研结合示范区（县）建设计划”为契机，产学研结合推进高新技术产业发展。依托广州大学城的科研和智力优势，积极与省、市联动，全面推进产学研工作的开展。番禺区与中山大学合作的“广州大学城数字家庭和数字电视产学研孵化基地”、与广东药学院合作的“广州大学城生物医药产学研孵化基地”，广汽集团与华南理工大学合作的“广汽集汽车工程研究院”等重大产学研项目建设均取得实质效果。番禺区还积极实施物联网应用示范工程。大力推动RFID技术①资源聚集和成果转化，发展特色产业。加快组织实施“面向地方特色产业集群的现代物流服务聚集区与物流公共信息服务示范项目”，积极推进全区物联网重点领域应用示范，利用RFID技术发展物联网新兴产业。

番禺区还按照“部省市校共建、产学研用结合”的工作思路，通过有效整合资源，推进区域特色产业集群发展，培育具有区域特色的高新技术产业。重点扶持清华科技园（广州）创新基地、国家数字化家庭应用示范产业基地、广州大学城健康产业产学研孵化基地的建设。番禺区数字家庭研发园、商务园和制造园三大园区被工业和信息化部批准为部省市校区共建的“国家数字家庭应用示范产业基地”，试点工程规模从万级试点向十万级试点跨越，服务内容有42个数字电视频道、11个高清电视频道和50项互动信息服务。

番禺区还开展了“百名科技专家进驻企业”活动。由签订协议的10所高校选派100名相关专家进驻100家中小企业，进行了为期一年的科技创新、技术研发与企业管理的指导，提升企业的自主创新能力和产业竞争能力，取得一定效果，积累了一定经验。

到2012年，番禺已累计有国家级企业技术中心4家，省级企业技术中心15家，市级企业技术中心14家；48个项目被纳入广州市建设现代产业体系技术进步项目滚动计划；29个项目申报广东省经济和信息化委员会的各项资金支持，16个项目申报市扶持企业发展和技术创新专项资金、企业技术中心认定支持；20家企业项目申报2013年节能技术改造财政奖励备选；14家企业申报认定2012年广州市优势传统制造业转型升级示范

①射频识别，RFID（Radio Frequency Identification）技术，又称无线射频识别，是一种通信技术，可通过无线电讯号识别特定目标并读写相关数据，而无需识别系统与特定目标之间建立机械或光学接触。射频，一般是微波，1-100GHz，适用于短距离识别通信。RFID读写器也分移动式的和固定式的，目前RFID技术应用很广，如：图书馆，门禁系统，食品安全溯源等。

企业；6家企业申报评定2012年市级工业设计示范企业。

2013年，番禺区市级以上科技型企业达到363家。其中，国家火炬计划重点高新技术企业4家、广东省高新技术企业129家、市级以上民营科技企业144家、省自主创新企业（含试点企业）3家、市自主创新企业（含试点企业）27家、市科技小巨人企业13家、省软件企业38家、市重点软件和动漫企业5家。企业研发中心达137个。全区市级科技企业孵化器总数达到10家，占广州市市级科技企业孵化器总数的47.6%。2013年获国家、省、市上级批准立项科技项目111项，获上级资助以及配套经费共8758万元。2013年，全区专利申请量共4985件，同比增长1.4%；专利授权量共3743件，同比增长8.5%。专利申请和授权量均在广州市各区（县级市）中排名第二。有9家企业的22个产品获2013年省名牌产品（工业类）称号。

2013年，全区完成规模以上工业企业高新技术产品产值704.85亿元，占规模以上工业总产值比重达46%，同比提高了一个百分点。这一年，番禺在科技进步方面获得不少荣誉：通过上级“全国县（市）科技进步”考核，被国家科技部评为2011—2012年度“全国科技进步先进区”，这是番禺区连续第4次（8年）获此殊荣。在2012年被广州市认定为“广州市三网融合先行试点区”的基础上，2013年2月，番禺区获国家住建部授予第一批“国家智慧城市试点”创建资格。

从2000—2013年，番禺区获得各级各类科技方面的奖项数不胜数。这些奖项，有科技项目贡献奖、科技进步奖等。其中诸多奖项都涉及工业生产。

第五节　科技园区（科技孵化器）建设及“科技金融”的发展

一、科技园区（科技孵化器）建设取得成功经验

2000年，新制定的《关于加快发展番禺节能科技园的办法》公布实施，文件中明确提出，要加大对番禺节能科技园的科技投入力度。番禺区决定，从每年科技三项费用中安排500万元，4年内建立2000万元的“科技孵化专项资金”，优先为国内企业的科技成果转化提供支持。设立在番禺节能科技园区的科技孵化器于2006年第一季度投入使用，广州市永大光通信技术发展有限公司等多家企业获准进入。

2000年开始创办的番禺节能科技园，经过几年运作取得成功，名声在外。番禺节能科技园在运营管理上的突破与创新，为番禺其他科技园区的运营管理提供了可资借鉴的成功经验。番禺节能科技园以“三资融合”（土地资本、产业资本、金融资本）创新理念为指导，坚持“绿色、低碳、环保”的发展定位，成为“土地集约利用、产业定位鲜明、金融助力发展”的创新型科技园区。

2011年8月14日，中共中央总书记、国家主席胡锦涛视察番禺节能科技园，肯定

了科技园的建设发展模式，鼓励园区推动更多创新型企业和中小企业走上发展“快车道”。时任广东省委书记的汪洋，也多次到该园区考察，高度评价节能科技园区“不办工厂办园区，同样有好效益”。

2011 年，区科技与信息化局参照广州市《市区联动支持番禺节能科技园先行先试进一步加快发展的若干措施》，参考北京、苏州等地关于扶持科技园区的一些做法和经验，结合番禺区的实际情况草拟了《关于扶持番禺节能科技园先行先试进一步加快科技产业发展的若干措施》。番禺节能科技园在发展中，经多年摸索，逐步建立起了技术、金融、政务三大公共服务平台，为中小企业快速发展提供有力支持，至 2013 年年底，已有 783 家节能环保、新能源、新一代信息技术企业进驻，一共取得了 5000 多项科技成果，成功孵化出中海达、海大集团、佳都科技 3 家上市企业。2013 年，番禺节能科技园的收入达到 42048 万元，上缴税收 18807 万元。

由于业绩突出，番禺节能科技园先后被评为“全国节能突出贡献示范单位”“广州市青年创新创业示范园区”“广州市非公有制企业防治腐败政企联动服务工作示范点”“广东省诚信体系建设示范园区”等，还成为“广东省科技企业上市培育基地”“广东省省部产学研示范基地”。

2000 年开始主持番禺节能科技园创办的杨锦链，曾先后担任广州市第十二、十三、十四届人大代表，还担任了广州市第十届市人大财经委委员、广东省企业家协会常务理事、广州市企业孵化协会副会长和番禺区工商联副主席、番禺区厂商会副主席等多个社会职务。他先后被评为番禺区第五届“十大杰出青年”“全国节能突出贡献人物”“广州市第二届优秀中国特色社会主义事业建设者”“广东省优秀企业家”“关爱员工优秀企业家”。

番禺区科技园区的建设从新世纪开始加速进行，其孵化器作用也日渐明显。为进一步发挥这些园区的科技孵化器的功能，提高服务素质，提升管理水平，番禺区科技与信息化局制定出台了《番禺区科技孵化器管理办法》，以规范科技园区的运作，期望科技园区能有更高的效率。在这个过程中，还在华创动漫产业园内举办了番禺区科技园区工作交流会，推广先进园区的建设经验，促进科技园区整体管理运营水平的提高；成功举办了第三届启迪创新论坛暨 2011 清华科技园全国分园网络年会，上升到一定理论高度

番禺节能科技园数码广场

进行经验总结。同时，积极采取措施推进拟建于广州大学城的广州国际科技合作产业园的各项筹建工作，委托广州商道咨询有限公司编制了《广州国际科技合作产业园产业发展规划》《广州国际科技合作产业园发展策略研究》等文件。

2012 年，广州大学城健康产业产学研孵化基地、番禺节能科技园、番禺区生产力促进中心被广州市科信局列为首批“广州国际科技孵化基地（试点）”。以广州大学城为中心的位于广州大学城南岸地区的广州国际创新城项目正式启动，被科技部认定为部省共建“广东广州国家现代服务业国际创新园”。番禺节能科技园金融资本与土地资本、产业资本“三资融合”的发展模式获得深化和推广。

国家数字家庭应用示范产业基地构建起数字家庭芯片设计、软件开发、4C 融合数字视听、高清电视、家庭网络和多业务平台等 238 家企业组成的数字家庭产业集群。数字家庭基地已集聚 AVS+、AVS、DRA、Diiva、IPanel 等自主创新标准，建立智慧家庭等标准化产业联盟。广州超级计算中心项目、新岸线多用途计算机芯片项目、中科海通塑料光纤产业化基地项目、广州国家现代服务业集成电路设计产业化基地项目和中山大学生物医学工程产业化项目等重大项目正式落户启动。通过加强招商引资，聚集优势资源，垂直整合高新技术产业链，逐步在番禺区形成从芯片设计、软件开发到整机研发、系统集成、内容服务的完整产业链，实现核心技术产业链的完善。其中新岸线多用途计算机芯片项目预计将形成产值规模达 10 亿元至 15 亿元的产业链。

进入到 2013 年，番禺区各大科技园区建设加快。以广州国际创新城为龙头的“一城多园”战略性发展平台建设格局初现。广州国际创新城引进东南数码份有限公司、微软等重点企业落户大学城。“广州大学城提升计划”[①]，推进智慧大学城云计算服务平台建设，改进广州大学城科技创新服务体系，建设大学城孵化器集群。

到 2013 年 12 月底，番禺区九大科技产业园[②]进驻的中小科技型企业共 1800 多家，全年实现产值 405 亿元。国家数字家庭应用示范产业基地已入驻企业 180 多家，2013 年实现产值 20 亿元。园区内有与广东工业大学合作建设的广州国家现代服务业集成电路设计产业化基地二期项目，与中国传媒大学共建的中国传媒大学广州研究院，还有广州超级计算中心项目、广东新岸线多用途计算机系统芯片项目、广东鑫亚集团股份有限公司“第七方物流”项目等重大科技项目正式落户启动。

①2012 年 12 月 3 日，广州市政府常务会议通过《实施广州大学城提升计划工作方案》，提出争取用 10 年时间，将大学城打造成中国一流、国际领先的“文化之城、创新之城、生态之城”。《方案》提出将实施“五大工程”（交通系统优化、生活设施改善、生态环境优化、和谐社区建设以及教育资源共享工程）、建设“四大基地”（珠三角国际修学基地、产学研创新孵化基地、大学生培训基地、大学城特色旅游基地）、打造“三大品牌”（大学城名家讲坛、“美在大学城”岭南文化艺术节、“力在大学城”国际高校竞技节）等共 71 个项目，整体提升大学城综合功能。

②九大科技产业园：国家数字家庭应用示范产业基地、清华科技园广州创新基地、广州大学城健康产业产学研孵化器基地、番禺节能科技园、星力动漫产业园、华创动漫产业园、海伦堡创意产业园、番山创业中心、巨大产业园。

至2013年12月底，番禺区在原有的8家市级科技企业孵化器[1]的基础上，新增番山创业中心、广州国家现代服务业集成电路设计产业化基地2家市级科技企业孵化器（广州大学城健康产业产学研孵化基地为国家级科技企业孵化器）。全区市级科技企业孵化器总数达到10家，占广州市市级科技企业孵化器总数的47.6%（广州市共21家）。

二、科技金融服务的创新与发展

2010年以后，番禺区的科技金融工作机构作用越来越明显。番禺区专门成立的“上市办”切实发挥工作效能，不断探索深化科技金融合作、创新投融资方式的新机制和新路子，建立完善畅通、有效、及时的区企业上市培育工作领导小组联络员机制，协助上市培育企业及时、高效处理有关问题。2011年已成功辅导区内广州中海达卫星导航技术股份有限公司在国内创业板上市。至此，番禺的上市企业数量有所增加，全区上市（控股）企业达到6家。在此基础上，还确立了13家重点培育的上市企业对象，15家优选培育上市企业对象。

2010年后，番禺区的科技投融资服务机构设立有了新的突破。注册资本达3.2亿元的广州红土科信创业投资有限公司在番禺正式挂牌成立；由省科技厅主导组建的科技投融资服务机构——广东华南科技资本研究院落户番禺。番禺各科技园区和有关科技金融服务机构还赴苏州、北京和天津等地，考察学习科技金融工作的成功经验。番禺区还着力推进科技金融促进会的成立以及广东科技财富广场、中小企业信用体系的建设。

番禺区依托“留交会”平台，高标准组织举办了“2012年中国（广州）国际科技金融论坛”，推动科技金融国际合作交流。在推动科技和金融结合方面，以“广东省科技和金融结合试点区”建设为契机，获得广东省科技厅、广州市科技与信息化局的支持，省、市、区联动在番禺区设立总额达5000万元的科技贷款风险准备金（简称风险池）。项目采取风险准备金承担40%贷款风险、合作银行承担30%贷款风险、贷款项目推荐者承担30%风险的创新方式进行运作，以促进科技企业融资困难的解决。到2013年12月底，番禺区共19家企业通过“风险池”的支持获金融机构贷款，总额超过2亿元。

2012年底，“番禺区政府引导基金”运作实体——广州红土科信创业投资有限公司已成功立项风险投资项目8个，投资资金超过1亿元；番禺中科白云创新基金共计完成投资项目17个，投资额超过6.3亿元。

在企业上市培育方面，番禺区政府正是按照“优选一批、培育一批、辅导一批、上市一批”的工作思路，逐步培育有能力、有技术、有需求的企业上市。番禺还成立了企业上市培育基地建设工作领导小组，办公室设在科信局，健全企业上市培育工作推进的

[1] 8家市级科技企业孵化器：清华科技园广州孵化器、国家数字家庭应用研究示范产业基地、广州番禺节能科技园、华创动漫产业园、广州国家现代服务业集成电路设计产业化基地、番山创业中心、广州巨大创意产业设计基地、海伦堡创意产业园。

组织领导架构，推动成熟的企业上市，以现代的手段解决企业的融资难题。

到 2013 年底，番禺区共确立 22 家上市重点培育企业，20 家上市优选培育企业。上市办培育的企业中已有 6 家向广东省证监局递交首次公开发行股票辅导备案登记材料，其中 5 家已成功通过验收，上报上市材料并获得中国证监会受理。

为进一步拓宽科技项目的融资渠道，切实帮助企业解决融资难的问题，广东番禺银达科技担保有限公司于 2008 年实现增资扩股，注册资本金从 1 亿元增至 1.5 亿元。该公司为全区 284 家中小企业提供累计 10 亿元担保融资，有效地解决区内中小企业在自主创新方面资金短缺问题。

2009 年，为有效解决全区中小企业科技创新融资难问题，番禺银达科技担保投资有限公司适时推出了“番禺区中小企业振兴工程”，丰富担保产品品种。针对企业贷款时抵押物不足、融资成本高等问题，开发“速保通”业务，突破以往中小企业贷款抵押担保的固有模式，大受中小企业的欢迎。当年全区共 403 家中小企业通过担保人融资 14 亿元，比上年增加 40%。

表 10-1　　2013 年番禺区高新技术企业统计表

序号	企业名称	证书编号
1	番禺珠江钢管有限公司	GF201144000134
2	广东恒联食品机械有限公司	GF201144000934
3	广州番禺电缆集团有限公司	GF201144000025
4	广州丰江电池新技术股份有限公司	GF201144000162
5	广州广日电梯工业有限公司	GF201144000427
6	广州市番禺奥迪威电子有限公司	GF201144000095
7	广州市番禺区珠江灯光音响实业有限公司	GF201144000557
8	广州市汉粤净化科技有限公司	GF201144000552
9	广州市华南橡胶轮胎有限公司	GF201144000117
10	广州鹏辉能源科技股份有限公司	GF201144000279
11	广州市锐丰音响科技股份有限公司	GF201144000074
12	广州市中海达测绘仪器有限公司	GF201144000356
13	日立电梯（中国）有限公司	GF201144000567
14	广州新龙浩工业设备有限公司	GF201144001049
15	广州中大中鸣科技有限公司	GF201144000415
16	广东中大讯通信息有限公司	GF201144000698

续上表

17	新太科技股份有限公司	GF201144000733
18	广州广日电气设备有限公司	GF201144000971
19	广州番禺巨大汽车音响设备有限公司	GF201144000206
20	广州维力医疗器械股份有限公司	GF201144000067
21	广州白云山潘高寿药业股份有限公司	GF201144000400
22	广州海鸥卫浴用品股份有限公司	GF201144000139
23	广东东松三雄电器有限公司	GF201144000739
24	广州市浩云安防科技股份有限公司	GF201144000705
25	广州市海维饲料有限公司	GF201144000399
26	广州八通电子实业有限公司	GF201144000190
27	广州正力通用电气有限公司	GF201144000789
28	广州秀珀化工股份有限公司	GF201144000464
29	广东铂亚信息技术股份有限公司	GF201144000373
30	广东海大集团股份有限公司	GF201144000175
31	广州番禺高勋染整设备制造有限公司	GF201244000585
32	广州骏发电气有限公司	GF201244000156
33	广州蓝奇电子实业有限公司	GF201244000029
34	广州岭南电缆股份有限公司	GF201244000215
35	广州市诚一水产科技有限公司	GF201244000414
36	广州市番禺大龙玻璃厂有限公司	GF201244000436
37	广州市番禺科腾工业有限公司	GF201244000465
38	广州市风之帆光电科技有限公司	GF201244000458
39	松下万宝（广州）电熨斗有限公司	GF201244000181
40	广州新绿环阻燃装饰材料有限公司	GF201244000123
41	广州亿程交通信息有限公司	GF201244000579
42	广州中大凯旋电子科技有限公司	GF201244000475
43	广州中海达卫星导航技术股份有限公司	GF201244000196
44	骏升科技（中国）有限公司	GF201244000208
45	广东好太太科技发展有限公司	GF201244000269
46	广东精创机械制造有限公司	GF201244000545

续上表

47	广州德能热源设备有限公司	GF201244000219
48	广州科盛隆纸箱包装机械有限公司	GF201244000088
49	广州南鸥卫浴有限公司	GF201244000287
50	广州塞维拉电梯轨道系统有限公司	GF201244000014
51	广州天逸电子有限公司	GF201244000135
52	广州威固环保设备有限公司	GF201244000548
53	广州永通音像制作有限公司	GF201244000262
54	广州熵能聚合物技术有限公司	GF201244000140
55	广州瀚信通信科技股份有限公司	GF201244000304
56	广东法拉达汽车散热器有限公司	GF201344000213
57	广东福美软瓷有限公司	GF201344000005
58	广州代代星电子科技有限公司	GF201344000086
59	广州九恒条码有限公司	GF201344000007
60	广州市浩洋电子有限公司	GF201344000191
61	广州亿盛电气科技有限公司	GF201344000149
62	建盈（广州番禺）塑料五金实业有限公司	GF201344000261
63	广州市镭迪机电制造技术有限公司	GF201344000283
64	广州威能机电有限公司	GF201344000287
65	广州市能迪自动化设备有限公司	GF201344000314
66	广州优创电子有限公司	GF201344000340
67	广州番禺五羊电缆制造有限公司	GF201344000426
68	广州一康医疗设备实业有限公司	GR201344000449
69	广州信禾电子设备有限公司	GF201344000221
70	广州日宝钢材制品有限公司	GF201244000425
71	优拓电子（广州）有限公司	GR201144000038
72	广州飞瑞敖电子科技有限公司	GR201144000013
73	广东浪潮创新计算机科技服务有限公司	GR201144000098
74	广州市微尔数码科技有限公司	GR201144000494
75	广州番禺旭东阪田电子有限公司	GR201144000305
76	广州同方瑞风空调有限公司	GR201144000586

续上表

77	广州柯兰特热能科技有限公司	GR201144000617
78	广州市奥赛钢线科技有限公司	GR201144000396
79	广州市至润油脂食品工业有限公司	GR201144000348
80	广州市兴世机械制造有限公司	GR201144000663
81	广州市旭昇电子有限公司	GR201144000165
82	广州市傲派自动化设备有限公司	GR201144000200
83	广州市亮智信息科技有限公司	GR201144000542
84	广州市凯昌电子有限公司	GR201144000647
85	广州广日智能停车设备有限公司	GR201144000357
86	广州广富装卸箱机械有限公司	GR201144000138
87	广州易迩达电子有限公司	GR201144000448
88	广州科佳环保设备有限公司	GR201144000410
89	广州高清视信数码科技股份有限公司	GR201144000671
90	广州市海科顺表面处理有限公司	GR201144000156
91	广州康和药业有限公司	GR201144000293
92	广州市思普达电子科技有限公司	GR201144000335
93	广州大学城华电新能源有限公司	GR201144000611
94	广州星辉电子制造有限公司	GR201144000644
95	广州威尔宝酒店设备有限公司	GR201144000215
96	广州市天奕信息科技有限公司	GR201144000381
97	广州佰能信息科技有限公司	GR201244000116
98	广州派勒机械设备有限公司	GR201244000176
99	广州致控节能科技有限公司	GR201244000038
100	广州汇隽电力工程设计有限公司	GR201244000163
101	广州施耐电子科技有限公司	GR201244000157
102	广州市寰宇电子科技有限公司	GR201244000074
103	广州亮维智能科技有限公司	GR201244000012
104	广州门德纳米科技有限公司	GR201244000327
105	广州市铭慧包装机械有限公司	GR201244000669
106	广东广联电子科技有限公司	GR201244000435

续上表

107	广州市科进计算机技术有限公司	GR201244000537
108	广州市赛导电气技术有限公司	GR201244000422
109	广州市倍儿悦动漫科技有限公司	GR201244000729
110	广州市井源机电设备有限公司	GR201244000670
111	明珠电气有限公司	GR201244000682
112	广州市韩升电子科技有限公司	GR201244000253
113	广州市晨威电子科技有限公司	GR201244000772
114	广州金田瑞麟净化设备制造有限公司	GR201244000647
115	广州欢网科技有限责任公司	GR201244000607
116	广州市旭峰电子产品有限公司	GR201244000326
117	广东骏汇汽车科技股份有限公司	GR201244000413
118	广州汽车集团乘用车有限公司	GR201244000389
119	广州市旭升环保工程有限公司	GR201244000503
120	广州市保伦电子有限公司	GR201244000243
121	广州粤研液压机电有限公司	GR201244000509
122	广州博芳环保科技有限公司	GR201244000344
123	广州市一变电气设备有限公司	GR201344000008
124	龙倡（广州）花边有限公司	GR201344000023
125	广州贝泰卫浴用品有限公司	GR201344000030
126	广东意高能源科技股份有限公司	GR201344000032
127	广州瑞森生物科技有限公司	GR201344000038
128	广州诚鼎纺织机械有限公司	GR201344000105
129	广州市联冠机械有限公司	GR201344000164
130	广州遂联自动化设备有限公司	GR201344000190
131	广州春晓信息科技有限公司	GR201344000199
132	广州市珠江机床厂有限公司	GR201344000221
133	广州超音速自动化科技有限公司	GR201344000248
134	广州誉发纺织科技有限公司	GR201344000266
135	广州九恒新能源有限公司	GR201344000286

续上表

136	广州市番禺奥莱照明电器有限公司	GR201344000301
137	广东新岸线计算机系统芯片有限公司	GR201344000307
138	广东盛瑞土建科技发展有限公司	GR201344000313
139	广州中臣碧阳船舶科技有限公司	GR201344000348
140	广州市富胜照明灯具科技有限公司	GR201344000356
141	广州汉狮建筑材料科技有限公司	GR201344000358
142	广州市文穗塑料机械有限公司	GR201344000387
143	广东德和通信设备有限公司	GR201344000393
144	广东卓信水处理设备有限公司	GR201344000401
145	广东锐捷安全技术股份有限公司	GR201344000409
146	广州市畅运信息科技有限公司	GR201344000443
147	广州市鹰盟电子科技有限公司	GR201344000464
148	广州市番禺双石钛金厂	GR201344000493
149	广州华立科技有限公司	GR201344000505
150	广州优蜜信息科技有限公司	GR201344000549
151	广州捷达莱堡通用设备有限公司	GR201344000552
152	广州市亚太天能信息技术有限公司	GR201344000563
153	广州市珠江灯光科技有限公司	GR201344000566
154	广州泰胜数控机械有限公司	GR201344000576
155	广州市番禺艺彩印刷联合有限公司	GR201344000586
156	广州奇洋能源科技有限公司	GR201344000625
157	广州网政信息科技有限公司	GR201344000633
158	广州市科马电子有限公司	GR201344000641
159	广州澳士朗照明科技有限公司	GR201344000664
160	广州天沅橡胶制品有限公司	GR201344000694
161	广州市博汇新材料科技有限公司	GR201344000722
162	广州众信实业有限公司	GR201344000741
163	广东明朗生活用品制造厂有限公司	GR201344000750

第十一章　集聚发展　提升工业生产水平

番禺工业在快速发展的过程中，有很长一段时间并未引入规划的理念，工业发展初期的作坊式生产，多是根据自然因素设厂，整个工业布局分散零乱。

改革开放后，番禺一些工业企业集中在一个较小范围内发展，逐步使工业园区成为了工业集聚发展的一个载体，也成为了工业发展的一种形式，集聚发展的优势也逐渐被地方政府官员和企业主们所了解和认可。在工业园区设厂，企业可以享受到政府更加到位的政务服务，交通运输、用水用电及污染治理等等都相对方便，也利于工商税务、检验检疫和其他部门的监督管理，更利于企业发展。海关甚至可直接在工业园区设点，更便于企业报关、利于货物通关（番禺沙湾珠宝产业园就是一个成功的例子），对于出口型企业集聚的工业园区来说，各相关部门的监督管理和服务对企业运作尤为重要，可省时省力省成本，提高生产效率和出口效率。

进入新千年后，番禺区政府出台相关政策，对全区各种类型的工业园区进行调整、加快建设。工业园区作为工业集聚发展的载体，政府亦不断提供良好的服务，使番禺的工业园区顺利发展并逐步走向成熟。在学习先进发达地区工业园区建设的过程中，番禺根据自身特点建设工业园区，建设科技产业园区等，都取得了较为成功的经验。

第一节　集聚发展成为工业发展重要方向

撤市设区后，作为承接广州“南拓”的重要区域，番禺的土地使用受到多重限制，必须以产业集聚来推动工业园区的建设，很快成为番禺各级领导干部的共识，一致的认识是：通过产业集聚培育番禺的支柱产业和经济增长点，实现经济的可持续发展。由此，区委、区政府积极引导，把集聚式工业园区的建设作为番禺今后工业发展的重要方向。

2003 年，“非典”对番禺经济发展产生了一定负面影响，然而，番禺的工业经济仍一路向好。上半年，番禺工业总产值达到 339.55 亿元，实现工业出口产值 126.36 亿元，同比分别增长 15.48% 和 13.34%。这个成绩来之不易，也显示出番禺“工业强区”战略实施带来的巨大利好。番禺新型工业化进程在“非典”疫情的大背景下快速推进，工业结构继续优化升级，高新技术产业持续发展。

虽然工业经济取得较好成绩，但番禺工业发展中的“短板”日渐显现。2003 年，番禺除了分散在各镇街建设的工厂外，有上百个大大小小的工业集聚点，数量多，规模小，且专业性不强、配套能力差。要改变存在已久的分散生产的问题，就须引入规划观念，并加大投入，开发建设综合性和专业化的工业集聚点，使之产生集聚效应，才能保证全区工业经济的持续稳定增长。由此，番禺区以园区集聚发展工业的目标进一步明确。当年，番禺区第一批获广州市批准建设的工业园就有 32 个。区政府也作出决定：今后在工业园区外不再新批工业项目。在今后一个时期内，将集中力量办好现代产业园、跨国工业园、韩国工业园等几个工业园。为把工业集聚发展推向前去，区政府专门成立了经济发展协调小组，协调工业发展过程中工商、税务、规划、国土、建设、经贸等各职能部门的关系。番禺区委、区政府《关于加快工业集聚促进支柱产业发展的若干意见》等政策文件也抓紧制定。从 2003 年起，番禺“工业强区”战略有了更具体的内涵。

工业集聚发展，有其理论依据，也有实践的经验可资借鉴。专家认为：产业集聚，是提升区域经济竞争力的必由之路。产业集聚，也称产业集群，能够改善创新条件、加速生产率成长，利于新企业的形成。工业企业集聚的园区可产生外部规模经济效应，也利于集聚于园区的工业企业降低交易成本，还能产生学习与创新效应以及产生品牌与广告效应。一些发达资本主义国家和我国工业集聚发展的成功经验，也有力支撑了工业集聚发展的理论。

另外一个突出的现实问题是，番禺撤市设区后，土地纳入广州市控制规划范围，原则上，在工业区以外利用土地建设工业项目，已经是不可能之举，获批的工业园区的建设，才符合政府要求，也符合产业发展方向。

多个方面的因素决定了一点，集聚式工业园区是番禺工业发展的主要方向。分析认为，番禺工业从 20 世纪 90 年代开始，先后经历了规模迅猛扩张和结构调整两个阶段，至 2003 年前后，已经形成了一个以轻型加工业为主体，具有一定规模又多元化发展的工业生产体系，已经形成了六大支柱产业（服装鞋帽、机电装备、电子电讯、石油化工、金银首饰加工和食品加工）。至 2002 年年底，番禺区各类工业园区（多为镇、村一级的工业园区）达到了 165 个，总面积达到 13 万多亩，园区工业企业实现工业总产值 590 多亿元，全区工业总产值的 90% 来自这些工业园区。

工业园区化的理念，其实就是来源于 20 世纪 90 年代中期全国各地兴起的经济技术开发区的建设热潮，在此过程中，工业园区的雏形渐渐形成，直至 21 世纪初期，全国不少经济技术开发区在成为“空壳”后被整顿取消，一些规模不大的开发区成为了工业园区。

番禺的工业园区诞生于改革开放初期，最早的由港商投资成立的工业园区是建于钟村镇的“隆辉工业村”。由于毗邻港澳，番禺众多乡亲回乡投资办厂，一些镇村便“圈地成区”，开通水、电、路，平整好土地（时称“三通一平”，是当年工业园区建设或是经济技术开发区建设的一个常用语），或自己筹资建厂房，或由厂商直接建设厂房，不断有各种类型的加工企业入驻，工业园区（或称工业集聚点）就逐渐形成，并给镇村带来现实的经济收益。

在工业快速发展的过程中，作为传统农业大县的番禺，至 20 世纪 90 年代还未理清工业管理方面的各种关系，对工业园区的管理存在诸多不到位的地方，形成了全区工业园区分散零乱的局面。到2000年，番禺大大小小的工业集聚点（时称“工业区”或“工业村”）有130多个，遍布番禺各镇村。有一定名气的就有小平工业区、联邦工业城、西丽工业区、旧水坑工业区、福龙工业区、易兴工业村、蚬涌工业区等等，大量的企业进驻，也有大量的外来务工人员进厂工作。一时间，番禺的外来流动人口（多为务工人员）超过200万人，在一些工业集聚点附近的村（居），外来务工人员的数量甚至数倍于当地居民。

第二节　工业园区迅速兴起，展现良好发展前景

在番禺区委、区政府《关于加快工业集聚促进支柱产业发展的若干意见》尚未出台前，番禺区的工业园区建设就已经迅速兴起。2003年6～7月，番禺区主要领导和分管领导分头深入到各镇街调研，并对工业园区建设提出指导意见，如“工业园区建设要生态园化”等，即是调研过程中形成的一个重要观点。由此可见番禺区委、区政府领导对大规模发展工业生产而引致环境遭受破坏的反思。

从2003年开始，番禺的工业园区建设迅速升温。当年工业园区发展初期的“三通一平”到此时已经变为“八通一平”。地处广州南拓最前沿的大石镇石北工业区即是一个典型的例子。

2003年，番禺区加快推进广州市批准的32个工业园区的建设，以“打造工业航母”为目标的石北工业区即是其中之一。工业一直以来是大石镇经济的主要支柱，但在经济调整发展的过程中，其工业布局和结构方面的弱点也逐步显现出来。而此时正在建设中的石北工业区是大石第一个（或说唯一一个）工业集聚区，总面积6630亩，首期开发面积1867.4亩。其目标就是建设一个科技含量高、产业结构优化、符合生态环保要求、宜于大型企业集聚发展的新型工业区。

为了搞好石北工业区的建设，至2003年8月，大石镇已经投入资金3180万元，使在建的工业园区实现了道路通，排水、供水通，电通，电信、邮政通，煤气通，土地平整。该工业集聚区的建设引得众多工业企业关注。广州日立电梯集团有限公司和日本日立电梯实行强强联合，计划把生产总部设在该工业园区。当时预计，至2005年，日立电梯集团有限公司年产值就可达到45亿元。日立电梯集团有限公司进入园区后，带来的相关产业如物流、配件等与之相配套的企业，也可为工业园区带来超过5亿元的产值。当年，该在建工业集聚区就向大石片区的工业企业“喊话”，希望零星分散的工业企业集聚在园区，改变大石工业发展缺乏规划、布局凌乱的无序局面，使大石工业的粗放发展模式得以改变。

同在番禺工业集聚发展的大背景下，钟村镇（后分设为钟村街、石壁街）也大力建

大石镇开办的鸿图工业园，产生了良好集聚效应。

设总面积达到7090亩的六大工业园区：谢村工业区、钟村镇工业开发A区、钟村二村工业开发区、屏山工业开发区、钟一钟四村工业区和谢石工业区。在六个工业区实行统一征地、统一招商、统一规划、统一办证、统一管理的“五统一”。其优势在于，可以提高招商引资水平，引进科技含量高、产品市场前景好、附加值高且污染少的企业，提高土地的利用率，增加税源，培育新的经济增长点，并希望通过在工业园区内发展一批名牌产品和支柱产业，带动钟村镇产业结构的转型升级。

化龙镇工业区占地3000亩，是化龙镇自主开发的现代产业园的一部分，重点引进的是投资上亿元的大项目。2003年上半年，总投资8000万元、产值可达1.3亿元、年纳税额可达400万元、生产CAV音响的广州汉林电器有限公司落户这个工业区。这个有影响的项目的进入，对于园区的招商引资产生了积极影响。至当年第三季度，已引进12个工业项目，占地共700多亩，合同投资额3亿元。另外，化龙镇占地约2000亩的金湖工业区在2003年上半年就已经引进工业生产经营项目23个，合同总投资额3.3亿元；主要为镇内外小型企业提供发展空间、占地670亩的兴业大道工业园，到2003年8月，已经引进各类私营企业项目15宗，用地面积400亩，投资总额近2亿元。

下大力建设现代化的工业园区，是沙湾镇的一个战略目标：要重点发展高科技、高品质、无污染的工业，推进工业集聚，实现工业经济持续、快速发展。至2003年，沙湾镇规划形成了四大工业园区，分别是古龙、福龙、陈涌、蚬涌工业园区。福龙工业园占地2300亩，古龙工业园规划面积4700亩，规划成为沙湾镇工业发展的主要集聚区。为搞好全镇的工业园区建设，沙湾镇提出了“高起点规划、高标准建设、高效能管理”的要求，力促全镇的工业园区建设能够科学规划、合理布局、配套完善、服务高效，具有较强的招商引资能力，以此带动全镇产业结构的优化和升级。在发展新型的现代化工业园区的同时，沙湾镇特别注重对原有村级工业区的限制，把新发展的工业项目引入镇级工业园区。已经有10多年开发经营历史的福龙工业区内，已经有港陆电子科技公司、佳口多力食品有限公司等多家大型企业经营生产，主要产品涉及电子、食品、木业、电池、输变电设备等。

位于番禺东部的石楼镇，在2003年已有3个具一定规模的工业园区：跨国公司工业园、潮田工业南区、莲花山工业园。在跨国公司工业园，已有世界500强之一的礼恩派等跨国公司落户。其时，一家世界上颇有名气的冲晒剂生产公司也积极与园区洽谈，准备到园区投资设厂。跨国公司工业园的定位是：为跨国公司建立华南地区、全国乃至亚洲地区总部提供基础条件，为跨国公司的生产、研发、物流基地提供优质的服务。园区的招商引资工作力度在2003年后不断加大，取得了很好成效。已引进的有欧洲排名前50位的瑞士汽巴公司、母公司为美国500强的阿乐施公司、全球最大的美国私人控股化工公司Huntsman LLC、亚太地区最大的食品添加剂企业——全统食品、全球最大的食品添加剂企业——美国MFC集团等大企业，2003年的年产值达1.6亿元。第二期投资完成后的年产值预计超过10亿元。作为石楼镇重点工业区的潮田工业园区，总占地面积3047亩，入驻园区的企业有53个，正洽谈的项目有8个，其中已投产企业有24个，2002年产值达6.8亿元；在建项目18个，总投资3.75亿元，预计年产值12.5亿元。占地650亩的莲花山工业区，到2003年8月，入园投资的企业项目有17个，投资总额1.8亿元，预计年产值5.8亿元。

2003年，大岗镇的北区综合开发区以及新联工业区、港口工业区，榄核镇的新涌工业区，万顷沙的同兴工业园、新安工业区，东涌镇的昌利工业区、励业路工业区以及新确定设立的中心工业园，石碁工业园两个工业发展新区，横沥镇的工业启动区，灵山镇灵山工业区，以及黄阁镇一个规划28平方公里的工业园区……都在积极推进基础设施建设，或是加快招商引资，或是进行改造提升，全区工业园区的建设全面兴起，番禺工业经济发展水平的提升由此走进了一个新的时期。

经过多年发展工业的磨砺，番禺上下形成了统一的认识：加快工业园区建设，是推进工业布局调整优化，提高工业整体素质和经济增长速度的必然要求，是实施工业强区战略，走新型工业化道路的重要举措。时任番禺区经贸局局长的黄乃康，2003年8月在接受记者采访时，分析了番禺区工业园区建设的现状，提出了番禺工业园区建设的意义以及加快番禺工业园区建设的意见。他认为：番禺多年来工业经济能够得到持续快速增长，其中的一个重要原因就是工业园区的建设得到快速发展。是这些分散的虽然缺少规划的工业园区里的工业企业，支撑起了番禺的工业生产大局，为番禺全区

位于沙湾镇的港陆电子厂，技术先进，管理规范。

经济的发展做出了突出贡献。因而，番禺的工业园区是“番禺工业经济的助推器”。工业园区化发展，应该作为番禺今后经济工作的一个重要着力点，因为，这是走新型工业化道路的重要途径。工业集聚化发展，可以整合各方面资源，节省公共设施投资10%，节约土地费用15%。在园区也易于形成地区特色支柱产业，对于促进经济协调发展作用巨大。其时，番禺区委、区政府提出了发展工业园区促使工业集聚发展的“四新”思路，那就是：要努力做到管理模式新、引入的产业内容要新、采用的发展模式要新、开发的理念要新。按照此“四新”思路，黄乃康根据番禺工业发展的实际提出，番禺工业园区的建设要在统一规划中规范发展，要加大招商引资力度，大力推进产业集聚，并在工业园区的开发中走市场化的路子，在园区建设中打造品牌，典型引路，办出优势，办出特色。

当年，番禺区政协委员在讨论番禺工业园区建设问题时，也提出了若干见解独到的建议。他们认为，加快工业园区建设，推进产业集聚发展，是番禺区走新型工业化道路的必然要求。要建设具有番禺特色的产业园，大小结合、内外结合、长短结合招商引资，把着力点放在跨国公司、大型企业上，放在有一定技术含量、关联度大、辐射力强、集聚度高的产业链上，并探索新的投资模式，实行多元化经济组合、股份制等市场经济体系。部分政协委员提出，要根据番禺区工业经济发展的特点，将全区的产业园分为现代产业园、特色产业园和普通产业园三类加以发展。大家一致认为，加快工业园区建设是番禺区经济建设的当务之急，也是实施“南拓”战略的必然要求，因而，要努力贯彻落实好番禺区委、区政府《关于加快工业集聚促进支柱产业发展的若干意见》，加快全区工业园区的开发建设，促进工业经济持续、快速和健康发展。

第三节　工业园区建设优惠政策出台

2003年9月中旬，按照广州市工业园区建设相关文件，根据番禺区实际进行大量调研后，中共番禺区委、番禺区人民政府《关于加快工业集聚促进支柱产业发展的若干意见》（番发［2003］10号，以下简称“意见”）正式出台。该文件提出了番禺加快区域与产业集聚的重点发展方向，对进入园区的条件、人才引进的措施、园区建设的奖励扶持、企业融资渠道的拓展以及行政和社会服务等多个方面都作出了规定，是番禺区加快工业园区建设、促进工业集聚发展、促进支柱产业成长的一个纲领性文件，其中明确了番禺工业园区建设的鼓励性政策、优惠政策，对于番禺工业园区建设有规划、高标准的开发建设具有重要的指导作用。

“意见”明确指出，番禺区要进一步更新工业园区的管理模式、产业内容、发展模式和开发理念，充分发挥工业的区域和园区的产业集聚效应，促进工业规模化、产业化、集约化发展，加快番禺区工业结构的调整优化，使工业园区成为全区工业经济的集聚地和经济发展的增长点。“意见”还指出，番禺的工业发展要坚持以规划为导向，以可持续发展为主题，以结构调整为主线，以提高产业国际竞争力为核心，通过工业园区优惠政策的落实和良好的配套服务，推进区域产业集聚。

番禺区委、区政府鼓励在工业园区内投资电子信息技术、生物医药技术、先进制造技术与光机电一体化技术，新材料、新能源和环保节能技术等，符合《国家高新技术新产品目录》或《中国高新技术产品出口目录》的研究开发和产业化项目。重点发展和培育在番禺区已有一定基础的电子信息、电器器材、装备工业、输配电、石油与精细化工、汽车及零售部件、生物医药、珠宝首饰等产业和与之配套的现代物流业。

“意见”还鼓励园区建立科技服务中心、高新技术创业服务中心、生产力促进中心等服务机构；鼓励园区内企业建立工程（技术）研究（开发）中心、中试基地、研究所、实验室等研发机构；鼓励园区内企业与国内外高校、科研院所开展产学研合作，科研机构可以采用以技术入股的方式实现技术成果与园区资金的有效结合；鼓励在园区内投资设立科技咨询、信息服务、专利代理、技术评估、融资担保和风险投资等中介机构。

按照“意见”要求，番禺区放宽了市场准入条件。为了规范市场进入条件，番禺区将清理前置审批。除法律、行政法规和国务院决定、规定的前置性行政审批外，其他部门自行设立的前置审批事项，一律不作为在工商行政部门注册登记的条件，申请人可直接到工商行政部门办理注册登记手续。按照国家、省、市有关放宽市场准入条件的规定，番禺区适度放宽注册资本和出资形式的限制，投资者开办符合省、市规定条件的企业，可分期注入注册资金。投资者开办科技型企业的，可以工业产权、非专利技术作价出资金，其中属高新技术成果作价出资的，经市级以上科技行政部门认定，其出资占注册资本的比例不受限制。

“意见”还进一步明确了人才引进措施。鼓励和吸引国内外高层次专业技术人才和管理人才进入园区工作。认真执行《番禺区中高级人才科研支持资金管理办法》等政策的有关规定，对全区相对短缺、企业急需、有特殊技能的各类人才加大引进力度，并优先安排其配偶及未成年子女工作和入学。

“意见”还在提高公共行政与社会服务水平、建立和完善经济发展考核制度、建立投资协调联动机制、深化行政审批制度改革以及推行招商社会化、市场化和企业化等多个方面提出指导意见，目的就在于提高招商质量，提高服务质量和工作效率，更好地为企业发展服务。

该“意见”也是一个加大力度扶持工业企业发展的重要制度。其中第九条到第十七条，都是对企业的奖励扶持措施。传达出的重要信号就是：对番禺工业园区建设有功者，将给予重奖。

为工业园区引进资金和项目者，最高可以获得 80 万元的奖励。那些在工业园区里投资的在国内外影响大、实力强的大企业或产业关联大、产业链长、处于产业链最高端环节的龙头项目，固定资产投资规模人民币 3000 万元以上 5000 万元以下并符合广州市《鼓励发展的产品目录》或《改造提高的新产品目录》的新办工业企业，或属园区内重点引进的高新技术项目，从企业投产起，给予该企业 2 年年新增纳税额属番禺区收入部分 30% 的奖励。对园区内投资额在 5000 万元以上，并符合广州市《鼓励发展的产品目录》或《改造提高的产品目录》的新办工业企业，或世界 500 强企业，从企业投产起，给予企业 2 年年新增纳税额属番禺区收入部分 50% 的奖励。“意见”还规定，对于重点园区和其他园区内个别重点引进的产业链条长、带动力强的企业或项目，在用地地价等方面实施特殊优惠政策。

为促进企业走科技创新的发展之路，番禺区支持企业开发新产品、新技术。对工业园区内企业纳入国家级、省级和市级的科技项目，并获得上级经费支持的，番禺区政府在科技三项费用中给予一定比例的配套支持。政府还将积极协助企业申报国家级、省级和市级企业技术创新中心和工程技术研究开发中心，申报后经批准并获得上级经费支持的，区政府一次性分别给予 100 万元、80 万元、50 万元的经费支持。对获得“中国名牌产品”“广东省名牌产品”“广州市名牌产品”称号的企业，区政府一次性分别给予 50 万元、25 万元、10 万元的奖励。企业获得国家中小企业国际市场开拓资金扶持的，区政府也将给予一定比例的配套资金扶持。

工业园区内企业投资者从其投资企业中获得的税后利润，用于再投资本企业或园区其他企业，且经营期限在 10 年以上的，再投资企业投产后，按再投资部分已缴所得税属番禺区收入部分的 50% 给予奖励。为了拓宽企业融资渠道，“意见”提出，番禺区将建立企业信用担保和科技风险投资体系，区政府筹集资金加快组建科技风险投资机构，鼓励具备条件的民间团体和个人成立担保机构和风险投资机构，依法开展多种形式的融资担保和风险投资业务，并支持具备一定条件的企业，特别是高新技术企业上市融资和发行债券，有效拓宽融资渠道。

在接下来的几个月时间里，番禺区委、区政府领导一方面组织各有关部门和相关镇街领导，到周边地区考察学习，学习周边地区工业集聚发展方面先进经验；一方面组织到各工业园区建设的镇街进行调研，并在 2003 年 11 月召开了全区工业园区建设现场会，

图为集聚了众多科技型企业的鱼窝头大同工业区

进一步统一思想，促进全区工业园区加快建设步伐。

2004 年，“意见”得到进一步贯彻落实，番禺全区工业集聚点的规划和建设不断推进，按照产业导向，番禺区积极鼓励、引导企业集聚发展，随着工业集聚点的规划建设步伐不断加快，全区工业结构的优化调整和产业升级也进一步深化。

“意见”出台两年后的 2005 年，电子电器、汽车及零配件、精细化工等高增长行业受到政府的特别鼓励，企业将产业链或工序链上低技术含量、低附加值的部分向内地省区转移，也同样得到政府的支持与鼓励，目的就在于使这些“低端企业”能利用好内地的自然资源、劳动力资源，在新的地域获得新的发展。一些企业转移后，番禺区便利用腾出来的土地，承接国际发达地区产业链条的延伸和转移。一批在国内处于领先地位的大公司和企业集团投资番禺，逐渐成为带动产业集聚发展的核心。以松下空调、华凌空调为代表的电器制造业和以明珠电器（后更名为“明珠电气”）、科琳电器等为代表的输配电制造业在 2005 年呈现出良好的发展势头，其集聚优势已经初步显现。以广州广日电梯工业有限公司为代表的楼宇配套设备制造业和以广州机床厂有限公司为代表的数控机床制造业，也获得较快发展。此外，金银珠宝加工业、精细化工业、纺织业、金属制品业、黑色金属冶炼及压延加工业等，均出现较大的龙头企业，工业集聚发展的趋势越来越明显。就在这一年，番禺还涌现了康和药业、嘉和药业、奥林巴斯、雅奇摩托、妙城陶瓷、恒宝机械等高技术含量的产值大户，当年共有新增项目（包括新投产和增资扩产）189 个，投资额 20.5 亿元，每年可新增产值 36 亿元。

工业集聚的特色也在 2005 年逐渐显现出来。工业集聚的理论以及实践的引领，加上规划理念的引入，番禺区推动工业集聚发展，优化产业布局的步伐不断加快。位于番禺东北部现代科技文化产业基地的清华科技园广州创新基地进入规划阶段；位于大岗镇的新联工业集聚区计划设立汽车零配件等专业园区；番禺节能科技园的投资密度达 1 万元 / 平方米（666 万元 / 亩），当年，已有 300 多家科研机构和科技型企业入驻园区，示范带动作用极为明显。

2007 年，番禺区委、区政府根据番禺产业发展的实际，制定了《关于优化产业结构加快经济发展的若干措施》（番发［2007］14 号），力促全区产业结构进一步调整优化，实现经济快速、协调、可持续发展。2008 年，区委办、区政府办转发了《关于优化产业结构加快经济发展的若干措施》的 13 份实施细则。其中，《番禺区认定和培育龙头企业实施细则》，规定工业龙头企业的如下几个条件：1. 企业类型：在番禺区注册并纳税的具有独立法人资格的工业企业。2. 企业规模：处于全区同行业领先地位，近两年的年均销售收入在 20 亿元（含）以上、年均纳税额在 1000 万元（含）以上。3. 科技条件：企业人均增加值高于全区人均 GDP，有稳定的科研经费，技术创新能力强，有市级以上的研发中心，有自主品牌和知识产权。4. 安全、环保和节能：近两年无重大安全生产事故，排放达标，并且无环境污染事故，节能降耗率和资源综合利用率高，符合全区节能减排标准。5. 企业信用：依法经营，照章纳税，重合同守信用，银行信用等级在 A 级（含）

以上，未发生拖欠员工工资等违反法规的事件。达到以上几个条件，即可确定为工业企业的龙头企业，得到政府的相关政策和资金的扶持。其他几个细则是：《番禺区奖励自主创新技术先进企业（个人）实施细则》《番禺区鼓励发展孵化器式创业园实施细则》《番禺区加快发展总部经济实施细则》《番禺区加快产业招商工作实施细则》《番禺区推行中介招商实施细则》等。这13个细则的出台，使番禺区委、区政府建设工业强区的诸多政策进一步细化，可操作性更强，对于番禺区委、区政府《关于加快工业集聚促进支柱产业发展的若干意见》的落实，对于番禺实施的名牌战略、标准化战略以及自主创新、产学研结合等都产生了积极推动作用。

从《关于加快工业集聚促进支柱产业发展的若干意见》出台到2013年的10年时间里，番禺区工业集聚发展取得很大成效，积累了诸多经验。番禺工业经济虽然遇到南沙划分独立成区以及全球金融危机的影响，但仍取得了持续、稳定、健康的发展。从2013年开始，番禺区以工业园区为抓手，优化土地资源配置，连续3年对全区工业园及工业集聚区（点）进行全面摸查，建立全区25个工业园区（集聚区）年度动态数据库，为全区工业园区的进一步整合改造提供决策依据。同年，番禺的现代产业基地、万宝工业区、广日工业园、华创动漫产业园、沙湾珠宝产业园等8个重点园区已着手申报“2013年广州市工业集聚发展园区和基地”的认定。

第四节 工业向集聚化、高端化、科技化和总部化方向发展

中共番禺区委、番禺区人民政府《关于加快工业集聚促进支柱产业发展的若干意见》出台10年后的2013年，番禺区的工业已经显示出向集聚化、高端化、科技化和总部化[①]发展的明显趋向。

“意见”出台的2003年，番禺区引入规划理念，抓紧筹建现代产业园、跨国工业园、输变电工业园、医药工业园、汽车科技文化产业园、珠宝产业园6个区级工业园和现代货仓式物流中心，全区30个镇级工业集聚区的建设也在不断向前推进。过去那种“村村点火，处处冒烟”的分散发展工业的格局，逐步退出历史舞台。新型工业，特别是那些处于产业链条前端的科技型企业，逐渐取代那些产能落后、资源消耗高、环境污染大而附加值低的企业。

2003年12月28日，位于石楼镇现代产业园中的韩国工业集聚区破土动工。该工业集聚区的建设背景是，2003年8月下旬，番禺区在韩国汉城举办了“番禺投资说明会”，产生轰动效应，韩国企业对投资番禺有极大兴趣，其后便有20多家韩国大型企业前来考察。到年底，已有7家韩国企业明确了投资意向，5家正在洽谈。为满足招商引资对

①番禺的科技园区如番禺节能科技园、广州国家数字家庭应用示范产业基地、清华科技园创新产业基地等，已经不是严格意义上的工业园区，这些园区已经显示出总部化的特征，即企业总部设在园区，研发机构放在园区，有的成果转换采用外包形式。一些企业的生产车间亦设在园区之外。

工业用地的需求，番禺区委、区政府决定加大投入，加速产业集聚区建设。2003年10月，番禺区政府决定将韩国工业集聚区设于现代产业园中。经一个多月的规划设计、论证、招标等，韩国工业集聚区破土动工。

韩国工业集聚区的设立有所创新：采用“一园多区”的办法，在化龙、石碁、大岗等镇陆续开发，首期选址位于化龙镇金山大道延长线南侧，面积为800亩。韩国工业集聚区按高标准建设，仅集聚区内市政建设投资就达3000万元，“三通一平”后，部分缓解番禺区工业用地的供求矛盾，为对外招商引资提供优质载体。该工业集聚区的建设，标志着番禺工业园区的建设开始提速。

一、高起点建设的跨国产业园

位于番禺区石楼镇的跨国产业园，是番禺区2003年规划建设的一个重点项目，进入

广州国际创新城的规划发展，前景诱人

该产业园的首家跨国公司——广州塔祈巴那电器有限公司于2005年9月22日在园区内奠基。广州塔祈巴那电器有限公司是一家日本汽车座垫加热器生产企业，在番禺建设的生产项目是该公司为“广州丰田汽车”配套的项目，两家公司已签订供货合作意向书。该公司在跨国产业园区内购地4万平方米，投资超过1000万美元。自日本丰田项目落户南沙后，番禺就积极开展了对日本汽车零部件行业的招商，经过一年多的努力，终于取得了对日汽车零部件企业招商的突破性进展。塔祈巴那公司的奠基，意味着跨国产业园的建设揭开了实质性的一页，预示着汽车工业不久将在番禺工业中唱重头戏。

跨国产业园专为跨国公司建立华南地区、中国乃至亚太地区总部而设立，是一个专业性强的工业园区。园区设计为跨国企业的生产、研发、物流基地，政府相关部门为园区提供优质服务。按有关规划，番禺将在跨国工业园区创造强劲的品牌效应、集聚效应和规模效应，为全区经济发展创造新模式，凸显招商引资新亮点。首家企业进入园区后，

世界500强企业的汽巴公司、泛达公司，亚太地区最大的食品添加剂企业——全统食品等几家大型企业也计划进入。

位于番禺区东北部高新技术产业带上的清华科技园广州创新基地，作为番禺现代产业基地的核心项目，也是广东省的重点项目，总投资额约43亿元，由番禺区政府、清华科技园（启迪股份）及招商地产合作建设。清华科技园广州创新基地将重点发展现代信息服务业、光机电一体化、节能环保、新材料和生物医疗，以及工业设计等创意产业。园区主要功能构成有以下几个方面：工业设计核心创意集群、人居科技研发集群、人居科技企业总部集群、人居科技综合孵化集群、人居科技研发中试集群、人居科技会展及教育培训区、展览中心、会议中心、培训中心、综合服务区、生活配套区等。

清华科技园广州创新基地负责人认为，作为新生代的科技园区，被称为介乎二三产业之间的"2.5产业"，是指把园区产业的发展和房地产业的运营规律结合起来，以创新型和成长型企业为客群，为企业提供研发载体和产业服务。清华科技园的核心就必然是科技人才、科研成果，以及相关金融、创投、创业、孵化等服务要素的聚集，形成对区域创新经济的推动，对科技企业的服务和支持。清华科技园创新基地提出的"产城融合"构想，就是要使功能产业园区、科技园那种城市产业"空城"、生活"睡城"、交通"潮汐化"的状况得到改变，使"宜居"与"宜业"和谐统一，使"科技园"升级到"科技新城"。

2007年7月23日，番禺区政府与启迪控股股份有限公司（清华科技园建设运营主体）举行了清华科技园广州创新基地签约暨启动仪式。清华科技园广州创新基地是清华科技园继昆山、上海、沈阳等地之后，在国内建设的第9个分园，园区致力成为广州乃至珠三角区域具有强大集聚功能、辐射能力和示范带动作用的一流创新科技园区。清华科技园广州创新基地规划总建筑面积90万平方米。2011年，一期2.6万平方米建成并交付使用，包括2万平方米的研发大楼和6000平方米的综合配套楼，已有蓝通科技、思普达公司等20多家IT、创意、环保企业进驻办公。项目二期10万平方米，由17栋400平方米到7000平方米建筑组成。二期配套1.2万平方米的公寓，3000平方米的餐饮区、银行、超市等设施。

2011年7月27日，番禺区政务服务中心清华科技园园区服务站挂牌。番禺区政务办及石楼镇政务服务中心专门在园区内的创新一号楼设立了政务服务站，实现了电脑联网审批，为园区内企业进行各类型的审批事项提供优质、高效、便捷、畅通的服务。2013年10月前后，番禺区科信局在园区设立"企业上市培育工作站"和"科技服务工作站"，为科技企业提供上市辅导和服务支持。作为国内科技园领域最大和最具知名度的园区之一，清华科技园一直以创新服务和资源整合优势作为核心竞争力，清华科技园广州创新基地更多地把精力投入到完善服务项目上，尝试走"产城融合"的新路子，加快园区建设。

在"产城融合"理念的支撑下，清华科技园广州创新基地的绿化率达70%，除了融合原生态环境的园林设计外，超常成本投入也使得园区成为广州首个国家级绿色二星建筑项目。清华科技园广州创新基地项目的成功开发，显示出番禺区园区（工业和科技）建设的高起点、高标准和新理念。

从2000年开始筹划建立的番禺节能科技园，与清华科技园广州创新基地同为番禺的科技型园区，其在“三资”融合方面，“产”与“城”的融合方面已经进行了有益的探索，并且取得了成功的经验，也成为了番禺、广州、广东乃至全国科技园区建设的一个成功范例。

二、广汽集团自主品牌乘用车生产基地产能暴发式增长

广州汽车集团自主品牌乘用车项目于2007年11月在番禺区化龙镇番禺现代产业园内奠基。2008年5月，广汽自主品牌乘用车发动机工厂举行开工仪式。同年10月，广汽零部件项目落户化龙镇现代产业园。在现代产业园内，广汽自主品牌属下的广州传祺轿车生产研发基地，首期开发面积约2.4平方公里。广州汽车集团乘用车有限公司（整车工厂）、广州汽车集团汽车工程研究院化龙基地（研发中心）、汽车零部件配套服务项目（申雅、江森、优利得、广汽传祺零部件工业园）率先入驻。

广州传祺轿车生产研发基地是广汽传祺乘用车自主品牌发展的主要载体。它以广汽乘用车公司和广汽研究院为核心，集研发、生产、零部件、物流配套为一体，计划用10年左右的时间建设成国际化、专业化与智能化的高端制造业园区，建成后汽车产能达至40万辆/年，可极大促进广汽传祺自主品牌的高端化、集群化、融合化发展，大幅提升自主创新能力和核心竞争力。

广汽乘用车公司由广汽集团投资38亿元独资设立，成立于2008年7月21日。公司总占地面积120万平方米，工厂按年产整车40万辆、发动机45万台的规模一次规划。

俯瞰广汽集团位于化龙镇的产业园，让人震撼。

首期投资预算38亿元，按年产汽车10万辆、发动机10万台的生产能力建设。广州传祺轿车生产研发基地首期工程于2008年12月动工，2010年9月竣工，并实现了首款传祺轿车顺利下线。短短两年时间，就建成了具备世界水平的汽车和发动机生产工厂。这在广州工业发展的历史上也是一个“传奇”。

“广汽”传祺汽车生产线

2010年10月，首批500辆传祺轿车作为第16届广州亚运会指定用车交付给“亚组委”。首款传祺轿车于2010年12月上市，第二款SUV车型GS5于2012年4月上市，第三款紧凑车GA3于2013年7月上市。2010～2013年，广汽乘用车公司实现了汽车产销量、产销值每年倍增的跨越式发展，3年累计产销乘用车近13.5万辆，产值接近140亿元。随之，该公司二期年产10~20万辆扩能项目动工。

引人瞩目的广汽研究院化龙基地（研发中心），是广汽自主品牌乘用车项目的一个中心“发动机”：项目占地面积约28.8万平方米，投资约30亿元，于2010年6月动工建设，2012年11月建成投入使用后，即进驻科研人员1100人。该基地具备汽车总体设计、车身造型和车身结构设计、汽车底盘设计、电子电器系统设计、动力总成设计等能力，形成整车、动力总成、底盘系统及零部件、车身及附件、电子电器系统等性能及可靠性试验能力。能够进行发动机、变速箱和部分零部件，以及整车的试制，整车试制能力100辆/年，自主研发能力和研发设施达到和部分超过国内一流水平。

广州汽车集团自主品牌乘用车项目落户番禺现代产业园时间不久，就获得了多个奖项。2007年11月，广汽研究院获广州设计周“金羊奖”特别奖——2007年度设计成就奖；2010年12月8日，广汽“传祺”荣获2010年度中国创新设计大奖至尊红棉奖和全场大奖；2011年9月25日，“传祺”造型设计团队获得由中国汽车工程学会颁发的优秀设计师团队奖；2011年10月13日，广汽研究院获评2011年度中国工业设计十佳最具创新力企业设计中心；2012年4月26日，广汽传祺获首届广州市专利奖优秀奖；2012年5月23日，自主开发的“传祺”系列中高级轿车及其技术荣膺“广州市科技进步一等奖”。

广州传祺轿车生产研发基地内的“申雅”“江森”“优利得”项目是广汽零部件项

目的核心。申雅密封件、江森汽车内饰、优利得汽车内饰3个零部件项目位于传祺基地A地块，项目总投资合计约5.5亿元，占地约232.5亩，主要开发、设计、生产、制造汽车密封件、仪表台总成、中控台总成、汽车座椅、手刹套件等汽车零部件。申雅项目于2012年11月动工建设，江森、优利得项目于同年进行试产。广汽传祺零部件工业园也建于传祺轿车生产研发基地内，计划引进包括汽车车灯、钢材加工、车内饰品、配件模具、电子元器件、仓储物流等16个广汽关联零部件配套项目，总投资26.54亿元，净用地面积1081亩，将发展成为汽车零部件研发、生产、加工、仓储、中转和整车仓储、物流等功能一体化的中心。第一期进驻了广汽商贸钢材、物流、资源再生3家汽车生产服务企业。

传祺基地的基础配套设施如道路、供电、供水、污水处理等正在不断完善；属生活配套的"传祺公寓"（广汽生活区，建筑面积约2.3万平方米）已投入使用，有900多人入住。

传祺基地从2007年开始筹备，到2008年5月广汽乘用车项目发动机工厂开工，也得益于项目所在地番禺各级政府的大力支持。2009年9月，番禺区政府成立广州市番禺现代产业基地建设指挥部，主要负责组织、协调传祺基地各项征地拆迁、规划用地、基础建设、政务服务等工作，高效率地完成了相关工作任务，为项目的顺利实施创造了良好条件。

2010年4月，广汽集团在北京车展隆重发布新LOGO和自主品牌首款车"传祺"，首次展出了准量产车。准量产车获得车展组委会组织评选的最佳（自主）首发新车奖。

2010年广州亚运会后，是"传祺"发展较快的一个时期。2011年6月，广汽"传祺"正式成为意大利领事馆公务用车。2012年4月，"传祺"GS5正式上市。2012年11月21日，广汽集团"国家认定企业技术中心挂牌暨广汽研究院新基地落成仪式"隆重举行。2013年7月，"传祺"GA3正式上市。

传祺GS5是广汽研究院基于欧洲高性能平台开发的首款中高端都市SUV车型，完美诠释了"时尚与科技"相结合的理念，将前瞻科技巧妙融入汽车制造中。传祺的发展，科技创新发挥了重要的作用，是科技创新使广汽的自主品牌汽车达到国际先进水平。

作为广州市自主创新的"一号工程"，广汽研究院开发的首款自主品牌中高级系列轿车"传祺"、SUV车型"传祺GS5"及相应的系列发动机已相继量产，创建了拓展性良好的先进车型（技术）平台，建成了富有特色的自主研发体系。

在新能源汽车开发方面，广汽研究院研发的国内首款中重度四驱混合动力轿车已取得产品公告，插电式、增程式及纯电动新能源汽车开发也取得了实质性进展，即将投入新能源汽车的"十城千辆"示范运行。在此基础上，广汽研究院正全力以赴打造自主品牌的系列整车和动力总成产品，并计划在10年内形成可按市场需求开发任何种类汽车产品的产业核心能力。

广汽传祺的目标是：在2015年前形成同时承担3个车型的自主开发能力和规模；建

成A00、A0/A、B、C等级别的自主品牌常规乘用车车型平台及一个电动车专用平台；形成自主品牌动力总成产品系列；掌握电动汽车关键技术，实现各种电动汽车的量产化。2020年前，建成完善的自主研发平台，在开发能力和规模上达到国内一流、国际先进的水平，具备可参与国际、国内合作与竞争的自主产品开发能力。

2011年上半年，广汽自主品牌“传祺”产销量约8000辆，销售额约10亿元；广汽荻原模具冲压有限公司投产，江森汽车内饰系统有限公司、广汽优利得汽车内饰系统研究开发有限公司厂区动工建设。广汽已拥有完全自主知识产权的1.6L、2.4L两个系列7款发动机技术，1.8T、1.6DCVVT发动机已达成出口欧洲的意向。

至2013年上半年，番禺境内汽车制造业呈现暴发式增长，汽车制造与轨道交通设备制造一起，成为了番禺经济新的增长点。

2013年，番禺汽车制造业完成产值100.87亿元，比上年增长1.15倍，增速居各大类行业之首；占全区规模以上工业总产值的比重为6.6%，比2012年提高2.8个百分点，利润增长幅度也位列首位。汽车制造业在2013年也首次进入番禺区五大支柱产业行列，排名第三。媒体报道的番禺区政府官员的一句话鼓舞人心：广汽乘用车第二个10万辆/年产能扩建项目顺利推进，广汽菲亚特项目落户化龙，现代产业园千亿级汽车产业集群建设雏形初现。

三、产能快速释放的广日工业园

2012年8月，番禺区石楼镇召开会议通报全镇上半年经济和社会发展计划执行情况。数据显示，1—6月，石楼镇实现工业产值67.4亿元，实现工业增加值11.9亿元，占GDP比重达到了42.8%。会议对全镇经济运行形势进行分析，得出一个鼓舞人心的结论：经过多年发展，至2012年，石楼镇已经初步形成了一个有骨干优势的产业集群。

2012年上半年，石楼镇辖区内广日工业园、跨国产业园、潮田工业区的园区集聚效应更明显。电梯制造及关联产业、汽车配件制造业、精细化工、食品机械四大龙头行业产值分别达到21.9亿元、6.11亿元、9.35亿元、1.13亿元，初步形成骨干优势产业集群。

广日工业园的产值增幅达33.09%，其电梯制造及关联产业与其它三个产业并列称为石楼镇的“四大龙头行业”，可见广日工业园在石楼全镇经济发展中的重要地位。

广州广日集团有限公司，是广州市人民政府国有资产授权经营的企业集团，是一家立足装备制造产业、跨行业经营的综合型企业集团，是广东省装备制造业50户骨干企业之一及广东省50户工业龙头企业之一。旗下产业包括电梯产业、电梯配套和关联产业、环保产业三大板块，产品涵盖电梯、电梯配套件、电扶梯、电扶梯配套件、电梯轨道系统、智能停车设备、月台屏蔽门等。

广日集团是广州市首批认定的总部经济企业。“十五”规划开始实施以来，集团主要经济指标一直保持高速增长，工业产值和经营收入屡创新高，形成电梯、环保两大支柱产业，共有控股二级企业 2 户、控股三级企业 17 户、参股三级企业 5 户。为满足生产发展的需要，集团决定在石楼镇的跨国产业园内建设一个功能较为齐全的产业园区。

应运而生的广日工业园占地 442.5 亩，建筑面积 15 万平方米，是国内规模最大的电梯配套及关联产业的生产基地。至 2012 年底，入园企业已有广州塞维拉电梯轨道系统有限公司、日立电梯电机（广州）有限公司、广州广日电梯工业有限公司、广州广日股份有限公司、广州广日电气设备有限公司、西屋地铁月台屏蔽门（广州）有限公司、广州广日智能停车设备有限公司、广州广日物流有限公司等。正式投产后，广日工业园的产能不断释放。

广日集团的电梯制造、电梯配套及关联产业板块已于 2012 年成功上市（广日股份、证券代码 600894）。广日企业的成功上市，实现了集团主业由产品经营向资本经营的大转移，对于快速推进企业的全国生产制造网络建设，驱动传统制造向高端制造转型升级，完善营销网络建设并加快向服务业转型速度，持续强化质量控制及安全生产水平，确保电梯及关联配套产业实现快速稳定增长产生重要影响。

广日集团拥有日立电梯、广日电梯两大著名电梯品牌，电梯制造业历经 40 年持续快速发展，已占据行业领军地位。广日集团的电梯产销量及综合实力排名稳居行业前列。集团由电梯制造主业延伸出的电梯配套及关联产业，已规模化形成电梯研发设计、制造、物流及安装服务于一体的完整产业链，并向地铁月台屏蔽门、智能停车库等关联产业不断延伸。

广州环保投资集团有限公司是由广州广日集团有限公司与广东立信企业有限公司共同组建的环保公司。广日集团的环保产业即以公司为平台，通过引进、消化、吸收，创新出世界一流的固体废弃物处置技术，已培育出垃圾收集、垃圾转运、垃圾终端的完整环保装备制造产业链。用循环经济产业园区理念“统一规划、统一建设、统一管理”，逐步形成固废处理可持续发展的商业模式。自然也成为集团的一个新的经济增长点。

2013 年 9 月 17 日，日立电梯大石基地三期工程举行奠基仪式。工程预计投资 5 亿元，

“广日电梯”生产车间一角

工程完工后，大石基地的电梯产能将提升近50%，工业总产值将会大幅度提升。同时，位于石楼镇、投资近5亿元的广州广日工业园二期工程同日在大石制造基地举行奠基仪式。两项工程完工，广日集团的生产能力将大幅提高。

番禺官方统计数据显示，2013年，番禺以电梯配件制造为主的通用设备制造业产值总量位居各大类工业行业首位，完成产值350.65亿元，占规模以上工业总产值的比重为22.9%，比上年增长14.8%。这其中，广日集团贡献最为突出。

四、广州国家数字家庭应用示范产业基地凸显示范引领作用

2009年3月25日，国家数字家庭应用示范产业基地在广州大学城揭牌。数字高清互动接口（DiiVA[①]）标准及产业化合作协议同日签约。国家数字家庭应用示范产业基地，由工业和信息化部与广东省政府共建，包括数字家庭研发园、数字家庭商务园、数字家庭制造园三个园区。该基地也是市、校、区合作的重要载体。“数字家庭研发园”刚设立，很快就聚集了数字家庭国家标准的5大技术支持中心和71家入驻单位，成为“标准聚集和企业对接之区”。在揭牌当日签约入驻的DiiVA国际研发总部，为广东省数字家庭产业发展提供强大支持，对促进数字家庭产业聚集和技术应用，对广州以及全省高新技术产业的发展，都将产生重大影响。该基地还承担示范应用的重要使命，重点推进的“互动高清、机卡分离、安全播出”模式的有线数字电视应用示范工程，已在番禺、南海、云浮等地取得很好的示范效应。

国家数字家庭应用示范产业基地的建设，很快引起了全国相关行业的高度关注。“打造面向世界的数字家庭产业集聚地”的口号也具有极强的感召力。2009年6月3日，北京大学和广州市人民政府在广州大学城国家数字家庭应用示范产业基地举行了“共同支持建设‘数字视频编解码技术国家工程实验室研究开发与产业化中心’”的签约仪式。

由北京大学主导的数字音视频编解码技术标准（以下简称AVS）是中国拥有知识产权的自主创新技术成果，在番禺开通首个AVS高清数字电视实验频道后，迅速在全国10多个省市得到应用，产业化进程加快。通过此次合作，基地将建立AVS产业化合作平台和公共服务平台，推动数字视频核心技术产业化。广州市相关领导表示，广州市将在政策、资金等方面给予支持，建立AVS产业孵化园区，聚集国内外一批与AVS相关的研发、运营、销售、服务企业，形成完整的AVS产业链。

2009年11月12～15日，广州博览会在广州流花展馆举办，番禺区在展会现场设“数

①DiiVA，一种数字高清互动传输接口技术，支持视频带宽达13.5Gbps，支持混合通道频宽合计超过2Gbps，可做双向数据和音频传输，同时还支持HDCP2.0（高带宽数字内容保护技术）与DTCP-IP（通过互联网协议的数字传输内容保护）。传输的数据类型可以同时串流，包括现有与未来应用的未压缩高分辨率视音格式、USB（通用串行总线）、以太网络、装置控制指令等。DiiVA规格包括传送层和网络层，让视频、音频和数据封包，可以在DiiVA家庭网络中，安全地改变从任一信号源传送到任一显示器的路径。此外，DiiVA规格将提供移动便携设备的网络连接与充电功能。

国家数字家庭应用示范产业基地产生良好示范效应

字家庭新生活体验区”，共设展位30个，总面积270平方米，集中展示了番禺区在科技领域的创新和进步，倡导新生活。展会上的“数字家庭新生活体验区”，由广东星海数字家庭产业技术研究院有限公司、广州高清视信数码科技股份有限公司、广东中大讯通信息有限公司等8家企业协作完成，展示推介了番禺区数字家庭产业发展的新面貌。该体验区运用多媒体技术、交互式展示手段进行展示，使参观者能真切感受数字家庭的现代化、创新、高品质的生活方式。

到2010年，国家数字家庭应用示范产业基地已经初步显示出其集聚效应，年底，入园企业已经达到了228家。而基地的自主创新能力也显著增强，承担了多项国家级科研项目，形成了产学研用有机结合的技术创新体系，并上线各类数字家庭互动服务超过60种。基地还着手组织实施数字家庭应用示范工程，加大力度开发数字家庭应用，扩大应用试点规模，更好地发挥引领示范作用。在全国数字家庭产业发展中，其重要地位日益明显，影响力不断扩大。

2011年11月24日，由工业和信息化部电子信息司和广东省经济和信息化委员会指导，广州市科技和信息化局与番禺区人民政府联合主办的“第一届数字家庭技术创新与产业应用年会暨数字家庭整体解决方案大赛颁奖盛典”在番禺举行。第一届数字家庭年会由国家数字家庭应用示范产业基地（广州）和数字家庭产业与应用促进中心（DHPC）具体承办，按照“以用兴业，信息惠民”的主题，行业主管部门领导、科研院所知名专家学者、骨干企业高层主管、数字家庭产业链各环节资深专业人士齐聚一堂，交流、总结了我国数字家庭产业实现创新突破发展的宝贵经验，见证数字家庭技术进步的成果，深入解读了数字电视和数字家庭“十二五”发展规划要点，引导产业把握“十二五”期间的发展机遇，抓住发展关键，全方位、多角度探讨数字家庭产业实现可持续发展的战略布局。会议围绕深度透析国内外数字家庭产业的技术进步、产业化应用推广、发展战略定位、产业布局规划、知识产权和技术标准状况、产业与技术发展趋势等精心组织，对技术创新成果进行全面展示和应用推介。

会议集中展示近年来我国数字家庭领域的技术创新成果和数字家庭应用示范产业基地的建设成就，揭晓数字家庭整体解决方案大赛的评选结果。广东广联电子科技有限公司摘得大赛特等奖，深圳创维—RGB电子有限公司、四川长虹电器股份有限公司、北京朝歌数码科技股份有限公司夺得一等奖，并一起获得“最具推广价值奖”。这些获奖解决方案体现了数字家庭领域的前沿技术创新成果，整体性能指标优异，设计科学合理，应用成熟可靠，具备应用推广的综合性优势。

到2012年，国家数字家庭应用示范产业基地已构建起数字家庭芯片设计、软件开发、4C融合数字视听、高清电视、家庭网络和多业务平台等238家企业组成的数字家庭产业集群。数字家庭基地已集聚AVS+、AVS、DRA、Diiva、IPanel等自主创新标准，建立智慧家庭等标准化产业联盟。广州超级计算中心项目、新岸线多用途计算机芯片项目、中科海通塑料光纤产业化基地项目、广州国家现代服务业集成电路设计产业化基地项目和中山大学生物医学工程产业化项目等重大项目正式落户启动。通过加强招商引资，聚集优势资源，垂直整合高新技术产业链，逐步在番禺区形成从芯片设计、软件开发到整机研发、系统集成、内容服务的完整产业链，实现核心技术产业链的完善。其中新岸线多用途计算机芯片项目预计将形成产值规模达10~15亿元的产业链。

至2013年12月底，国家数字家庭应用示范产业基地与广东工业大学合作建设的广州国家现代服务业集成电路设计产业化基地二期项目顺利推进，与中国传媒大学共建的中国传媒大学广州研究院也如期“完工”。

2013年，国家数字家庭应用示范基地实现产值20亿元。3年间，基地的数字家庭领域申报的专利已超过1000项，初步建立了数字家庭的“专利池”。广州市政府已规划了用地13.32万平方米的数字家庭产业基地，将以“大基地”“大产业”的思路推进数字家庭产业的进程，走集成、集群、集约的路子，把广州打造成为服务全国、面向世界的数字家庭产业集聚地。

五、广州国家生物产业基地番禺园区

2008年11月6日，广州国家生物产业基地番禺园区授牌仪式在番禺区举行。同日，广药集团与区政府签订合作意向书，广药集团首批10家企业落户园区。

广州国家生物产业基地番禺园区，建于化龙镇和石楼镇交界处的现代产业园内，总规划面积约为3255亩，计划分三期建设，在5～8年内完成。园区采用“政府组织开发，企业经营管理”的模式运作，以生物医药研究、开发、中试、生产的高新科技开发项目，带动生物医药等相关行业的开发，建立与国际接轨的生物医药技术研究开发基地，将采取密集投入，短、中、长期项目立体开发的策略，以实现短期见效，长期收益的目标。

2009年7月，位于广州大学城广东药学院内的广州大学城健康产业产学研孵化基地成立。基地总建筑面积约16000平方米。“孵化基地”以生物医药为主导行业，重点引进和孵化从事生物制药、诊断试剂、医疗器械等行业的研发型企业入驻，集中体现创新创业的主体功能。通过资源共享，利用广东药学院独特的技术、人才和资源优势，与广州国家生物产业基地番禺园区一起，共同全力打造“人才培养——创制开发——中试——规模生产”的生物医药创新体系和科技创新的服务平台。该孵化基地设立公共服务平台，为入园企业提供一站式服务，建立起企业与政府最直接、最有效的沟通平台；设立产业发展基金和产业引导基金，通过无偿资助或资本金注入方式，为企业项目开发提供一定的资金支持；设立健康产业风险投资联盟，为企业提供投融资服务；设立专家委员会，为企业提供技术与项目咨询服务；设立公共技术平台，为企业平台提供生物医药信息、药物筛选、研究开发、中试生产等整套的技术与设备服务。至当年 12 月，先后有北京六合华大基因股份有限公司广州分公司、广州新百泰生物科技有限公司（含广州基因药物研究院筹备处）、广州澳织朗生物科技有限公司、广州熙福医疗器械有限公司 4 家公司入园。另外，海南康芝药业股份有限公司、广东润科生物工程公司、上海南诺生物科技有限公司等已确定入园意向。一批优质企业在园区落户，初步显示了园区的集聚效应。进驻企业中，具有国际研发生产背景的占近三分之二，注册资本达 2 亿元。园区初步形成了人才、技术和产业集聚的良好态势。园区成立一年多时间里，就获得发明专利 19 项、实用新型专利 7 项、注册商标 6 项；完成临床 II 期一类生物药一项；获得广东省科技计划项目资助一项、广州市中小企业创新基金一项，广东省省部产学研示范基地一个。2010 年，通过了人力资源和社会保障部企业博士后科研工作站的评审并授牌，联合实验室建设基本完成，开始运行 3 个数字医疗项目。

六、广州重大装备制造产业（大岗）基地

广州重大装备制造产业（大岗）基地于 2009 年确定建设，建设目标是：打造千亿产值装备制造业航母。专家认为，装备制造业是工业制造业的关键环节，在大岗建立面向珠三角、甚至华南的装备制造业基地，一方面可以与南沙工业形成互补，形成广州临海装备制造产业基地；另一方面，也有利于弥补以轻型工业为主、“重度”不够的珠三角工业结构“短板”。项目一经确定，就引起国内各方高度关注。

广州重大装备制造产业（大岗）基地确定建设前的 2008 年 6 月，广州市政府与中船集团签署协议，由“中船”投资 270 亿元在广州新建船舶配套产品生产园，项目选址番禺南部大岗镇的新联工业区。

随后，经全面规划，广州重大装备制造产业（大岗）基地定址大岗。按照确定的目标，大岗基地总规划 50 平方公里。规划到 2015 年开发工业用地约 10 平方公里，累计投资约 450 亿元，预期实现工业总产值 600 亿元。经过 2015—2020 年的基地优化提升期，到 2020 年再开发 10 平方公里工业用地，完善产业基地布局，5 年内再新增投资 450 亿元，产业基地工业总产值目标突破 1200 亿元。届时，形成实力强大的船舶和海洋工程装备产业集群；形成国内有竞争实力的物流设备和环保及资源综合利用设备的产业集群，以及在这两个行业内培育集系统设计、系统集成、工程总承包和全程服务为一体的工程公司。

大岗基地的发展遵循集聚和生态型的发展方向，发展定位为重大技术装备制造基地、

出口基地、研发设计中心和现代制造服务中心。简述为“4311”定位：即建成以船舶、海洋工程、能源装备和汽车为重点的四大配套产品和零部件形成的中场产业集聚地[①]；建成以港口物流机械、环保及资源综合利用设备和大型施工设备三大主机为主的主机和成套设备制造、供应基地；建成一个自主创新的基地；建成一个现代制造和物流服务中心。其特点为：一是以船用配套产品和海洋工程装备为特色；二是以重大技术装备为重点，包括重型装备和关键装备制造；三是既要重视发展整机和成套设备制造，又要大力发展中场产业，即关键零部件、元器件制造；四是要将装备制造业和现代制造服务业结合起来；五是大力发展新能源和环境友好型装备制造业。其中，船舶制造业是先进装备制造业的核心之一。广州市通过加强与中船集团合作，在大岗全力打造占地面积达125万平方米的中船集团华南船用柴油机生产基地。设计总目标为年产1000万匹马力船用低速柴油机，其中一期工程总投资约65亿元，年产低速柴油机500万匹马力。

基地包括大型船舶配套区、大型装备区两大主功能区和公共配套设施。大型船舶配套区占地面积7500亩，主要建设中船集团广州船用配套产品生产基地，规划包括：船用低速柴油机生产基地、船用低速柴油机曲轴生产基地、大功率船用中速柴油机生产基地、柴油机配套产品生产基地、其他船舶配套产品生产基地等5个功能区。大型装备区规划建设包括：大型装备精尖加工区、重型机械装备区、大型装备产业链配套区、发电装备配套区、海洋工程配套区等5个功能区。

2010年，广州中船船用柴油机公司低速柴油机和广州中船船舶钢构有限公司柴油机核心部件及舾装[②]件配套基地项目纳入番禺区重点建设项目并开工建设。2011年11月，广州中船船用柴油机公司低速柴油机项目2台300吨起重机完成吊装作业并安装调试完毕，配电中心工程通电；12月，试验车间基础工程、码头（港池）工程、试验综合楼工程完工，设备开始正常使用。同时，勇博1号船舶在中船大岗基地港池码头首航试靠泊成功。2011年11月，广州中船船舶钢构有限公司柴油机核心部件及舾装件配套基地项目装焊车间工程、外场道路及堆场建设工程完工；12月，空压站工程完工。

2012年底，原属番禺区管辖的大岗镇与东涌镇、榄核镇一起划归南沙区。此后，广州重大装备制造产业（大岗）基地的建设就渐渐淡出了番禺人的视线。

七、番禺工业（科技）园区建设新动向

根据番禺的产业发展布局和良好区位优势，番禺发展的定位在新世纪承接南拓的前10年里有了几次明显的变化。番禺区顺应广州市城市化发展的新趋势，最终提出了“宜

①中场产业指处于最终产品装配工业和基础材料工业之间的零部件、元器件、中间材料制造业。
②舾装是船舶制造工艺里的一种，分为分段舾装、船坞（船台）舾装和码头舾装（把管子、阀门和其他大型设备及装潢材料装上船。该过程涉及的专业最多，也是最容易发生事故的过程）。所谓船舶舾装，是指船体主要结构造完，舰船下水后的机械、电器、电子设备的安装。船舶的舾装就是除船体和船舶动力装置以外所有船上装备的安装。

业宜居、现代文明、价值凸显的广州时尚创意都会区”的城市发展新定位。新世纪开始后，诸多大型商贸项目进驻番禺，番禺顺应广东省率先提出的打造“时尚产业总部基地”设想，通过总部基地项目的建设，实现时尚产业价值链高端聚集，实现番禺区城市功能升级和形象更新，通过总部集聚区周边，营造高品质文化氛围和生活环境，形成具有广州特色的总部经济载体。这一概念的提出，对于改造提升番禺的服装鞋帽制造业，启发出一条新的思路。

服装鞋帽制造业一直是番禺的传统优势产业之一，经历几次大的波折后，以加工出口为主的番禺服装鞋帽业开始萎缩，但仍有一些服装鞋帽企业不断创新，全面开拓，顽强生存，甚至获得了大的发展。2009 年 7 月，番禺区政府和广东省服装服饰行业协会共同主办了《珠江三角洲地区改革发展规划纲要》宣讲贯彻会暨番禺服务业发展交流会。会上，番禺区与广东省服装服饰行业协会正式签署了《广东时尚产业总部基地项目合作框架协议书》，此举的重要目标就是，借力现代服务业促番禺传统产业的升级，着力打造广东时尚产业总部基地，推动服装产业迈向价值链高端。

根据广州市统筹广州大学城及南岸地区、生物岛，建设广州“一核两翼”[①]中的南翼的战略构想，番禺区着力全面推进广州国际创新城的开发建设。

番禺区邀请了国内外著名产业、规划研究机构，对广州国际创新城的产业发展和空间布局出谋献策，编制了《广州国际创新城产业发展规划》《广州国际创新城总体城市设计》《广州国际创新城启动区控制性详细规划》等多个规划。创新城启动区控制性详细规划和土地利用规划修编已上报。国际创新城的产业规划，特别注重错位发展，将重点发展医药健康、新信息技术、新能源新材料、金融服务、低碳环保、国际教育等产业。在城市规划上，贯彻系列先进的设计理念，营造出创新城独特的功能与环境特色。同时，委托高水平研究机构，分别对创新城人才发展规划、金融发展战略规划、大学城现代服务业提升策划等进行深入研究。

番禺区委托上海现代建筑设计（集团）有限公司对国际创新城展示馆进行了设计，已建成一期工程。该展示馆采用世界最前沿的数字技术进行沙盘布展，拍摄高水平宣传影片，优化“创新城”形象展示平台。国家数字家庭应用示范产业基地和广州大学城健康产业产学研孵化基地设立公共服务平台，为“创新城”入园企业提供一站式服务。番禺区还积极协调高校实验室、图书馆等资源，面向校际、创新城入驻企业有偿开放使用，

① 《广州市战略性新兴产业发展规划》提出“一核两翼”总体发展格局：“一核”——东部提速核：战略性新兴产业核心基地以中新广州知识城、广州科学城、天河智慧城、增城开发区作为发展战略性新兴产业的东部提速核，着力向产业链高端环节延伸，加快形成高速发展的战略性新兴产业核心基地。“南翼”——南侧助推翼：临海战略性新兴产业基地以南沙新区为核心，广州大学城、广州国际创新城、广州国际生物岛等为重点，培育发展战略性新兴产业南侧助推翼，积极发展海洋生物技术、船舶及海洋工程装备、临海新能源产业等，构建生产、生活和生态三位一体的临海战略性新兴产业基地。“北翼”——北侧助推翼：临空战略性新兴产业基地以空港经济花都高新科技产业基地为主轴，广州民营科技企业创新基地、广州国际健康产业城等为支撑，培育发展战略性新兴产业北侧助推翼，打造国际先进、国内领先的临空战略性新兴产业基地。

搭建资源共享平台。

番禺区将广州国际创新城的招商选资作为工作重点，区政府与广州国际科技合作交流中心、中美科技创新园、中科白云新兴产业基金等签订了20个项目的合作意向书，总投资金额约167亿元。同时，广州国际创新城的基础设施建设也在不断加快，创新城启动区交通配套建设方案、广州大学城至南岸地区交通隧道建设等已启动，最终目标就是打造国际创新“航母”。

第十二章　服装鞋帽、食品药品、日用化工和饲料生产

改革开放后，番禺工业的发展在很大程度上缘于沿海城市加工贸易的兴起，缘于“三来一补”的兴盛，其起点多为劳动密集型的服装鞋帽加工。在番禺，众多镇街集体企业得以发展的“第一桶金”，大多源自服装鞋帽的加工收益。特别是2001年中国加入世界贸易组织后，很多国家对我国的纺织品及服装的配额放宽，使番禺企业生产的服装一般贸易出口大幅增加。番禺的服装鞋帽企业对番禺工业的发展做出过积极的贡献，其地位显得尤为特殊。

而番禺的药品生产行业，因有“潘高寿”而名声响亮。大量的食品生产企业，也成为番禺工业的一个亮点。在番禺体量较大的日用化工行业中，树立起了一面旗帜——广州立白集团。而“海大集团”更是成为了中国水产饲料生产的一大龙头企业。

第一节　服装鞋帽企业的兴盛与发展

2001年，番禺全区共有111家制衣企业和44家制鞋企业，2001年其工业总产值分别是27.9亿元和31.7亿元。2003年，经番禺口岸出口的服装及衣着配件总值达5.4亿美元，比上年增长了13.5%，还继续保持增势。其中，以一般贸易形式出口的占0.9亿美元，以加工贸易形式出口（含补偿贸易、来料加工和进料生产）的占4.5亿美元。据2010年番禺区厂商会的统计，到2009年年底，番禺的纺织服装、鞋、帽制造业共有773家企业，其中，规模以上（年主营业务收入500万元以上）的就有140家。

服装生产曾经是番禺工业中的重要组成部分

2005年1月1日起，全球纺织品贸易的配额体制宣告结束，实现了纺织品贸易一体化。随着配额的取消，中国对欧美的服装出口大幅增长，仅番禺

地区销往欧美的服装每月就达 100 万件。可是，好景不长，随之而来的是欧美以中国纺织品扰乱其市场为由，相继对中国纺织品服装采取贸易保护措施，中国纺织品服装出口量迅速下降。番禺的服装企业遭遇“滑铁卢”，提前进入“冬眠”状态。番禺出口到欧美的服装主要包括梭织男女便服套装、男女长裤、男衬衫等五大类，且均在欧美的设限之列，导致相关的服装生产企业深受影响。6 月份，在美国实施数量限制后的第一个月，服装生产企业担心已签合同无法履行，又无法准确判断有关产品的受限数量何时用尽，番禺服装业内一时出现了“恐慌”，客观上促使企业加快生产和缩短出口周期，造成了企业“抢关出口”的现象，当月番禺出口到欧美的五大类服装数量猛增，达到 139 万件，创了历史新高。7 月下旬，随着对欧 10 类产品和对美 7 种产品的出口限额逐渐用完，相关企业被迫转向生产其它尚未设限的服装种类，出口到欧美的五类服装数量急剧减少。8 月份，出口欧美的五大类服装只有 41 万件；9 月上中旬，出口量只有 14 万件，仅为 6 月份的 1/10。

据专家分析，配额取消后，发达国家虽然不能再使用配额这种传统方式限制中国纺织品出口，但是大量使用其他的非关税壁垒措施，如绿色壁垒、技术壁垒、反倾销、“社会责任标准（SA8000）”[①] 等。这些非关税壁垒措施成为中国纺织品出口的主要障碍。

而在纺织品服装贸易的“后配额时代”，番禺服装出口贸易面临着前所未有的困难。专家建议：番禺服装的出口可以利用香港、澳门转做 OPA 单生产（即按照原产地规则将服装生产的缝制工序转移到港澳生产完成，就可贴上港澳制造的标签），以避开欧美的非关税壁垒。但最根本、最关键的解决之道是不能再走“以量取胜”的老路，应走“以质取胜”的道路。虽然有专家的良言，但是，番禺的服装加工企业还是日渐萎缩。

2011 年年初，番禺区厂商会对全区民营企业发展现状进行了调研。在形成的报告中说到，金融危机爆发的 2008 年前，番禺区部分服装制造企业受到出口受阻的影响关停，2009 年至 2010 年两年间，又有 100 多家服装生产企业关停。在这次调研中，3 家服装企业的负责人对番禺服装企业的发展作了一个预测：据 2010 年区厂商会的统计，到 2009 年底，番禺的纺织服装、鞋、帽制造业共有 773 家企业，其中，规模以上（年主营业务收入 500 万元以上）的就有 140 家。在 2013 年前的几年间，至少还会有 100 多家服装生产企业关停。

番禺服装鞋帽生产企业的兴衰，折射出番禺工业的不断发展进步，从中可以看出，一些传统工业企业求新求变，加快升级转型，也可以看出，番禺工业一步步由劳动密集型向科技密集型、资金密集型转变的足迹。

改革开放后，沿海地区加工贸易迅速发展，番禺一些镇村企业虽然设备技术落后，基础较差，但抓住机遇开始融入“三来一补”大潮，而最先发展起来的，多是生产工序

①社会责任标准“SA8000”，是 Social Accountability 8000 International standard 的英文简称，是全球首个道德规范国际标准。其宗旨是确保供应商所供应的产品，皆符合社会责任标准的要求。SA8000 标准适用于世界各地，任何行业，不同规模的公司。其依据与 ISO9000 质量管理体系及 ISO14000 环境管理体系一样，皆为一套可被第三方认证机构审核之国际标准。

建于东涌镇的锦兴纺织漂染厂规模大、产销两旺

和技术不太复杂的劳动密集型的服装鞋帽箱包等企业。这些企业，为各镇村此后的经济发展掘到了“第一桶金”。有了这艰难的第一步，才有了后来大发展的基础。

到了世界金融危机爆发的2008年，广东这个全国最大的服装出口省份，有数千家服装生产企业退出，而同时也有一些新的企业进入服装行业，开始了广东服装生产行业的“大换血”。这一年，广东服装出口订单锐减三到四成，在巨大的生存压力之下，竞争似乎进入了一个无序状态。一些服装生产企业拼命压价以吸引客户，一件加工出口毛衣在20世纪90年代可以赚到的二三十元加工费，此时已经减低到了几元甚至只有一元，还有一些企业的订单生产出现了亏损。但是，番禺的一些服装生产企业还是视“危”为“机”，或压缩生产规模，或精打细算控制成本，或加速进行品牌经营，或加快企业转型升级……终于，一些有实力的服装鞋帽生产企业还是在头脑“精灵”的企业管理者带领下，一步步走出了困境，迎来了新的发展。

到2013年年底，虽然番禺区所属的16个镇街都还存有数量不小的服装鞋帽和箱包生产厂家，但与改革开放之初相比，其“体量”已经大为缩减，而有自己的品牌、有一定的规模、销售渠道建设得比较好、生产经营较为稳定的企业已是屈指可数。

在番禺，“叫得响”的服装生产企业要数在全国都有一定影响的“自由鸟”和“文华羽绒”，以及“比音勒芬”“缔造亿百”等几家。一些有稳定客户的加工企业，虽遇服装出口之“寒流”，但仍在不断努力求新求变，继续寻求生存和发展的空间。

一、自由鸟服饰

“自由鸟”休闲服饰品牌1995年注册成功。为确立“自由鸟”在休闲服饰中的领导地位，自由鸟服装有限公司董事长刘瑞辉特地聘用了欧洲多国、韩国以及中国香港拥有敏锐潮流触觉和丰富制作经验的设计师，旗下的瑞兴制衣厂、辉达时装有限公司、自由鸟服装有限公司、香港天高国际集团等多家子公司，则作为自由鸟规模化发展的支撑。

20世纪90年代中后期，世界服装和中国服装市场都开始转向连锁式规模销售，品牌服饰的竞争也由质量竞争、价格竞争扩展到服务竞争、规模竞争、形象竞争和实力竞争。在这个服装市场竞争多样化的大背景下，“自由鸟”不断吸收外国知名品牌的经营、管理、文化等方面的精髓，准确把握住世界服装行业的时代潮流，并结合国内消费市场和风俗人情的特点，制造出具有自身独特文化的品牌服饰，进入市场后，很快受到年轻消费者的欢迎，公司业绩也不断提升。

2004年6月举办的“自由鸟”秋冬订货会上，来自全国的800多名客商欣赏了专业名模对“自由鸟”品牌服装的演绎。就是在这届大规模的订货会上，“自由鸟”成功推出了纯女装品牌系列，“自由鸟”这个广东省名牌产品也给了全国各地的客商更大的信心。

2006年—2009年，“自由鸟”从城市休闲系列转型生产时尚潮流高端男女服饰；2011年推出第九代纯女装时尚尊贵系列产品；2012年推出了纯男装商务白金系列产品。

“自由鸟”服装品牌是番禺本土企业家创出的知名品牌

“自由鸟”在市场竞争中可以说是“越飞越高”。至2013年年底，“自由鸟”已经在国内建起了多间现代化的的独立生产厂，员工人数已超过3000人。“自由鸟”的特许专卖店遍布全国20多个省市，共有400多个销售网点。过硬的质量，新潮的设计，使“自由鸟”赢得了良好的口碑，销售业绩节节攀升。而作为一个兴起时间不长的独立的民族品牌服装，“自由鸟”也得到了权威机构的充分肯定：2001年，“自由鸟”被评为广州市著名商标；2003年，被评为广东省著名商标；2002年、2004年和2010年，“自由鸟”3次被评为广州市十大知名品牌服装；2004年，还被评为质量、服务双优品牌及广东服装百强企业、广东服装优势企业；2005年，“自由鸟”成为国家免检企业；2006年及2009年，被延续认定为广东省著名商标；2010年，被评为广东省服装品牌创新企业。

二、文华羽绒制品

幼时即随父母移垦到番禺鱼窝头镇的潮汕人林广九，是广州文华羽绒制品有限公司（简称“文华羽绒”）的董事长兼总经理。

1991年注册成立的广州文华羽绒制品有限公司，经过多年经营，已经成为一家年销售收入过亿元的企业。“文华羽绒”占地6.3万平方米，有3.5万平方米厂房，拥有13条先进的羽绒水洗流水线，2200多台套专业缝纫设备、30多台套各型号分毛机，先进的羽绒检测仪器，还引进了法国的“CAD电脑辅助设计系统”、日本的Barudan(百灵达)电脑绣花机等先进设备，具有了稳定的年生产水洗羽绒（毛）4800多吨、羽绒制品190多万件的雄厚实力，成为广东省规模第一的羽绒服装生产企业。由于严格执行国家和行业标准，“文华羽绒”制品被评为国家免检产品。到2013年，公司年销售额超过了2亿元。

林广九在国际市场为中国羽绒行业争了一口气。国内一些羽绒生产企业在与俄罗斯商人交易的过程中，以次充好，损害了中国羽绒服饰企业的信誉。一时间，俄罗斯很多商场都拒绝销售中国的羽绒产品。但“文华羽绒”就是凭着过硬的产品品质和良好的商业信誉，逐步打破僵局，最终成为在俄罗斯销售羽绒服装的冠军。

“文华羽绒”是一个家族经营模式的企业，林广九的一对儿女帮着打理公司业务，其妹妹林赛娟也在公司任副总经理，掌管着公司财务。如何把家族式的企业传承发展下去，一直也是林广九思索的问题。进入21世纪，林广九有意让其子林夏南在商场里摔打，积累经验，增长才干，最终担起“文华羽绒”持续发展的大任。

三、天创鞋业与KISSCAT

KISSCAT，是一位香港企业家所办企业的女鞋品牌。这个由两个简单英文单词构成的品牌，在中国大陆曾连续4年位列“中国十大女鞋行销品牌”之中。生产这一品牌女鞋的，就是天创鞋业公司。香港高创有限公司和广州天创鞋业有限公司董事长梁耀华，出生于香港，是中国改革开放后第一批进入内地从事贸易和生产制造业的香港商人，至2013年年底，专业从事女鞋生产制造历23年。

1998年成立的广州天创鞋业有限公司（简称“天创鞋业”，生产厂设于鱼窝头镇）的发展，得益于收编和建立渠道优势，也得益于强势的品牌营销战略。2006年，“天创鞋业”与欧洲已有80多年历史的西班牙品牌PATRI CIA合作，在北京成立了帕翠亚（北京）服饰有限公司，持股75%。2007年，推出了时尚个性的中高档品牌ZSAZSAZSU；2009年，推出了优雅成熟的中高档品牌TIGRIASSO；2010年，推出了年轻时尚的姊妹品牌KISS KITTY。“天创鞋业”五个品牌覆盖了整个时装女鞋市场——从年轻到成熟、从个性到优雅、从正装到休闲，全都包含其中，由此可见经营者的匠心独运。

从2005年到2010年，KISSCAT连续6年位列全国同行业品牌女鞋销量前五名；PATRICIA、ZSAZSAZSU、IGRISSO、KISS KITTY在全国一线城市的各大百货商场设立了零售专柜。连续几年，“天创鞋业”销售量保持了每年30%的增长。2009年，“天创鞋业”的总资产已达3.86亿元，市场销售总额10.5亿元，“天创鞋业”总部缴纳税款4200万元。

四、缔造亿百亲子童装（T100）

在番禺，有一家创办于 2003 年、名为广州市缔造亿百儿童用品有限公司（简称“缔造亿百”）。该公司在国内首创的 T100 亲子童装品牌，是中国名优妇女儿童用品采购指定品牌。公司的“掌门人”是毕业于重庆医科大学、曾在重庆一所医院当过泌尿科医生的董文梅。2012 年 2 月，董文梅作为中国经贸代表团成员之一，随国家副主席习近平出访美国，参加了为期 12 天的中美经贸论坛的交流和合作洽谈；2013 年 3 月，公司高层参加国家经贸代表团，随国家主席习近平访问了南非。

2003 年，“非典”影响了整个社会生活和经济活动，而兴盛多年的服装加工生产也显露出一种“疲态”。在此特殊时期创办一家生产服装的企业，的确需要冒很大的风险。但董文梅有着服装经营的经验，也知道市场需要什么。当 T100 儿童服装进入广州白云机场，继而进入北京机场、广州友谊商店设立专柜并且取得极佳销售业绩的时候，她更加坚定了做自己品牌服装的信念。当“缔造亿百”成功推出在国内首创的 T100 亲子童装后，立即在国内服装市场引起了一股“亲子热”。“缔造亿百”差异化营销取得了成功，并且越做越好。

“缔造亿百”建立了自己的设计中心，聘请欧洲著名童装设计师 LEONTINE 为首席设计师，荷兰、英国、法国、美国都有设计师加入到 T100 的设计团队中，不断巩固着 T100 的时尚前沿地位，而且把各个国家的服装风格融入到 T100 亲子系列服装中。“缔造亿百”每季都会推出 200 多款高档时尚童装，形成了母子装、母女装、父子装、父女装、家庭装等 6 个大类的产品，可以满足家庭对亲子装的不同要求。其产品的原料主要来自欧美、韩国和日本等地，均是环保面料；全部出厂产品都实施了独有的消毒程序，且质量检测严谨细致，近乎苛刻。有了上述多项保障措施，T100 系列产品畅销也就有了坚实的基础。

“缔造亿百”生产的儿童服装获得过多层次的荣誉称号：“广东省名牌产品”“中国市场畅销品牌”“2011 ～ 2012 中国市场畅销童装品牌”“影响中国 2012 年度十大时尚服装品牌”“2012 年度中国纺织服装行业十大服装品牌”“2012 年度中国榜样服装品牌（童装）”。缔造亿百的 T100 品牌童装还获得过“最具童装买家口碑奖”和“中国国际服装周·2013 年度时尚品牌大奖”。

从 2003 年第一家专营店进入广州白云机场，到 2013 年年底，“缔造亿百”在全国各地的顶级商场已经拥有 200 多个 T100 专卖店和专柜，成为一些国际品牌的强劲竞争对手。“缔造亿百”的目标就是——缔造世界童装品牌。为此，该公司的发展战略是不断强化国内市场高端品牌地位，打造强有力的商务平台，扎根海外市场，争取早日上市，成为一家有社会责任感的公众公司。

2013 年，“缔造亿百”在番禺区内的主营业务收入达到了 4398.3 万元，上缴税款 215.94 万元。

五、全球最大制鞋企业之一的创信鞋业

位于灵山镇的“创信鞋业”，曾是世界上规模最大的制鞋企业之一。

广州市番禺创信鞋业有限公司（简称“创信鞋业”）建于榄核镇，是世界最大的制鞋企业之一。创信集团旗下附属公司“创信鞋业”，成立于1990年。经过不断开拓，“创信鞋业”发展到总厂区面积50万平方米，拥有42条生产线，员工最多时约2万人，年产鞋1000多万双。自1996年10月创信集团在香港上市后，就开始了拓展国内外销售业务。1998年1月，创信专门注册成立了广州创信鞋品服饰有限公司。2002年，“创信鞋业”年产值超过10亿元，仅出口额就达1亿多美元。米奇老鼠、美国绅士狗史努比、台湾著名童鞋品牌魔术屋、法国时尚品牌ELLE男女两用功能运动鞋及休闲鞋，还有耐克运动鞋等世界著名品牌产品，很多都是创信加工的。

2007年5月，“创信鞋业”旗下的7个品牌参加了上海2007中国连锁特许加盟博览会。至2011年，“创信鞋业”在北京、上海、广州、成都、重庆、大连、武汉等10多个大中城市的94个一级商场设立了自营专柜，在一、二级城市建立了品牌形象店。

番禺创信鞋业有限公司董事长吴振昌在番禺创业成功，带动了更多的台商投资番禺设厂办实业，他也被推选为“番禺市台商协会会长”。在番禺服装鞋帽生产遭遇重大困难的境况下，吴振昌带领企业开始了“退二进三”的战略转移，于2011年开始着手筹建“创信商贸城”。选择“退二进三”，筹建“创信商贸城”有多方面的原因，主要欧盟对华皮鞋反倾销，代工单价下降，人民币升值以及电费上涨、工人薪酬增加、社保基准提高，企业利润越来越薄等。

广州市政府和番禺区政府都出台了系列“退二进三”和“优二进三”的政策，而且番禺区有计划地推行“腾笼换鸟”战略，欲将污染大、产能落后、产业环节落后的企业“转”出番禺，以腾出新空间集约发展工业区。这些政策均为“创信鞋业”的转型提供了极好的机遇和环境，同时，创信公司所在地的区位优势渐渐显露出来，企业距离2011年12月26日开通的广深港高铁庆盛站仅20公里（庆盛站是广深港高铁客运专线在广州市范围内的两个站点之一，承担着番禺南部与南沙区以及珠三角西南部地区旅客的集、疏、运功能），是南连深圳、香港，北贯广州、长沙、武汉的要地，可为创信商贸城带来大

量人流客流。

第二节　药品、食品、日用化工及饲料生产

在番禺的工业体系中，药品、食品制造，日用化工及饲料生产都有较大的“体量”。2010年统计的番禺21家医药企业中，就有著名药品制造企业——广州市潘高寿药业股份有限公司。百年老字号“潘高寿”，其生产的治咳良药“蛇胆川贝枇杷膏”在人们的心目中扎下了很深的根。

番禺的农副产品加工、食品制造、饮料制造企业也有279家。其中，就有人们所熟悉的广州市番禺太平洋食品有限公司、广州市番禺日美食品有限公司等著名的食品生产企业。人们也很容易想到“美味源”生产的各种调料，而活性乳酸菌饮料——“美乐多”，则是很多小朋友的最爱。“大大泡泡糖，越吹越大”这句当年风靡全国的广告词，很多人现在回想起来仍是记忆犹新。据2010年区厂商会的统计，到2009年底，化学原料及化学制品制造业、化学纤维制造业、橡胶制品业以及塑料制品业的企业总数达到935家。其中，就有著名的日用化工企业“广州立白”。原来远近闻名的农业大县番禺，养殖业也在改革开放后迅猛发展，说到饲料，搞畜禽养殖和水产养殖的业户一般都会习惯地说出“希望”和“海大”两家企业生产的产品。这两家饲料生产企业，在番禺都设有生产厂，其产品在畜禽和水产养殖行业里名声也最为响亮。

一、百年药企——潘高寿

潘高寿药业股份有限公司（简称“潘高寿”）是广药集团旗下广州药业的核心企业之一，是一家以生产止咳化痰药著称的中成药生产企业。作为百年老字号的“潘高寿”坐落于番禺的东升业区内，占地面积5万多平方米，建筑面积8万平方米，绿化面积达到了80%，有符合GMP[①]标准的现代化厂房，从国外引进了具有国际领先水平的自动化生产线。公司生产的产品有煎膏剂、口服溶液、胶囊剂、糖浆剂、合剂等剂型的包括呼吸系统、妇科、儿科、肿瘤辅助剂在内的各类名优产品40多个。“潘高寿”首创的治咳川贝枇杷露、蛇胆川贝液、蛇胆川贝枇杷膏、蜜炼川贝枇杷膏，是企业的四大支柱产品。

“潘高寿”是国务院首批认定的“中华老字号”，其品牌价值在中国品牌研究院近年公布的“中国老字号品牌价值百强榜”中居全国第28位。潘高寿中医药文化、潘高

①GMP，中文含义是“药品生产质量管理规范”或“良好作业规范”“优良制造标准”。GMP是一套适用于制药、食品等行业的强制性标准，要求企业从原料、人员、设施设备、生产过程、包装运输、质量控制等方面按国家有关法规达到卫生质量要求，形成一套可操作的作业规范，帮助企业改善企业卫生环境，及时发现生产过程中存在的问题，加以改善。简要的说，GMP要求制药、食品等生产企业应具备良好的生产设备，合理的生产过程，完善的质量管理和严格的检测系统，确保最终产品质量（包括食品安全卫生）符合法规要求。

寿凉茶保密处方和专业术语，分别被认定为国家级非物质文化遗产，使得“潘高寿”成为中国医药界唯一拥有“双国遗”的单位。

“潘高寿”品牌创始于清光绪年间（约1890年前后）。广东开平人潘百世、潘应世兄弟在广州高第街设药铺，店号“长春洞”，前店卖药，后场制丸，雇工10余人，进行作坊式生产。20世纪20年代初，潘氏兄弟先后去世。药铺由潘百世之子潘逸流、潘应世之子潘楚持共同经营。后，药铺由潘百世的四子潘郁生打理。潘郁生接手经营不久，广州起义爆发，长春洞药铺毁于战火。再后，潘郁生将具有润肺镇咳作用的川贝母和有祛痰作用的桔梗与枇杷叶一起熬炼，并在药液中加上香料和糖浆使汤剂成为糖浆剂，还运用西药的制作方法，在糖浆中加进了苯甲酸等作防腐剂，名“潘高寿川贝枇杷露”，行销于世。

潘郁生为扩大宣传，以父亲潘百世的照片和自己的画像为商标，并特意在自己的画像旁注明潘四傚创制（潘郁生又名潘四傚），印制精致包装盒，使人容易辨识。他还通过刊登报章广告、街上贴招贴画广做宣传，还亲自动手写些奇文怪论在报上发表，以引起人们对其药品的关注，使得潘高寿川贝枇杷露名声鹊起，几年间便成为家喻户晓的治咳药，并销往港澳以及台湾等地。

1929年，潘郁生正式树起潘高寿药行招牌，专营枇杷露。“长春洞”仍然以经营蜡丸药为主。在此期间，“潘高寿川贝枇杷露”被不少药铺仿制。潘郁生在香港与诚济堂的那场官司最具影响。诚济堂在香港的各大报纸上刊登“川贝枇杷露”的广告，潘郁生十分气愤，于是以“一二三四五六七，忠孝仁爱礼义廉”为题，撰文嘲笑诚济堂“忘八”（王八）“无耻”，称其川贝枇杷露是冒牌货。诚济堂到法院起诉潘郁生。因为诚济堂的川贝枇杷露在香港有注册，故此，法院以潘郁生影射他人冒牌为由判其败诉。事后，潘郁生在潘高寿川贝枇杷露的包装盒上印上“劝人莫冒潘高寿，留些善果子孙收”以泄愤。

日本侵华战争爆发后，广州沦陷，“长春洞”被迫歇业，潘郁生父子分别逃到香港、韶关等地，继续经营“川贝枇杷露”。期间，长春洞药铺曾被洗劫一空。抗战胜利后，族人无力集资复业，于是潘郁生便独资经营，以“潘高寿药行”取代“长春洞”店号，并淘汰祖业经营的蜡丸，专营川贝枇杷露。1948—1949年间，潘高寿药行生意最为鼎盛，除在香港设厂外，还在台湾、澳门设点经营。

1956年实行公私合营，潘高寿药行与生产止咳枇杷露、止痛散、济众水的大同成药社和生产白萝仙咳水及丹杜莲皮肤水的中华成药社合并，组成“公私合营潘高寿联合制药厂”。各分厂仍生产原有产品，但合营厂将“川贝枇杷露”作为主体产品，保持了原“潘高寿”的传统特色。1959年秋，潘高寿药厂被邻近工厂大火殃及，全部烧毁。1960年年底，潘高寿药厂才恢复传统产品川贝枇杷露的生产。1961年，川贝枇杷露荣获广州市一等名牌产品称号，红中牌白萝仙止咳露和祟业牌小儿咳糖浆同获二等名牌产品称号。

1964年，潘高寿药厂被划入广州市化工局属下的中药总厂。“文化大革命”期间，“潘高寿”原厂名被取消，改为广州中药七厂，且一度被命名为“中药七连”。1974年，中药总厂撤销，中药七厂并入广州市医药工业公司，直到1981年才恢复为"广州潘高寿药厂"之名。

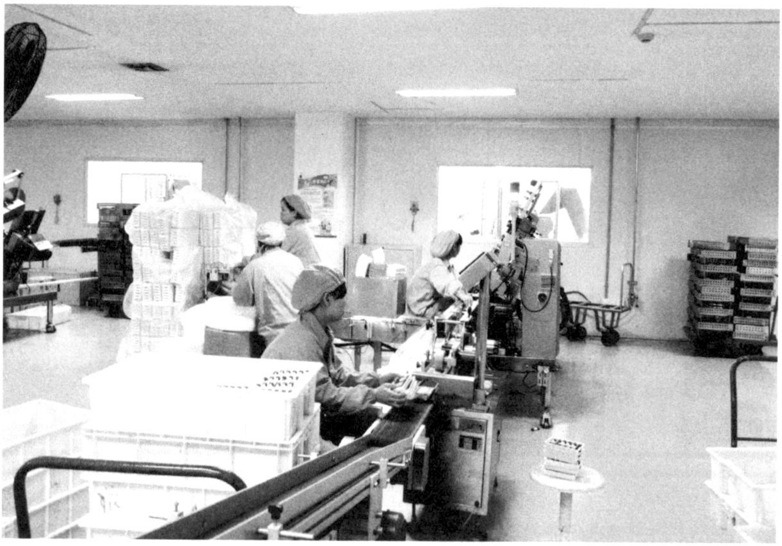
"潘高寿"洁净的生产车间

改革开放后，潘高寿药厂生产经营飞跃发展。经过技术改造，采用蒸汽加热方法炼制膏浆，减轻了劳动强度，改善了工作环境，提高了生产效率。在激烈的竞争中，"潘高寿"由于产品较为单一，曾一度陷入困境。于是，他们重点开发治咳药物系列，并多品种、多剂型开发其他治疗药物，比如治疗胆囊炎、肝炎和肾炎等多种疾病的药品，使产品结构向多元化发展，有糖浆、煎膏、胶囊、颗粒、合剂等五大剂型、100多个品种，产品畅销海内外。几年间，潘高寿药厂的利润从六七十万元攀升到超千万元，成为广东省重点盈利单位，被评为广东省医药行业先进集体、广州市先进集体和广州市文明单位。

为扩大生产规模，1994年，"潘高寿"正式迁入番禺，新厂项目开工建设一年后的1995年，便开始了在番禺的药品生产。

2004年年初，"潘高寿"从德国著名的B+S公司成功引入中国首条自动液体灌装线，产能大幅增加；是年7月，与湖南卫视签定合作协议，投资800多万元冠名湖南卫视《新玫瑰之约》和《经典剧场》栏目，新一轮品牌战略开始实施。其后，与美国著名的西梅大王太阳公司合作，推出西梅精华新产品。2012年7月，广州药业发布公告，其控股子公司潘高寿药业和五粮液经销商银基集团重新签署合作框架协议，银基集团将出价490万元以获得潘高寿药业旗下全资子公司——潘高寿食品饮料有限公司50%的股权。

2011年，"潘高寿"净利润为1.79亿元，"潘高寿"品牌价值有了大幅提升。2006年，在中国品牌研究院公布的"中华老字号品牌价值百强榜"上，"潘高寿"位居全国老字号的第28位，品牌价值为4.15亿元，到2011年，品牌价值跃升到15.46亿元。2012年，"潘高寿"被认定为"市级企业技术中心"，当年，还被中国医药企业管理协会评为"中国百家优秀医药企业"。"潘高寿"从1993年到2012年，连续20年被评为"广东省重合同守信用企业"。

2013年，潘高寿药业股份有限公司的主营业务收入达到了34452.09万元，在番禺区内缴税3845.29万元。"潘高寿"被认定为广州市第一批优势传统制造业转型升级示范单位，获得了“广州市创新型企业”称号，成为中国中药工业企业50强。

在振兴老字号发展传统药业的过程中，身为广州白云山潘高寿药业股份有限公司董事长的魏大华，把“潘高寿”和“王老吉”两个广东名牌变为了在全国具有很高知名度和美誉度老字号品牌。他获得了羊城药业贡献奖，还荣获羊城药业营销能手、中国MBA十大职业经理人、中国十大营销策划人等“名头”。

二、大型调味品生产企业——美味源

在沙湾镇蚬涌工业开发区，有一家名字好听、名声在外的中外合资食品生产企业，那就是被专家们赞为“美味之源”的广州市美味源食品有限公司（简称“美味源”）。

“美味源”创建于20世纪80年代，是一家生产各类调味食品的现代化专业企业。该企业引进了当时世界上一流水平的食品加工生产线，企业固定资产达1亿多元，具有年产6万吨各类调味品的生产能力。其产品繁多，有酱油、蚝油、调味酱、调味汁、调味粉、调味油、醋类、腐乳等8大系列的90多个品种、230种规格。其营销网络遍布全国各省的大中城市，优质产品还远销港澳、东南亚、欧洲、澳洲、美国、南非等40多个国家与地区。

1998年，“美味源”就通过了ISO9002国际质量体系认证，传统酿造工艺与现代化经营理念得到完满结合，在番禺食品行业里显示出了大型现代企业的风范。现代的企业质量管理，使“美味源”的诸多产品获得广东省名牌产品称号，诸多产品亦获得中国食品行业协会颁发的优秀产品证书，企业还被广东省指定为出口食品生产基地。

2000年，“美味源”共生产各类调味品38965吨，销售额18075万元，产品销售率97%，产量、产值分别比上年增长11.01%、10.84%。2001年，该公司全面推行HACCP卫生质量管理体系，加强产品卫生质量管理（包括生产环境卫生、生产工艺过程卫生、生产工人个人卫生等），确保出厂产品卫生质量合格。同时，严格按照国家新标准组织生产，推动产品升级换代。是年，“美味源”生产调味品38756吨，生产总值1.85亿元，与上年基本持平；产品销售率和货款回收率均达100%。

2002年6月，“美味源”被亨氏集团收购，成立了亨氏美味源（广州）食品有限公司。亨氏美味源番禺工厂占地约75亩，拥有从美国进口的全自动生产线，企业通过不断改善生产工艺提高产品质量，其生产的“美味源”“金唛”等品牌的产品深受市场欢迎。

三、大型现代化食品企业——利口福

广州酒家企业集团属下有一家大型现代化食品生产企业——利口福食品有限公司（简称“利口福”）。

成立于1998年8月的“利口福”坐落于南村镇兴南大道，占地面积10万平方米，首期便投入资金 2 亿元，建成投入使用的首期工程占地 3.5 万平方米，按现代化食品生产企业的规模建造。“利口福”拥有速冻点心、中秋月饼、秋之风腊味、即食食品、速冻菜式以及面包西点、蓉口馅料、春卷薄饼共 8 大系列、160 多个品种的产品。

经多年开拓经营，“利口福”生产的产品已经具有较高的知名度，畅销海内外，市场占有率日益增大，多个品种的产品在国际及国内评比中屡获殊荣。在“中国月饼文化节”上，“利口福”生产的月饼先后被评为“中国名饼”“金牌名饼”。从多年发展得来的荣誉里，可见“利口福”斐然的业绩：中国烘焙行业协会产销量全国第一、2012 中国烘焙最具影响力十大品牌、2012 年度中华糕饼领袖品牌 20 强、中国烘烤食品糖制品行业（月饼）十强企业、2012~2013 年度中国月饼十强企业。

2013 年，“利口福”主营收入 89800 万元，上缴税款 12000 万元。该公司也成为了番禺区食品生产领域首屈一指的大型现代化食品生产企业。

利口福食品厂

四、日用化工行业的一面旗帜——立白集团

广州立白企业集团有限公司（简称“立白集团”）由广东潮汕人陈凯旋、陈凯臣兄弟创建于 1994 年，主营织物洗护、餐具洗涤、消杀、家居清洁、空气清新、口腔护理、身体清洁、头发护理、肌肤护理及化妆品等 9 大类产品数百个品种。公司营销网络遍布全国各省（区）、直辖市。洗涤用品全国销量第一。2013 年，“立白集团”区内主营业务额达到 194897 万元，区外 950570 万元，区内外共纳税 112692 万元。

“立白企业”集团副董事长陈凯臣的一句“白天当老板，晚上睡地板”，道出了当年创业的艰辛。公司创办初期，陈凯臣兄弟二人带着 5 位“伙计”，在租来的几间简陋房间里辛勤工作，开拓事业。至今，“立白集团”在全国各地已拥有 13 大生产基地、30 多家分公司、20 多家委外加工厂、3 个中国驰名商标和 4 个中国名牌产品，员工超过 1 万人。在全国的各大生产基地，设备先进、生产管理规范、环境保护严格，称得上是“环境友好型工厂”。因此，企业还获得过国家环保部颁发的“中国环境标志优秀奖”。其在番禺生产基地的污水处理站，经过有关部门严格评估，被评为“广东省环境保护示范工程”。

“立白集团”采取了“农村包围城市”的营销策略，逐步取得成功。利用名人效应连续打响品牌战，名声日隆。1997年，邀请著名喜剧名星陈佩斯作为品牌代言人，为立白洗衣粉、立白洗洁精拍摄了一系列广告片，成功创造了深入人心的“立白二子”的大众形象，随着陈佩斯诙谐幽默的表达方式，“立白”品牌被普通百姓所接受。1999年，邀请因《还珠格格》而一炮打红的林心如代言“立白牙膏”，“立白集团”的产品由此迅速向口腔护理领域延伸。2003年，邀请香港影视明星欧阳震华和当红女星袁立，搭档出演“立白洗衣粉”广告宣传片，使品牌影响力迅速提升。2011年，加大旗下洗衣液产品的宣传力度，邀来国际影后李冰冰为其代言助阵。2013年湖南卫视推出了“我是歌手”节目。而这档有极高收视率的选秀节目，就是由“广州立白”冠名播出的，这档节目让更多的观众认识了“领导品牌”——立白洗衣液。

好的营销手段须建立在好的产品之上，“立白”的产品经过市场检验，是消费者信得过的优质产品。“立白”商标被认定为“中国驰名商标”。立白洗衣粉、立白液体洗涤剂被评为中国名牌产品。“立白”洗涤产品被评为全国质量检验稳定合格产品。立白洗衣粉、立白肥皂、立白洗洁精、立白液体洗涤剂被认定为国家免检产品。过硬的产品质量，创新的营销手段，使“立白”成为中国日用化工行业的一个亮点。“立白集团”番禺生产基地在番禺化工行业也做出了示范。

多年来，“立白集团”保持了每年30%以上的增长速度，综合实力已雄居中国洗涤行业前三甲，成为中国民族日化工业的一面旗帜。近20年来，“立白集团”获得的世界级、国家级的荣誉有100多项。企业多年荣登中国私营企业纳税100强排行榜，先后被评为中国优秀民营企业、全国重合同守信用企业、中国优秀诚信企业、中国工业先锋示范单位，获得过中国绿效企业最佳典范奖；“立白”还被评为中国最具市场竞争力品牌。

“广州立白”生产车间外景

近年来，“立白集团”广泛开展国际合作，与世界500强的德国巴斯夫公司、丹麦诺维信公司、美国陶氏化学公司、瑞士奇华顿公司、美国IFF（国际香精香料）公司等国际知名日化企业建立了战略合作伙伴关系，与此同时，与中国日化研究所、中山大学等科研单位、高等院校进行合作，不断提升科技研发水平和自主创新能力，促进企业产品结构的调整和企业的转型升级，以实现企业的科学发展，努力实现“世界名牌、百年立白”的理想。

广州立白企业集团有限公司副董事长陈凯臣，曾当选广州市人大代表；还担任了广州市番禺区政协常委、广州市荔湾区民营企业商会会长、广州市番禺区工商联副主席、广州市番禺区厂商会副主席等社会职务。2005 年，他被番禺区人民政府授予优秀建设者标兵称号，2006 年被桂林市人民政府评为桂林市优秀企业家，在 2011 年获评马鞍山市首届“十大年度经济人物”。

五、规模宏大的水产饲料生产企业——广东海大集团

广东海大集团股份有限公司（简称“海大集团”）是总部设在番禺的一家集研发、生产和销售水产饲料、畜禽饲料和水产饲料预混料以及健康养殖为主营业务的高科技型上市公司。公司主营水产预混料、水产和畜禽配合饲料。在全国重点水产养殖区，都有海大集团的生产和销售点。至 2013 年底，“海大集团”在全国已经拥有了近 40 家下属公司和 6 个中试基地。

“海大集团”于 1998 年成立。几年后，便依靠自身的技术优势迅速发展。2001 年，“海大集团”利用自有资金，在武汉建设了一间年产 30 万吨混合饲料的现代化生产厂，告别了租用厂房生产的历史，开始生产水产配合饲料。其淡水鱼料生产销售快速增长，很快就做到了在全国“坐二望一”。2002 年，“海大集团”的水产预混料销量窜升到全国第一。2003 年，开始进入对虾饲料生产，2013 年进入国内同行业前三甲。2004 年，进入膨化饲料领域，2013 年已成为国内同行的产销量冠军。至 2013 年，“海大集团”共参与了草鱼配合饲料（SC/T1024-2002）、大黄鱼配合饲料（SC/T2012-2002）、对虾配合饲料（SC/T2002-2002）3 项国家标准的制定。

拥有强大的专业技术和研发人员团队，是该集团成功的一个重要因素。公司成立后，多年来一直持续加大产品研发方面的投入，组建了动物营养与饲料、生物技术、微生物、生物化工、动物育种、病害防治、养殖技术等全方位的研发团队。旗下的畜牧水产研究中心就拥有 200 多位具有本科学历以上的专业研发人员（其中有博士 20 名、硕士 80 多名），每年完成 200 多项实验，先后被农业部认定为农业产业化国家重点龙头企业、国家火炬计划重点高新技术企业、国家认定企业技术中心、国家农产品加工技术研发专业分中心以及省级企业技术中心和博士后工作站分站等。公司在添加剂、预混料和配合饲料、替代原料等方面拥有多项核心技术和大量的技术成果，形成了在用技术、储备技术和预研技术的成熟体系，确保生产技术持续领先。公司的水产饲料技术处于国际、国内领先水平，而畜禽饲料技术与国内领先水平保持同步。同时，在水产优质苗种选育、微生态制剂开发方面处于国内领先水平，产业化处于快速起步阶段，使公司具备了更强大的成长潜力。

由于有强大的科研系统支撑，“海大集团”的产品质量好，且产销量大。其产品先后被评为中国名牌产品，广东省名牌产品，其商标被评为广东省著名商标。

建于番禺万达商圈、气势不凡的海大集团（总部）大厦

“海大集团”积极倡导绿色健康养殖，所属分（子）公司均通过了 ISO9000、HACCP① 认证。“海大集团”在发展过程中，深切关注广大养殖户缺乏养殖技术的问题，潜心研究养殖技术和养殖模式，建立了全面的养殖服务体系。公司有近千名专业服务人员深入到各个养殖场，从苗种、养殖结构设计、养殖技术辅导、环境控制、病害防治、管理技术、行情信息等各个环节，全方位地为养殖户提供服务支持，帮助他们实现利益最大化。反过来，养殖户的成功和发展，又反推了公司的高速成长。服务不断创新的能力，成为海大集团能够持续健康发展的重要推动力。

2008 年，“海大集团”的产能为 229.71 万吨，产量为 146.64 万吨；2009 年产能超过了 260 万吨，实际销量为 178 万吨，平均产能利用率达到 60%，当年实现了 52.5 亿元的营业收入，同比增长了 15.9%；净利润 1.55 亿元，同比增长 18.76%。

2009 年 11 月 27 日，“海大集团”在深交所中小企业板挂牌上市，发行股份总数为 5600 万股，发行价为每股 28 元，海大集团募得资金 15 亿元，超募资金达到了 8.61 亿元。有了用现代手段筹集到的资金，“海大集团”向外扩张的步伐更进一步加快。

2009 年后，“海大集团”借助资本市场的力量，经营得更加出色，企业也越做越强。2012 年，“海大集团”被广东省人民政府列为 2020 年千亿产值企业培养对象。2013 年，全国饲料总销量为 19100 万吨，“海大集团”饲料销售量达到了 479 万吨，市场份额为 2.5%。2013 年，“海大集团”主营业务收入更是达到了 179 亿多元，在番禺区内、外共上缴税款 1.9 亿多元。

上市后的第二年，“海大集团”公布的股权激励计划彰显出“以人为本”的理念：

①HACCP（Hazard Analysisand Critical Control Point）表示危害分析的临界控制点。确保食品在生产、加工、制造、准备和食用等过程中的安全，在危害识别、评价和控制方面是一种科学、合理和系统的方法。但不代表健康方面一种不可接受的威胁。识别食品生产过程中可能发生的环节并采取适当的控制措施防止危害的发生。通过对加工过程的每一步进行监视和控制，从而降低危害发生的概率。

公司要把1665万份股票期权（其中预留股票期权165万份）授予激励对象，占计划签署时公司总股本的5.72%，行权价格为32.15元，激励计划有效期为5年。激励对象的重点是集团总部的核心技术人员、管理人员，分公司和子公司的核心管理人员和技术人员，共有126人（占公司总人数的2.69%）。此举对公司人力资源管理产生积极影响。

“海大集团”创始人、公司董事长、年轻企业家薛华，对他及他的团队所从事的畜禽饲料和水产饲料行业的发展，已经有了洞彻的观察分析，也有着更远大的战略谋划。这位毕业于中山大学生命科学院的动物学硕士，在公司取得成功后即确立了新的目标：把“海大集团”打造成为中国领先、全球一流、具有持续发展能力的高科技农牧业企业。

第十三章　工业发展成就辉煌

2000年，番禺有工业企业6110家。到了2002年，番禺区工业增加值占全区GDP的比重已经达到了48%，全区实现工业产值655亿元。当年，中国分类的41项工业行业中，番禺工业涉足了33项，涉及了中国大部分工业行业分类的类别。其时，番禺规模以上工业主要集中在服装、机电、电子通信、化工和金属制造等几大行业。经过不断发展，已经有了自己相对稳定的支柱产业。

2009年，番禺全区工业总产值达到了1487.81亿元，上规模、上档次的企业大量增加，各种名牌产品和免检产品不断增多，是年底，全区企业累计有国家名牌产品9个、广东省名牌产品42个，中国驰名商标6个、广东省著名商标31个、广州市著名商标66个，形成了一个名牌产品“集群”，并且，传统优势产业得到进一步发展，新的特色工业和优势工业不断做强做大，高科技企业不断进驻，带动了全区产业转型升级步伐不断加快。至此，番禺初步形成了门类较为齐全的工业体系。

2012年，全区规模以上[①]电气机械制造业，通用设备制造业，金属制品业，计算机、通信和其他电子设备制造业，黑色金属冶炼和压延加工业五大支柱产业，完成工业总产值874.08亿元，比上年增长22.8%；占全区规模以上工业总产值的比重为52.3%，拉动全区规模以上工业总产值增长11.5个百分点。其中，成熟的电梯关联配套生产凸显优势，拉动全区通用设备制造业快速增长，规模以上通用设备制造业产值300.97亿元，比上年增长29.1%。

2013年，番禺区工业总产值达到1737.33亿元，比上年增长17.2%。全区规模以上工业总产值1532.28亿元，增长18.8%，其中高新技术产品产值占46%。这一年，番禺区五大支柱产业快速发展。全年规模以上通用设备制造业，电气机械制造业，汽车制造业，计算机、通信和其他电子设备制造业，金属制品业五大支柱产业完成工业总产值908.83亿元，比上年增长21.6%，占全区规模以上工业总产值的比重为59.3%，拉动全区规模以上工业总产值增长12.5个百分点。其中，以电梯配件制造为主的通用设备制造业产值总

---

①1998年至2006年，规模以上工业是指全部国有及年主营业务收入达到500万元及以上的非国有工业法人企业；规模以下工业指年主营业务收入（产品销售收入）500万元以下的非国有工业企业和全部个体经营工业单位。

2007年开始，按照国家统计局的规定，将年主营业务收入不足500万元的国有工业法人企业不再作为规模以上工业统计范围。即规模以上工业的统计范围为年主营业务收入达到500万元及以上的工业法人企业；规模以下工业统计范围为年主营业务收入（产品销售收入）500万元以下的工业企业和全部个体经营工业单位。

2011年，经国务院批准，国家统计调查从2011年1月起，纳入规模以上工业统计范围的工业企业起点标准从年主营业务收入500万元提高到2000万元。

量位居各大类工业行业首位，完成产值 350.65 亿元。广日工业园、日立电梯等龙头企业产能释放步伐加快，产值增幅均超过 10%，同比增长 14.8%，占规模以上工业总产值的比重为 22.9%。汽车制造业完成产值 100.87 亿元，同比增长 1.15 倍，增速居各大类行业之首；占规模以上工业总产值的比重为 6.6%，比上年提高 2.8 个百分点。

是年，从镇街工业总量来看，规模以上工业产值超过 130 亿元的镇街有：大石街 216.05 亿元，化龙镇 202.59 亿元，大龙街 163.92 亿元，钟村街 156.55 亿元，南村镇 142.78 亿元，石楼镇 134.67 亿元；增速超全区平均水平的镇街有：化龙镇增 53.3%、洛浦街增 50.3%、沙湾镇增 32.9%、沙头街增 28.6%、大龙街增 25.3%、南村镇增 25.3%、新造镇增 25.2%、市桥街增 24.5%、石碁镇增 22.8%、石壁街增 22.5%、大石街增 20.1%。

2013 年，番禺规模以上五大支柱产业有所变化，汽车制造业一跃成为番禺排名第三的重要支柱产业。基于产业结构的调整和经济增长方式的转变，番禺的工业已经在逐步扭转方向，在传统产业升级发展的同时，向现代产业不断迈进，番禺工业更加辉煌的发展前景已展现在人们眼前。

在 2000 年至 2013 年的 14 年间，番禺工业经济平稳快速发展。在此期间，番禺的三次产业结构调整速度仍然较快，2013 年，三次产业结构已经调整为 1.9:35.1:63。而当代表第三产业的“63%”变为“65%”时，番禺就将进入一些经济学家所说的“后工业时代”了。

第一节　黑色金属冶炼和压延加工业

黑色金属冶炼和压延加工业包括炼铁、炼钢、黑色金属铸造、钢压延加工、铁合金冶炼 5 个种类。番禺的黑色金属冶炼和压延加工业在很多年份都未进入五大支柱行业。在 2009 年的统计中，番禺的黑色金属冶炼和压延加工业，有色金属冶炼和压延加工业，加起来也就 54 家，规模以上（主营业务收入 500 万元以上）企业也只有 18 家，但是，其中的重点骨干企业——番禺珠江钢管有限公司、广州市番禺裕丰钢铁有限公司却在全国都具有较强的竞争力和影响力。故此，在未记述番禺 2013 年五大支柱产业前，先介绍这两家大型的黑色金属冶炼和压延加工业企业。

一、珠江钢管

珠江石油天然气钢管控股有限公司（简称“珠江钢管”）是中国最大直缝埋弧焊管制造商和出口商，2010 年于香港联合交易所主板成功上市 (香港联交所股份编号：01938HK)，拥有分别位于番禺、珠海、江阴、连云港、南京、沙特、迪拜和印尼等 8 个生产基地，总部设在番禺石碁。2013 年，“珠江钢管”区内主营业务收入达到 210224 万元，区外达到 27258 万元；区内上缴税款达 12849 万元，区外 1680 万元。

"珠江钢管"成立于 1993 年，总部占地 40 多万平方米，员工 1000 多人。公司从美国等发达国家引进直缝钢管生产线，现有 UOE、JCOE、HFW、COE、SAWH 等 9 条焊管生产线，年产能达到 271 万吨，成为中国最大的直缝埋弧焊管生产和出口基地。其中 JCOE 生产线是我国引进的首条大口径直缝焊管生产线，UOE 生产线也是我国第一套采用 UOE 工艺的制管机组。公司生产大直缝双面埋弧焊管（SAWL）、直缝高频焊管（HFW）、螺旋埋弧焊管（SAWH）、三辊成型焊管、耐蚀合金（CRA）内履 / 衬里复合钢管及不锈钢管，可批量供应 114mm-1829mm（4-72 英寸) 的直缝焊管、406mm-3000mm（16-118 英寸）的螺旋焊管以及 711mm-6000mm（28-236 英寸）的三辊成型焊管，并配套供应 FBE、3LPE/3LPP、水泥配重、沥青、水泥等各种形式的防腐钢管以及各类弯管、弯头、异径管等管件产品。其产品广泛应用于陆地及海底的石油、天然气、石油化工、采矿、电力、基建工程、钢结构和供水等领域。公司曾为新疆油田、兰——成——渝管线、伊朗国家石油公司、孟加拉气体储运公司、印度燃气局、巴西天然气公司、国家大剧院、广州丫髻沙大桥、广州新会展中心、广东 LNG 项目、中海油海南环岛管线、中海油春晓气田群开发项目、番禺 / 惠州气田、珠三角成品油等公司或工程提供了大量优质钢管，产品得到国内外广大客户的充分肯定与认可。企业多年来产销两旺，是番禺的纳税大户。

"珠江钢管"于 2000 年成为《直缝焊接输送钢管国家标准》的主要起草单位；2001 年被认定为"广州市高新技术企业"，并经人事部批准设立了"博士后科研工作站"；2002 年通过法国船级社认证；2003 年公司技术中心被认定为"省级企业技术中心"；2004 年通过 ISO14001 环保认证和 OHSAS18001 职业安全与健康认证；2006 年通过挪威船级社 DNV 认证。公司于 2010 年被评定为"国家火炬计划重点高新技术企业"，其技术中心亦成为"国家认定企业技术中心"。

"珠江钢管"及其产品、商标先后获得多项荣誉：2000 年前便已获得广东省优秀新产品、广州市名牌产品、广东省优质产品、广东省名牌产品等称号；2001 年，获广州市用户满意产品、全国用户满意产品称号，产品商标成为广州市著名商标、广东省著名商标，获得中国石油专用管材制造业十强企业、广州市 A 级纳税人称号；2006 年获中国名牌

番禺珠江钢管有限公司厂房外景

珠江钢管SAWH生产线

产品、中国驰名商标称号，还获得中国冶金产品实物质量金杯奖；2008年，获得国际发明展览会金奖；2010年，获广东省科技进步一等奖；2011年，获广州市第一届政府质量奖，被评为广东省模范劳动关系和谐企业；2012年，获广东省政府质量奖，还获得国家冶金产品实物质量金杯奖；2013年，再次被认定为国家火炬计划重点高新技术企业，且连续18年（1995—2012年）被评为广东省重合同守信用企业；2011—2013年，连续3年获得香港杰出企业、两届资本中国杰出高端装备制造商及资本杰出上市企业大奖。由于企业不忘社会责任，积极投身慈善公益事业，企业被评为广东省公益慈善单位。

“珠江钢管”的领军人物陈昌，是该企业的创办人。这位被业内称为“钢管大王”的著名企业家，担任了中华全国工商业联合会冶金业商会常务副会长、中国乡镇企业协会副会长、中国钢协冷弯型钢协会副理事长、中国钢结构协会钢管分会副理事长、中国轧钢协会焊管学术委员、中国《钢管》杂志编委、江苏省冶金行业协会钢管分会会长、广东省金属协会副理事长、广东国际技术贸易协会副会长、广州市工业经济联合会主席团主席、广州市企业家协会主席团主席、广州市番禺区厂商会主席等诸多社会职务。

多年来，陈昌获得的各种荣誉数不胜数。2008年，荣获广州经济年度十大风云人物、中国特色社会主义事业建设者称号，还被评为“国际焊管行业领域权威专家”。2009年，荣获中国发明创业奖，被评为广州市劳动模范。2010年，名列庆祝共和国成立60年中国最受尊敬的企业家60人之中。这一年，他主持开展的“大口径直缝双面埋弧焊钢管工艺技术及系列产品研究开发”获得广东省科学技术奖一等奖。2011年，他获得了广州市科技突出贡献奖。2012年，他获得的荣誉特别多，其中有全国优秀企业家、中国钢铁工业优秀科技工作者、羊城十大光彩人物等称号。2013年，陈昌获得“2013年度广东十大经济风云人物”称号，荣获广东省五一劳动奖章，被评为“广东省十项工程劳动竞赛模范企业家”。

二、裕丰钢铁

广州市番禺裕丰钢铁有限公司（简称“裕丰钢铁”）是一家专业从事建筑钢材生产

销售的企业。公司占地21万平方米，拥有自建的1000吨泊位码头两座，有年产120万吨建筑钢材和20万吨钢材深加工的能力。主导产品有各种规格的热、冷轧带肋钢筋，钢筋焊接网、线材等。该公司生产的“裕丰”牌产品广泛应用于楼房建筑、基础设施等工程建设，并出口到东南亚、非洲等国家。在广州地铁、广州亚运村、珠海国际会议中心等多项国家重点工程中，“裕丰”钢材深受好评。

林广明是“裕丰钢铁”的领军人物，于1993年创办广州市番禺裕丰钢铁有限公司，1997年，再投入近亿元，购进国内先进的一火成材棒、线材生产线，建成年产40万吨的钢铁企业，并实现了当年建设、当年投产的目标。由于抓住机遇，苦心经营，企业得到迅速发展，到2000年，生产规模达到百万吨，成为广东第三大钢材生产基地。

企业在经营规模迅速发展的同时，注重企业整体素质的提高，1998年以来，企业先后通过了ISO9001、ISO9002质量管理体系认证、ISO14001环境管理体系认证、OHSAS18001职业健康安全管理体系认证。该公司于2003年被评为广州市最具竞争力制造业和高新技术企业100强；2004年10月，被全国工商联评为中国优秀民营科技企业。

该公司先后荣获“AAA＋级中国质量信用企业”和纳税大户等多项殊荣，曾连续10年被评为广东省重合同守信用企业。“裕丰”钢材先后获得全国用户满意产品、广州市名牌产品、广东省质量信得过产品和广东省工程建设标准化推荐新产品等多项荣誉。“裕丰钢铁”参编的《混凝土结构用成型钢筋技术规程》广东省标准已批准实施，公司还获邀成为国家标准参编单位。“裕丰钢铁”成为华南地区唯一一家获得中国建筑科学研究院授牌的钢筋加工配送推广应用示范基地。

林广明是广州市番禺裕丰钢铁有限公司董事长、珠海粤裕丰钢铁有限公司董事长，还是广州市双钱糖业有限公司董事长。2002年，林广明当选为广东省第十届人大代表，担任广东省工商联常委，当选为广州市番禺区政协副主席；2003年，荣获广州市劳动模范称号；2004年，被评为中国优秀民营科技企业家，被中共番禺区委、区人民政府授予优秀中国特色社会主义事业建

“裕丰钢铁”生产的建筑用钢材一度是市场上的“抢手货”

设者标兵称号；2005 年 3 月，被广东省、广州市分别授予优秀中国特色社会主义事业建设者称号，当年，还被授予全国优秀乡镇企业家称号。

第二节　通用设备和专用设备制造业

番禺的通用设备制造业和专用设备制造业，一直都是番禺工业中的“大户”，其中，通用设备制造业是番禺的支柱产业之一。

通用设备制造业下分锅炉及原动设备制造，金属加工机械制造，物料搬运设备制造，泵、阀门、压缩机及类似机械制造，轴承、齿轮和传动部件制造，烘炉、风机、衡器、包装等设备制造，文化、办公用机械制造，通用零部件制造，其他通用设备制造业 9 类。番禺的通用设备制造业主要有金属切削机床制造，电梯、自动扶梯及升降机制造，照相机及器材制造等小类，其中机床制造最多最大。

番禺区厂商会编印的《番禺区工商企业名录（工业篇）》记述，至 2009 年，番禺区共有通用设备制造业企业 593 家，其中规模以上的就有 107 家，分布在番禺的各个镇街（含东涌、大岗、榄核 3 镇）。规模以上通用设备制造业企业最多的是石碁镇，共有 22 家；最少的是桥南街和洛浦街，各有 1 家；钟村镇（现钟村街）有 14 家，南村镇和东涌镇各有 10 家。

上述规模以上通用设备制造企业，就有日立电梯（中国）有限公司、广州松下空调器有限公司、奥林巴斯广州工业有限公司，广州华凌空调设备有限公司、松下·万宝（广州）压缩机有限公司、广州敏嘉制造技术有限公司、广州市珠江机床有限公司、广州市番禺鑫泰科技有限公司、广州市诺恒机械有限公司、广州粤研液压机电有限公司、广州市番禺科腾工业有限公司、广州市番禺长江机床电子制造有限公司、广州鹏骏机床有限公司 (广州南方机床厂)、天鹰精密工具 (番禺) 有限公司、广州宏力数控设备有限公司、广州市新力实业有限公司 (香港)、通用机械工程有限公司 (番禺区莲花山机械厂)、广州精益机械有限公司、广州市沙湾广业木型厂、广州广日电梯工业有限公司等。

有些企业，在广州市南沙区成立后，特别是在 2012 年年底东涌、大岗、榄核三镇划归南沙区后，便已经不在番禺的版图之内，其业绩也不在番禺的统计之中，但多年来，这些企业为番禺经济社会的发展都曾做出了突出的贡献。

2013 年，表现最为突出的是以电梯配件制造为主的通用设备制造业，其创造的产值总量位居各大类工业行业的首位，全年共完成产值 350.65 亿元，占规模以上工业总产值的比重为 22.9%，比上一年增长了 14.8%。2009 年，番禺规模以上工业企业生产总值排名中，日立电梯（中国）有限公司雄居第一位。至 2013 年，广州松下空调器有限公司、松下·万宝（广州）压缩机有限公司、日立电梯（中国）有限公司、广州市中德电控有限公司、奥林巴斯广州工业有限公司等多家通用设备制造企业，仍名列番禺区规模以上 (主营业务收入2000万元人民币以上）工业企业总产值前10名之内。

先后获得广州市政府质量奖、广东省政府质量奖，被评为广州市十大诚信企业、广州市总部企业、中国制造企业500强的日立电梯（中国）有限公司（建于番禺区大石街会江村的石北工业区内），2013年的营业收入达到169亿元，已经成为中国乃至全球最大的电梯生产企业之一。

始建于1958年的广州机床厂有限公司，位于大石街石北工业区内，是华南地区最大的机床制造厂家，是广东省装备制造业重点企业。公司生产的“三环箭”牌车床产品获国家银质奖及广东省名牌产品称号。企业经过技术改造，拥有德国、西班牙数控导轨磨、日本五面体加工中心、数控龙门镗铣床、德国三坐标测量仪、英国双频激光干涉仪等高精设备，具有很强的生产制造能力。

广州机床厂强大的持续创新能力源自于拥有现代化管理的车间和产品质量保证的硬件实力。该公司学习国外装备制造优势企业的车间管理布置，强化资源配置，建设了国内一流的现代化管理车间及严格的产品质量保证程序，其完善的管理机制成为企业发展壮大的坚实基础。

该公司生产的产品有普通车床、数控卧式车床、立（卧）式加工中心、龙门加工中心四大类十几个系列。还可根据客户个性化的需求，提供设计整套完整的专业化生产线、各类零件机械加工方案，从设备配套、工艺流程等的设计、制造、安装、调试、操作培训、售后服务等一系列服务。公司设立技术中心负责产品的研发，已拥有从事机床行业设计、制造、工艺等方面多年工作实践、经验丰富的技术带头人参与其中，成为企业创新发展的人才基础。

隶属于广州市番禺珠江实业集团有限公司、成立于1985年的广州市珠江机床厂有限公司，是一家专业机械制造企业，技术水平先进，拥有国家博士后科研工作站。其业务涵盖印刷机械、机床、电梯等行业。该公司经过20多年的发展，固定资产已超过3亿元，产品远销五大洲60多个国家和地区，先后获得墨西哥中国实用技术与产品贸易博览会金奖、西班牙第十九届最佳企业形象与最佳质量国际金星奖等多项殊荣。

“珠江机床厂”通过建立自己的研发中心，组织多元化产品的统一规划、统一开发和创新工作，自主开发了7大系列、20多个品种、60多个规格的产品。其中，各类新型数控车床结构先进、款式新颖、具有优异的性能价格比，产品先后被评为“广州市名牌产品”“广东省优质产品”，珠江机床厂也成为“中国明星企业”，并连续13年被广州市工商行政管理局授予“重合同、信用企业”称号。

创立于2001年的广州市敏嘉制造技术有限公司，是一家专业开发、生产高速精密数控机床的企业（该公司所在地后划入广州市南沙区）。企业在运营中，活用“哑铃管理模式”，主抓研发和市场，掌握核心技术，专做高端机床产品，树立品牌形象。企业管理层除财务人员和少量后勤人员外，全是技术研发人员。他们的市场经营理念是：让客户买制造技术、买解决方案，顺便买机床。靠现代企业的创新手段，敏嘉名气日大，成为通用机械制造行业的一支新军，其成功经验对于番禺企业的转型升级具有很强的示范作用。

该公司生产的主要产品有：HF-101 高速精密 CNC 车床、HF-102 双主轴 CNC 车床、HF-103 三轴 CNC 车铣中心、HF-104 四轴 CNC 车铣中心、AM 高速床式数控铣床、AM-12 十二轴数控铣床、XK1220 横梁移动式龙门数控铣床、CMK100 车磨中心、MK100 内螺纹外圆端面磨削中心、高速电主轴、数控工具磨床、数控同步飞剪等等。有些产品已申请多项国家专利，适用性极为广泛。他们生产的 HF-102 并列双主轴 CNC 车床可同时加工两个工件，一台机床等于两台机床。而 HF-103CNC 车铣复合机床主轴（C 轴）、X 轴、Z 轴三轴联动，配合两个侧向辅助动力头、三个正向辅助动力头和一组车削刀具，一次装夹完成车、铣、钻、镗、磨复合加工。HF-104 四轴（C 轴、X 轴、Z 轴、Y 轴）联动车铣复合机床、多主轴加工中心的加工效率更高，适合零件的多孔、多铣槽加工或多个零件同时加工，其功效等同于多台加工中心。以上产品的创新性，适应不同客户的生产要求，市场销售好，企业效益佳。

番禺的专用设备制造业在 2009 年统计时，共有企业 551 家，其中规模以上企业（年主营业务收入 500 万元人民币以上）的 95 个。在这个分类中，有一个在沙湾镇兴起并不断发展的行业，就是工业洗染机械制造行业。该行业因纺织印染和服装鞋帽业的兴盛而兴盛，曾参与行业标准的制定，建于番禺沙湾的各大洗水机厂在此过程中，为番禺的工业挣足了面子，也因在此行业里有很高的“江湖地位”，在标准制订过程中，有了更多的话语权。

2007 年 4 月，广州番禺骏业宏达洗染机械有限公司、广州市番禺区沙湾同心机器厂、广州市乐金洗染设备有限公司、广州市昶达机械制造有限公司、广州市晟业机械工程有限公司、广州市番禺强业机械有限公司、广州市番禺艺煌洗染设备制造有限公司等 7 家龙头企业组成了“标准联盟”，统一制定了联盟章程，以“采用国际标准、提高品牌信誉、打造产业基地、引领行业发展”为方向，制定联盟标准——《工业洗水机》，各项技术指标充分体现了各联盟成员产品的特性和先进性，为改变以往降低成本拼市场、拼价格的做法，提高产品信誉度和知名度，抢占更多国内、国际市场份额创造了条件。

2007 年初，沙湾洗染机械行业协会成立，沙湾此行业的 18 家龙头企业成为会员企业。是年 7 月，由番禺区质量技术监督局、番禺洗染机械标准联盟主持制定的广州市首个联盟技术规范——《工业洗水机》审定会在番禺召开。与会的专家一致认为《工业洗水机》（送审稿）具有较强的科学性、前瞻性、系统性和可操作性，联盟标准中的安全、性能、结构、能耗要求等技术指标均达到或超过国内相关标准要求，部分指标采用了 ISO10472-1-1997《工业洗衣机安全要求》、美国 UL1206-2003《工业洗衣机安全要求》和 IEC 国际电工委员会标准，填补了国内洗染机械行业标准的空白。专家们还认为，联盟成员根据产品质量控制要求，确定不同型号产品的材质要求、滚筒钢板厚度、内档板厚度，对于提高联盟产品质量，建立优势产业集群和区域品牌提供了重要的标准依据。2008 年 7 月，联盟标准《工业洗水机》通过广东省专家组评审，正式提升为广东省地方标准。

省内最早使用工业洗涤机械设备的广州东方宾馆，所使用的第一台大型洗水机就产自番禺沙湾。番禺的工业洗染机械行业，最早随牛仔布的加工和牛仔服制作的兴盛，而兴起于20世纪80年代，相关厂家沿市良路集聚，最多时，番禺全区的工业洗水机及相关企业超过100家，主要集聚地沙湾就有大大小小60余家。据粗略估计，番禺近百家工业洗染机械行业企业的年产值最高时超过5亿元，“沙湾生产”的洗染机械产品占到全国工业洗染机械70%以上的市场份额。

进入新世纪，工业洗染机械行业布局有所变化，2005年前后，长江三角洲地区利用自身在外观设计和专利申请方面的优势，使此行业迅速发展。在珠三角地区，随着纺织印染业由大发展到重新“洗牌”，洗染机械生产逐渐下滑，到2013年，番禺的工业洗染机械生产厂家已开始面临产品升级和结构调整的迫切的现实问题，并已有企业利用自身在机械生产方面的优势开始了新的探索。

第三节　具有传统优势的电气机械及器材制造业

电气机械及器材制造业，按国民经济分类，包括输配电及控制设备制造、电线电缆光缆及电工器材制造、电机制造、发电设备制造、电池制造、家用电力器具制造6个中分类行业。电气机械及器材制造业是番禺的支柱产业之一，番禺区厂商会的统计显示，至2009年底，番禺的电气机械及器材制造企业有547家，其中规模以上的有165家。

番禺的电气机械及器材制造业的主体，是输配电及控制设备(以变压器、开关控制设备及元件等小类行业为主)、电线电缆及电工器材两个中类行业。

番禺电气机械及器材制造业分布于各镇街，到2009年年底，规模以上电气机械及器材制造业企业的分布情况是：石碁镇有33家，钟村镇有18家，南村镇有16家，东涌镇有15家，最少的是洛浦街，有4家。

番禺电气电力设备生产的支柱产业地位显著

番禺电气机械及器材制造业的主要企

业有：番禺电缆集团有限公司、明珠电气有限公司、广州骏发电气有限公司（原广州番禺骏发电力设备有限公司）、顺兴电力设备有限公司、科琳电源设备有限公司、旭东阪田电子有限公司、广州岭南电缆有限公司、番禺五羊电缆厂有限公司、广州番缆电线电缆有限公司、广州市鹏辉电池有限公司、番开电气设备制造有限公司（“腾笼换鸟”中已迁往从化，仅在番禺设有销售部门）、番禺恒达电池总厂以及建于番禺区旧水坑经济开发区的番禺丰达电机厂等。

一、番禺电缆集团

广州番禺电缆（集团）有限公司（简称“番禺电缆”）在1998年改制后，瞄准国际高端市场生产绿色环保产品，率先在国内同行中建立绿色环保产品生产运营管理和技术支撑体系，并与30多家世界500强的企业合作，使“番禺电缆”进入全国同行20强，成为一些国有大型公司指定的长期供应商，并把产品销往对质量要求极为严格的欧盟和北美国家。在国内电线电缆行业中，“番禺电缆”居国内通信设备配套市场第1名，居国内通信运营配套市场第2名，居白色家电配套市场第4名。企业还参与了核电站用K3电缆、铁路机车电缆、船舶用电缆、移动通信电缆等多个国内电缆标准的起草。

番禺电缆”旗下有10家子公司。经过10多年的发展，“番禺电缆”已经成为中国的大型电线电缆新产品及其相关产品研发及生产的企业。该企业拥有多项线缆实用领域专利，其产品涵盖了35kV以下各类电线电缆及插头线、端子线等。产品通过了中国CCC[①]认证、欧盟共同体10国认证及德国VDE、美国UL、日本PSE[②]、英国BSI[③]、韩国KFI等国家和地区的认证。“番禺电缆”是中国石化、中石油、中国移动、中国联通、中国电信、华为、南方电网、中兴通讯等公司长期指定供应商，还在泰国等10多个国家和地区实现了新产品和技术运营。在欧洲，为西班牙国家电力公司、法国SCHENIDER、荷兰国家建筑公司、乌克兰的企业提供符合欧盟RoHS[④]环保指令要求的

①CCC认证：2001年4月经国务院决定，国家质量技术监督局与国家出入境检验检疫局合并，组建中华人民共和国国家质量监督检验检疫总局（简称国家质检总局）。新的强制性产品认证制度于2002年5月1日起实施。根据中国入世承诺和体现国民待遇的原则，国家对强制性产品认证使用统一的标志。

②PSE认证：是日本强制性安全认证，用以证明电机电子产品已通过日本电气和原料安全法(DENANLaw)或国际IEC标准的安全标准测试。日本的DENTORL法（电器装置和材料控制法）规定，498种产品进入日本市场必须通过PSE安全认证。其中，165种A类产品应取得菱形的PSE标志，333种B类产品应取得圆形PSE标志。

③BSI，英国标准学会（British Standards Institution;），是世界上第一个国家标准化机构。英国政府承认并支持的非营利性民间团体。成立于1901年，总部设在伦敦。由英国土木工程师学会（IEC）、机械工程师学会（IME）、造船工程师学会（INA）与钢铁协会(ISI)共同发起成立英国工程标准委员会（ESC或BESC）。这是世界上第一个全国性标准化机构。

④RoHS是由欧盟立法制定的一项强制性标准，它的全称是《关于限制在电子电器设备中使用某些有害成分的指令》(Restrictionof Hazardous Substances)。该标准已于2006年7月1日开始正式实施，主要用于规范电子电气产品的材料及工艺标准，使之更加有利于人体健康及环境保护。

绿色环保产品。在北美亦与多家企业建立了产品供应关系。“番禺电缆”3 个系列产品荣获广东省名牌产品称号，其商标成为广东省著名商标。

稳健的经营，使“番禺电缆”取得了良好效益。2013 年，番禺电缆集团在区内的主营业务收入 31000 万元；在区外主营业务收入 140000 万元；在番禺区内上缴税款 2345 万元。

近年来，“番禺电缆”获评中国优秀民营科技企业、全国双爱双评企业、中国重合同守信用企业、全国模范职工之家，广东省高新技术企业，广东省质量管理优秀企业，广东省劳动关系和谐示范企业、广州市十大诚信企业、广州市企业文化建设优秀企业等数十项荣誉。

作为一名成功的企业家，番禺电缆集团董事长王锦荣担任了多个社会职务。他是广州市人大代表、广州市工商联（总商会）副会长、广州市科技型企业协会副会长、广州市三会主席团主席，同时也是番禺区政协常委、番禺区工商联（总商会）副主席，担任了番禺区厂商会、企业联合会、中小企业协会、科技型企业协会会长和番禺区海外联谊会副会长。近年来，他被评为全国“双爱双评优秀企业家”、中国优秀民营科技企业家，广东省、广州市、番禺区“优秀中国特色社会主义事业建设者”，广东省、广州市、番禺区劳动模范和优秀企业家，广州市首届道德模范·富而崇德模范。

二、明珠电气

广州市番禺明珠电气有限公司（原名番禺明珠电器有限责任公司，简称“明珠电气”）是广州最具竞争力制造业和高新技术企业 100 强企业，在广州市连续 16 年获评守合同重信用单位，也是广州市用户满意企业。企业还多次获得国家、省、市的科技进步奖，成为机械工业企业管理基础工作规范化达标企业、中国企业最佳形象 AAA 级企业。“明珠”牌产品亦成为广东省名牌产品，“明珠”商标也成为了广东省著名商标。明珠变压器曾被列入原国家经贸委推荐产品名录，“明珠电气”还成为了欧盟推荐合格供应商。

2000 年 8 月，“明珠电器”与沈阳变压器研究院联手成立的番禺世纪变压器有限公司成功开发出新产品——高可靠变压器通过国家级鉴定（新产品名为 SFZ9-40000/110，即为高可靠有载电力变压器），该产品达到了国际先进水平，填补了国内空白。

2006 年底，广州旭能投资顾问有限公司联合广州白云电气集团对“明珠电器”进行重组，“强强联合携手打造输配变电领域世界级品牌”合作签约仪式于当年 8 月 26 日在番禺大厦举行。张少松出任番禺明珠电器有限责任公司董事长兼法人代表。重组后的广州番禺明珠电器公司主要生产 110kV 电力变压器、干式变压器、油浸式配电变压器、箱式变压器、电抗器等 5 大类产品。企业的新产品名录里增加了风力发电用变压器以及核电、水电的配变电设备。

2010 年 1 月 9 日，公司举行仪式，正式更名为番禺明珠电气有限公司。在这次重大

改制后的“明珠电气”焕发生机

的更名仪式上，透出系列重要数据：公司自2006年重组3年来，两次进行的增资扩股，引进战略合作伙伴，注册资本也由5100万元增加到了1.28亿元，恢复了融资能力，并成功开发了世界上容量最大的非晶合金干式变压器①以及具有世界领先水平的核电站用变压器，产品科技含量、质量水平和盈利能力有了大幅度提升，销售收入连年翻番。更名的当日，明确宣布的数据令人欣喜：2010年的订单数额比2009年翻番，全年的订单总额可以突破10亿元。企业重组3年来，产品销售已经由单一的广东省内市场拓展为全国市场，且出口到东南亚和非洲等地，省外市场份额已经超过省内市场；公司生产的产品在北京奥运工程、国家电网、南方电网的±800kV直流输电工程等国家级重点工程中中标。

番禺明珠电气有限公司厂区面积9万平方米，现代化厂房6万平方米，总资产3.3亿元。“明珠电气”的生产设备精良，拥有德国HüBERS公司（旭百世公司，被称为“树脂浇注技术和树脂浸渗工艺的行家里手”）的全自动真空树脂浇注设备、国内110kV及以下变压器生产厂家最先进的煤油汽相干燥设备和检测试验站等主要生产设备共260多台套；试验能力强大，具备110DkV及以下输、变、配电产品进行除突发短路特殊试验以外的全部型式试验、例行试验和特殊试验的能力。公司实行精细的质量管理，有效运行ISO9001-2000质量管理体系，通过了中国最权威的认证机构CQC②质量认证。全部变压器产品都通过国家有关部委或省级的鉴定。“明珠电气”生产的干式变压器在国内同行中最早通过了意大利CESI认证，产品的优异性能得到国外权威试验机构的认可。

“明珠电气”的400多名员工中，工程技术人员占了25%，企业设有人事部批准的博士后工作站，具有一支高素质的技术团队（博士1名、硕士4名、高工以上职称人员10名），注重技术开发和产品质量，拥有国内多项先进技术和专利。“明珠电气”通过

①非晶合金变压器是20世纪70年代开发研制的一种节能型变压器，世界上最早研发非晶合金变压器的国家是美国，当时由美国通用电气（GE）公司承担了非晶合金变压器的研制项目。到20世纪80年代末实现了商品化生产。由于使用了一种新的软磁材料—非晶合金，非晶合金变压器的性能超越了各类硅钢变压器。

②CQC是代表中国加入国际电工委员会电工产品合格测试与认证组织（IECEE）多边互认（CB）体系的国家认证机构（NCB），是加入国际认证联盟（IQNet）和国际有机农业运动联盟（IFOAM）的国家认证机构，CQC与国外诸多知名认证机构间的国际互认业务，以及广泛的国际交流，使CQC赢得了良好的国际形象。

与沈阳变压器研究所、华中科技大学等单位的产学研合作，加快了企业技术改造和创新的速度，使产品技术始终处于国内行业领先水平。“明珠电气”主要生产经营 110kV 及以下油浸式电力变压器、35kV 及以下干式变压器、电抗器、箱式变电站等各大类型产品，年生产能力为变压器 300 万 kVA、各类产品 9000 台套。“明珠电气”依据多年积累的技术实力和工艺经验，具备了进行专业化定制设计和提供最佳解决方案的能力，满足客户对产品的个性化需求。按照合同及时交货，并配合用户做好安装、调试及使用培训等。售后服务响应迅速，根据客户需要用最短时间赶到现场，以最快的速度解决问题。

三、骏发电气

广州骏发电气有限公司（原广州番禺骏发电力设备有限公司，简称“骏发电气”）始创于 1995 年，是一家专业生产带填料环氧树脂浇注干式变压器及相关输配电产品的高新技术企业。企业生产基地坐落于石楼镇，占地 62000 平方米，总投资 1.2 亿元，已具备年产 280 万 kVA 干变、100 万 kVA 油变和 300 台箱变的生产规模和能力，产值达 10 亿元以上。

“骏发电气”引进了德国 HüBERS 公司的全自动真空浇注设备及 Heinrich Schumann 公司自动排线带恒张力拉紧装置的绕线机等关键的生产和检测设备，建立了高效的生产工艺流程。“骏发电气”以保持技术上的领先作为企业发展的动力，企业引进、消化吸收并发展了国际先进的树脂浇注干变设计制造技术，采用独特配方的带填料环氧树脂体系和新颖的绝缘结构，拥有自主知识产权。获多项实用新型专利和计算机软件著作权。“骏发电气”自主研发生产的 SCB 干式变压器通过了 C2 级气候试验、E2 级环境试验和 Fl 级燃烧性能试验，获得 PCCC[①] 节能产品认证。企业也通过了 IS09001 质量管理体系和 IS014001 环境管理体系认证。

“骏发电气”已连续多年获得广州市重合同守信用单位称号；公司生产的树脂绝缘干式变压器是国家城网和农网改造的推荐品牌，先后被评为广东省名牌产品、广东省自主创新产品、广东省高新技术产品和广东省著名商标。2000 年以来，公司研制的项目每年都被政府各级相关部门的科技攻关计划立项，获得技术创新专项资金计划立项。该公司于 2005 年设立了番禺区科技型企业技术研发中心；2010 年成立了广州市配电设备暨电力电子工程技术研发中心及企业技术中心，并与科研院所和高等院校合作开发新产品。多年来，公司参与了多项国家或行业标准的制订修订工作。

“骏发电气”的发展方向是节能环保型输配电设备的开发与制造。其“环保型输配电设备技术改造”项目，是广州市工业重大投资项目之一，主要改造内容就是通过建立新的生产基地，通过开发新型低能耗、低噪音的输配电产品，扩大生产规模和品种。

①PCCC 是电能（北京）产品认证中心有限公司的简称，成立于 2005 年 11 月，作为国内首家服务电力、专门从事机电产品认证的权威机构，是电力行业首家专业认证机构。

“骏发电气”生产的产品在轨道交通建设中得到广泛应用

“骏发电气”的环氧树脂浇注干式变压器的年产量，连续4年名列全国前10名内，在广东省名列第二，为满足电力电子产品市场的巨大需求而由“骏发电气”注册成立的全资子公司——广州粤骏电气科技有限公司，专注于产品节能、电能质量治理和能效管理信息化三大核心技术，已成功研发基于磁控电抗器的无功补偿装置、配变电压控制、电力有源滤波器等高技术产品，业务涉及电力、化工、地铁、冶金、石油、风电等行业。

“骏发电气”生产的城市轨道交通用干式牵引整流变压器，是牵引机车电源整流系统的重要组成部分，主要用于地铁和轻轨。其产品受到“南车集团”的特别关注。2013年，隶属于中国南车股份有限公司的南车株洲电机有限公司启动了与“骏发电气”的合资合作谈判。颇具实力且产品与轨道交通相配套的“骏发电气”，或可在较短时间里成为“南车”设备生产团队的一员，为中国轨道交通建设作出贡献。

第四节 跨越式发展的汽车制造业

随着广州汽车集团乘用车有限公司自主品牌“传祺”首款车型于2010年9月下线，经过3年多的发展，该公司在番禺区内的主营收入达到了848778万元，上缴税款101039万元。2013年的数据显示，番禺的汽车制造业在番禺工业中所占的地位越来越重要，对区域内国民经济的拉动作用也越来越明显。

2009年，番禺五大支柱产业里并未出现汽车制造业，但“汽车制造”包含在交通运输设备制造业（含轨道交通设备、船舶、汽车及零部件、摩托车）之中，相关企业一共有180家，其中规模以上企业48家。规模较大的有建于石楼镇的番禺区拆船轧钢公司、番禺区粤丰船舶修造厂、广州小糸车灯有限公司、广州实利汽车零部件制造有限公司，建于大岗镇（现属广州市南沙区）的番禺大岗电器设备有限公司、番禺粤新造船有限公司，建于钟村镇（现钟村街）的广东明威专用汽车有限公司等。

到2011年，交通运输设备制造业排在金属制品业之前，以第四名的排名成为番禺的五大支柱产业之一。2012年，交通运输设备制造业退出番禺支柱产业前五名，而为黑色金属冶炼和压延加工业取代。到了2013年，番禺规模以上汽车制造业企业达到13户（主营业务收入调整为3000万元以上方可称“规模以上”），其中产值超1亿元的6户，超5亿元的1户。全年全区规模以上汽车制造业完成产值100.87亿元，比上年增长1.15倍，在番禺的29个工业行业大类中跃升至番禺五大支柱产业的第三位。至此，番禺现代产业园“千亿级”汽车产业集群建设雏形已现，成为番禺工业的一大新亮点，番禺工业更加强大的实力和美好的发展前景由此展现出来。

2007年11月16日在番禺区化龙镇奠基的广汽集团汽车研发生产基地，已发展成为一个具有整车及动力总成设计开发、试制试验和生产制造能力的综合性研发生产基地。而先于此的广汽集团自身的汽车产品研发机构——广州汽车集团股份有限公司汽车工程研究院，已于2006年7月成立，该研究院主要承担广汽集团自主技术与自主品牌产品的研发任务，计划在较短时间内形成可根据市场需求生产任何种类汽车的产业核心能力。广汽集团汽车研发生产基地的建设，标志着广汽集团在发展自主品牌、推进自主研发进展上新的突破，还将为广东省、广州市汽车工业完善自主创新体系、加快掌握整车开发及制造的核心技术奠定坚实的基础，成为广东省、广州市汽车工业发展史上的又一个里程碑。

广汽研究院成立不久便取得了不俗的成果

2008年7月，注册资金32亿元的广州汽车集团乘用车有限公司成立。项目按年产整车40万辆、发动机45万台的规模一次规划。首期年产10万辆整车及配套发动机的“世界级工厂”于2010年9月竣工，首款车型下线。2010年12月，自主研发的首款中高级轿车“传祺”上市；2011年，销售1.7万辆，创下自主品牌单一中高级车型上市首年最好成绩；2012年4月，第二款战略车型中高级——城市SUV传祺GS5投放市场，受到社会各界和市场的高度关注和欢迎，成为国内15万元以上中高级车型销量前十名中唯一的中国品牌；2013年1月，传祺GA51.8T和传祺GS51.8T车型上市；2013年7月，第三款战略车型——自主开发的经济型轿车传祺GA3下线，传祺品牌产品序列逐步形成。

番禺成功引进的鞍钢汽车钢项目于2013年12月28日正式签约。鞍钢集团广州汽车钢项目选址番禺区化龙镇金枫大道东侧，占地210亩，总投资约25亿元。项目分为两期进行，其中第一期总投资约14亿元，建设年生产能力为45万吨的高强度镀锌汽车用板生产线。项目达产后年营业收入约25.6亿元，税前利润2亿～3亿元。第一期项目计划于2014年开工，2016年完工，建设周期24个月。该项目的建设，对于番禺境内的汽车制造业将产生重要的促进作用。

2013年，番禺汽车工业发展又添新军：广汽菲亚特项目落户化龙镇。

番禺汽车及汽车零配件的生产发展历程，呈现出跨越式的跳跃发展，短短几年间，就超越了诸多番禺的传统优势产业而一跃成为番禺工业的支柱产业。

第五节　通信设备、计算机及其他电子设备制造业

通信设备、计算机和其他电子设备制造业一直是番禺工业中的一个大产业，也是番禺的支柱产业之一，它包括了计算机制造、通信设备制造、广播电视设备制造、雷达及配套设备制造、视听设备制造、电子器件制造、电子元件制造、其他电子设备制造等8个种类。

2009年，番禺区厂商会编印的《番禺区工商企业名录（工业篇）》中，收入该行业的企业共有510家，其中，规模以上的达到114家。2013年3月3—6日在广州琶洲保利世贸博览馆举行的“广州（国际）演艺设备、智能声光产品技术展览会”上，在总共300余家参展企业中，番禺区企业就占据了120多个席位，可见番禺区在演艺设备行业的地位与实力。该展览会由中国国际贸易促进委员会广东省委员会、中国舞台美术学会、广东演艺设备行业商会联合主办，是全国乃至全球最具规模、最尖端的专业性展览会。其规模较以前有所扩大，参展企业与产品涵盖了舞台演出音响、卡包音响、公共广播、会议系统、舞台灯光、LED、麦克风、功放、舞台周边设备等领域。参赛的番禺企业有珠江灯光、浩洋电子、天工音响等知名企业。经过20多年的发展，番禺区演艺设备行业实力大增。到2012年底，拥有的核心企业就达532家，企业自主品牌395个，从业人员5.7万人，当年营业收入达到150亿元，占全国演艺设备产值的50%份额。

番禺的通信设备、计算机及其他电子设备制造业主要企业有：广州市锐丰音响科技股份有限公司、广州巨大集团、广东东松三雄电器有限公司、广州市浩洋电子有限公司、广州市珠江灯光科技有限公司、广州隆辉电子元件(番禺)有限公司、番禺胜美达旧水坑电子厂、广州惠威电器有限公司、番禺腾高电子电器厂、广州市飞腾音响有限公司等。

当年，主要生产刚性印刷线路板及各种多层线路板、BU线路板、IVH线路板的日本名幸电子公司，也具有较高知名度。

一、锐丰音响

1972年出生的王锐祥，是广州市锐丰音响科技股份有限公司（简称“锐丰音响”）

的董事长，靠做著名音响品牌代理起家，曾代理JBL、CROWN（皇冠）、StudioDue（天工）等一批国际知名品牌的产品。市场竞争中，他看出行业发展的趋势——越来越多的客户需要的是整体解决方案，提供单项服务的公司很难在一些大项目竞标中获胜。于是，他创办工厂，生产LAX专业音响系列产品，产品逐步覆盖了全国29个省市（区）的市场，还在近40个国家注册了商标，与世界名牌音响竞争。公司建立了辐射34个省、市、自治区的销售和服务网络。2011年，公司商标成为中国驰名商标，产品获评广东省名牌产品称号，其产品的国内市场份额达到了11%。

总部位于石楼镇的“锐丰音响”集合生产、技术、渠道、服务等多种优势，整合出强大的竞争力，从而在激烈的市场竞争中杀出重围，进入行业领先的“第一军团”。王锐祥还带领“锐丰音响”在分销渠道和工程技术方面构建了辐射全国的销售及工程技术网络，为客户提供更加完善的服务。

多年发展，王锐祥把“锐丰音响”发展成为行业领先的企业，专门为各类场馆、厅堂、酒店、学校等场所提供声光系统的设计、产品配置、安装、维护等一条龙服务。在专业声光系统工程领域屡建奇功，成功地参与了故宫博物院、颐和园、广州体育馆、广州国际大酒店、广州长隆夜间野生动物世界等一大批极具影响力的专业灯光、音响工程，成为行业瞩目的佼佼者。2006年12月8日，“锐丰音响”成功竞得2008北京奥运会主会场“鸟巢”的扩音系统项目，与国家体育场签订合同，实现了奥运主场馆采用中国音响“零的突破”。2013年，“锐丰音响”在番禺区内实现主营收入35226万元，出口额1316万元，上缴税款2602万元。

作为企业家的王锐祥当选为广州市第十三、十四届人大代表，还担任了番禺区政协副主席、番禺区工商联主席、广东演艺设备行业商会会长、广州市总商会副会长、中国青年企业家协会理事、中国演艺设备技术协会常务理事、广州市青年联合会副主席、广州青年企业家协会执行会长。

同时，他也获得多项荣誉；曾被评为2005年度全国农村青年创业致富带头人、2007年度第十届广州市十大杰出青年，还获得了2007年度东亚青年经纪人自主创新奖，被评为2008年度广东省十大经济风云人物，2008年度广州市劳动模范，荣获2010年度广东省第三届优秀中国特色社会主义事业建设者称号。他还是第九届广东青年五四奖章、第十三届中国青年五四奖章的获得者。2013年初，王锐祥被评为2012年度广东省劳动模范。

二、中海达

广州中海达卫星导航技术股份有限公司（简称“中海达”）是中国高精度卫星导航定位系统生产行业的领军企业，一直居于国内同行业前两位，且稳居全球同行业前五位。2011年2月，中海达在深圳创业板上市（股票代码：300177），成为国内测绘地理信息技术装备领域第一家也是唯一一家上市企业（至2013年底）。

总部设于番禺节能科技园天安总部中心的“中海达”成立于1999年。公司成立后，始终专注于测绘与地理信息领域，长期致力于GNSS① 的核心技术研发，积累了大量的自主知识产权和软件著作权，是国家高新技术企业和优秀软件企业。多年来一直以前瞻的技术引领整个行业的革新和发展。公司设有业内唯一的企业博士后工作站，与中科院水声研究所、武汉大学、西南交通大学、中南大学建立联合实验室等研发机构。公司的双频GPS接收测量技术、高精度GIS数据采集处理技术、超声波测深测量技术等，被业内认为是国内领先，达到了国际先进水平。

经过多年发展，“中海达”已拥有广州市中海达测绘仪器有限公司、广州中海达定位技术有限公司、苏州迅威光电科技有限公司、武汉海达数云技术有限公司、广州都市圈网络科技有限公司、南京声宏毅霆网络科技有限公司、郑州联睿电子科技有限公司、江苏中海达海洋信息技术有限公司、广州都市圈信息技术服务有限公司、浙江中海达空间信息技术有限公司等多个子公司。公司上下致力于把“中海达”打造成为卫星导航领域全球第一品牌。

15年的积淀，“中海达”在数据采集装备方面可以生产高精度的卫星定位、光电测绘、声纳探测品、三维激光等多个方面的产品。公司及其产品还在2013年进入了2.5维、真三维、三维全景空间信息数据领域，为互联网应用、智慧城市建设和各专业领域如交通、旅游、文物、电力、国土等，提供三维空间信息数据和应用解决方案、智慧城市应用解决方案和地质灾害监测、农机自动化以及机械精密控制等方面的应用服务。企业还制定或参与国家、行业标准的制定。公司龙头产品GNSS接收机荣获广东省名牌产品。公司先后成为广州市高新技术企业、广东省战略性新兴产业骨干企业、广州市重点软件企业、广州市内资总部经济企业、广州市创新型企业、广州市制造业转型升级示范企业、广州市民营企业地方经济社会贡献企业等。公司通过ISO9001:2008质量管理体系认证、武器装备质量体系认证、武器装备承制单位资格认证，获得了国家测绘资质证书（乙级），“中海达”商标也被评定为广州市著名商标。

广州中海达卫星导航技术股份有限公司董事长廖定海，在1984年—1994年先后获全军科技进步二等奖1次、科技代表表彰2次，荣立二等功1次、三等功5次；2008—2011年，获得广州市科学技术奖励一等奖、广东省科学技术奖励三等奖、广州市科学技术奖励二等奖。其间，他共主持国家级科技项目2项、省级科技项目4项、市级科技项目2项。

2013年，“中海达”在番禺区内外的主营收入达到53878万元，共上缴税款6743.43

①GNSS是Global Navigation Satellite System的缩写，意即“全球导航卫星系统”，它是泛指所有的卫星导航系统，包括全球的、区域的和增强的，如美国的GPS、俄罗斯的Glonass、欧洲的Galileo、中国的北斗卫星导航系统，以及相关的增强系统，如美国的WAAS（广域增强系统）、欧洲的EGNOS（欧洲静地导航重叠系统）和日本的MSAS（多功能运输卫星增强系统）等，还涵盖在建和将建的其他卫星导航系统；国际GNSS系统是个多系统、多层面、多模式的复杂组合系统。

万元，出口额 5144 万元。

三、巨大集团

广州巨大集团有限公司（简称“巨大集团”）的前身是 1996 年成立的广东巨大电业有限公司。“巨大集团”经过多年发展，在番禺区大石街石北工业大道建立了占地 48000 平方米的巨大德威工业园，在册员工有 2500 多人。2013 年，集团区内主营收入达到 68009.47 万元，区外主营收入更高达 97437.97 万元，出口额达到了 151754.03 万元；区内缴税额 7411.4 万元，区外缴税额为 9864.62 万元。

“巨大集团”属下机构包括巨大电业有限公司、巨大汽车音响设备有限公司、巨大精密中心（香港）有限公司、巨大香港贸易公司、润达国际电业有限公司等 5 家实业控股公司。其中，巨大电业有限公司是专业音响厂家，集研究、开发、生产制造、整合营销于一体的综合性科技型企业；巨大汽车音响设备有限公司与日本 JVC 合作，是 JVC 汽车音响的指定生产商，并成为 JVC 进入中国市场的总代理，同时还是美国 PPI 高级汽车音响的中国总代理；巨大精密中心（香港）有限公司投资 3 亿元人民币，由“巨大集团”和新加坡 MPC 公司共同投资组建广东巨大精密电子工业有限公司，以生产高尖的光电精密产品和 3G 移动电话摄像头为主；巨大香港贸易公司地处物流贸易中转站的香港，具体负责“巨大集团”的海外采购及销售业务。

至 2013 年，“巨大集团”已经发展成一家以电子信息产品为核心，集科研、生产和销售为一体的高新技术企业，其商标已在全球 31 个国家和地区注册，产品销往 80 多个国家，成为国内影音技术最齐全的厂家之一，为许多国际一线知名品牌企业提供全面的优质服务。2007 年，自主品牌 Vtrek 家庭影院产品被评为广东省名牌产品，该品牌的汽车音响产品获质量免检证书。2011 年，自主品牌 Vtrek 被评为“广州市著名商标”。

公司领头人庄炳武，是中国电子音响协会副会长、广州市工商联执委、广州外经贸企业协会副会长、广州市电子音响协会副会长、番禺区政协常委、番禺区工商联（总商会）第十一届执委会副主席，还担任了番禺区厂商会副主席等社会职务。

巨大工业园外景

庄炳武于2007年被评为全国优秀民营企业家，2008年被评为广州市第二届优秀中国特色社会主义事业建设者，2009年获得国家数字家庭应用示范产业基地“国家数字家庭研发园个人奖”，2011年成为广州市劳动模范，2012年被评为广州市杰出企业家，2012年被评为广州市荣誉市民，2013年被评为关爱员工的优秀企业家。

四、浩洋电子

成立于2005年的广州市浩洋电子有限公司（简称“浩洋电子”），由番禺企业家蒋伟楷领办，是中国著名的专业舞台灯光制造企业，主要设计生产包含电脑摇头灯、LED演艺照明、LED建筑照明、LED商业照明、LED显示屏和相关控制系统等多种高科技产品。

“浩洋电子”建于番禺区石碁镇的生产基地占地60亩。公司建立了强大的研发团队，已取得200余项专利技术认证。其产品获得了广东省名牌产品证书，其商标分别被认定为广州市和广东省著名商标。“浩洋电子”的技术和产品不断得到行业内外一致肯定，获评中国演艺设备技术协会的专业灯光工程综合技术能力一级资质，2012年荣获中国演艺设备协会颁发的知识产品优胜奖——专业灯光一等奖，取得2013年度演艺设备行业优质产品证书，2011—2013年度连续3年获评“中国演艺设备行业20强企业”。公司还被评为“2011—2012年度国家文化出口重点企业”。

“浩洋电子”的所有产品都通过了欧盟CE、RoHS和美国、加拿大ETL认证，销往世界各地畅通无阻。“浩洋电子”还通过了德国莱恩TUV认证公司的ISO9001：008体系认证，并引入先进的物流ERP管理系统，使公司的内部系统和资源能够得到最优化管理。“浩洋电子”与荷兰飞利浦光源、德国OSRAM、美国CREE、德国AUER光学研究所等众多世界知名光学公司建立了长期战略合作关系，共同开发更强更好的光源系统。该公司还加入了全球多个专业灯光协会如CETA（中国文艺演出物资协会）、ESTA（美国娱乐服务&技术协会）等协会。

“浩洋电子”的剧院式大型展厅

2008年，“浩洋电子”自主研发的品牌TERBLY（特宝丽）专业舞台灯光在北京奥运会上“亮相”。“浩洋电子”还成为2012伦敦奥运会开幕式唯一一家入选的中国舞台灯光供应商。2013年亚洲青年运动会开幕式、2013年东南亚运动会开幕式等不少世界大型活动所采用的专业灯光工程，几乎都有“浩洋电子”参与。

2013年，只有500多名员工的“浩洋电子”区内主营收入达到了30248万元，出口额19574万元，全年缴纳税款1225万元，成为石碁镇排名第三的纳税大户。

五、东松三雄

“东松三雄”是一家从事绿色节能照明产品研发、生产、销售一体化的企业。

番禺人张宇涛于1991年大学毕业后，与两位同窗好友创建了东松三雄电器有限公司。经过多年奋斗，他们成功打造出了“三雄·极光”这个国内照明行业的领导品牌。东松三雄电器有限公司从电子镇流器找到突破口，使企业成为一家生产高素质、高品位的绿色照明产品的知名企业。从第一款电子镇流器的研发到高效节能产品的全系列产品开发，从传统的产品制造者到提供照明整体解决方案的服务者，公司一直致力于打造行业的领导品牌，并取得成功。期间，研制开发了户内、户外、装饰类照明与电工四大类，包含了各种灯具、光源、电工与电气配件共计2000多个品种，发展成为拥有5大生产基地、年生产能力上千万套产品的大型绿色节能企业，成为国内最具综合竞争实力的行业品牌之一。

多年来，“东松三雄”始终奉行“倡科学管理，求质量效益，创卓越品牌，让客户满意”的质量方针，系列产品获得中国驰名商标、中国名牌产品称号；并通过节能认证，ISO14001：2004环境管理体系认证，3C认证、国家消防认证、EMC认证，CE、VDE、TUV三个认证以及ISO9001国际质量体系认证，并被认定为高新技术企业、中国优秀民营科技企业。

在国家力倡“节能减排”的当下，“东松三雄”通过对节能产品的不断研发创新、专业照明设计方案的服务支持，在行业内率先发起“光健康”为主题的推广活动，提倡更加科学的照明方式，构造出和谐健康的照明空间。其系列产品连续多次中标政府补贴的“高效照明产品推广项目”，并且成为CBA（中国篮球协会）的中国男子篮球联赛指定照明产品，在2008北京奥运会主会场（鸟巢）、2010上海世博会、广州亚运会等众多大型项目场所广泛安装使用。

企业创办人之一的张宇涛，当选为中国照明电器协会常务理事。

六、珠江灯光

广州市珠江灯光科技有限公司（简称“珠江灯光”），是一家专业从事智能化演艺灯光和景观照明产品的研发、生产和销售一体化的国家高新技术企业，其前身是1984年创立于南村镇的珠江灯光音响实业有限公司，拥有占地10万平方米的“珠江灯光高新科技园”。

2000年，“珠江灯光”以自主品牌——PR进军国际市场获得成功，开始走上全球化品牌之路。经过10多年的开拓发展，其产品大量出口到欧洲、美洲、亚洲等60多个国家和地区。在全球最大的灯光音响行业的盛会——德国法兰克福的一次展会上，“珠江灯光”曾是在国际品牌馆展示自己产品的唯一的中国灯光企业。国内外很多大型晚会都使用过“珠江灯光”的产品。“珠江灯光”不断创新不断发展，在声、光、电、机械、计算机控制技术等领域，研发出了大量创新产品，获得了近百项技术专利和国际品质认证。由于产品的高质稳定，“珠江灯光”赢得了广泛的认可和赞誉。企业通过了ISO9001、ISO14001和ISO18001质量体系认证，成为国家火炬计划重点高新技术企业。2012年，“珠江灯光”名列中国演艺行业23强，企业还成为了广东工程技术中心、广东省创新型企业，在广州市首届优秀文化企业评选中获评“优秀”。“珠江灯光”的PR品牌灯光产品曾获评广东省名牌产品，PR商标被评为广东省著名商标。多年发展，“珠江灯光”产品品牌终成舞台灯光行业的领导品牌。2013年“珠江灯光”主营业务收入超过3亿元人民币，上缴税款2000多万元。

“珠江灯光”展示厅展示了企业优质的灯光产品

“珠江灯光”领办人梁志远曾获得番禺区第二届优秀中国特色社会主义事业建设者光荣称号，还曾获得2008北京奥运会和2010上海世博会优秀个人奖。

他还担任了番禺区政协常委、广州市番禺区工商业联合会（总商会）第十一届执行委员会副主席等社会职务。由于企业在中国演艺设备行业的地位，梁志远担任了中国演艺设备技术协会副理事长、广东省演艺设备行业商会常务副会长、中国舞台美术学会企业委员会副主席等行业协会的多个职务。

七、明珠星集团

在中国，有一个在石英钟表行业排名第一的企业集团，那就是广州明珠星集团（简称“明珠星”）。集团所属的番禺明珠星钟厂，就坐落在广州市番禺区大石街。这家企业经过多年发展，已经成为一个企业集团，属下有中外合资的番禺明珠星钟厂，还有广州亿圣电子有限公司、番禺爱时达电子有限公司、番禺碧菲亚数码科技有限公司、番禺彩龙表面处理有限公司、武汉晨龙电子有限公司、明珠星集团（香港）实业有限公司、广州唯科通讯科技有限公司、北京合康亿盛科技有限公司、优拓电子（广州）有限公司、瑞玛（广州）橡胶技术有限公司、深圳菲特数码技术有限公司等12家专业分厂，厂房建筑面积8万多平方米、员工5000余人。

“明珠星”经过20多年的开拓进取，发展成为具有机芯制造、模具开发、注塑成形、电镀喷漆、喷绒、丝印、曲面转印，温度计、湿度计、气压计、塑料钟、电子钟、时钟组装和木钟加工的全能型专业制钟企业，并已进入电子通讯、数码科技等领域且有较快发展。开发出了挂钟、木钟、金饰钟、超薄超小钟、玻璃钟、彩灯钟和温湿度钟等10多个系列的近千款产品。“明珠星”集团通过了德国TUV公司ISO9001国际质量体系认证。到2006年底，集团已拥有产品开发、外观实用新型等国家专利260余项，一跃而为全国最大的艺术石英钟生产基地，被业界誉为“中国黑色艺术钟的发源地”，其石英钟产品占到了全国石英钟市场份额的65%。2006年，“明珠星”集团的产品销售总量就达到了6000万只，年销售总收入突破1.5亿元，出口创汇1500多万美元。2013年，集团主营业务达到4.6亿元，上缴税款3940万元。

“明珠星”的时钟产品于2006年获得“广东省名牌产品”称号，PEARL“明珠星”牌注册商标于当年成为“广州市著名商标”。集团多次获省、市、区级各类荣誉称号，曾被评为“全国外商投资双优企业”“广州市先进私营企业”“广州市民营科技型企业”；连续多年为广州市“守合同、重信用”企业，还受聘成为“中国轻工工艺品进出口商会会员企业”。

“明珠星”集团创办人刘锦成，于1992年开始领办珠江钟厂，1996年创办番禺明珠星钟厂。2001年，企业扩展为集团式管理，刘锦成担任了广州明珠星集团总裁、广州番禺明珠星钟表有限公司总经理。他担任董事长兼总经理的北京亿盛合康变频科技股份有限公司已在创业版上市。

刘锦成是广州市第十届政协委员、番禺区第十三届政协委员。还担任了中国钟表协会常务理事、广东省钟表协会副会长、广州市工商联常委、广州市番禺区工商联副会长、广州市番禺区厂商会副主席等社会职务。他曾先后被评为全国优秀青年兴业领头人、广州市第八届十大杰出青年、广州市番禺区劳动模范、广东省湖北商会十大明星企业家，还获授广州市优秀中国特色社会主义事业建设者称号。2010年，他成为中央电视台“感动中国”年度评选候选人。他被评为2012年度《中国经济时报》“十大经济人物”。

第六节 金属制品业

金属制品，指刀具、夹具，通用五金配件，轴承，锁具，模具，机械设备，紧固件，螺丝刀，仪器仪表，水暖五金，五金。而刀具、夹具，又包括了车刀、钻头、铰刀、铣刀、刨刀、镗刀、拉刀、切刀、滚刀、齿轮刀具、机用锯片、数控刀具、螺纹刀具、工装夹具等。五金，则分为日用五金、装饰五金、建筑五金、冲压五金等。

2009年番禺区厂商会编印的《番禺区工商企业名录（工业篇）》中，统计在金属制品业的企业有983家，其中规模以上的有167家。番禺的规模以上金属制品业企业有广州进道集装箱有限公司（石楼镇）、广州市百炼金属制品有限公司（石碁镇）、番禺区罗边通用机械厂（南村镇）、广州市铭慧包装机械有限公司、广东精创机械制造有限公司等。在983家企业中，也有数量众多的电镀企业，一些企业或在广州亚运会举办前后迁出番禺，或因处于番禺的水源保护地而作关停处理。

金属制品制造业在番禺工业中占有重要的地位

金属制品业亦为番禺的五大支柱产业之一。以下介绍的两家企业，是规模和产能较大、技术质量较优秀的知名企业。

一、海鸥卫浴

广州海鸥卫浴用品股份有限公司（简称“海鸥卫浴”）的前身，是建于市桥街联邦工业城内的番禺海鸥卫浴用品有限公司。2003年8月，整体变更成为一家股份有限公司。

“海鸥卫浴”的经营范围是：开发、生产和销售高档水暖器材及五金件。公司生产的各种高档水龙头零组件、排水器、温控阀及浴室配件等产品大部分出口，主要销往北美和欧洲的数十个国家和地区，客户包括Moen（摩恩）、Delta（得而达）、Grohe（高仪）、Kohler（科勒）、Hansgrohe（汉斯格雅）、Roca（乐家）、Franke（弗兰卡）等全球前十大品牌商。经过多年发展，公司已拥有全资、控股、参股子公司7家。

“海鸥卫浴”在行业内开创性地应用TMS（Taps Manufacturing Service即专业制造服务）的经营模式，延伸和提升了OEM/ODM的传统模式。在继续巩固高效率、低成本的制造核心竞争力的同时，逐渐向前后高附加值业务延伸，即为客户提供新产品研发和装配物流及售后服务。“海鸥卫浴”已经成为多家全球顶级品牌商的重要供应基地和首选供应商，并与客户确立了长期战略合作关系，公司产销规模以年均超过30%的增速持续快速增长，并继续保持良好发展势头。

公司集中了一批本行业内优秀的设计人才，建立了矩阵式、跨部门的研发体系，实行汽车行业通用的 PPAP[①] 研发管理流程。该公司还使用三维逆向工程设计软件进行逆向工程设计，采用以 PRO/ENGINEER 为代表的三维计算机辅助设计 CAD 软件进行产品设计，具备精确、快速、高效的研发设计能力。公司还拥有专业的模具设计和制造队伍，具有重力铸造和低压铸造模具、锻造模具、冲压模具、压铸模具、注塑模具设计制造技术，模具制造时间从 60 天缩短到 20 天，设计、制造能力处于国际同行业先进水平。

先进管理模式的引进、先进技术的采用和研发队伍的壮大，使得公司具有了卫浴五金产品的系统开发能力和大规模集中开发能力，新产品平均开发周期为 45 天以内（包括设计评审、工艺评审、设计认证试作、PPAP 制作四个阶段），远优于同行业水平，能满足国际顶级客户的研发需求。

"海鸥卫浴"自创立后稳健发展，至 2006 年 6 月，公司资产总额已达到 7.84 亿元人民币，累计上缴税金 5000 余万元。2006 年 11 月 24 日，"海鸥卫浴"首次公开发行的 4450 万股 A 股股票在深圳证券交易所成功上市（股票代码"002084"），成为番禺区第一家上市企业。到 2013 年，公司股本总额为 211,858,156 股，其中发起人股占 74.79%，社会公众股占 25.21%。2013 年，"海鸥卫浴"区内主营收入达到 104737.43 万元，区外主营收入也达到了 58688.35 万元；区内纳税额 1744.33 万元，区外纳税额 1985.79 万元。

"海鸥卫浴"先后成为广州市首批"总部企业"、国家高新技术企业、加工贸易转型升级示范企业、广东省服务外包示范企业、广州市制造业转型升级示范企业，以及广州市台资企业 2012 年度转型升级示范点，还被评为 2012 中国上市公司诚信企业 100 强、国家认证实验室、广东省清洁生产企业。其商标被评为中国驰名商标、广东省著名商标，其产品获评广东省名牌产品。在标准化战略实施过程中，公司还被评为广州市 AAAA 级标准化良好行为企业。

"海鸥卫浴"冲压车间一角

①PPAP（Production part approval process），即生产件批准程序。生产件批准程序规定了包括生产件和散装材料在内的生产件批准的一般要求。PPAP 的目的是用来确定供应商是否已经正确理解了顾客工程设计记录和规范的所有要求，以及其生产过程是否具有潜在能力，在实际生产过程中按规定的生产节拍满足顾客要求的产品。

二、铭慧包装

广州市铭慧包装机械有限公司（简称“铭慧包装”），是一家总部建于大龙街的专业研究、设计、制造液体食品无菌包装设备及辅助设备，并提供液体食品无菌包装领域的全套解决方案的专用设备制造企业。经过多年发展，“铭慧包装”的产品已经成功应用于茶饮料、果汁、纯牛奶、含乳饮料、植物蛋白饮料等液体食品包装上。

“铭慧包装”成立以来，即以其优良的品质和先进的技术为客户提供专业的液体食品无菌包装解决方案。凭借稳定可靠的产品性能、人性化的环保设计、出色的系统集成能力，“铭慧包装”为企业及其用户提供专业高效的服务。“铭慧包装”通过引进国外先进技术、生产设备和优质原材料，结合自身的研究创新，历时 8 年研制成功中国第一条 LW 系列无菌纸包装饮料生产线，包括纸包装饮料无菌灌装机、吸管贴管机、加盖加勺机、自动装箱机、自动薄膜收缩机和自动输送系统等设备。“铭慧”无菌包装设备的无菌性能、自动化程度、生产能力、设备稳定性等全部指标均已达到国际领先水平。

“铭慧包装”生产的无菌纸包装设备

“铭慧包装”于 2008 年被评为“中国食品工业十大民族制造商”；2011 年，成为广东省食品和包装机械行业协会理事单位、广州市质量协会理事单位；2012 年，成为中国标准化协会理事单位；2013 年，成为广州市优秀科技企业。是年，“铭慧包装”主营业务收入 7798.09 万元，上缴税款 994.79 万元。

第七节　顺势兴起的动漫游戏产业

进入 21 世纪，番禺区委、区政府不断加大了对动漫游戏产业的扶持力度，其目标就是要打造一个新的有支柱作用的高科技产业，使番禺的工业结构更趋现代化。经过多年发展，番禺的动漫游戏产业取得了长足进步，也拥有了一批知名的企业和两个有一定规模的动漫产业园，已有为数不少的动漫企业入驻。

番禺的动漫游戏产业起步于20世纪80年代。1989年前后，主要以生产各种档次的电子游戏机为主，后随着科技的不断进步、社会需求的更加多元化，逐渐发展成为一个高附加值的产业，其外观设计、游戏软件开发等顺势而生，所生产的动漫游戏产品的销售也渐渐畅旺起来，动漫游戏行业企业数量不断增多，产值越来越大。几年过后，番禺动漫游戏企业生产的产品有了很高的市场占有率，行业的品牌知名度也不断提高。于是，动漫专业人才也多从全国各地甚至是世界各地，特别是日本、韩国汇集到了番禺，他们"踊跃"地参与到该行业中来，更进一步推动了行业的快速发展。

番禺区对动漫行业发展给予了极大的扶持，专门设置了特色产业办公室，负责协调动漫产业发展中的各项工作，并要求把动漫游戏产业作为新的经济增长点来加以发展。2007年7月12日，国家网络游戏动漫产业发展基地（广州番禺园区）在番禺节能科技园挂牌，有10多家动漫企业落户番禺节能科技园。在8月31日开始为期4天的广州博览会——"广州2007国际动漫暨网游产业展览会"上，"番禺制造"的游艺动漫产品成为本次展会的最大亮点。是年9月，番禺区人民政府发布了加快动漫产业发展的四大措施：

一、在发展分布上力促游艺动漫产业集群化发展，以解决番禺区动漫产业目前分布零散、产业链条不完善、生产管理尚未规范、品牌形象不鲜明、行业交流不足等状况。

二、筹划出台关于加快番禺软件游艺动漫产业发展的具体政策措施，主要包括制定产业发展目标及规划措施、认定一批经营规范的企业和产品、成立动漫产业发展领导小组、每年计划在市有关政策的基础上增拨发展经费等，从促进产业链完整、引导产业升级发展、提升产业附加值等方向积极引导和扶持该产业实现健康和规范发展。

三、发展产业相关支撑体系，加强人才队伍建设和行业协会中介组织的推动作用。从2005年开始，番禺职业技术学院设置影视动画专业，该专业于2006年便成为了全国示范性院校重点专业群中的建设专业。

四、进一步加强公共服务力度，为动漫产业发展营造更好的营商环境。番禺区政府积极搭建动漫产品展示平台，建立动漫消费品连锁经营体系，进一步推广番禺动漫游戏产业品牌；促进校企合作，加强大学城高校、职业技术学院与区内动漫游戏企业之间的联系合作；搭建游艺动漫产业软件公共研发平台，促进技术交流和产学研基地建设；资助和扶持国内外知名软件及动漫创意文化企业、研发机构落户区内，引导动漫创意文化产业资源有效汇聚。

番禺区加快动漫产业发展的四大措施出台的2007年，"星力动漫游戏"就与东环街蔡三村签约，利用该村交通便利的一块土地，建设一个游艺动漫软件展示销售中心。是年底，星力动漫游戏产业园在这里奠基，2009年1月竣工。该项目前三期开发用地面积为6万平方米，投资1.5亿元人民币，将建成动漫游戏产品及衍生产品的研发、生产、交易等多功能集约化的动漫创意园地。目标是将之建设成为国内最大的动漫游戏产业产品信息交流平台、零部件集散地、产学研基地、创业孵化基地和创意园地。园区开始建设后，分别被列为广州市2008年重点建设项目、广东省2009年重点建设项目、广东省2010年重点建设项目；相继被授予“国家网络游戏动漫产业发展基地广州番禺园区”“广东动漫游戏游艺产业集群番禺基地”“优秀游戏机综合服务平台”等称号。

星力动漫游戏产业园一、二期商用游戏机及配套产品专业市场相继于2009年6月、12月开业，总经营面积约5万平方米，入驻来自日本、韩国和中国香港、台湾以及国内各省区的知名企业逾百家。

也正是在区政府相关政策出台的当年，番禺节能科技园（曾称“天安节能科技园”）与15家创意动漫软件企业签署了合作书，全力打造动漫创意文化产业研发中心。而分散于龙美村的“龙美软件游艺动漫加工制造基地”也成为政府重点扶持的对象。

政府一次次大的动作、主要领导一次次表态，给予番禺的动漫游戏产业有力的支持，也显示出一个坚定的信心，那就是要把番禺的动漫游戏产业打造成为番禺新的支柱产业，更希望番禺的动漫游戏产业由过去的“番禺制造”走向“番禺创造”。

在一次动漫产业的展会上，听取番禺区有关番禺动漫产业发展情况的介绍后，中国软件行业协会副会长刘金华评价：番禺区发展动漫游戏产业具有良好的基础，具备了良好的发展动漫游戏产业的条件。希望番禺区既能从政策上大力支持该产业的发展，又对该产业严加管理，引导动漫游戏产业健康快速发展。

从番禺的动漫游戏产业发展之初，生产赌博游戏机的问题就一直困扰着该产业的推动者，也考验着政府在管理方面的智慧。

一系列优惠扶持政策的出台，产业园区建设的加速，都预示着该产业良好的发展前景。然而，一些厂商利用管理上暂时的“空档”，抓紧生产赌博游戏机，甚至与买方勾结在一起，或明或暗地牟取不当利益。2008年3月，番禺区公安分局集中销毁了各类赌博电子游戏机700多台，并依法处理了一批违法犯罪人员，以此震慑犯罪和非法生产。

在此过程中，管理者们及业界精英借鉴其他行业先进管理经验，于2008年9月成立番禺动漫游艺行业协会，全区86家动漫企业成为番禺动漫游艺协会的第一批会员。几年间，番禺区结合动漫产业以生产大型游戏机为主的实际情况，采用一园多区的模式进行开发、建设和管理。初步定位发展3大集聚区，即广州番禺天安节能科技园（即番禺节能科技园）、广州星力动漫游戏产业园和动漫激点主题商城。3大集聚区功能互为错位，形成互补，尽可能形成完善的产业链条，促进衍生产品的发展，提高产业的附加值。

2009年6月，广州星力动漫游戏产业园首期开业，标志着番禺的创意产业迈进了一个新的里程。这是番禺在推进产业结构升级转型过程中的一个亮点。目标就是要通过转型升级在番禺形成现代服务业、高新技术产业、先进制造业的有机融合和互动发展。从发达国家的成功经验看出，这个产业的发展空间巨大、社会经济效益显著、低环境资源消耗、高投资回报率，同时还具有相关产业的高带动性。动漫游戏产业之所以成为番禺区重点加快发展的九大战略行业之一，是因其有长远的发展前景。星力动漫游戏产业园的建成，在番禺区众多游戏机生产企业中发挥出了巨大的凝聚力量，使更多的“地下”

游戏机生产、销售企业纳入正规、健康、阳光的管理，对引导番禺动漫走上产业化道路具有十分重要的意义。

2009年8月28日，由广东省文化厅主办的广东动漫游戏游艺产业集群授牌仪式在广东大厦举行，广东省有关领导将“广东动漫游戏游艺产业集群”的牌匾分别授予番禺、中山两个基地。9月，在广州电子游戏国际产业展览会上，华创动漫产业园甫一亮相就受到广泛关注，首批30家动漫企业在展览会上签订了入园协议。

在2010年1月，位于番禺区石碁镇金山村的华创动漫产业园动工兴建。华创动漫产业园项目总投资预计达80亿元人民币，总占地面积达到了1118亩，总规划建筑面积共160万平方米。投资者的目标，是要把产业园区建设成为国内最大的动漫游戏产业基地。该项目当年就被列为番禺区的重点项目。华创动漫产业园的兴建，所信托的就是因为有了番禺得天独厚的动漫游戏产业基础，其核心定位是“全球动漫游戏产业集群”，其远景目标是打造“中国文化创意产业第一城”。园区建成后，可容纳上千家企业进驻，对于推动动漫游戏产业在创意、研发、生产、展示、销售各环节的全面发展，实现产业升级，促进番禺动漫游戏产业成为全球动漫游戏“行业引擎”。华创动漫产业园规划分三期开发，一、二期占地面积408亩，建筑面积约40万平方米，包括54栋4层企业总部基地大楼、14栋两层创意研发中心、一栋7层创业中心、一栋商务酒店等。其中一期21万平方米工程于2010年12月竣工。该项目从创意角度设计：待时机成熟，这里将会不断有动漫游戏嘉年华、动漫创意成果展、动漫原创大赛等等系列轮番上演，让动漫企业在这里的宣传推广和交易平台上大展身手，使华创动漫产业园成为一个“永不落幕的动漫游戏广交会”。

番禺动漫产业的发展，也带动了人才的聚集和学校动漫游戏人才的培养。2011年初，第二届中国动漫游戏人才年会在天津举行，位于番禺区南村镇辖区的广州科技贸易职业学院一举获得4项大奖：学院获2010年动漫游戏人才培养“十佳特色院校”称号，学院动漫人才培养基地获“十佳动漫培训机构”称号，学院计算机系获“十佳院系教学贡献奖”，计算机系老师邬厚民获得了“十佳骨干教师”称号。广州科技贸易职业学院成为广州市软件与动漫人才培养培训基地，并与广州凯昌电子有限公司合作建立了“示范性动漫人才培养培训基地”，实现了相关人才的“订单式培养”。

番禺动漫游艺行业协会成立后，也积极发挥行业领导者的作用，努力与管理者一起营造合法经营环境，全力规范动漫行业经营秩序。2011年底，有关部门抽调力量，对全区动漫游戏机制售、经营场所进行了专项整治，查处数家赌博游戏机加工厂，查获一批非法生产的赌博游戏机，并将涉嫌非法生产赌博游戏机人员带回配合调查。针对非法生产赌博游戏机等动漫游戏产业中存在的问题，为促进番禺动漫产业的健康发展、全力规范动漫游戏行业的经营秩序、优化行业的发展环境，番禺区人民政府还制定了《关于整治优化番禺区动漫游戏行业经营环境的工作方案》，目的在于加强番禺区动漫游戏行业内容监管及知识产权保护，加强动漫游戏行业自律建设。

2012年初，华创动漫产业园一期二批工程已经陆续完工交付使用，成功引进企业113家，其中已入驻投产的企业及研发机构57家，已经签约准备入驻企业56家，成为全国最大的动漫游戏产业集群园区。其时，随着国内世宇、华立、希力、倍儿悦等动漫游戏行业前5位的龙头企业进驻园区，中山市世宇动漫科技有限公司、广州市希力科技有限公司华创研发中心的落成启用，标志着在广州市华创动漫产业园内设立的番禺动漫游戏产业科技研发孵化器已经开始运行。

番禺区政府给园区的定位是“政府主导，企业运作”，并明确了华创动漫产业园的三大功能：全球动漫游戏产业集群、中国动漫游戏企业总部基地、番禺动漫游戏产业研发中心。在园区设立了50000平方米动漫游戏产业科技研发孵化器，给予入驻研发企业第一年100%、第二年75%、第三年50%租金减免扶持政策；由区政府牵头，区政府、华创动漫以及部分骨干企业共同出资1500万元，建设包括公共技术实验室、电子商务平台、展示交易平台、产学研平台等为动漫游戏产业服务的公共服务平台；中国软件行业协会大型游戏机专业委员会进驻产业园，更加方便番禺动漫游戏产业与国家相关部门的沟通。这三大措施推动了番禺动漫游戏产业升级，加快了由“番禺制造”到“番禺创造”的进程。园区负责人刘培文一次在接受媒体记者采访时表示，园区将扩大产业集聚的规模，通过“聚变”来推动“质变”，加快番禺动漫产业转型升级的步伐，建设中国动漫游戏企业总部基地。

2012年5月，“2012番禺商用动漫游戏产业博览会”在广州琶洲保利世贸博览馆开幕。这次由番禺区政府主办的博览会，以“中国游戏，番禺出发”为主题，结合番禺动漫游戏产业特色，集中反映了番禺动漫游戏产业发展及园区建设成果，重点展示中国自主游戏品牌和高新技术产品，突出了“番禺创造”。

中国软件行业协会游戏软件会会长刘金华评价说，番禺区委、区政府以高瞻远瞩的目光、开明务实的思想、良好的产业发展政策，坚定不移支持番禺的动漫游戏产业，从小到大、从低端到高端、从个体到规模化发展。产品从“中国制造”向“中国创造”转型，整个行业逐步向“健康、阳光、创新、自律”的规范化方向发展。他希望番禺优

华创动慢产业园欲打造“永不落幕的动漫游戏广交会”

“华立科技”在动漫游戏行业创出佳绩

化产业发展环境，引导企业有序竞争，加强自主研发，加强行业自律，鼓励产品打入国际市场，促进番禺的动漫游戏产业健康发展。

到2010年，番禺的动漫游戏及其配套产业的的年总产值达到300多亿元，占据了国内市场60%以上的市场份额，番禺的动漫游戏产品远销中东、东南亚、欧洲等数十个国家和地区，占据了全球动漫游戏机市场近20%的份额。2011年，番禺动漫行业生产总值超过100亿元。

2012年以来，番禺区共开展动漫行业专项整治行动25次，召开动漫企业负责人会议4次，检查动漫企业785间，查处涉及游戏机赌博案件45宗，收缴赌博游戏机4358台，抓获涉案人员279人（刑事拘留131人，逮捕40人），有力打击了区内动漫游戏违法犯罪行为，进一步净化了动漫游戏市场的经营环境。2012年12月12日，广东省公安厅与广州市公安局在番禺区联合举行“铲赌患•正风气”集中销毁赌博游戏机活动，集中销毁广州市公安机关查缴的赌博游戏机5100多台。这些打击非法生产经营活动的专项整治行动，几乎从来没有停止过。这些专项行动的开展，目的只有一个，那就是促进番禺动漫游戏产业的健康有序发展。

至2012年，番禺的动漫游戏企业已经达到1200多家，从业人员超过10万人，其中研发人员3000多人，已初步形成动漫游戏产业的完整产业链，建立了星力动漫游戏产业园、华创动漫产业园等大型园区。其中，星力动漫游戏产业园一、二期已有150多家动漫游戏企业进驻，华创动漫产业园首期已有100多家动漫游戏企业进驻。番禺的动漫游戏产品在国内外有较高的知名度，“番禺制造”进而成为国内动漫游戏产业的名牌产品。以创建于1991年的番禺华立电子科技有限公司为例：该公司有完整的游戏产品体系，公司已经成为国内各大动漫游戏主题乐园、大型购物中心、高级百货商场等首选的合作伙伴，“环游嘉年华”是该公司大型动漫游戏主题乐园连锁化品牌。2005—2006年，该公司连续两年被中国信息产业部授予“优秀企业”称号。

第八节 享誉世界的特色产业——珠宝首饰设计与加工

番禺珠宝产业在番禺工业发展中地位重要，是因这个基于沿海加工贸易而兴起的产业，在亚洲乃至世界都享有较高声誉。番禺，是全中国24个“中国珠宝玉石首饰特色产业基地”之一，近年出口量位居中国首位。而作为番禺工业集聚发展典型之一的沙湾珠宝产业园，则是番禺珠宝首饰产业的重要基地。据统计，2013年，这个产业园的出口额达到了31.2亿美元，占到番禺区珠宝首饰出口的70%。

从1986年第一家珠宝首饰加工厂——番华首饰加工厂的成立开始，番禺珠宝产业规模逐年扩大，以至被评为“中国珠宝玉石首饰特色产业基地”，并定位为示范发展区。2007年，番禺区被确定为“广东省火炬计划珠宝特色产业基地(广州)”，是广东省内唯一获此称号的珠宝产业集群。番禺珠宝产业业务范围涵盖钻石毛坯打磨、珠宝首饰镶嵌和彩色宝石首饰加工制造等领域，已基本形成了专业化、规模化和产业集群式发展的模式。

番禺珠宝首饰的年出口值从2004年的8.97亿美元增至2010年的19.95亿美元，年增长率达14.3%。2011年，番禺珠宝首饰年出口值达25.3亿美元，到2013年，达到41.3亿美元。2011—2013年3年间，番禺珠宝首饰的出口值年增长率达到27.9%。这样的增长幅度，无论在哪个行业，都是极为少见的。

番禺已聚集1000多家珠宝企业、200多家登记出口贸易企业、1600多家彩色宝石加工厂，有10万多从业人员。番禺的珠宝加工企业占广州珠宝企业总数的60%以上，珠宝首饰加工贸易量占全中国的50%以上、占香港转口贸易的70%，香港品牌珠宝95%是“番禺制造”。番禺珠宝首饰加工量超过了传统珠宝首饰加工“王国”——意大利的维琴察。番禺被誉为“中国珠宝城”。

番禺珠宝产业从20世纪80年代中期开始萌芽，此后的10余年间，承接了香港珠宝首饰加工业向沿海地区的转移，是番禺珠宝首饰加工业逐步发展的成长阶段。1998年后，随国家政策的变化，番禺吸引了中国香港，以及比利时、以色列等国的钻石珠宝商前来投资设厂或挂靠车间生产。在这一阶段，很多大珠宝公司如艺新、启艺以至广东省工艺品进出口公司等，都选择进驻番禺。这一时期共批准成立了108家珠宝加工企业，番禺的珠宝产业集聚初现端倪。

位于沙湾福龙工业区的广州威乐珠宝产业园有限公司

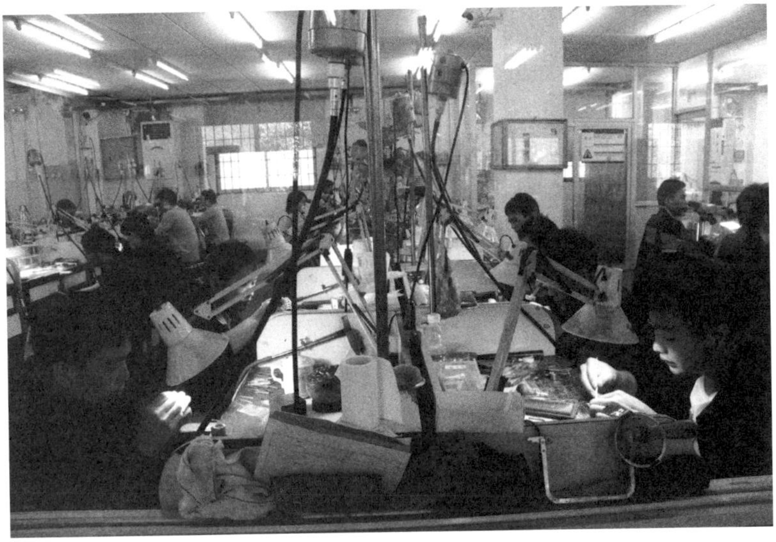

集聚在大罗塘工业区的珠宝企业在彩色宝石加工方面颇具特色

番禺珠宝加工产业的大发展集中在2000年以后的10多年时间里，受CEPA①、加入世贸组织和“泛珠三角”②经济圈建设的影响，香港、比利时、以色列、印度等地的珠宝配套服务产业开始逐渐向番禺地区转移。2004年，番禺区人民政府斥资创建了沙湾珠宝产业园，增强了番禺珠宝产业的集聚效应。2005年，随着钻汇原材料采购中心的成立，番禺的珠宝首饰加工制造企业从原来的110家增至205家。在这些企业中，除了中国香港和台湾珠宝企业入驻番禺外，欧美、印度等国的珠宝商也纷至沓来。在这个阶段，番禺区的珠宝首饰加工制造业逐渐形成一条比较完整的产业链。在一些有一定影响力和知名度的外向型企业的典型示范、带头与辐射作用下，更多的中小企业在此集聚成群。

番禺的珠宝首饰加工业，在全区所有镇街都有分布，其中，珠宝首饰加工制造企业以市桥街和沙湾镇为最多。市桥的珠宝首饰产业集聚区主要有市桥街珠宝工业区、市桥首饰加工中心、大罗塘工业区、小平工业区、联邦工业区等。此外，还有一些企业零散分布于市桥街主城区内，但规模都不大，这些小企业的生存空间正在逐步萎缩。

沙湾镇拥有番禺最大的珠宝产业集聚区——沙湾珠宝产业园。该产业园位于沙湾镇福龙工业区内，占地面积338亩，园区内配套设施完善。番禺区人民政府为沙湾珠宝产业园的发展提供了强大的支持，使海关、物流、银行、检测等机构均设点驻园，为园区内的珠宝企业提供服务。从企业报批，海关合同备案、核销，到货品的通关、查检、运送等环节，都可在园区的综合办公楼内完成，真正实现了“一站式”服务。2001年5月，世界上最大的贵重物品押运公司——布林克公司与中新国际运输服务有限公司(番禺公司)合作，为番禺区的珠宝企业提供全球配送服务，进一步降低了珠宝加工企业的物流成本，扩大了珠宝加工企业的利润空间。

①CEPA(Closer Economic Partnership Arrangement)，即《关于建立更紧密经贸关系的安排》的英文简称。包括中央政府与香港特区政府签署的《内地与香港关于建立更加紧密经贸关系的安排》、中央政府与澳门特区政府签署的《内地与澳门关于建立更加紧密经贸关系的安排》。

②“泛珠三角经济圈”是指广东、福建、江西、广西、海南、湖南、四川、云南、贵州9个省(区)，再加香港和澳门形成的区域经济圈。它们位于中国的华南、西南地区，面积为199.45万平方公里，人口4.46亿。

在番禺另一个香港珠宝产业转移的重要承接区域——大罗塘地区，同样也集聚着数量众多的珠宝首饰加工企业。经过 30 多年的发展，在大罗塘工业区的珠宝首饰生产加工和销售企业、商户已有千余家，形成了集原材料销售、生产工具制造和销售、技术工人培训、设计研发、生产加工、半成品和成品销售、电子商务、检验检测、会展服务等为一体的完整产业链，成为全国有名的以出口为主兼顾国内市场的珠宝首饰生产加工基地。大罗塘工业区出产的珠宝首饰产品占全球市场及占港澳地区市场的份额不断扩大，名气也越来越响。

2004 年着手建设的番禺国际珠宝采购与交易中心，成为珠宝产品交易良好平台。番禺职业技术学院专门开设的珠宝专业，为珠宝首饰加工与管理培养了专门人才。珠宝展会则成为番禺珠宝企业推广产品以及打造企业形象的重要渠道。从番禺区人民政府于 2002 年 8 月主办第一次有一定规模的珠宝展览会之后，广东省内很多大型的珠宝展会大都选择在交通网络配套更完善的枢纽城市——广州的市区内举办。对番禺的珠宝企业来说，必会参加的国内相对比较重要的展会主要有：第一，由亚洲博闻有限公司主办的中国（广州）国际黄金珠宝玉石展览会，首届展会于 2004 年 6 月举办，此后的展会一般于广交会新馆——琶洲会馆举办；第二，由广州星晖贸易展览有限公司主办的广州时尚首饰品及配件展览会，首届举办于 2007 年，一般于每年 4 月举办；第三，香港于每年 3 月、6 月、9 月都会举办一次珠宝展，比利时、美国、德国、印度等国家珠宝客商都极为关注该展会；第四，由亚洲经贸发展促进中心等主办的广州珠宝首饰工艺品展览会。除了以上各大珠宝展会之外，每年春秋两季举办的广州出口商品交易会也是番禺珠宝加工厂商寻求海内外订单的一个大平台。

番禺珠宝厂商会是番禺珠宝首饰加工生产行业的行业协会。在番禺珠宝厂商会的主导和操持下，珠宝企业家之间的交流十分频繁，不仅使企业与企业的联结更加紧密，而且也加强了企业、行业协会、政府之间的沟通，利于珠宝企业的发展。珠宝厂商会通过网络组织内各成员的分工合作，加上亲缘与地缘关系，使番禺珠宝产业集群逐渐成为一个发展良好、互动频繁、上下游产业链较好整合的良性产业集群。

位于市桥街光明北路的番禺钻汇珠宝采购交易中心

番禺的珠宝首饰加工生产行业，多年发展后已经形成了鲜明的特色，综合发展实力强劲。主要表现在以下几个方面：第一，国际化程度高。形成了以港资、外资企业为主力，民营企业也有参与的多元化发展格局。第二，企业数量多、总规模大，发展潜力大，呈现内外互动、内外销并举的发展态势。第三，业务范围广泛、产品种类齐全，具有广泛的国际认可度。

番禺的珠宝产业能够发展到享誉世界的水平，与政府政策的支持密不可分，政策的支持为番禺珠宝产业集群的形成和发展提供了强大的动力。从以下的一些政策和措施可以看到政府对该产业的支持力度。

在 20 世纪 80 年代早期，政府通过允许设立挂靠车间的形式，为珠宝产业的发展提供了宽松的政策环境，促成了珠宝产业集群的早期发展。此后，番禺区人民政府重视配置大型项目，并初步体现“项目经济”效应：2003 年，投入巨大的资源建设沙湾珠宝产业园，并使之成为海关总署加工贸易管理的试点。自此，园区内先后汇集了番禺珠宝首饰加工企业总量 80% 以上的企业，增强了集群的集聚效应。2004 年，建设钻汇珠宝采购交易中心，成为珠宝公共保税仓库和广州市珠宝采购交易中心，进一步为行业拓展内外销市场创造条件。2005 年，建设国家珠宝玉石质量监督检验中心 (番禺) 实验室，成为国内继北京、上海、深圳之后的四大实验室之一。同时，设立了番禺珠宝学院以及广州市番禺珠宝产业发展中心，成立了广州市番禺区珠宝厂商会等相关机构，有利于巩固番禺珠宝的国内外市场地位。2008 年，番禺珠宝产业发展中心与《中国黄金报》合作，签署了《关于共推番禺珠宝发展国内市场的信息工作合作意向书》，并成立了“中国黄金报社番禺新闻中心”。2009 年，由中国珠宝玉石首饰行业协会、国际有色宝石协会、番禺区人民政府联合举办第 13 届国际有色宝石协会 (番禺) 年会。ICA 年会（国际有色宝石协会年会）第一次在中国大陆举办。2009 年，在政府的支持下，“粤港珠宝内销联盟”成立，番、港两地发挥各自的优势，联合力量拓展中国珠宝内销市场。2010 年，国际有色宝石协会在番禺设立中国 (番禺) 联络处。同年，将番禺有色宝石企业联合起来，成立了番禺彩色宝石委员会。翌年，番禺彩宝专委会与珠宝厂商会牵头起草《有色宝石加工工艺》行业标准。该标准有利于彩色珠宝市场的规范，保护合法企业，同时提升番禺珠宝产业在中国彩色宝石市场的地位。

政府这一系列的政策和措施，整合了资源、延伸了产业链条，对相关行业产生了明显的带动和辐射效应，金融、物流、保险、公证、会计、旅游等服务业也协同发展，所衍生的产业附加值也反过来强化了番禺珠宝特色产业基地的综合发展实力。

20 多年来，番禺珠宝首饰加工业得到了长足发展，但产业集群内以港资企业为主，在国际国内富有知名度的名牌企业不多。企业大多停留在来料加工为主的“两头在外、大进大出”的生产模式，利润率低，而且自主创新不足，缺乏知名品牌，所以加工生产仍然处于价值链的低端。到 2010 年，作为加工贸易量占香港转口贸易量 70%（19.95 亿美元）、占全国 50% 的番禺珠宝首饰加工产业，对地方税收的贡献仍然不大，与珠宝首饰加工业的生产总值显得不很“匹配”，与政府的高额社会管理及园区建设的投入也不“匹配”，其最大的社会效益表现在两个方面，那就是解决了 10 多万人的就业问题，带动了金融、保险、运输、饮食等行业的发展。除了产业内的结构层次较低和企业缺乏自有知名品牌外，自主知识产权保护和研发创新不足、公共服务平台能力不够强、内销障碍较多等，都是番禺珠宝产业发展的“短板”。提高珠宝加工技术水平和加快企业的创新升级迫在眉睫。番禺珠宝厂商会和不少企业主均已认识到了自身的“短板”，正多方努力寻求突破，以创造出新的辉煌。

后 记

2013年8月，番禺区经济贸易促进局、番禺区厂商会决定编纂《番禺工业发展史》。此事得到了区委、区政府的重视，区委常委、常务副区长陈德俊，区委常委、统战部部长黎伟棠，区委常委、宣传部部长徐柳均给予支持和指导。区人大副主任苏治邦除了向编写组提出工作建议外，还详细介绍了其曾任职的化龙镇的工业发展历史。9月26日，区经济贸易促进局和区厂商会在科尔海悦大酒店联合举行了编纂《番禺工业发展史》启动仪式。时任区政府党组成员、现任区人大副主任的陈明捷先生讲话，要求高质量完成该项工作。区厂商会主席陈昌先生捐赠了70万元编纂经费，并即席挥毫题写书名。

为了提高《番禺工业发展史》的编纂质量，编写组尽力收集各时期历史资料、县（市、区）相关政策文件、报刊杂志刊载的有关内容，并到各行业重点企业和工业园区调查研究，且召开多个座谈会，听取工业系统老领导、老行专的意见，深入了解情况；在各章节编写过程中，一丝不苟，尽量做到准确、翔实。

区地方志办公室自始至终关心和指导《番禺工业发展史》的编修工作；有关部门、工业园区、企业和许多工业系统的老领导、老行专给编写组提供了大量的资料，特别是前番禺县常务副县长刘锡巨还认真审阅了《番禺工业发展史》初稿，并提出了宝贵意见；区档案馆为资料搜集工作提供方便，做好服务；番禺日报社和吴礼彭、陈斌、王锦添、杨达超、王国荣、黄国宏等先生提供了不少难得的历史照片，何润霖先生收集和编辑了相关照片，为《番禺工业发展史》的编纂作出贡献。感谢所有关心支持和帮助《番禺工业发展史》编纂工作的单位和人士。

《番禺工业发展史》记述内容上起番禺设县之公元前214年，下限至公元2013年，所涉及的内容时间跨度大、事件复杂，也因我们水平有限，在编纂过程中，难免有疏漏，甚至会出现失误。望读者不吝赐教、斧正。

编者

2015年6月28日